SOBRE MIRANDA.
ENTRE LA PERFIDIA DE UNO Y LA INFAMIA DE OTROS, Y OTROS ESCRITOS

Cuadernos publicados

1. Allan R. Brewer-Carías, *Reflexiones sobre la organización territorial del estado en Venezuela y en la América Colonial*, Editorial Jurídica Venezolana, Caracas 19997, 310 páginas.
2. Allan R. Brewer-Carías, Reflexiones sobre el constitucionalismo en América, (con una **Biblio Verbi Grafia del autor**), Editorial Jurídica Venezolana. Caracas, 2001. 436 pp.
3. Asdrúbal Aguiar, *Libertades y emancipación en las Cortes de Cádiz de 1812*, Editorial Jurídica Venezolana, Caracas 2012, 211 páginas.
4. Giovanni Meza Dorta, *El Olvido de los Próceres*, Editorial Jurídica Venezolana, Caracas 2012, 127 páginas.
5. Allan R. Brewer-Carías, *Sobre el constitucionalismo hispanoamericano Pre-Gaditano 1811-1812*, Editorial Jurídica Venezolana, Caracas 2013, 432 páginas.
6. Carlos J. Sarmiento Sosa, *El desempeño del sistema judicial venezolano en el marco histórico de 1810 a 2010*, Editorial Jurídica Venezolana, Caracas 2014, 234 páginas.
7. Allan R. Brewer-Carías, *Sobre Miranda, entre la perfidia de uno y la infamia de otros, y otros escritos*, Editorial Jurídica venezolana, Caracas 2016, 302 pp., Primera edición 2016, Segunda edición corregida y aumentada 2018, 448 páginas.

Allan R. Brewer-Carías

SOBRE MIRANDA
Entre la perfidia de uno y la infamia de otros, y otros escritos

Homenaje al Bicentenario de su fallecimiento
en "Carraca cerca de Cádiz,"
el 14 de julio de 1816

2ª edición, corregida y aumentada

Cuaderno de la Cátedra Fundacional
sobre Historia del derecho, Charles Brewer Maucó,
Universidad Católica Andrés Bello

Nº 7

Editorial Jurídica Venezolana
Caracas / New York
2018

Primera Edición, Editorial Jurídica Venezolana, ISBN: 978-980-365-343-9 Caracas, 2016, 302 páginas.

Segunda Edición corregida y aumentada, Editorial Jurídica Venezolana, ISBN: 978-980-365-426-9, 448 páginas, Caracas, 2018.

© Allan R. Brewer-Carías
Email: allan@brewercarias.com

Hecho el depósito de Ley
Depósito Legal: DC2018000780
ISBN: 978-980-365-426-9

Editado por Editorial Jurídica Venezolana
Avda. Francisco Solano López, Torre Oasis, P.B., Local 4, Sabana Grande,
Apartado 17.598 – Caracas, 1015, Venezuela
Teléfono 762.25.53, 762.38.42. Fax. 763.5239
http://www.editorialjuridicavenezolana.com.ve
Email fejv@cantv.net

Portada: *Retrato de Miranda* dibujado a creyón por:
Heinrich Lips von Kloten 1788
Impreso por: Lightning Source, an INGRAM Content company para Editorial Jurídica Venezolana International Inc.
Panamá, República de Panamá.
Email: ejvinternational@gmail.com

Diagramación, composición y montaje
por: Francis Gil, en letra
Times New Roman 12, Interlineado Exacto 15, Mancha 18 x 11.5

CONTENIDO GENERAL

NOTA DEL AUTOR 9

INTRODUCCIÓN: UNA PINCELADA SOBRE LA VIDA DE FRANCISCO DE MIRANDA (1750-1816) 15

I. FRANCISCO DE MIRANDA Y EL FIN DE SUS DÍAS EN CÁDIZ, POR "LA PERFIDIA DE UNO Y LA INFAMIA DE OTROS" 37

II. FRANCISCO DE MIRANDA EL PUBLICISTA, WILLIAM BURKE, Y LA DIFUSIÓN DE LAS IDEAS LIBERTARIAS DEL CONTINENTE HISPANOAMERICANO 65

III. MIRANDA, PERSEGUIDO POR ESPAÑA, Y EL DESCUBRIMIENTO DE LA LIBERTAD EN NORTEAMÉRICA 93

IV. MIRANDA EN LA REVOLUCIÓN FRANCESA, Y SU PERSECUCIÓN EN LA ÉPOCA DEL TERROR 125

V. LOS PROYECTOS CONSTITUCIONALES DE MIRANDA PARA LA INDEPENDENCIA AMERICANA, Y SU CONCRECIÓN EN LONDRES 159

VI. LA GRAN Y BIZARRA AVENTURA LIBERTARIA DE MIRANDA: LA INVASIÓN DE LA PROVINCIA DE VENEZUELA EN 1806 DESDE NUEVA YORK, CON UN PUÑADO DE MERCENARIOS 189

VII. ALGUNOS HECHOS Y ACTORES QUE PROVOCARON LA REVOLUCIÓN DE CARACAS DE 1810 231

VIII. MIRANDA Y LA CONSTRUCCIÓN DE LA REPÚBLICA EN VENEZUELA 1810-1812 COMO OBRA DE CIVILES 265

IX. LAS CONSECUENCIAS DE UN DESENCUENTRO: LA REACCIÓN DE LA MONARQUÍA CONTRA LA CREACIÓN CONSTITUCIONAL DE LOS PRÓCERES CIVILES EN VENEZUELA, Y SU DESENLACE MILITAR (1810-1812) 303

X. MIRANDA, EXPERTO EN CAPITULACIONES: EL SIGNIFICADO DE LA CAPITULACIÓN FIRMADA CON MONTEVERDE EN 1812 Y LA IMPORTANCIA DE LA CONSTITUCIÓN DE CÁDIZ DE 1812 347

XI. MIRANDA, BOLÍVAR Y MONTEVERDE: LO QUE PRECEDIÓ LA CAÍDA DE LA PRIMERA REPÚBLICA 381

XII. LA ÚLTIMA AVENTURA EDITORIAL DE MIRANDA: EL LIBRO PUBLICADO EN LONDRES EN 1812 CON LOS DOCUMENTOS CONSTITUCIONALES DE LA INDEPENDENCIA DE VENEZUELA, QUE NUNCA LLEGÓ A VER 429

NOTA DEL AUTOR

Francisco de Miranda fue un hombre visionario, quien concibió antes que nadie la idea de la independencia de América Hispana, de la cual fue el principal promotor y propagandista durante más de veinte años, antes que se iniciara en 1810.

Con dicho propósito en mira, elaboró detallados planes y propuestas con los cuales convenció a gobernantes en todos los países en los cuales estuvo. Resultado de todo ello fue, por ejemplo, el apoyo que recibió, entre otros, de Catalina la Grande de Rusia, del primer ministro británico William Pitt, del ministro y miembro de la Convención Jacques Pierre Brissot, líder de los Girondinos en Francia, y de Alexander Hamilton el destacado secretario del Tesoro del presidente George Washington, y fundador del Partido Federalista en los Estados Unidos. El solo hecho de que una sola persona, a finales del siglo XVIII, haya podido haber conocido y tratado a esos cuatro distinguidos gobernantes, en partes tan lejanas entre sí en el mundo occidental, y haber discutido con ellos sus planes y propósitos, ya lo coloca en una situación excepcional y extraordinaria en su tiempo.

No hay duda de que para tratar de ejecutar esos proyectos Miranda se preparó durante toda su vida –o así lo creyó–, habiendo llegado a diseñar una Constitución para todo el Continente americano, aun cuando de corte monárquica conforme a la orientación de la Constitución inglesa. Ello se lo explicó a John Adams, segundo presidente de los Estados Unidos en 1789,[1] elaborando el proyecto

---

1   En carta de 24 de marzo de 1789, Miranda le explicó al presidente Adams su propuesta de optar "por un Jefe del Poder Ejecutivo hereditario, que tomará

en diversas propuestas posteriores, llegando incluso en sus escritos a visualizar y explicar la posibilidad del canal de navegación interoceánico no sólo por el istmo de Panamá sino por el lago de Nicaragua.²

Pero ese extraordinario hombre visionario, sin embargo, no supo o no pudo ejecutar con éxito sus proyectos, y sus intentos siempre estuvieron rodeados de persecuciones, amargas desilusiones, fracasos, traiciones y prisiones. No es de extrañar, por tanto, por ejemplo, las referencia que ya en 1860 hizo el redactor del *Atlantic Monthly*, una Revista de Literatura, Arte y Política editada en Boston, comentando la fallida Expedición de Miranda a Venezuela de 1806 que había partido desde el puerto de Nueva York, y que había dejado un gran escándalo político en los propios orígenes de la diatriba interpartidista norteamericana en tiempos en los que gobernaba el tercer presidente de los Estados Unidos Thomas Jefferson, y su Secretario de Estado, James Madison. Al hacer un breve recuen-

---

el nombre de Inca, y será escogido con particular agrado de mi parte, entre nuestros compatriotas mismos. Tendremos también un Senado electivo, en el que tomarán asiento los hombres de las clases principales, y una cámara de origen y carácter popular, pero cuyos miembros deberán ser propietarios." Véase el texto carta en Francisco de Miranda, *América Espera* [Ed. J.L. Salcedo Bastardo], Biblioteca Ayacucho, Caracas 1992, pp. 221-224. Miranda elaboró estas ideas posteriormente en sus: "Proyecto de Constitución para las Colonias Hispanoamericanas," de 1798; "Proyecto de Gobierno Provisorio" (*Esquisse de gouvernement provisoire*) de 2 de mayo de 1801, y "Proyecto de Gobierno Federal" del mismo año, *Idem*, pp. 285-292. Igualmente véase en Francisco de Miranda, *Textos sobre la Independencia*, Academia Nacional de la Historia, 1959, pp. 67-88.

2 En el texto resumen de la conferencia que tuvo con el Ministro William Pitt en su casa de Hollywood el 14 de febrero de 1790, Miranda también se refirió a "la posibilidad de formar sin mayor dificultad un canal de navegación en el istmo de Panamá, que facilite el comercio de la China, y del Mar del Sur, con innumerables ventajas para la Inglaterra, América..."; y en el Acta de París de 22 de diciembre de 1797 suscrita con otros Precursores, se convino en "El paso o navegación por el Istmo de Panamá, que de un momento a otro debe ser abierto, lo mismo que la navegación por el lago de Nicaragua, que será igualmente abierto para facilitar la comunicación del Mar del Sur con el Océano Atlántico." Véanse los textos en Francisco de Miranda, *América Espera* [Ed. J.L. Salcedo Bastardo], *cit.*, pp. 106 y 196.

to de la vida y ejecutorias de Miranda y de sus desventuras, el redactor concluyó su crónica con la lacónica frase de que quizás, si Miranda "nunca hubiese asumido la tarea de ejecutar sus propios planes, hubiera podido haber dejado una excelente reputación y hubiera quedado en la memoria Sudamericana como el posible Padre de su país. *Capax imperii, nisi imperasse*t;"[3] concluyendo el comentario con la expresión despectiva de que el breve bosquejo que hizo de su carrera "podía ser interesante antes de despedirlo de nuevo al olvido" del cual el editorialista –dijo– lo había sacado.[4]

Sin embargo, si bien efectivamente Miranda pasó al olvido en la historiografía norteamericana donde solo se lo menciona incidentalmente en las biografías de los Padres Fundadores a quienes conoció y con quienes mantuvo correspondencia, lo cierto es que Miranda nunca pasó al olvido en el mundo hispanoamericano, que es donde tiene importancia. Y ello, a pesar de todos los esfuerzos de muchos historiadores por eliminarlo de la escena histórica del país junto con tantos otros próceres civiles olvidados,[5] producto de la fuerza bruta del militarismo que a partir de 1812 se apoderó del país y de su historia, arraigándose en el suelo de la República.

Ello ha sido así, lamentablemente, en tal forma y a tal nivel, que al cumplirse doscientos años del fallecimiento de Miranda, en Caracas, en lugar de celebrarse sus aportes a la independencia y a la construcción del Estado constitucional en los orígenes de la propia

---

3 "La frase en latín fue la que Publio Cornelio Tácito, historiador y senador romano (56-117) empleó para referirse al Emperador Servio Sulpicio Galba (68-69), en el sentido de que hubiese sido "universalmente visto como capaz de gobernar, si no hubiese gobernado."

4 "*If he had never undertaken to carry out his plans, he might have left an excellent reputation, and have remained in South American memory as the possible Father of his Country. Capax imperii, nisi imperasse*t. *A short sketch of his career may be interesting, before we dismiss him again to the oblivion from which we have evoked him for this month.*" Véase en "General Miranda's Expedition," en *Atlantic Monthly*, Vol. 5, N° 31, Boston May, 1860.

5 Véase Giovanni Meza Dorta, *El olvido de los próceres*, Editorial Jurídica Venezolana, Caracas 2012.

República, el Gobierno lo que hizo fue, en un acto militar, por una parte, "ascenderlo" al *grado de Almirante en Jefe post mortem*,[6] a pesar de como destacado oficial del Ejército español solo actuó brevemente en acciones navales (1780-1783) en la guerra de España contra los ingleses en el Caribe en apoyo de la independencia norteamericana; y por la otra, producto de una ignorancia risible, vincular sus años en Francia con la Revolución francesa, respecto de cuyos efectos, al contrario, no sólo siempre se opuso,[7] sino que los sufrió en la época del Terror. Se desconoció así, por lo visto, que en ese período (1792-1798) lo que hizo fue actuar como Comandante en Jefe de los Ejércitos del Norte en Bélgica, y luego, haber sufrido la persecución política por parte de los Jacobinos al punto de haberlo encarcelado (1793-1795). El colmo de la ignorancia y de la manipulación histórica llegó al intento de vincular a Miranda con ideas socialistas.[8]

---

[6] Véase en *El Universal*, 14 de julio de 2016, en http://www.eluniversal.com/noticias/politica/honran-francisco-miranda-con-grado-almirante-jefe-post-mortem_337044.

[7] En carta dirigida a Alexander Hamilton desde Londres el 6 de abril de 1798, le expresó que "Parece que el momento de nuestra Emancipación se acerca y que la instauración de la Libertad en todo el Continente del Nuevo Mundo nos está confiada por la providencia. El único peligro que intuyo radica en la introducción de los principios franceses, los cuales emponzoñarían a incipiente Libertad, acabando pronto con la suya propia." Y en las Instrucciones que dio a P. J. Cano en la misma fecha para sus entrevistas en Filadelfia con el presidente John Adams y con Alexander Hamilton, le exigió que al viajar a Santa Fe le hiciera sentir a los Jefes y personas principales del país "la necesidad de prevenir por todos los medios posibles el que los principios o sistema jacobino se introduzcan en nuestro Continente; pues por este medio, la Libertad, en lugar de la cura, encontrará luego el sepulcro; como lo prueba toda la historia de la revolución francesa y como lo experimentan por desgracia en el momento actual las infelices repúblicas de Suiza, Venecia, Génova, Lucca, etc.; igualmente que toda la Europa más o menos." Véase en Francisco de Miranda, *América Espera* [Ed. J.L. Salcedo Bastardo], Biblioteca Ayacucho, Caracas 1992, pp. 221-224.

[8] Véase "Miranda Socialista," editorial de *El Nacional*, Caracas 16 de julio de 2016, en http://www.el-nacional.com/opinion/editorial/Miranda-socialista_19_885101483.html. (NE)

Por mi parte, sin desdeñar las ejecutorias militares de Miranda en África, El Caribe, Francia y Venezuela, más me ha interesado destacar otras facetas de su vida más vinculadas con sus aportes al proceso de la Independencia de América hispana, y a la propagación de las ideas y proyectos sobre la misma, para lo cual, como homenaje a su memoria con ocasión de conmemorarse el bicentenario de su fallecimiento, salió la primera edición de esta obra (2016), donde recogí algunos estudios que estaban dispersos, algunos inéditos y otros publicados en revistas, que en los últimos años he elaborado sobre el Precursor. Para esta segunda edición, ha agregado otros capítulos, con trabajos también hasta ahora inéditos.

Como resultado de ello, en los diversos textos, precedidos de una *Introducción* con una breve pincelada sobre la vida de Miranda (1750-1816), que siempre es importante recordar para las nuevas generaciones, trato los siguientes diversos aspectos cruciales de su vida: *primero*, las circunstancias que rodearon el fin de sus días en Cádiz, por "la perfidia de uno y la infamia de otros," como él mismo lo expresó; *segundo*, su labor y faceta de publicista y propagandista en la difusión de las ideas libertarias del Continente hispanoamericano y su relación con "William Burke;" *tercero*, el haber sido perseguido por España, y el descubrimiento de la libertad en Norteamérica; *cuarto*, su experiencia en la Revolución francesa, y la persecución que sufrió en la época del terror; *quinto*, la gran y bizarra aventura libertaria que significó la invasión que hizo de la Provincia de Venezuela en 1806 con un puñado de mercenarios; *sexto*, los proyectos constitucionales de Miranda para la independencia americana, y su concreción en Londres; *séptimo,* algunos hechos y actores que provocaron la Revolución de Caracas de 1810 que tanto alentó Miranda; *octavo*, algunos aspectos de la construcción de la República en Venezuela, con su aporte, entre 1810-1812, como obra de civiles; *noveno*, las consecuencias del desencuentro con motivo de la reacción de la Monarquía contra la creación constitucional que habían hecho los próceres civiles en Venezuela, y su desenlace militar en el cual Miranda se tuvo que involucrar (1810-1812); *décimo*, el carácter de Miranda como experto en Capitulaciones, y el significado que tuvo para él tanto la Capitulación firmada con Monteverde en 1812 como la entrada en vigencia de la Constitución de Cádiz de 1812; *décimo primero*, Miranda, Bolívar y Monteverde, los tres personajes claves en lo que precedió la caída de la primera República; y *décimo segundo*, lo que se puede considerar como la última aventura editorial de Miranda, que fue la publicación en Londres en 1812, del libro bilingüe contentivo de todos documentos constitucionales de la Independencia de Venezuela, que sin embargo Miranda nunca llegó a ver. Me refiero al libro:

> *Interesting Official Documents relating to the United Provinces of Caracas, viz. Preliminary Remarks, The Act of Independence. Proclamation, Manifesto to the World of the Causes which have impelled the said provinces to separate from the Mother Country; together with the Constitution framed for the Administration of their Government. In Spanish and English,* Printed for Logman and Co. Paternoster-Row; Dulau, Soho-Square; Harding, St. James's Street; W. Mason, N° 6, Holywell Street, Strand, &c&c, London 1812, 310 pp.

Este excepcional libro, a cuya historia me refiero en la última parte de este libro homenaje al bicentenario del fallecimiento de Miranda, lo reproduje en facsimilar en mi libro editado con ocasión al bicentenario de la Independencia:

> *Documentos constitucionales de la Independencia / Constitucional Documents of the Independence 1811*, Colección Textos Legislativos N° 52, Editorial Jurídica Venezolana, Caracas 2012, 644 pp.; segunda edición 2017.

Nueva York, 19 de abril de 2018.

INTRODUCCIÓN
UNA PINCELADA SOBRE LA VIDA DE FRANCISCO DE MIRANDA (1750-1816)

Después de haber sido perseguido por las autoridades españolas desde 1783, sin que lo hubieran podido apresar, por todo el mundo conocido de dos continentes, Francisco de Miranda fue entregado vilmente a quienes lo persiguieron durante treinta años, en 1812, sin esfuerzo alguno por parte de ellos y más bien para su sorpresa.

Fue apresado y entregado por sus propios subalternos durante la noche del 30 de julio de 1812 a las fuerzas militares españolas que entonces estaban ocupando Venezuela, y entre ellos, por Simón Bolívar, oficial de su confianza en el Ejército republicano; Manuel de las Casas, Gobernador Militar del puerto de la Guaira, y Miguel Peña, Gobernador Civil del mismo Puerto, ambos también designados por el propio Miranda para el ejercicio de sus respectivas funciones.

Después de esa noche Miranda pasó cuatro años sumergido en los calabozos de los Castillos de San Carlos en La Guaria y de San Felipe en Puerto Cabello en Venezuela, y del Morro en San Juan de Puerto Rico, hasta que en 1814 fue transferido a la prisión de las Cuatro Torres en el Arsenal de La Carraca, cerca de Cádiz, donde después de dos años de prisión, falleció solo y abandonado el 14 de julio de 1816, a los 66 años de edad; hace doscientos años.

Hasta por estos avatares finales de su vida Miranda fue sin duda una persona realmente extraordinaria, tanto en la historia, como en su época. Tal como William Spencer Robertson, su biógrafo más importante, lo describió, fue:

> "Precursor, Caballero Errante y Promotor de la libertad hispanoamericana. Fue el primer sudamericano ilustrado que realizó un viaje por los Estados Unidos y por Europa. Su vida ofrece un interés incomparable, porque fue el único personaje de su tiempo que participó en la lucha por la independencia de las Trece Colonias, la Revolución Francesa y la guerra de liberación de la América hispana." [9]

Miranda, en efecto, nació en Caracas en 1750, habiendo dejado Venezuela en 1771, al terminar sus estudios en el *Colegio de Santa Rosa* de Caracas, pocos años antes de la declaración de independencia de los Estados Unidos de América (1776) y de la creación de la Capitanía General de Venezuela (1777).

Viajó a España llevando consigo el rechazo al fanatismo, a la intolerancia y a la opresión que prevalecía en la Provincia, dominada por una oligarquía criolla de propietarios descendiente de españoles, que discriminaba, lo que afectó la situación de su propio padre, comerciante nacido en las Islas Canarias. Como lo explicó Antoine Chrysostême Quatremere de Quincy:

> "Miranda amaba demasiado a su tierra para quedarse en ella. Juró no volver allí sino con la libertad. Pero la libertad es una ciencia, quiso aprenderla. Fue en el gran libro de las naciones de Europa que él deseó hojear las páginas de la tiranía. Deseaba ardientemente forjar en sus propios arsenales, las armas que debían combatirla." [10]

Desde cuándo inició su viaje, Miranda comenzó a hacer anotaciones minuciosas de todas sus actividades, de lo que hacía, oía y veía y, además, comenzó a recolectar documentos informativos de todo lo que consideraba de interés, lo que no dejaría de hacer por el resto de su vida. Ello dio origen a su extraordinario *Archivo*, que lo acompañó siempre, y que completaría con su constante obsesión de

---

[9] Véase William Spence Robertson, *The Life of Miranda,* The University of North Carolina Press, Chapel Hill 1929, vol. 1, p. ix.

[10] Véase la semblanza de Quatremère de Quincy en Francisco de Miranda, *América Espera* [Ed. J.L. Salcedo Bastardo], Biblioteca Ayacucho, Caracas 1992, p. 161.

adquirir libros, que estudiaba, con los cuales formó una extraordinaria biblioteca con no pocos libros prohibidos por la Inquisición.

Después de treinta y cuatro días de navegación llegó a Cádiz, donde permaneció el tiempo necesario para continuar hacia Madrid. Allí se alistó en el Regimiento de Infantería de la Princesa, adquiriendo el grado de capitán, lo que lo llevó a Cádiz, Granada, Toledo y a Ceuta y Melilla, donde participó en la guerra contra Marruecos (1774). Desde entonces comenzaron a manifestarse sus diferencias con la vida militar, o viceversa, habiendo sido detenido (1776) por temas de manejo de caudales militares, aun cuando por breve tiempo.

Fue en sus días en Cádiz (1776) donde conoció a un destacado comerciante británico con intereses en Gibraltar, John Turnbull, quien en las décadas sucesivas sería uno de sus principales protectores, y quien años después se convertiría en uno de sus apoyos financieros más importantes, e incluso fue quien preparó, con la ayuda de su hijo, la fallida fuga de la prisión de La Carraca, en los días anteriores a su enfermedad final y pocos días antes de su muerte. Esta estrecha relación entre Miranda y Turnbull hizo que Miranda incluso lo nombrara como su albacea desde cuando viajó de regreso a Caracas en 1810,[11] a participar en el proceso de construcción del nuevo Estado independiente de Venezuela

Dos años después de su primera detención, en 1778, el Tribunal de la Inquisición le formó un expediente por profesar ideas heréticas y guardar libros prohibidos y pinturas consideradas como obscenas.[12] Definitivamente había un desencuentro entre su personalidad libre y la vida militar, habiendo cambiado su suerte cuando nombraron a Juan Manuel de Cajigal, también de origen americano (La Habana), y masón, como comandante del Regimiento de Infantería de la Princesa al cual pertenecía. El apoyo de España junto con Francia a la independencia norteamericana provocó el estallido de la guerra entre Inglaterra y España, lo que abrió nuevos frentes,

---

11 Véase su Testamento del 1 de agosto de 1810 en *Idem*, p. 329.
12 Véanse las referencias a las decisiones en Tomás Polanco Alcántara, *Miranda*, Edición patrocinada por Vencemos, Caracas 1997, pp. 22, 28, 30.

siendo Cajigal enviado a La Habana como parte de una poderosa flota para intervenir en dicha guerra. Miranda alcanzó sus propósitos, primero, de ser transferido a la Marina, y luego de viajar a América, por lo que atendiendo al llamado de Cajigal, quién fue nombrado Gobernador y Capitán General de la isla de Cuba, logró su anhelo de salir de España (1780).

Desde la base naval española de Cuba, Miranda participó en acciones militares en América del Norte contra los ingleses, primero en apoyo al Gobernador de la Luisiana, Bernardo de Gálvez, en la toma de Pensacola (1781), como consecuencia de lo cual fue ascendido a teniente coronel; y luego en la toma de las islas Bahamas apoyando a los revolucionarios norteamericanos (1782). Le correspondió en ambos casos, dado su dominio del inglés, participar activamente en la negociación de las Capitulaciones con las fuerzas inglesas. Con sus éxitos y promociones, sin embargo, además de ascensos, también acumuló enemigos, de manera que el Tribunal de la Inquisición de Sevilla, donde aún cursaba el expediente de 1778 por la compra de "libros prohibidos," tramitó un nuevo expediente ante el Tribunal de Cartagena, y luego, en 1781, se le abrió otro expediente, esta vez por un supuesto contrabando de mercancías desde Jamaica a La Habana que habría ejecutado durante una misión secreta militar que le fue asignada para la observación de las instalaciones inglesas en Jamaica, y la compra de barcos con ocasión de un canje de prisioneros en dicha Isla.[13] Sobre ese "injurioso y tropélico procedimiento" como lo denominó el mismo Miranda en la comunicación que envió al Rey Carlos III en 10 de abril de 1785 desde Londres,[14] por vía del Ministro Floridablanca, que en su contra desarrolló el Ministro de las Indias José de Gálvez, explicó "la falsedad del motivo y precipitoso proceder del ministro," sorprendió tanto al Gobernador Cajigal ("sabedor de todo lo contrario") que resolvió informar toda la verdad al Rey, y no dar curso "a semejante

---

13 Véase en Tomás Polanco Alcántara, *Miranda, cit.*, p. 27.
14 Véase en Francisco de Miranda, *América Espera* [Ed. J.L. Salcedo Bastardo], *cit.*, pp. 68-74.

disposición" pidiendo desagravio para Miranda por la "falsedad" y la "calumnia atroz," hasta recibir contestación.

Cajigal sabía de la falsedad de la acusación, pues en ese tiempo Miranda estaba cumpliendo una misión secreta bajo sus propias órdenes en Jamaica. En todo caso, los cargos injustos al final se retiraron, y de todos Miranda fue declarado inocente junto con Cajigal, años más tarde, en 1799.[15]

Por esos cargos, sin embargo, el 11 de marzo de 1782 se había ordenado la detención de Miranda en La Habana,[16] y en cuanto a Cajigal, se había decidido separarlo del cargo de Gobernador. Éste decidió viajar a España para defenderse, habiendo Miranda decidido acompañarlo, aun cuando en definitiva por breve tiempo. Miranda, sin duda conocedor de su situación frente a los españoles sabía que en cualquier proceso ante la Inquisición o tribunales militares estaba condenado de antemano, por lo que con el consentimiento del propio Cajigal, se escondió y viajó al poco tiempo hacia las costas de las Carolinas en América del Norte (1783), explicándole con razón a Cajigal, que para él no era "prudente" permanecer en Cuba ni viajar a España, considerando con razón que evitar su detención era más bien una "medida de precaución indispensable."[17]

Luego de desertar del servicio a la Corona española, Miranda pasó un año entre 1783 y 1784, recorriendo las antiguas colonias de América del Norte, habiendo podido no solo conocer y tratar a todas las personas destacadas de la vida política, militar y social de las mismas, las cuales por lo demás, recién finalizada la guerra de Independencia, venían de firmar el Tratado de Paz con Inglaterra; sino materialmente todas las instalaciones militares que habían quedado de la guerra. Pudo así, mediante cartas de presentación que

---

15 Véase en Francisco de Miranda, *América Espera* [Ed. J.L. Salcedo Bastardo], *cit.*, pp. 160 ss.
16 Véase en Francisco de Miranda, *América Espera* [Ed. J.L. Salcedo Bastardo], *cit.*, p. 31.
17 Véase su carta a Cajigal de fecha 16 de abril 1783 en Francisco de Miranda, *América Espera* [Ed. J.L. Salcedo Bastardo], *cit.*, pp. 57-58.

inicialmente le dio el propio Cajigal y luego, sucesivamente de todos a quienes fue conociendo en las logias, reunirse personalmente con los líderes más importantes de la Revolución Americana (Washington, Hamilton, Jefferson, Adams, Paine, Knox, Lafayette, entre otros), con quienes incluso comenzó a discutir sus propios planes de liberación para "Colombia" que era la América Hispana. Por ello, el mismo Miranda diría años más tarde (en 1792) que allí "fue que en el año 1784 en la ciudad de New York, se formó el proyecto actual de la Independencia y Liberación de todo el Continente Hispanoamericano, con la cooperación de Inglaterra; tanto más interesada, cuanto que la España había dado ya el ejemplo, forzándola a reconocer la independencia de sus Colonias en el propio Continente."[18]

Pero era evidente que, a pesar de todas las recomendaciones y contactos, pronto la persecución de la Corona española en su contra se desataría, lo que sintió ya cerca del final de su recorrido por Norte América, razón por la cual al llegar a Boston se embarcó hacia Londres (1785). Allí tuvo contacto con su amigo John Turnbull, a través de quién comenzó a conocer personas de interés en todos los órdenes de Inglaterra, particularmente de la intelectualidad de avanzada, como Jeremy Bentham y a James Mill con quienes desde entonces trabaría amistad. En Londres, como el mismo Miranda lo expresó:

"¡La filosofía, el gobierno, las academias de ciencias, asambleas parlamentarias y sociedad de sabios y hombres de Estado, dividen todo mi tiempo por el presente, con sumo provecho y contribuyen en algún modo à mitigar el peso de la dura adversidad!"[19]

Desde Londres trató infructuosamente de solucionar su situación con España vía el Embajador español, escribiéndole al Rey, sin resultado alguno.

---

18 Véase en el Manifiesto "para Gensone", Paris 10 octubre 1792, quien debía hacer el manifiesto para la Independencia, en Francisco de Miranda, *América Espera* [Ed. J.L. Salcedo Bastardo], *cit.*, p. 120.

19 Véase su carta a Francisco de Arrieta, de 20 de junio de 1785, en Francisco de Miranda, *América Espera* [Ed. J.L. Salcedo Bastardo], *cit.*, p. 71.

Luego de reunirse con el coronel William Stephens Smith, secretario de la legación norteamericana en Londres, y a quien había conocido en Filadelfia cuando era ayudante de campo de George Washington, y quien sabia de su interés por el conocimiento de los asuntos militares, ambos decidieron iniciar de inmediato un viaje de observación militar hacia Prusia (1785); viaje que para Miranda se convertiría en un largo trayecto que duraría cuatro años.

Para la toma de la decisión contribuyeron las noticias que ya habían aparecido en la prensa de Londres sobre Miranda, que habían alertado a las autoridades españolas de su presencia en Europa. Ello, además, contribuyó a que extendiera su periplo europeo pues la persecución adicionalmente le impedía regresar a Londres, por el peligro de ser detenido.[20]

Miranda en efecto viajó por Holanda, Sajonia, Praga, Austria, Italia, Egipto, Trieste, Grecia, Constantinopla, el Mar Negro y llegó hasta Crimea, península que recién había sido anexada al Imperio ruso (1786). De allí, después de reunirse con Gregory Potemkin, príncipe de Táurida, viajó con él a Kiev como invitado del gobierno ruso (1787), habiendo sido recibido por la emperatriz Catalina de Rusia. De ella no sólo obtuvo un apoyo efectivo para sus proyectos con respecto a la América española, sino protección política y diplomática frente a la persecución española. Como lo resumió el propio Miranda al referirse a los cinco años que estuvo por Europa:

> "no sin haber corrido algunos riesgos en mi seguridad personal, pues los Agentes de Madrid (aunque atentos y amigos en apariencia) no dejaban de tramar perfidias. En Petersburgo se quitaron la máscara, y creyendo imponer al soberano, pidieron que yo fuese librado a España, sin articular motivo, sino el aparente pretexto de que el Imperio Español estaba en peligro" a lo que Catalina respondió que "si el Imperio español corría riesgos con mi presencia, yo no podía estar mejor que en Rusia, donde mi presencia sería siempre agradable; lo mismo

---

20 Véase en Francisco de Miranda, *América Espera* [Ed. J.L. Salcedo Bastardo], *cit.*, p. 115.

intentaron, aunque sordamente en Estocolmo, y aún en Paris por medios clandestinos."[21]

Por ello, con un pasaporte ruso, bajo el nombre de Meran, viajó desde San Petersburgo a Suecia, Noruega y Dinamarca (1787), donde, de nuevo, se enteró de la intención del gobierno español de detenerlo en Estocolmo. Luego se dirigió a los Países Bajos y a Suiza, entonces bajo el nombre Meyrat, llegando a París a través de Marsella (1788), con otro nombre, como el señor de Meroff.

Allí también lo esperaban los agentes de la Corona española, quienes sin embargo no pudieron aprehenderlo. Unos años después, en 1792, no sin cierta burla Miranda escribió que:

> "en 1785, mientras viajaba por Prusia etc., la España y Francia, que veían de reojo mis *principios* y conceptos, enteradas a través del Sr. La Fayette que, al regresar de Inglaterra, yo debía pasar por Paris, me habían preparado alojamiento en la Bastilla por la confabulación de Aranda, Montmorin, Florida Blanca y Luis XVI, todos resultaron completamente burlados, pues el primero [La Fayette] se encuentra en Spandau, el otro al borde del abismo, el otro degollado en el Chatelet, el cuarto preso en el castillo o bastilla de Segovia, el último en el Temple, mientras que el tal Miranda se encuentra, espada en mano, en los Ejércitos de la Libertad."[22]

En todo caso, Miranda se las arregló para regresar a Inglaterra en vísperas de la Revolución Francesa, en junio de 1789, donde se instaló. Tomó nuevo contacto con el embajador español, sin poder resolver su situación con la Corona, y entonces comenzó el proceso de intentar penetrar en el mundo político británico para su proyecto americano, llegando a reunirse con el ministro William Pitt en junio de 1790, a quien entregó planos, planes y documentos preciados, pero de quien en definitiva nada concreto obtuvo para su proyecto

---

21 Véase en el manifiesto "para Gensone", Paris 10 octubre 1792, quien debía hacer el manifiesto para la Independencia, en Francisco de Miranda, *América Espera* [Ed. J.L. Salcedo Bastardo], *cit.*, pp. 119-121.

22 Véase en carta a Pétion, de 26 de octubre de 1972, en Francisco de Miranda, *América Espera* [Ed. J.L. Salcedo Bastardo], *cit.*, pp. 123.

americano, salvo una pensión del Gobierno, en particular por la alianza que en ese entonces existía entre Inglaterra y España.

Al no encontrar el apoyo que esperaba, viajó de regreso a París con las mismas ideas y propósitos de tratar de obtener apoyo político para sus ideas de independencia de América de los líderes de la Revolución, y además con la intención inicial de volver a Rusia (1792). En París, sin embargo, ya instalada la Revolución, entró en contacto con los principales hombres del partido Girondino, Brissot, Pétion, Alcalde de París, Roland y Dumouriez, Ministros del Interior, Servan, Ministro de Guerra, y con antiguos conocidos como Thomas Paine, con quien había entrado en relación en Nueva York en 1784. En esos días llegó incluso a ser presentado, aun cuando casualmente, a Napoleón Bonaparte.

En todo caso, el cierre de las fronteras francesas el 12 de agosto de 1792, como consecuencia de la insurrección contra la Monarquía que llevó a la detención de Luis XVI y su familia, y a la Asamblea Nacional a abolirla, le impidió a Miranda salir de Francia y ni siquiera poder regresar a Londres, como lo había pensado. La invasión de Champagne por las fuerzas de Prusia, y el peligro en el cual se encontraba Francia por los avances de tropas europeas en defensa del absolutismo monárquico, hizo que sus amigos le ofrecieran incorporarse al ejército francés, con el rango de mariscal de campo, bajo el mando del general Charles Dumouriez (1792). Al mes siguiente ya estaba en la frontera con los Países Bajos, y por sus acciones militares, entre las cuales estuvo la toma de Amberes, cuya Capitulación negoció, fue nombrado Comandante en Jefe del Ejército del Norte. En enero de 1793 el rey Luis XVI fue decapitado, y en marzo de ese año, con ocasión del desastre militar de Neerwinden que obligó al ejército francés a evacuar los Países Bajos, los Jacobinos, quienes entonces controlaban el poder, formularon cargos de traición contra Dumouriez por querer restaurar la Monarquía. Miranda fue envuelto en las acusaciones, viéndose de nuevo involucrado en un proceso al cual se lo arrastró injustamente. Fue por ello perseguido por Maximilienne Robespierre y Jean-Paul Marat, jefe de una de las facciones (Montagnard) de los Jacobinos, detenido y sometido a juicio ante el Tribunal Revolucionario de París. La acusación fue por traición a la revolución por hechos relacionados a sus acciones como comandante de los Ejércitos del Norte de Francia, con motivo del fracaso de las tropas francesas en la toma de Neerwinden, por culpa de órdenes dadas de Domouriez que Miranda incluso cuestionó por escrito pero tuvo que cumplir.

Detenido el 24 de marzo de 1793, y juzgado por el Tribunal revolucionario, salió airoso del proceso defendido por abogado Claude François Chauveau-Lagarde, con base en sus propios argumentos que puso por escrito,[23] siendo liberado el 16 de mayo de 1792.

Pero con el poder en manos de los Jacobinos, quienes impusieron el régimen del terror, Miranda no pasó mucho tiempo sin ser de nuevo encarcelado en julio de 1793, y sólo fue después de la desaparición de Robespierre y sus otros perseguidores, que recuperó la libertad en enero de 1795. Igual ocurrió con el mismo Thomas Paine quien también fue encarcelado por Robespierre y luego liberado.

Miranda permaneció en Paris incorporado a la vida intelectual de la capital y de nuevo ocupándose del tema americano. Allí publicó sus primeros estudios en su propia defensa, con cartas a Dumouriez y sobre la situación de Francia, y el 22 de diciembre de 1797 firmó en París, con otros "representantes de los pueblos y provincias de América,"[24] entre ellos José del Pozo y Sucre y José de Salas, la llamada "Acta de París" en la cual se proclamaba la "independencia" de las provincias americanas. De nuevo fue encarcelado, y luego amenazado de deportación, cuando decidió regresar a Londres, lo que hizo en enero de 1789, escapándose de la policía, disfrazado de mercader, con el nombre de Leroux, y al llegar de nuevo buscó contacto con el Primer Ministro, William Pitt, quien esta vez

---

23 Véase os argumentos y legajos de la defensa de Miranda en Francisco de Miranda, *América Espera* [Ed. J.L. Salcedo Bastardo], *cit.*, pp. 127 ss.
24 Véase en Francisco de Miranda, *América Espera* [Ed. J.L. Salcedo Bastardo], *cit.*, p. 195; Francisco de Miranda, *Textos sobre la Independencia*, Biblioteca de la Academia Nacional de la Historia, Caracas 1959, pp. 49-57.

comenzó a prestarle atención a sus planes de independencia de América española.[25]

Durante esos lustros, desde su huida de Cuba en 1783, Miranda fue quizás uno de los hispano-americanos más perseguidos y buscados por la Corona Española, siendo a su vez, uno de los más importantes promotores y precursores del movimiento de independencia de la América española, actividad que luego continuó desarrollando intensamente después de fijar su residencia en Londres en 1800, mediante libros, publicaciones y todo tipo de contactos con los hombres del mundo americano, que lo tuvieron en Londres como punto de referencia; hasta cierto punto forzado, además, por no poder salir de Inglaterra pues el gobierno le negaba pasaporte.[26]

En todo caso, el comienzo de esa labor de difusión fue la traducción y la publicación que hizo en Londres de la *Carta a los Españoles-Americanos* que en 1791 había escrito un ex jesuita, Juan Pablo Viscardo y Guzmán Nait, en la cual planteó abiertamente el tema de la independencia de la América Hispana. La carta la recibió Miranda de manos de Rafus King, el encargado de negocios de Estados Unidos en Londres, y a quien también había conocido en su periplo por Norte América.

Miranda permaneció en Londres hasta 1805, habiendo sido esos cinco años aquellos durante los cuales durante toda su vida permaneció en un solo lugar, casándose, fundando un hogar, y estableciendo su biblioteca que llegó a ser considerada una de las bibliotecas privadas más grandes de Londres. La misma fue, además, el centro de reunión de todo lo que tuviera que ver con la independencia de Sur América. En Londres y en esa época, fue el tiempo en el

---

25 Véase Tomás Polanco Alcántara, *Miranda, cit.*, pp. 145 ss.
26 Así, en carta que envió a Manuel Gual en 18 de julio de 1800 le explicaba que había reclamado "con esfuerzo mi Pasaporte para dexar el País, y perfidiamente se me retiene!...V. está ay como un prisionero, o como un instrumento que ellos se presumen emplear en utilidad propia;" y sobre la correspondencia de Gual le dijo "ni si quiera he recibido de V. probablemente las avran interceptado." 6t en Francisco de Miranda, *América Espera* [Ed. J.L. Salcedo Bastardo], *cit.*, p. 259.

cual durante toda su vida permaneció más tiempo en un solo lugar; de resto fueron períodos menores por estar privado de libertad, en las prisiones que conoció.

Luego de sus cinco años londinenses, ante la ausencia de apoyo efectivo del gobierno británico a una empresa militar para liberar a la América hispana, pero contando con el respaldo pasivo de muchos de los altos funcionarios del mismo, a fines de 1805 viajó a Nueva York donde llegó bajo el nombre de Martin, con el propósito de organizar una expedición con fines independentistas para invadir las provincias de Venezuela. Allí pensaba conseguir el apoyo necesario, el cual tampoco logró, habiendo dejado informadas a las altas autoridades del gobierno de sus proyectos, que no fueron obstaculizados. Con financiamiento de sus amigos ingleses, y la ayuda de sus amigos norteamericanos logró organizar una pequeña expedición que logró después de un intento logró desembarcar en las costas de Venezuela en 1806, proclamando sus ideas libertarias y la independencia de esas provincias,[27] pero sin resultado alguno salvo el fracaso en sus propósitos.[28] Regresó a Londres después de permanecer cerca de dos años en el Caribe, en 1808, sólo para reforzar sus proyectos de independencia desplegando una amplia labor de publicista y difusor de ideas; regresando luego a Venezuela dos años después, en diciembre de 1810, una vez que ya se había iniciado la revolución de independencia desde el 10 de abril de 1810, y después de cuatro décadas de ausencia.

Durante esa presencia de Miranda en Londres a lo largo de la primera década del siglo XIX, se configuró un amplísimo movimiento de ideas y de relaciones entre todas las personas que tenían interés por la independencia de Hispanoamérica, el cual giró en torno a Miranda y a su casa en Grafton Street, en el cual en una forma u otra recibió a todos aquellos que vivían o visitaban Londres

---

27 Véanse las Proclamas en Francisco de Miranda, *América Espera* [Ed. J.L. Salcedo Bastardo], *cit.*, p. 356 ss.

28 Véase su carta a Castlereagh explicando las razones del fracaso de la expedición, en Francisco de Miranda, *América Espera,* [Ed. J.L. Salcedo Bastardo], *cit.*, pp. 366 ss.

con interés en dicho proceso. Por allí pasaron todas las personas que en el reino Unido tenían interés en el tema de la independencia de Sur América, y todos los suramericanos que vivían o pasaban por Londres y que se interesaron en ello. Para sólo recordar un caso, debe destacarse el de el joven Bernardo O'Higgins, a quien antes de regresar a Chile, Miranda le dirigió una carta con algunos consejos, en la cual le expresaba, entre otros que desconfiara "de todo hombre que haya pasado de la edad de cuarenta años, a menos que os conste que sea amigo de la literatura y particularmente de aquellos libros que hayan sido prohibidos por la inquisición;" recordándole especialmente que: "No olvidéis ni la Inquisición, ni sus espías, ni sus sotanas, ni sus suplicios."[29]

Miranda, fue así, desde Londres, el centro de la propaganda a favor de la independencia de América del Sur, promoviendo la publicación de libros y revistas, habiendo sido el último, el que salió publicado en edición bilingüe en 1812, una vez que ya estaba preso, con el título:

Interesting Official Documents relating to the United Provinces of Venezuela, Printed for Logman and Co. Paternoster-Row; Dulau, Soho-Square; Harding, St. James' Street; W. Mason, N° 6, Holywell Street, Strand, &c&c, London 1812.

El libro, sin duda de propaganda y difusión de lo que era la nueva república, contiene todos los documentos constitucionales de la Independencia de Venezuela (1810-1811).

Lo trágico fue que el texto del mismo solo llegó a circular cuando ya la República que se publicitaba no existía, y Miranda, por la traición cometida en su contra ya estaba ya en prisión, por lo que nunca llegó siquiera a verlo.

En todo caso, una vez iniciado el proceso revolucionario en Caracas, en el mes de julio de 1810, la Junta Suprema de Venezuela nombró una delegación oficial para gestionar el apoyo del Reino Unido al proceso de independencia, la cual estuvo conformada por

---

29 Véase en Francisco de Miranda, *América Espera*, [Ed. J.L. Salcedo Bastardo], *cit.*, pág. 242-244.

dos Comisionados, Simón Bolívar y Luis López Méndez, siendo el secretario de la misma, Andrés Bello, quien hasta el 19 de abril de 1810 había estado al servicio de la Corona como Oficial Mayor de la Capitanía General de Venezuela. Aun cuando los delegados tenían la instrucción precisa de no entrar en contacto con Miranda, ello fue inevitable, de manera que fue el mismo Miranda quien les introdujo y presentó a las autoridades británicas, poniéndolos en contacto con la comunidad de intelectuales y amigos políticos británicos, incluyendo a Mill y a Bentham, así como con los hispanos y americanos residentes en Gran Bretaña, y quienes estaban en desacuerdo con el proceso de Cádiz en España y apoyaban la revolución hispanoamericana, como Blanco White.

Fue, por tanto, en este ambiente dinámico hispanoamericano en Gran Bretaña, que la delegación oficial de Venezuela de 1810 se movió en Londres. Bolívar sólo permaneció en la ciudad unos pocos meses regresando a Venezuela en diciembre del mismo año 1810. Se embarcó de regreso, efectivamente, en la corbeta de guerra, *HRM Sapphire* de la Armada Real, al mando del capitán Henry Haynes, no habiéndosele permitido al General embarcarse en la misma. Las autoridades británicas consideraron que permitir el viaje de regreso en la misma fragata de guerra de la Armada Real de la delegación oficial venezolana con el más destacado conspirador por proceso de independencia americana, podía perturbar las relaciones diplomáticas entre Inglaterra y España. Por ello, Miranda tuvo que navegar en otra fragata, el *Avon*. Sin embargo, su precioso *Archivo* de 62 volúmenes, como ya se había embarcado en las bodegas del *Sapphire* navegó en ella bajo la custodia de su secretario Pedro Antonio Leleux, quien junto con Bolívar[30] llegaron a La Guaira unos días antes de la propia llegada de Miranda, quien arribó el 10 de diciembre de 1810.

Antes de que los viajeros se embarcaran el Portsmouth para regresar a Caracas, ya el Consejo de Regencia de España había decre-

---

30 Véase William Spence Robertson, *Diary of Francisco De Miranda: Tour of the United States 1783-1784*, The Hispanic Society of America, New York, 1928, p. xx.

tado desde agosto de 1810, el bloqueo de las costas de Venezuela,[31] a lo cual siguió, en enero de 1811, el nombramiento de Antonio Ignacio de Cortabarría como Comisionado Real para "pacificar" a los venezolanos. Él fue el encargado de organizar la invasión de Venezuela desde la sede colonial ubicada en la isla de Puerto Rico, con un ejército bajo al mando del capitán Domingo de Monteverde, que desembarcó en Coro el año siguiente, en febrero de 1812, en las mismas costas donde seis años antes Francisco de Miranda había desembarcado por un breve tiempo con su fallida expedición invasora (1806).

Unos meses más tarde, el 25 de julio de 1812, después de un terrible terremoto que devastó las provincias y de una guerra que se tornaba sangrienta y desesperada, los comisionados de Miranda firmaron la Capitulación con Monteverde, para poner fin a la guerra, confiados además con el amparo de la Constitución garantista que se había recién sancionada en Cádiz, en marzo de 1812. La Capitulación fue ignorada por Monteverde, quien inició una persecución desalmada contra los republicanos, a quienes encarceló sin miramientos Al único a quien no encarceló directamente fue a Miranda, pues ya sus propios subalternos –los de Miranda– se lo habían vilmente entregado. En todo caso, todos pasaron entonces a formar parte de la lista de los llamados "monstruos de América" aprehendidos por Monteverde, entre quienes estaba Juan Germán Roscio. A partir de entonces, Monteverde generalizó una sangrienta persecución contra todos los patriotas, cuyos líderes sus líderes encarcelados o exiliados sus líderes fueron encarcelados o exiliados, y contra todo lo que hubiera significado independencia, de lo cual resultó que incluso los archivos oficiales y las dependencias de la República fueron saqueados y quemados.

---

31 José Blanco White comentó sobre esta "acción de la estupidez de la Regencia," en un artículo publicado en el *Morning Chronicle* de Londres el 5 de septiembre de 1810: "Letter of a Cádiz Spaniard to a friend of his in London," que fue reproducida por Roscio en la *Gaceta de Caracas*, en el 30 de octubre 1810. Véase Mario Rodríguez, *"William Burke" and Francisco de Miranda. The Word and the Deed in Spanish America's Emancipation*, University Press of America, Lanham, New York, London 1994, p. 313.

Un mes antes de la Capitulación, el 26 de junio de 1812, Miranda, previendo la posibilidad o necesidad de una evacuación general de la provincia, había ordenado el embargo del Puerto de La Guaira, a los efectos de evitar el zarpe libre de buques, en particular aquellos buques americanos que habían llegado unas semanas antes con ayuda humanitaria para las víctimas del terremoto de marzo de ese año. Preveía que todos los buques podrían ser utilizados para esa posible evacuación de oficiales y funcionarios, incluidos aquellos quienes, según sus planes, podían dirigirse hacia Cartagena de Indias con el fin de continuar con los esfuerzos de la independencia.

Después de la Capitulación, al fin de la tarde del día 30 de julio de 1812 Miranda llegó desde Caracas al puerto de La Guaira, habiendo previamente levantado el embargo con la clara intención de abandonar el país. Fue, sin embargo, hecho preso "por la perfidia de uno y la infamia de otros" durante la misma noche del 30 de julio de 1812, y entregado por sus subalternos a Monteverde. No saldría jamás de prisión, habiendo fallecido en la prisión de las cuatro Torres, en el Arsenal de la Carraca, cerca de Cádiz el 14 de julio de 1816.

Antes de llegar esa tarde del 30 de julio de 1812 a la Guaira, en todo caso, Miranda había dado instrucciones a su asistente y secretario, Pedro Antonio Leleux, para que embarcara su *Archivo* a bordo de un barco británico, lo cual hizo precisamente en el mismo *HRM Sapphire*, donde habían llegado al mismo Puerto dos años antes; consignándolos esta vez para una mayor seguridad, al comerciante inglés George Robertson, de la firma de Robertson & Belt, de Curazao.[32] El *Archivo,* con todos los papeles y documentos que Miranda había acumulado durante toda su vida para la difusión de ideas, ahora tenía más volumen, pues había sido engrosado con toda la documentación de lo ocurrido en Venezuela entre 1810 y 1812, incluyendo lo publicado en la *Gaceta de Caracas* bajo el nombre imaginario de William Burke.

---

32 Véase William Spence Robertson, *Diary of Francisco De Miranda: Tour of the United States 1783-1784*, The Hispanic Society of America, New York, 1928, p. xxi.

Este escritor prolijo, inevitablemente asociado a Miranda, en realidad no fue una persona. Irlandés de origen que hubiera ido a Venezuela junto con Miranda en 1810. Fue en realidad un seudónimo o *nom de guerre*, que llegó a Venezuela junto con el *Archivo* de Miranda, razón por la cual, al Miranda ser apresado y al salir el *Archivo* de Venezuela, Burke también salió y desapareció. El pseudónimo sin embargo antes de desaparecer, prestó un último servicio a la causa republicana, tal como lo reportó oficialmente el Capitán Haynes el 1 de agosto de 1812 en Curazao, dos días después de haber zarpado *con el Archivo* a bordo desde la Guaira, al indicar en la lista oficial de los 37 pasajeros que a bordo del *Sapphire* habían salido del puerto de la Guardia en la evacuación desesperada, no uno sino a dos "William Burke."

En efecto, además de los dos principales ayudantes de Miranda durante el año y medio que permaneció en Venezuela que aparecían en la lista de pasajeros: Manuel Cortés de Campomanes, identificado como "teniente general Cortés," un español europeo, de profesión "Artillería;" y el "capitán José María Antepara," identificado como de América del Sur, de profesión "Infantería;" en la misma lista el capitán Haynes incluyó los nombres de dos personas bajo el nombre de Burke: un "William Burke," identificado como británico, de profesión "Cirujano," "previamente en el Servicio británico," y otro "teniente Burke," también identificado como de profesión "Caballería", "previamente en el Servicio británico."[33]

Con esa inclusión en ese listado de pasajeros, William Burke, como *nome de guerre*, puede decirse que prestó sus últimos servicios a la independencia y a la República; servicio en realidad prestado por el capitán Haynes para que esos nombres pudieran ser usados y poder dar asilo a quien los necesitase usar en la evacuación de

---

33 Véase W.O.1/112- Curaçao. 1812. Vol. 2nd. Folios 45 and 46 C.O.T Gov'Hodgson. In *Documentos relativos a la Independencia. Copiados y traducidos en el Record Office de Londres por el doctor Carlos Urdaneta Carrillo*. Año de 1811-1812. Fol. 478-479. Véase las referencias en Giovanni Meza Dorta, *Miranda y Bolívar, Dos visiones*, Quinta edición revisada y ampliada, Editorial Jurídica Venezolana, Caracas 2015, pp. 43, 62.

La Guaira una vez que Monteverde y el gobernador del Puerto Las Casas, quien ya estaba a su servicio, prohibieran el embarque de las personas que habían residido en Venezuela, incluso los extranjeros.

Por ello, más de una persona distinta a las listadas como pasajeros por el Capitán Haynes debe haber estado a bordo de su buque, probablemente ocultando sus nombres reales mediante el uso de la denominación "Burke" que nadie iba a cuestionar. Tal vez uno de ellos haya sido precisamente Pedro Antonio Leleux, secretario personal y asistente de Miranda a quien le había encargado la tarea de embarcar su *Archivo*, lo cual hizo en el *Sapphire*.

Sin embargo, el nombre de Leleux, quien también escapó esa misma noche de La Guaira,[34] tal como él mismo lo informó, no se incluyó en la lista elaborada por el Capitán Haynes en Curazao. En realidad, Leleux sólo explicó en una carta enviada a la canciller Nicolás Vansittart, probablemente escrita desde Curazao el 26 de agosto de 1812, que "se las arregló para escapar subiéndose a un barco británico, donde permaneció escondido en un montón de paja para las mulas hasta después de haber vagado por diez días llegó a Curazao a la casa de Robertson & Belt."[35]

Leleux debió haber estado consciente de lo inconveniente que era en ese momento para un barco de la *Royal Navy* llevar un francés a bordo, por lo que es muy probable que Haynes lo haya embarcado pero bajo el nombre de alguno de los "William Burke," a quienes ambos, Haynes y Leleux, conocían perfectamente bien. Además, Leleux conocía muy bien el *Sapphire*, porque ya había navegado en él desde Portsmouth a La Guaira en diciembre de

---

34 Véase la carta de Leleux al canciller Nicolás Vansittart del 26 de agosto de 1812, en Giovanni Meza Dorta, *Miranda y Bolívar, Dos visions, cit.*, Apéndice 15, pp. 194-197. Véase en el testimonio del capitán Haynes, en Tomás Polanco Alcántara, *Miranda, cit.* p. 322.

35 Véase Giovanni Meza Dorta, *Miranda y Bolívar, Dos visiones*, cit. Apéndice 15, p. 249-250.

1810, a donde llegó, precisamente con el mismo *Archivo* de Miranda, junto con José María Antepara y Simón Bolívar.[36]

El hecho real es que, tras la debacle de La Guaira y la caída de la Primera República de Venezuela, el prolífico escritor, William Burke, quien "figuraba como pasajero" del *Sapphire*, simplemente también desapareció. Ninguna otra noticia sobre él se registra en la historia, salvo una referencia en la historiografía venezolana que narra que supuestamente murió en Jamaica en ese mismo año, 1812. Si había escrito tanto, y había vivido ese año y medio en Caracas, habiendo publicado e incluso polemizado con muchos –siempre por supuesto por escrito, pues no hay ni una sola crónica o referencia a la persona–, había necesariamente que hacerlo fallecer.

En cuanto al valioso *Archivo* de Miranda, coincidentemente, después de su viaje a Curaçao también desapareció, habiendo sido encontrado más de un siglo después, en Inglaterra. Los baúles con el Archivo, en efecto después de dos años de gestiones que se le deben Leleux, fueron enviados a Londres desde Curaçao, a través de Jamaica, precisamente en el mismo *HRM Shappire*, bajo el mando del mismo capitán Haynes, en 1814, dirigidos para ser entregados a Lord Henry Bathurst, Secretario de Estado de Guerra y de las Colonias, como en efecto sucedió. Haynes llegó con los baúles del *Archivo* a Londres, coincidente con la llegada de Miranda como prisionero a Cádiz, en enero de 1814, y desde esa fecha, los legajos que los contenían quedaron en la oficina del secretario en Londres, hasta que, como presidente del Consejo Privado, dejó de servir a la Corona en 1830. En esa fecha los legajos fueron trasladados a su residencia personal en Cirencester, cerca de Gloucestershire, como

---

36   Véase Mario Rodríguez, *"William Burke" and Miranda, cit.*, p. 317. Miranda conoció a Pedro Antonio Leleux en la librería Dulau en Soho Square, Londres, donde entre otros, se distribuían los libros de Burke y el libro *Interesting Official Documents*. Véase Paúl Verna, *Pedro Leleux, el francés edecán secretario y amigo de confianza de Miranda y Bolívar*, Comité Ejecutivo del Bicentenario de Simón Bolívar, Caracas 1982.

parte de sus cosas "personales," donde fueron descubiertos en 1922, por el biógrafo de Miranda, William Spence Robertson.[37]

Miranda, de todos los hombres que tuvieron a su cargo la configuración constitucional del Estado de Venezuela entre 1810 y 1812, fue sin duda el que más conocimiento teórico tenía sobre los sistemas políticos contemporáneos, y además, el que más experiencia militar había tenido. Sin embargo, su labor en Venezuela no fue como militar, sino como el civil más destacado en el conocimiento más universal de los principios del constitucionalismo moderno. Su rol militar al final de la República, como Generalísimo, para enfrentar a Monteverde, fue una carga que le impuso la República y que no pudo evitar asumir. Pero fue su rol civil en la República el que lo inmortalizó tanto por la concepción del proceso independentista desde Europa, como por la difusión de las ideas de la independencia y de los derechos de América del Sur, entre otros a través de la firma de William Burke, como en la construcción constitucional de la República a la cual tanto contribuyó como diputado al Congreso durante 1811.

Ese espíritu civil que fue el que configuro la independencia de Venezuela, y la construcción de la República entre 1810 y 1812, y que por ello no fue producto de gesta militar alguna, fue el que fue barrido por las armas a partir de la entrega de Miranda hecha por militares republicanos a militares realistas, quienes al unísono, si al unísono –patriotas y realistas–: unos mediante la imposición de la "ley marcial" y otros mediante la imposición de la "ley de la conquista," con las armas barrieron con lo que Bolívar mismo llamó una "república aérea," que quedó sustituida desde entonces, durante casi toda nuestra historia, por un Estado conducido bajo la capa militar.

Los venezolanos, para poder reivindicar el civilismo frente al militarismo que se apoderó hasta de la conmemoración de la Inde-

---

37 Véase William Spence Robertson, *Diary of Francisco De Miranda: Tour of the United States 1783-1784*, The Hispanic Society of America, New York, 1928, p. xxvi.

pendencia, que fue obra de un Congreso civil el 5 de julio de 1811, tenemos sin duda que comenzar por reivindicar a Francisco de Miranda.

Estas notas que aquí recojo, publicadas dispersamente en varias partes, y otras que no habían sido aún publicadas, escritas con motivo de otros proyectos, son mi contribución personal a ello, en el bicentenario de su fallecimiento.

I
FRANCISCO DE MIRANDA Y EL FIN DE SUS DÍAS EN CÁDIZ, POR "LA PERFIDIA DE UNO Y LA INFAMIA DE OTROS"*

Francisco de Miranda, sin duda el más grande y universal de los americanos de finales del siglo dieciocho y de comienzos del diecinueve, en una carta solo conocida para la historia en 2014, fechada el 21 de mayo de 1814 y escrita desde "Carraca cerca de Cádiz" –como solía ubicar la prisión de las Cuatro Torres donde pasó los últimos dos años de su vida–, fue donde por primera y única vez expresó algo sobre la razón por la cual había llegado a esa prisión en enero de ese mismo año. En ella, que fue la primera carta que se le permitió escribir, y que está dirigida a su "muy querida Sally," Sarah Andrews su esposa, quien vivía en Londres, le expresó desesperadamente su confianza en que el gobierno inglés lo podía sacar de allí, de la difícil situación –le dijo– en la cual lo había "colocado *la perfidia de uno y la infamia de otros.*"[38]

Sí, "la perfidia de uno y la infamia de otros" había sido lo que había provocado su prisión, la cual había comenzado dos años an-

---

* Discurso leído con motivo de mi incorporación como Miembro Correspondiente Extranjero (por Nueva York) ante la *Real Academia Hispano Americana de Ciencias, Artes y Letras de Cádiz*, 1 de junio de 2016.

38 Véase el texto de la carta en Inés Quintero, *El hijo de la panadera*, Editorial Alfa, Caracas 2014, p. 248. La historiadora Inés Quintero indica en su libro que un coleccionista privado se la proporcionó con todo desprendimiento, indicándole que la había comprado de un descendiente de Miranda, p. 248.

tes, en el puerto de La Guaira, en la noche del 30 al 31 de julio de 1812; y terminó en la prisión de La Carraca, cerca de Cádiz, donde fue trasladado el 5 de enero de 1814, donde falleció el 14 de julio de 1816.

A Cádiz llegó Miranda, quien tanto había luchado contra las Cortes de Cádiz cuando éstas reaccionaron contra la independencia de las Provincias de Venezuela, pero quien al final de sus días tanto clamó por que se respetara la Constitución, por los representantes de la Regencia en Venezuela, que tanto la violaron; pensando precisamente que después de cuatro años de prisión en el caribe, sin acusación ni juicio, en España podía tener más esperanza de defenderse. Pero ello también se desvaneció a los pocos meses, pues el 11 de abril de 1814, Napoleon mismo, el Emperador de Austria, el rey de Prusia y el Emperador de todas las Rusias firmaron el Tratado de Fontainbleau, estipulando la abdicación de Napoleon, y su exilio a la isla de Elba, lo que fue efectivo el 14 de abril de 1814; de manera que liberado el Monarca español Fernando VII, a su regreso a España, a partir del 4 de mayo de ese año, dos semanas antes de la carta de Miranda a su esposa, la Constitución de Cádiz de 1812 con todas sus garantías, fue ignominiosamente barrida por el Monarca en cuyo nombre se había sancionado, al declararla "nula y de ningún valor ni efecto, ahora, ni en tiempo alguno, como si no hubiesen pasado jamás [...], y se quitasen de en medio del tiempo."[39] Como profesor de derecho público, confieso que nunca antes había leído un texto tan radical de anulación de un acto estatal como ese.

Fue entonces en ese marco de la restauración de la Monarquía, el tiempo en cual Miranda pasó los últimos dos largos años de su vida en ese edificio del Arsenal que hoy sigue en pie, rodeado de los mismos pantanos, salinas y esteros, y con las mismas humedades de siempre.

---

39 Véase Jorge de Esteban (ed), *Constituciones Españolas y Extranjeras,* Tomo I, Ediciones de, Taurus, Madrid 1977, pp. 125 ss.

Ese edificio, sin duda, cuarenta años antes, el mismo Miranda ya lo había visto en muchas ocasiones. Recordemos que él desembarcó aquí, en *Cádiz*, por primera vez en 1771, cuando vino desde el puerto de La Guaira en la provincia de Venezuela buscando la libertad que no encontró en Caracas, y que ya había afectado a su familia. Durante los siete años siguientes a aquél primer desembarco, estuvo asignado intermitentemente a la guarnición de esta ciudad, con misiones militares que cumplió en Madrid, Melilla y Granada; hasta 1778, cuando dejó estas mismas costas rumbo a La Habana, una vez que logró ser trasferido de Regimiento de Infantería de la Princesa a la Marina española.

Cinco años después, luego de cumplir importantes misiones militares en El Caribe que le valieron el ascenso al grado de Teniente Coronel, y ante acusaciones infundadas de las cuales incluso lo defendió su superior inmediato, el General Juan Manuel Cajigal, la Prudencia que siempre es buena consejera, lo aconsejó que abandonara el servicio que prestaba en la guarnición de La Habana, tomando rumbo a Norte América. Y así fue como a partir de 1783 recorrió buena parte del mundo conocido de la época, llegando hasta Crimea, conociendo a todos los hombres destacados de entonces y además, acumulando en su *Archivo* toda la información disponible de actualidad que existía en todos los países que visitó, sobre todos los asuntos de interés que podía haber, como nadie lo había hecho hasta entonces. Y fue aquí, a Cádiz donde volvió 38 años después de haber dejado esta ciudad, pero para entrar en la prisión de La Carraca, privado de todo.

O sea, llegó a Cádiz en 1771 y salió de Cádiz en 1778, en ambas ocasiones buscando la libertad que no había conseguido en su tierra y en estas tierras, y aquí regresó como reo de Estado, lleno de grillos, sin sus papeles, sin sus amigos, después de haber pasado los dos años previos de prisión en el Castillo de San Carlos en La Guaira, en el Castillo de San Felipe en Puerto Cabello, y en el Castillo de El Morro de San Juan de Puerto Rico.

Aquí llegó un hombre que después de haber conocido a todos los importantes hombres de su época, llegó ignorado por todos, menos por sus carceleros, quedando encerrado sin causa ni proceso, es decir, sin haber sido nunca oído, ni acusado por nadie y de nada. Y fue así, no por haber sido aprehendido como el americano más buscado entre todos los enemigos de España, cuyas autoridades tenían para entonces veinte años consecutivos persiguiéndolo por todo el mundo conocido, sino por haber sido vilmente entregado a las mismas cuatro años antes, por sus propios amigos y subalternos, en quienes confiaba, y a quienes había dado todo.

Todo ocurrió en el puerto de La Guaira la noche del 30 de julio de 1812, donde llegó después de haberse concluido la firma de una Capitulación con las fuerzas invasoras españolas. Llegó, con buena parte de su oficialidad y funcionarios de la República que estaba derrumbándose, en proceso de evacuación para embarcarse y poder salir de la provincia ocupada.

Esa noche, a pesar de las advertencias que le dio su amigo el capitán Henry Haynes, comandante de la fragata inglesa *Sapphire* donde debía embarcarse, sobre el peligro que corría si pernoctaba en tierra, sin embargo, confiadamente, después de cenar con sus oficiales, y con el mismo Haynes, decidió pernoctar en la casa del gobernador militar del Puerto, a quien él mismo había designado. El resultado de su confianza fue que a las dos de la madrugada fue despertado intempestivamente por sus amigos oficiales subalternos, pero no para protegerlo de los españoles, sino para apresarlo y entregarlo a los mismos.

Todo, precisamente, a causa de *"la perfidia de uno y la infamia de otros,"* a raíz de lo cual nunca más volvió a ser el hombre libérrimo que había sido, nunca más pudo volver a escribir, nunca más pudo llevar el diario que durante cuarenta años escribió con todo detalle sobre todo lo que hacía, visitaba y pensaba, y por supuesto, nunca más pudo volver a acumular sus queridos papeles, como siempre lo hizo durante el casi medio siglo precedente.

A partir de esa noche, lo único que pudo escribir fueron unos escasos memoriales para protestar ante las autoridades españolas y británicas, no contra los abusos cometidos en su contra como prisionero, sino contra los abusos que estaba cometiendo el régimen de terror, que aplicando la "ley de la Conquista" se había establecido en las provincias de Venezuela a partir del día en el cual fue entregado; régimen comandado por Domingo Monteverde, como jefe del ejército invasor de las provincias de Venezuela que se habían declarado independientes en 1811; y abusos que se habían cometido contra todas las personas que habían participado en el proceso independentista y, por supuesto, contra las instituciones democráticas que se habían comenzado a establecer en la nueva República entre 1810 y 1812.

Y tal debió haber sido el dolor y el desconcierto que sufrió Miranda durante esos largos cuatro años, en medio de su soledad y abandono, que en esos pocos documentos y correspondencia que pudo escribir, nunca se refirió al motivo de su prisión, ni a la traición misma ni a sus artífices; nunca definió quién había sido el pérfido, ni quienes los infames, pues seguramente nunca pudo comprender –como nadie lo pudo entender– la razón o sinrazón de la traición. La perfidia es un acto cruel que comete precisamente quien es cercano, en quien se confía, y que al hacerlo, decide no solo abandonar al amigo, sino entregarlo a quien con seguridad le hará daño. La perfidia es lo contrario a la amistad, a la confianza, a la lealtad, y por ello casi siempre la comete precisamente quien se cree es un amigo.

Quizás por ello, Miranda, consciente de haber dedicado su vida y de haber entregado todo por la libertad e independencia de Venezuela, en la misma carta antes mencionada le decía a Sally que todos estos sacrificios habían "sido por amor a mi país natal." No le era posible entender cómo el 30 de julio de 1812, ya de madrugada, con alevosía, nocturnidad, abuso de confianza y auxilio de gente armada, unos oficiales subalternos prevalidos de su posición, obnubilados quizás por el resentimiento y adicionalmente fustigados por la infamia de tantos, fueran los artífices de su entrega a los españoles, para ser encadenado y engrillado hasta su muerte.

La traición fue perfecta y la recompensa, mejor e inesperada. A Domingo de Monteverde tuvo que haberle costado mucho entender cómo había llegado a sus manos el más buscado de los americanos, y por lo que se refiere a quienes cometieron la perfidia, la verdad es que a nadie se acusó de la infamia, y después de aquella noche pareció como si se hubiese dictado una sentencia imponiendo la vieja ley del silencio, de manera que nunca más, salvo en contadas ocasiones, se habló de tales hechos, ni de sus motivos, ni de quienes habían sido los traidores o los infames.

La carta que Miranda dirigió a su esposa Sarah, en realidad, no fue más que un último grito desesperado con esa sola referencia incidental a la causa de su desgracia, pero sin nombrar persona alguna como responsable; en la cual clamaba como último recurso sencillamente por sus amigos, en ese caso, los ingleses, quienes pensaban eran los que le quedaban.

Pero al mencionar "la perfidia de uno y la infamia de otros," hay que entender que con ello lo que estaba haciendo por primera vez era formular una acusación final, pues bien sabía quién había sido el pérfido y quiénes habían urdido la infamia, todos oficiales de su propio ejército republicano, quienes aquella noche conspiraron para detenerlo, abusando de su amistad, de su posición, y de la oscuridad de la noche, cuando ya algunos incluso se habían pasado al bando de los invasores españoles.

Hay que recordar que una semana antes de esos hechos, los representantes de su ejército junto con los de Monteverde venían de concluir unos acuerdos con el objeto de poner fin a una guerra que se tornaba sangrienta. España o más bien, las Cortes de Cádiz, en uno de los mayores desencuentros que hubo en la historia con sus colonias,[40] había decidido bloquear e invadir a las provincias de Venezuela, las primeras en América que habían osado declararse independientes y constituir un nuevo Estado. Monteverde comandaba las fuerzas de ocupación, y la República, devastada por un

---

40 Véase Allan R. Brewer-Carías, "Crónica de un desencuentro: las provincias de Venezuela y las Cortes de Cádiz (1810-1812)," en José E. Palomino Manchego y José de Jesús Naveja Macías (Coordinadores), *La Constitución de Cádiz de 1812 (A propósito de su Bicentenario),* Universidad Inca Garcilaso de la Vega, Colegio de Abogados de Lima, Instituto Iberoamericano de Derecho Constitucional, Lima 2015, pp. 769-808.

terrible terremoto ocurrido unos meses antes, corría el riesgo de ahogarse en la propia sangre del precario ejército que le quedaba, después de tantas deserciones.

En ese momento no había otra alternativa que no fuera un pacto para poner fin a la guerra. Era lo que un militar experimentado tenía que hacer, y efectivamente hizo Miranda, buscando como lo entendió un testigo de la época, que "se aplicara a Caracas la Constitución presentada por las Cortes a la nación española" es decir, la Constitución de Cádiz recién sancionada; que "no se molestara a nadie por sus anteriores opiniones;" que "todas las propiedades y bienes particulares fueran respetados" y que "se permitiera la salida a todos los que desearen dejar el territorio de Venezuela."[41] Nada de lo cual luego se respetó.

Sin embargo, frente a lo que se buscaba, a los insensatos traidores no se les ocurrió otra cosa cuando todos estaban en proceso de evacuación, que acusar a Miranda nada menos que de traición por haber propuesto la firma de la Capitulación,[42] dudando precisamente de quién quizás, para ese momento, era el único oficial militar en todo el mundo, –sí, en todo el mundo– que tenía la mayor experien-

---

41 Fue la Opinión de Manuel Palacio Fajardo (1784-1819), contemporáneo de los hechos, en su libro: *Bosquejo de la revolución en la América Española (1817)*, inicialmente en inglés: *Outline of the Revolution in Spanish America)*. Véase extracto en el libro de Giovanni Meza Dorta, *Miranda y Bolívar. Dos visiones*, Quinta edición revisada y aumentada, Editorial Jurídica Venezolana, Caracas 2015, Apéndice 14, p. 245.

42 Como lo expresó Tomás Molini, secretario de Miranda y a quien éste había enviado a Londres justo antes de la debacle de 1812, en procura de auxilio del gobierno inglés, en comunicación que remitió en febrero de 1813 a Richard Wellesley "me limito a creer que si Miranda hubiese sido traidor no se habría ciertamente traicionado a sí mismo, compartiendo la suerte de aquellos que había, se dice, vendido a Monteverde, y si no tuviera la convicción de que él ha sido incapaz de una cobardía semejante, diría yo que es imposible que un hombre que trabajó toda su vida por la independencia de América, haya podido al fin de su carrera olvidar esta gloriosa empresa, manchar sus cabellos blancos, deshonrar para siempre su memoria al descender a la tumba y por tanta ignominia y fechoría, no recibir otra recompensa que las cadenas y la muerte." Véase en el libro de Giovanni Meza Dorta, *Miranda y Bolívar. Dos visiones, cit.*, Apéndice 16, p. 254.

cia personal en materia de capitulaciones y tratados de finalización de la guerra. Miranda para ese entonces, ya había negociado personalmente tres capitulaciones militares en dos Continentes: en dos oportunidades como oficial de la Marina española durante las guerras de España contra los ingleses, con motivo de las guerras de independencia de Norteamérica, en El Caribe, con ocasión de la toma de Pensacola en 1781, y luego con motivo de la toma de las Bahamas en 1782; y en otra ocasión, en la guerra de Francia contra las Monarquías europeas, como Comandante en Jefe que fue de los Ejércitos del Norte con ocasión de la toma de Amberes en 1792. Si alguien bien sabía cuándo, en qué circunstancia y de qué manera había que llegar a una Capitulación en el curso de un conflicto militar, ese era Miranda y así actuó por experiencia.

Los subalternos que lo apresaron, en realidad, no eran más que aprendices de la guerra, incluyendo al pérfido al cual se refirió, quien no pudo ser otro que uno de su mayor confianza, el entonces teniente coronel Simón Bolívar, a quien Miranda había entregado el 2 de mayo de 1812 el comando de la plaza militar más importante de la República, donde estaba el Castillo de Puerto Cabello; o quizás, Manuel María de Las Casas, gobernador militar del Puerto de La Guaira designado también por el propio Miranda. Ambos, junto con Miguel Peña, gobernador civil del mismo Puerto, también nombrado por Miranda, lo entregaron a Monteverde.

Sobre esos hechos el mismo Bolívar se refirió nueve años después, en una carta del 26 de agosto de 1821 dirigida al Congreso de Colombia abogando por quien (Francisco Iturbe), después de haber entregado a Miranda, lo había presentado a Monteverde –a quien calificó de tirano pero de quien obtuvo un pasaporte para salir de Venezuela–, expresando, primero, que por "la traición del Comandante de La Guaira coronel Manuel María Casas [se había puesto] en posesión del General Monteverde aquella plaza con todos los jefes y oficiales que pretendían evacuarla," habiendo sido él, sin embargo, corresponsable de tal hecho, al haber aprehendido junto con Casas a Miranda; y por la otra, que sus "compañeros no se atrevieron a acompañar[lo] a castigar aquel traidor."⁴³ ¿A cuál traidor? No parece que se refiriera a las Casas, pues Bolívar en ese momento no tenía mando, Casas era el Gobernador militar, y para el amanecer del día 31 de julio ya Monteverde tenía control del Puerto; ⁴⁴ sino precisamente a Miranda, a quien incluso esa misma noche había propuesto fusilar *in situ*.⁴⁵ Como lo expresó el historiador Becerra a finales del siglo diecinueve al referirse a la conspiración; después de la caída del Castillo de Puerto Cabello en sus manos:

> "Bolívar era el menos autorizado de todos, y acaso el único impedido para tomar parte en ella, puesto que había sido factor muy importante en la obra de la desgracia que, sin embargo, quería castigar tan cruelmente."⁴⁶

---

43 Véase el texto de la carta, en el libro de Giovanni Meza Dorta, *Miranda y Bolívar. Dos visiones, cit.*, Apéndice 20, p. 263.

44 Caracciolo Parra-Pérez afirma, sin embargo, al referirse a lo dicho por Bolívar en esa carta, que habría propuesto "a sus compañeros despojar del mando a Casas y organizar la defensa de La Guaira contra los realistas, empresa que aquellos no quisieron secundar. Allí se acusa de traición al comandante, no por la prisión de Miranda, sino por la cerrada del puerto y la entrega de la plaza." Véase Caracciolo Parra-Pérez, *Historia de la Primera República de Venezuela*, Academia Nacional de la Historia, Caracas 1959, Tomo II, pp. 444-445.

45 Véase José Austria, *Bosquejo de la historia militar de Venezuela en la guerra de la Independencia*, Imprenta y Librería de Carreño Hermanos, Tomo I, citando un manuscrito de Pedro Briceño Méndez, Caracas 1855, pp. 163-164; Ricardo Becerra, *Vida de Francisco de Miranda, general de los Ejércitos de la primera república Francesa y generalísimo de los de Venezuela*, Biblioteca Ayacucho bajo la dirección de don Rufino Blanco-Fombona, Editorial América, Madrid, Tomo II, pp. 389, 390. Véase igualmente en *Correspondencia General del Libertador Simón Bolívar: enriquecida con la inserción de los manifiestos, mensajes exposiciones, proclamas, & publicados por el héroe colombiano desde 1810 hasta 1830*, Tomo Primero, en la imprenta de Eduardo J. Jenkins, New York, 1875, p. 131; y Caracciolo Parra-Pérez, *Historia de la Primera República de Venezuela*, Academia Nacional de la Historia, Caracas 1959, Tomo II, pp. 436, 446, 447.

46 Véase Ricardo Becerra, *Vida de Francisco de Miranda, general de los Ejércitos de la primera república Francesa y generalísimo de los de Venezuela*, Biblioteca Ayacucho bajo la dirección de don Rufino Blanco-Fombona, Editorial América, Madrid, Tomo II, p. 393.

La pérdida de esa plaza en manos de Bolívar, dos meses después de recibirla, a comienzos de julio de 1812, fue precisamente una de las causas, si no *la* causa bélica mayor para haberse tenido que llegar a la necesidad ineludible de la firma del armisticio con las fuerzas invasoras. Después de esa pérdida, el coronel Bolívar nunca más vio al general Miranda hasta la noche del 30 de julio, cuando en lugar de dar explicaciones las exigió.

De manera que Miranda sabía quién era el pérfido y quienes habían urdido la infamia en su contra, todos subalternos cooperantes de la traición. Sobre ellos, el mismo Monteverde, en su informe al Gobierno español sobre esos acontecimientos que envió el 18 de diciembre de 1812, precisó que las "Casas, con el consejo de Peña y por medio de Bolívar, había puesto en prisiones a Miranda," considerando que –dijo– obraron opuestamente a la maligna intención de los facciosos," por lo que, –también dijo– debían ser "perdonados de su extravío y aun tenerse en consideración sus acciones, según la utilidad que haya resultado de ellas al servicio de S.M."[47]

Un testigo de excepción de los hechos de aquella noche fue el capitán Henry Haynes de la Armada Real británica, uno de los pocos y grandes amigos de Miranda, quien había llegado al Puerto de La Guaira el día antes en el *Sapphire*, una bella fragata de guerra, de escolta, de dieciocho cañones y una sola cubierta, que había permanecido fondeada en la rada, entre otras razones por el embargo del puerto que había decretado el mismo Miranda. Estando en el Puerto, Haynes había recibido todo tipo de noticias sobre los últimos acontecimientos de Venezuela, así como todas las consejas y acusaciones contra Miranda, de traición, de entrega, de abandono, e

---

47 Véase el texto del Informe de Monteverde en el libro de Giovanni Meza Dorta, *Miranda y Bolívar. Dos visiones, cit.*, Apéndice 18, p. 259. Al grupo de la infamia debe agregarse al Marqués Manuel de Casa León, Secretario de Hacienda de la República en colapso, a quien Miranda le había ordenado destinar una suma del tesoro para embarcarla en La Guaira con destino a la resistencia, pero que ya desde la firma del armisticio, en el cual Casa León había participado como comisionado de Miranda, ya se había pasado a las filas de los invasores, asumiendo las mismas funciones con Monteverde.

incluso de robo de caudales públicos, luego de la firma de la Capitulación con Monteverde.

Haynes tenía el encargo de parte de las autoridades británicas de proteger los intereses de los súbditos británicos en Venezuela en la situación de guerra que se vivía, y además, de asistir y proteger al General Miranda, y de evacuarlo de Venezuela con los oficiales que él dispusiera. Por ello, el mismo Haynes, quién era bien conocido de toda la oficialidad local, fue uno de los comensales en la cena que el Gobernador del Puerto dio a Miranda y a sus oficiales esa misma noche del 30 de julio de 1812, en la vieja casa de la Compañía Guipuzcoana.

Al terminar la cena, y luego del infructuoso intento de Haynes de advertirle a Miranda sobre el peligro que corría,[48] y evitar que durmiera en tierra, se retiró molesto ante la insistencia de los oficiales de que Miranda por estar cansado, pernoctara en la propia casa del Gobernador de las Casas,[49] sin saber que con ello se estaba en-

---

48 Como lo explicó Henri Louis Villaume Ducoudray Holstein, contemporáneo con los hechos, "El Capitán Haynes dijo en seguida a algunos de sus amigos, sobre lo cual yo tengo los detalles, que él tenía cierto presentimiento que a Miranda le ocurriría algo malo, y que por ello le había presionado para subir a bordo, aunque temía hablar más claramente por temor que los otros no lo comprendieran." Véase Henri Louis Villaume Ducoudray Holstein, *Memoirs of Simón Bolívar. President Liberator of the Republic of Colombia, and of his principal generals,* S.G. Goodrich and Co., London 1830; *Histoire de Bolivar, par le Gén. Ducoudray Holstein; continuée jusqu'a sa mort par Alphonse Viollet* (Paris, 1831).

49 Como lo explicó Henri Louis Villaume Ducoudray Holstein, contemporáneo con los hechos, "Miranda se encontró allí un gran número de personas, entre otros el capitán inglés del Sapphire, el Doctor Miguel Peña, gobernador civil de La Guaira, el teniente coronel Simón Bolívar. Toda la sociedad esperaba a Miranda. Él llegó, cansado por el calor del día. Después de que se fuera a descansar, se le invitó que se quedara a cenar y a que pernoctara esa noche en tierra. El capitán Haynes se pronunció contra esta proposición, y presionó a Miranda a ir a bordo con él, donde encontraría todas las comodidades posibles; su secretario, sus sirvientes y sus baúles estaban ya allí. Agregó que él deseaba izar velas sobre la marcha, ya que la brisa de tierra se levantaría en breve. Pero Bolívar, Peña y Casas le dirían al capitán que el general estaba muy fatigado para embarcarse, y que el viento de tierra no se levantaría sino hasta las diez de la mañana; de manera que no era necesario esperar a

tregando, a quien ya para ese momento había traicionado la causa republicana.

Los temores de Haynes, sin embargo, los confirmó al amanecer del día siguiente, 31 de julio, cuando desde la cubierta del *Sapphire* ya vio izada la bandera española en el mástil de la casa de Gobierno, aun cuando no en los fuertes de La Guaira donde permanecía izada la bandera independentista. Al poco tiempo, además, de viva voz supo "acerca del arresto de Miranda,"[50] por el portador de una misiva que le envió las Casas, como comandante del Puerto, informándole que ningún buque podía salir del mismo.[51] A raíz de eso, como se lo expresó a su superior el Vice-Almirante Charles Stirling, de *White Jamaica,* el 4 de agosto, ya no tuvo "dudas acerca de las intenciones del general Monteverde,"[52] a quien le envió directamente una carta exigiéndole respeto por los "bienes y los súbditos de Su Majestad Británica," y anunciándole además, que daría asistencia a los buques británicos que salieran del puerto.[53]

Entonces decidió zarpar a pesar de la nueva orden de embargo del puerto que había dispuesto por Monteverde, y que recibió con la orden que le comunicó amenazadoramente el gobernador Casas, de "evitar la salida de ninguno de los habitantes de este país."[54] Las

---

bordo. Miranda dudó, pero terminó por dar su acuerdo en quedarse en tierra. El capitán Haynes se retiró visiblemente contrariado; y prometió sin embargo al general de enviarle su bote para llevarlo a bordo." Véase Henri Louis Villaume Ducoudray Holstein, *Memoirs of Simón Bolívar. President Liberator of the Republic of Colombia, and of his principal generals,* S.G. Goodrich and Co., London 1830; *Histoire de Bolivar, par le Gén. Ducoudray Holstein; continuée jusqu'a sa mort par Alphonse Viollet* (Paris, 1831).

50 Véase el texto del Informe de Haynes a Stirling en el libro de Giovanni Meza Dorta, *Miranda y Bolívar. Dos visiones, cit.,* Apéndice 11, p. 237.

51 Véase el texto de la carta en Giovanni Meza Dorta, *Miranda y Bolívar. Dos visiones, cit.,* Apéndice 4, p. 221.

52 Véase el texto del Informe de Haynes a Stirling en Giovanni Meza Dorta, *Miranda y Bolívar. Dos visiones, cit.,* Apéndice 11, p. 237.

53 Véase el texto de la carta en Giovanni Meza Dorta, *Miranda y Bolívar. Dos visiones, cit.,* Apéndice 8, p. 229.

54 Véase el texto de la carta en Giovanni Meza Dorta, *Miranda y Bolívar. Dos visiones, cit.,* Apéndice 4, p. 221.

misivas, además, fueron acompañadas de descargas de baterías y cañones, que incluso averiaron otras embarcaciones británicas y de la República.

Preso Miranda en el Puerto, Haynes entendió la magnitud de la traición, reclamándole a Casas cómo, en "pocas horas había prácticamente cambiado el código de su conducta", dejándole "a su memoria" en otra carta que le envió, que solo el día anterior, el mismo las Casas había esperado ser evacuado con los otros oficiales, es decir, como se lo recordó Haynes, había esperado "ser uno de los pocos desafortunados que ahora se encuentra a bordo de la embarcación bajo el amparo de la bandera de Su Majestad."[55]

Ante la ignominia, Haynes, quien además debió haber quedado frustrado por no haber logrado que Miranda durmiese a bordo del *Sapphire*, pues eso lo habría salvado de la traición, decidió zarpar inmediatamente dirigiéndose hacia Curaçao, incluso después de auxiliar y darle protección al bergantín *Zeloso*,[56] el cual casualmen-

---

55 Véase el texto de la carta en Giovanni Meza Dorta, *Miranda y Bolívar. Dos visiones*, cit., Apéndice 10, p. 233. Lo cierto es que Manuel María Casas, nombrado por Miranda Gobernador militar del Puerto de la Guaira, como lo expresó Monteverde al gobernador británico Hodgson de Curaçao, "entró ya en correspondencia conmigo al conocer que yo iba a tomar posesión de aquella ciudad desde La Victoria." Véase el texto de la carta en Caracciolo Parra Pérez, *Historia de la Primera República de Venezuela*, Biblioteca de la Academia Nacional de la Historia, Caracas, 1959, Tomo II. P. 445. Quizás por ello la expresión de Manuel Gual al referirse a los sucesos de la Guaira: "Por una traición, la más infame, aquella plaza estaba ya vendida al enemigo," agregando observaciones sobre los males causados por "la pérfida entrega del puerto de La Guaira." Véase "Testimonio y declaración de Pedro Gual," en Francisco de Miranda, *América Espera*, [Ed. J.L. Salcedo Bastardo], cit., pp. 472-473.

56 Lo que de las Casas, hasta el día anterior Comandante Militar del Puerto de La Guaira por la República, le reprochó, pero trastocado ahora en Comandante Militar del Puerto por el Ejército de invasión, en carta de la misma fecha 31 de julio de 1912 dirigida a Haynes, en la cual le expresó: "Habiéndoseme informado que Usted asistió al bergantín *Zeloso* con un oficial y doce hombres que pertenecen a su Brigada para dar protección durante su escape de este puerto. En este sentido, no puedo sino reclamarle el regreso de este buque a puerto, en el entendido de que cumplo con mi deber al dirigirle esta indicación." Véase el texto de la carta en Giovanni Meza Dorta, *Miranda y*

te, en 1806, había sido uno de los que enfrentó la invasión de Miranda en Ocumare de la Costa.

El *Sapphire*, aun cuando no llevaba a Miranda, si llevaba en cambio como pasajeros a muchos de sus colaboradores inmediatos, unos, oficiales británicos, y otros, sus auxiliares más estrechos en la labor de difusión del pensamiento republicano y de libertad que tanto había influido en la construcción de la República durante 1811. Ellos eran Manuel Cortés de Campomanes, José María de Antepara y su secretario Pedro Antonio Leleux. A todos, Haynes conscientemente les otorgó asilo,[57] olvidándose de la carta que le envió las Casas en la misma mañana del 31 de julio, donde le exigía que no permitiera "la entrada a bordo de su buque a ninguna persona que haya residido en el país."[58]

Bolívar. Dos visiones, cit., Apéndice 6, p. 225. Haynes le respondió también desde "mar adentro" que había asistido al *Zeloso* porque se lo solicitó su comandante y porque precisamente Miranda le había informado la noche anterior que ni el *Zeloso* no los otros barcos artilleros habían quedado comprendidos en la Capitulación. Véase el texto de la carta en Giovanni Meza Dorta, *Miranda y Bolívar. Dos visiones, cit.*, Apéndice 7, p. 227. En nueva comunicación del 31 de julio de 1912, De las Casas le reiteró a Haynes, por el embargo del Puerto, que: "Estando obligado a cumplir estrictamente con las órdenes de embargo de este puerto, asunto que ya se lo he comunicado y en el entendido de que la mayoría de los buques en el fondeadero intentan zarpar bajo su protección, le ruego que bajo ninguna circunstancia avale tal violación de la referida orden." Véase el texto de la carta en Giovanni Meza Dorta, *Miranda y Bolívar. Dos visiones, cit.*, Apéndice 9, p. 232.

57 Haynes le escribió a Las Casas: "Si Usted hubiese manifestado deseo alguno de que yo no otorgase asilo a ningún tipo de personas, lo habría aceptado con la excepción de los súbditos de Su Majestad y confío en que tal es la humanidad de un funcionario británico dada su experiencia para hacerle esperar que entregaré a las personas que hayan buscado asilo previamente." Véase el texto de la carta en Giovanni Meza Dorta, *Miranda y Bolívar. Dos visiones, cit.*, Apéndice 10, p. 233.

58 Véase el texto de la carta en Giovanni Meza Dorta, *Miranda y Bolívar. Dos visiones, cit.*, Apéndice 4, p. 221 A esta exigencia el capitán Haynes, en carta fechada el mismo día 31 de julio desde "mar adentro", le respondió a De las Casas a "su carta de esta mañana y en respuesta a ella, le ruego acostumbrarse a que no es mi intención recibir a bordo de este barco a personas que hayan residido en este país durante mi estadía en este ancladero." Véase el

Pero además del pasaje, en las bodegas de la fragata rumbo a Curaçao, iba un importante cargamento conformado por varios baúles tanto de Miranda como de Bolívar, que ambos, cada uno por su lado y por su cuenta habían ordenado embarcar días antes, previendo la evacuación. En los baúles de Miranda, embarcados por su secretario Leleux, estaban los legajos de su *Archivo*, los mismos que Leleux había embarcado en Portsmouth en 1810, en la misma fragata y al mando del mismo capitán Haynes, pero ahora con más papeles producto de la etapa en Venezuela. Además, también se había embarcado una fuerte suma de dinero del tesoro nacional por orden de Miranda, ordenada por el ministro de Hacienda Marqués de Casa León, y cuyo recibo emitido por Haynes lo recibió el Gobernador de las Casas, a nombre de George Robertson, de la Casa Robertson & Belt de Curaçao,[59] con lo que quedaba bajo protección

---

texto de la carta en Giovanni Meza Dorta, *Miranda y Bolívar. Dos visiones, cit.*, Apéndice 3, p. 223. En carta del mismo día 31 de julio, De las casas incluso llega exigirle a Miranda que "debo exigir que se podrá enviar a tierra a todos los pasajeros que han sido admitidos a bordo del barco bajo su mando desde su llegada a este lugar." Véase el texto de la carta en Giovanni Meza Dorta, *Miranda y Bolívar. Dos visiones, cit.*, Apéndice 9, p. 232.

59 Esto fue también motivo de contienda en mismo día que zarpó el *Sapphire*. Ya sobre ello estaba avisado las Casas, sin duda por Monteverde, y este por el Marqués de Casa León, quien fue el que ordenó el embarco de dicha suma a nombre de la casa de comercio Robertson de Curaçao, cuyo representante George Robertson incluso estaba a bordo Sobre ello, de las Casas, le escribió a Haynes que : "Entiendo que a bordo del barco bajo su mando se ha enviado la cantidad de veintidós mil dólares por órdenes del general Miranda, entregada a George Robertson [...] exigiéndole "el reembolso de la mencionada suma, convencido de que Usted no apoyará al Sr. Robertson en cualquier decisión contraria a la devolución del dinero que éste mantiene retenido sobre el cual carece de autoridad alguna." Véase el texto de la carta en Giovanni Meza Dorta, *Miranda y Bolívar. Dos visiones, cit.*, Apéndice 9, p. 231. En otra carta del mismo día, Haynes le recordó a de las Casas que: "el dinero que recibí a bordo de este barco (bajo los términos anteriormente mencionados con tanta publicidad) y por los cuales he suscrito el conocimiento de embarque, será entregado a la orden del Sr. George Robertson. En este sentido, el recibo en su poder constituye la mejor explicación que puede dársele a su negativa a que yo realizara la entrega sobre la base de su exigencia," Véase el texto de la carta en Giovanni Meza Dorta, *Miranda y Bolívar. Dos visiones, cit.*, Apéndice 10, p. 234.

de los agentes de su Majestad Británica. Era el cargamento de Miranda, del mismo guerrero de siempre que se retiraba, como un paso necesario en la guerra, pero con la intención de seguir hacia Cartagena para acopiar fuerzas y volver a la carga hacia Venezuela.

En los baúles de Bolívar embarcados por Tomás de Acosta, un sirviente de su confianza, en cambio, lo que iban eran sus pertenencias personales, las de una persona que para cuando fueron embarcadas con destino a Curaçao tenía toda la intención de alejarse de Venezuela, hacia Europa, trastornado por su fracaso militar, a cuyo efecto ya había dejado todos sus asuntos dispuestos y arreglados con su familia.[60]

Era claro que ambos, Miranda y Bolívar, habían planeado con tiempo la retirada, para lo cual ninguna otra mejor opción que la fragata inglesa, cuyo capitán tenía instrucciones de protegerlos; lo único es que tuvieron razones diferentes. La suerte que corrieron esos baúles, por tanto, también fue distinta.

Todos, por tratarse de equipaje personal no acompañado por sus dueños, quedaron retenidos en la aduana del puerto de Willemstad, en Curaçao, desde la llegada de la fragata el 1º de agosto de 1812, pero su permanencia allí fue por tiempo muy diferente. Los baúles de Bolívar, o más bien el contenido de los mismos, los rescató él mismo en septiembre de ese mismo año 1812 cuando pudo salir de Venezuela con pasaporte que le fue otorgado por el invasor Domingo Monteverde, como éste mismo lo reportó a la Corona, por los servicios que Bolívar le había prestado con la entrega de Miranda.[61]

---

60 Véase las referencias documentales sobre ello en Tomás Polanco, *Simón Bolívar. Ensayo de interpretación biográfica a través de sus documentos*, morales i torres, editores, Barcelona 2004, pp. 193-194.

61 Monteverde dijo a la Corona: en su Informe de 26 de agosto de 1812: "Yo no puedo olvidar los interesantes servicios de Casas, ni de Bolívar y Peña, y en su virtud no se han tocado sus personas, dando solamente al segundo sus pasaportes para países extranjeros, pues su influencia y conexiones podrían ser peligrosas en estas circunstancias." Véase el texto de la carta en el libro de Giovanni Meza Dorta, *Miranda y Bolívar. Dos visiones*, cit., Apéndice 18, p. 260.

Los baúles de Miranda, en cambio, permanecieron en la aduana de Willemstad durante dos años, hasta que pudieron ser transportados en enero de 1814, por las gestiones del fiel secretario Leleux ante las autoridades británicas, precisamente en la misma fragata *Sapphire,* bajo el comando del mismo capitán Henry Haynes, hasta Portsmouth, para ser entregados en Londres a Lord Bathurst, Secretario de Estado para la Guerra y las Colonias. Los legajos del *Archivo* permanecieron en su oficina, hasta que terminó sus servicios a la Corona en 1830, como presidente del *Privy Council.* En 1830 fueron trasladados como parte de sus papeles y bienes personales a su residencia en Cirencester, donde permanecieron durante casi un siglo, sin que sus descendientes supieran de qué se trataba, salvo la inscripción –que sin duda no entendieron– en el lomo de los legajos de la palabra *Colombeia;* hasta que el biógrafo norteamericano de Miranda, William Spence Robertson, en su fascinación por Miranda, pudo ubicarlos en 1922, siendo rescatados para Venezuela.[62]

Pero sobre los hechos que ocasionaron la prisión de Miranda, en sus propias palabras, por *"la perfidia de uno y la infamia de otros,"* después de la evacuación del 30 de julio de 1812, nadie más habló de ello. No lo hizo Miranda, preocupado más por la suerte de las provincias invadidas que por su propia circunstancia, habiendo solo dejado escapar al final de sus días la amarga frase; y no lo hizo Bolívar, después de su propio cambio de planes, salvo al inicio de su carrera político militar para referirse al "traidor" Miranda, y a su "infinita cobardía,"[63] quizás por estar más preocupado por la descomunal empresa de liberación de Venezuela que asumió desde finales del mismo año 1812, desde Cartagena, precisamente desde donde Miranda pensaba hacerlo, pero quedó frustrado por la traición.

---

62 Véase William Spence Robertson, *Diary of Francisco De Miranda: Tour of the United States 1783-1784*, The Hispanic Society of America, New York, 1928, p. xxvi.

63 Véase las referencias documentales en Tomás Polanco, *Simón Bolívar. Ensayo de interpretación biográfica a través de sus documentos,* morales i torres, editores, Barcelona 2004, p. 205.

Nada más se dijo sobre los hechos hasta que en 1830, un oficial alemán, Henri Louis Villaume Ducoudray Holstein, quien sirvió con Bolívar en el ejército de liberación de Venezuela a partir de 1815, llegando a ser su jefe de su estado mayor, escribió con detalle lo ocurrido en un libro publicado en Paris y Londres, sobre la *Historia de Bolívar,* explicando que "Como los detalles relativos a esta detención son poco conocidos, y como Bolívar tomó parte activa en esos acontecimientos, los consignamos aquí con todo detalle."[64] Ese oficial, antes, entre 1810 y 1813 había participado en el ejército francés en la invasión a España, y luego de ser apresado precisamente aquí, en Cádiz, logró salir hacia Norteamérica, y una vez frustrado su ingreso en el ejército de los Estados Unidos, pasó a Cartagena de Indias en 1814, asumiendo el comando del Fuerte de Bocachica.

El relato de Ducoudray Holstein sobre la detención de Miranda fue posteriormente recogido y difundido por Karl Marx en 1858, cuando se desempeñaba como corresponsal europeo del periódico el *New York Tribune* en Londres, al ser requerido por Charles A. Dana, para colaborar en una nueva enciclopedia que se comenzaba a editar en Nueva York, la *The New American Cyclopedia*. En su contribución sobre Bolívar, Marx resumió los hechos antes referidos, registrando en síntesis lo siguiente:

> "Mientras [Miranda] visitaba al coronel Manuel María Casas, comandante de la plaza, se encontró con un grupo numeroso, en el que se contaban don Miguel Peña y Simón Bolívar, que lo convencieron de que se quedara por lo menos una noche en la residencia de Casas. A las dos de la madrugada, encontrándose Miranda profundamente dormido, Casas, Peña y Bolívar se introdujeron en su habitación con cuatro soldados armados, se apoderaron precavidamente de su espada

---

64 Véase Henri Louis Villaume Ducoudray Holstein, *Memoirs of Simón Bolívar. President Liberator of the Republic of Colombia, and of his principal generals,* S.G. Goodrich and Co., London 1830; *Histoire de Bolivar, par le Gén. Ducoudray Holstein; continuée jusqu'a sa mort par Alphonse Viollet* (Paris, 1831). Véase una reproducción del texto de Docoudray Holstein en el libro de Giovanni Meza Dorta, *Miranda y Bolívar. Dos visiones, cit.,* Apéndice 17, pp. 255 ss.

y su pistola, lo despertaron y con rudeza le ordenaron que se levantara y vistiera, tras lo cual lo engrillaron y entregaron a Monteverde […]. Ese acto, para cuya justificación se recurrió al pretexto de que Miranda había traicionado a su país con la capitulación de La Victoria, valió a Bolívar el especial favor de Monteverde, a tal punto que cuando el primero le solicitó su pasaporte, el jefe español declaró: "Debe satisfacerse el pedido del coronel Bolívar, como recompensa al servicio prestado al rey de España con la entrega de Miranda. Se autorizó así a Bolívar a que se embarcara con destino a Curazao, donde permaneció seis semanas."[65]

Ese relato de Marx, que muchos críticos han considerado particularmente duro, sin duda contribuyó a completar parte del retrato a Bolívar, con sus logros y fracasos, en la intensa vida que tuvo durante su carrera militar y política, que ya era casi legendaria, y que había desarrollado precisamente después de aquellos hechos. Marx, sin embargo, omitió mucho de los logros militares y políticos más conocidos de la corta vida de Bolívar, quien murió a los escasos 47 años.[66] Dada la grandeza de sus logros, esa omisión podía poner en duda muchas de las afirmaciones de Marx sobre la vida del grande hombre; sin embargo, lo que expresó en relación con lo ocurrido en el Puerto de La Guaira aquella noche del 30 de julio de 1812, no había duda que estaba bastante apegado a lo que realmente había sucedido.

Lo que es constante de los relatos de la época fue que Miranda simplemente fue acusado de traidor por haber negociado una capitulación con el comandante español invasor, porque supuestamente

---

65 Véase en Karl Marx, "Bolívar y Ponte", en *The New American Cyclopaedia*, Vol. III, 1858, en https://www.marxists.org/archive/marx/works/1858/01/bolivar.htm.

66 En el corto tiempo de 18 años que actúo como militar y político (1813-1830), Bolívar llegó a pelear en 472 batallas (entre ellas 79 grandes batallas) habiendo sido derrotado sólo 6 veces, para lo cual tuvo que recorrer una distancia diez veces mayor que la que recorrió Aníbal, tres veces más de la que recorrió Napoleón, y el doble de la que recorrió Alejandro Magno; liberando seis naciones hispanoamericanas. Tampoco destacó Marx que había dejado una amplísima obra escrita en proclamas, cartas y textos constitucionales; ni que había gobernado cinco naciones.

estaba huyendo del país, y se iba a embarcar para supuestamente regresar a Inglaterra, y adicionalmente, porque se llevaba consigo una cantidad importante de dinero del tesoro nacional, que ya se encontraba embarcado desde el día anterior en las bodegas del *Sapphire*. Nadie, entre la oficialidad que se encontraba el día 30 de julio de 1812 en el Puerto de la Guaira ponía en duda que lo que procedía para todos era la evacuación, por el peligro que sin duda corrían si permanecían en la provincia, para lo cual el mismo Miranda había ordenado desde antes el embargo de todas las embarcaciones que se encontraban fondeadas en la rada, incluyendo varias norteamericanas que habían llegado con ayuda humanitaria por el terremoto, para que sirvieran para tal propósito.

Sin embargo, por la propia personalidad de Miranda poco dado a dar explicaciones, lo cierto es que en realidad solo dos personas sabían sobre cuáles eran sus planes y acciones de guerra al salir de La Guaira para el rescate de las Provincias de Venezuela de la ocupación española. Era inconcebible que después de haber dedicado toda su vida a la causa de la independencia, luego de la firma de un tratado de guerra fuera a renunciar a dicha causa. Quizás lo consideraba un secreto de guerra, quizás por la diferencia de edad no lo quiso compartir con los oficiales que esa noche estaban en La Guaira; pero sin duda, fue falta de información la que dio pie a la conspiración y a la traición, porque si bien durante su vida había hecho muchos amigos, también se había llenado de enemigos.

En realidad, al parecer, solo dos personas conocían el plan de Miranda que por supuesto no eran regresar a Londres como sus enemigos difundieron, sino seguir en la lucha por la independencia de Venezuela desde Cartagena, y esas personas eran el capitán británico Haynes, y Pedro Gual,[67] hombre de confianza de Miranda, con quien había estado en la Sociedad Patriótica, y a quien lo había comisionado, antes de la firma de la Capitulación, para acudir ante

---

67 Véase Tomás Polanco, *Simón Bolívar. Ensayo de interpretación biográfica a través de sus documentos*, morales i torres, editores, Barcelona 2004, p. 199.

el gobierno de los Estados Unidos, para buscar apoyo a la causa republicana y comprar armas.

Era por ello que esa misma tarde del 30 de julio de 1812, Gual ya estaba embarcado en la goleta norteamericana el *Independence*, de las que habían llegado con ayuda por el terremoto, y que a pesar de la situación de embargo general del Puerto, era la única que tenía autorización para poder zarpar. Con las noticias de la Capitulación, sin embargo, había retrasado el zarpe.

Gual había estado con Miranda en el cuartel de la Victoria cuando el 5 de julio de 1812 recibió la esquela de Simón Bolívar de 1º de julio de 1812, informándole sobre la pérdida del Castillo de Puerto Cabello, y a quien Miranda le dijo en francés, para asegurarse que sólo él entendiera, *Tenez. Venezuela est blessé au coeur* ("Tenga. Venezuela ha sido herida en el corazón").

Veintiún años después de los sucesos de La Guaira, Gual, quien luego desarrolló una larguísima carrera política que culminó como Vicepresidente de la República en Venezuela en 1861,[68] escribió un testimonio que publicó en Bogotá en 1843,[69] donde quiso dejar aclarado para la historia, después de haber leído comentarios y crónicas sobre los sucesos del 30 de julio de 1812 en La Guaira, sobre las circunstancias que rodearon aquellos hechos, en particular, sobre los planes que tenía Miranda una vez que zarpara en el *Sapphire*.

Esos planes como los resumió Gual en su escrito fueron precisamente tomar rumbo hacia Curaçao y luego hacia Cartagena de Indias en la Nueva Granada, con los oficiales que se le unieran, y con las armas y recursos que tenían; para desde allí, posteriormente

---

68 Es de interés histórico destacar que Gual también terminó si actividad política, por una traición. Ya en plena Guerra Federal, como Vicepresidente de la República fue arrestado en su casa por el Jefe de la Guarnición de Caracas, Sr. Echezuría, a quien le dijo: "! Tan joven y ya traidor! ¡Con hijos y tener que legarles un crimen! [...] Lástima me da usted señor!" Véase Nikita Harwich Vallenilla, "Gual, Pedro," en *Diccionario de Historia de Venezuela*, Fundación Polar, Caracas 1997, Tomo 2, p. 581.

69 Véase "Testimonio y declaración de Pedro Gual," en Francisco de Miranda, *América Espera*, [Ed. J.L. Salcedo Bastardo], *cit.*, p. 472.

volver a Caracas con refuerzos. Gual, en ese importante testimonio, escribió que al enterarse de la llegada de Miranda al Puerto ese día, fue a verlo en el "edificio de la extinta Compañía Guipuzcoana," que era la sede de la Comandancia del Puerto y la casa del Gobernador Casas, narrando lo que sigue:

> "Lo encontré leyendo un papel que me entregó inmediatamente para que me impusiera de su contenido. Era este un oficio del presidente Rodríguez Torrices de Cartagena, en que, después de pintar el estado angustiado en que los realistas tenían a la sazón a aquella plaza, concluía pidiendo auxilio al gobierno de Venezuela, sin los cuales creía muy difícil poder sostenerla por mucho tiempo."

Entonces, llamándolo aparte, –dijo Gual– Miranda le explicó en francés los términos y la necesidad inevitable de la capitulación ya firmada, expresándole que:

> "los realistas parecieran decididos a prenderle fuego al país antes que de ver la independencia; en tanto que de nuestra parte, no hay sino desaliento, y el estupor todavía subsistente producto del terremoto."

Luego Miranda le expresó a Gual lo siguiente:

> "Llevemos entonces nuestras miradas hacia la Nueva Granada, donde cuento con Nariño que es mi amigo. Con los recursos que nosotros podemos llevar desde aquí, oficiales, municiones, etc. y los que seguramente obtendremos allá, nosotros podemos regresar a Caracas, sin correr los peligros de toda especie en los que estamos metidos en este momento."[70]

El oficio del presidente Torrices, como Gual concluyó en su escrito, le "confirmó al general Miranda en su propósito," que no era otro sino el de dirigirse hacia Cartagena para luego regresar a Venezuela para seguir luchando por la independencia. En esa parte de la Nueva Granada, precisamente venía de establecerse el Estado de Cartagena de Indias, que se había configurado con una importante Constitución provincial sancionada el mes anterior, el 15 de junio de 1812.

---

70 Véase "Testimonio y declaración de Pedro Gual," en Francisco de Miranda, *América Espera*, [Ed. J.L. Salcedo Bastardo], *cit.*, p. 472.

Pero ese propósito, lamentablemente, como se dijo, esa noche solo lo sabían dos personas, Gual y el capitán Haynes, y ambos estaban embarcados, uno en el *Independence* y otro en el *Sapphire*, mientras ya en la madrugada, como lo afirmó Gual, "*por una traición, la más infame*, aquella plaza ya estaba vendida al enemigo," y los conspiradores estaban arrestando a Miranda, luego de lo cual, como también lo escribió Gual en su testimonio, "el ilustre arrestado y sus arrestadores se encontraron súbitamente prisioneros de guerra, o séalo de Estado, según el lenguaje de aquél tiempo."[71]

Y la secuela de todo ello fue que Miranda iría a prisión, para no salir nunca más; Casas y Peña se pasaron abiertamente al campo realista; y Bolívar recibió un pasaporte "por los servicios prestados" por la perfidia o la infamia, para salir de Venezuela.[72]

El arresto de Miranda, como lo observó Gual en el documento de 1843:

"habría durado poco tiempo, porque una sola explicación habría bastado para disipar los pretextos erróneos con que se había hecho, pero ni aún hubo tiempo para hacerlo."[73]

Es decir, consumada la traición, ya no hubo tiempo de explicaciones, y en todo caso, los conspiradores ya no las querían oír. La decisión la habían tomado, y quizás sin saberlo, con ella habían provocado un giro trascendental en la historia de la América Hispana.

En todo caso, la sabia intención de ir hacia Cartagena de Indias con los recursos oficiales y municiones que podía llevar, para desde allí poder volver a buscar la recuperación de los territorios invadi-

---

71 *Idem.*

72 Como lo expresó el mismo Monteverde en el informe del 26 de agosto de 1812, enviado a la Corona: "Yo no puedo olvidar los interesantes servicios de Casas, ni de Bolívar y Peña, y en su virtud no se han tocado sus personas, dando solamente al segundo sus pasaportes para países extranjeros, pues su influencia y conexiones podrían ser peligrosas en estas circunstancias." Véase el texto de la carta en el libro de Giovanni Meza Dorta, *Miranda y Bolívar. Dos visiones*, cit., Apéndice 18, p. 259.

73 *Idem.*

dos, solo quedó arrinconada en el pensamiento de Miranda, quizás teniendo conciencia de que por el desconocimiento de la misma, o de su falta de comunicación, había sido ignominiosamente traicionado. En cambio, por esa misma traición, Bolívar cambiaría de planes, y en lugar de alejarse de Venezuela como había sido su intención al ordenar embarcar sus baúles en el *Sapphire*, después de rescatarlos se dirigió desde Curaçao al Estado de Cartagena, desde donde comenzó, en 1813, su Campaña Admirable igualmente para la liberación del territorio de Venezuela. Lo mismo, quizás, que lo que Miranda pudo haber pensado.

Antes de lanzarse a la gran aventura bélica para liberar a Venezuela, sin embargo, y quizás para minimizar su propia culpa en la caída de la República, al haberse perdido de sus manos el Castillo de Puerto Cabello, Bolívar ese mismo año de 1812, buscando quizás un culpable arremetió abiertamente contra toda la construcción constitucional de la República de Venezuela de 1811, la cual, como sucedió en todas las constituciones hispanoamericanas que la sucedieron, se montó sobre la base de una declaración de derechos del hombre como pieza clave de la construcción de un nuevo Estado, el principio de la separación de poderes y una distribución territorial del poder en entidades políticas descentralizadas, como garantía de la libertad.[74]

Toda esa importantísima construcción institucional, y todo el esfuerzo constitucional realizado por los prohombres civiles de Venezuela por construir una República,[75] Simón Bolívar, desde Cartagena, en noviembre de 1812, en su muy conocido "Manifiesto de Cartagena" simplemente la calificó como la de una "República aérea," de lo cual derivó la otra denominación no menos peyorativa de

---

[74] Véase Allan R. Brewer-Carías, *Documentos Constitucionales de la Independencia/ Constitutional Documents of the Independence 1811*, Colección Textos Legislativos N° 52, Editorial Jurídica Venezolana, Caracas 2012.

[75] Véase Allan R. Brewer-Carías, *Orígenes del Constitucionalismo Moderno en Hispanoamérica*, Colección Tratado de Derecho Constitucional, Tomo II, Fundación de Derecho Público, Editorial Jurídica Venezolana, Caracas 2014.

la "patria boba" que se extendió por la Nueva Granada, achacándole todos los males de la pérdida de la República a la propia construcción institucional dada al nuevo Estado independiente, así como a los próceres civiles que la habían diseñado. Sobre ellos Bolívar dijo en noviembre de 1812, cuando buscaba quizás explicar su propia conducta, que:

> "los códigos que consultaban nuestros magistrados no eran los que podían enseñarles la ciencia práctica del Gobierno, sino los que han formado ciertos buenos visionarios que, imaginándose repúblicas aéreas, han procurado alcanzar la perfección política, presuponiendo la perfectibilidad del linaje humano. Por manera que tuvimos filósofos por jefes, filantropía por legislación, dialéctica por táctica, y sofistas por soldados."[76]

Por ello concluyó afirmando tajantemente que "entre las causas que han producido la caída de Venezuela, debe colocarse en primer lugar la naturaleza de su constitución que, repito, era tan contraria a sus intereses, como favorable a los de sus contrarios."[77]

En adición a ese desprecio manifiesto respecto de las instituciones democráticas adoptadas para erigir la Confederación de Estados de Venezuela de 1811, Bolívar fue también implacable desde Cartagena contra su propio mentor, el que había entregado a Monteverde unos meses antes acusándolo pública e impunemente, y sin razón, de haber obrado "por una vergonzosa cobardía"[78] o movido por "una inaudita cobardía" y una "bajeza ignominiosa"[79] cuando

---

76 Véase Simón Bolívar, "Manifiesto de Cartagena," en *Escritos Fundamentales,* Caracas, 1982 y en *Itinerario Documental de Simón Bolívar. Escritos selectos*, Ediciones de la Presidencia de la República, Caracas 1970, pp. 30 ss. y 115 ss.

77 *Idem.*

78 Véase "Manifiesto de Bolívar dado en Cartagena el 2 de noviembre de 1812 sobre la conducta del Gobierno de Monteverde después de la Capitulación de San Mateo," en el libro *Bolívar de Cartagena a Santa Marta*, con Introducción de Germán Arciniegas ("1812, Cartagena- 1830, Santa Marta"), Banco Tequendama, Bogotá 1980, p. 27.

79 Véase "Exposición dirigida al Congreso de la Nueva Granada por Simón Bolívar y Vicente Tejera, fechada en Cartagena el 27 de noviembre de 1812," en el libro *Bolívar de Cartagena a Santa Marta*, con Introducción de

negoció el Armisticio o capitulación. Con ello, lo único que Bolívar demostró fue quizás lo poco que en realidad conocía a Miranda, tratando además de borrar lo que ya le había escrito, y que escrito había quedado, en carta del 12 de julio de ese mismo año, firmada en Caracas, en la cual al referirse a la pérdida de la patria en sus manos por la pérdida del Castillo de Puerto Cabello, le escribió:

"Después de haber agotado todas mis fuerzas físicas y morales ¿con qué valor me atreveré a tomar la pluma para escribir a Vd. habiéndose perdido en mis manos la plaza de Puerto Cabello? Mi corazón se halla destrozado con este golpe aun más que el de la provincia. Esta tiene la esperanza de ver renacer de en medio de los restos que nos quedan, su salud y libertad: sobre todo Puerto Cabello no espera más que ver parecer el ejército de Venezuela sobre Valencia para volverse a nosotros; pues nada es más cierto que aquel pueblo es el más amante a la causa de la patria y el más opuesto a la tiranía española. A pesar de la cobardía con que, al fin, se han portado los habitantes de aquella ciudad, puedo asegurar que no por eso han cesado de tener los mismos sentimientos. Creyeron nuestra causa perdida porque el ejército estaba distante de sus cercanías. El enemigo se ha aprovechado muy poco de los fusiles que teníamos allí, pues la mayor parte de ellos los arrojaron a los bosques los soldados que los llevaban, y los otros quedaban muy descompuestos: en suma, creo que apenas lograron doscientos por todo.

Espero se sirva Vd. decirme qué destino toman los oficiales que han venido conmigo: son excelentísimos y en mi concepto no los hay mejores en Venezuela. La pérdida del coronel Jalón es irreparable, valía él solo por un ejército.

Mi general, mi espíritu se halla de tal modo abatido que no me hallo en ánimo de mandar un solo soldado; pues mi presunción me hacía creer que mi deseo de acertar y el ardiente celo por la patria, suplirían en mí los talentos de que carezco para mandar. Así ruego a Vd., o que me destine a obedecer al más ínfimo oficial, o bien que me dé algunos días para tranquilizarme, recobrar la serenidad que he perdido al perder a Puerto Cabello: a esto se añade el estado físico de mi salud, que después de trece noches de insomnio, de tareas y de cuidados

---

Germán Arciniegas ("1812, Cartagena- 1830, Santa Marta"), Banco Tequendama, Bogotá 1980, p. 30.

gravísimos, me hallo en una especie de enajenamiento mortal. Voy a comenzar inmediatamente el parte detallado de las operaciones de las tropas que mandaba y de las desgracias que han arruinado la ciudad de Puerto Cabello, para salvar en la opinión pública la elección de Vd. y mi honor. Yo hice mi deber, mi general, y si un soldado me hubiese quedado, con ése habría combatido al enemigo; si me abandonaron no fue por mi culpa. Nada me quedó que hacer para contenerlos y comprometerlos a que salvasen la patria; pero ¡ah! ésta se ha perdido en mis manos."[80]

La carta fue firmada el 12 de julio de 1812 por Bolívar en Caracas, el mismo día en el cual Miranda luego de reunido con los Comisionados de los Poderes Públicos, y con el acuerdo de éstos, envió su primera comunicación a Monteverde proponiéndole entrar en negociaciones para un armisticio. Para esa fecha, y desde fines de junio ya Monteverde tenía un Cuartel General en San Mateo, donde estaban las posesiones de Bolívar. Después de su llegada al puerto de La Guaira, luego de escaparse el 6 de julio de Puerto cabello, Bolívar sin embargo se reporta que fue a San Mateo y "luego de una breve estada" en su finca, regresó a Caracas.[81]

En todo caso, después de escribirle a Miranda que no se atrevía a tomar la pluma para explicarle lo sucedido en Puerto Cabello, seis meses más tarde tomó la pluma, pero para descargar en la República cuyo arsenal había perdido, y en Miranda, ya entregado vilmente por él al enemigo, toda su ira y frustración, y de allí emprender la liberación del territorio venezolano invadido por su culpa, lo cual sin embargo lograría exitosamente unos años después. Su inconmensurable gloria por haber liberado a Venezuela y a otras cuatro Repúblicas, sin embargo, no lo liberan de la carga que significó el sacrificio de quien lo creía su amigo, quien terminó sus días en Cádiz, solo, abandonado y olvidado de todos, y a quien una vez más debemos rendir homenaje por sus servicios a América.

---

80 Véase el texto en José María Rojas [Marques de Rojas], *El General Miranda*, Librería de Garnier Hermanos, Paris, 1884, p. 648.
81 Véase Tomás Polanco Alcántara, *Bolívar. Ensayo de una interpretación geográfica a través de sus documentos*, morales torres editores, Barcelona 2004, p. 195.

II

FRANCISCO DE MIRANDA EL PUBLICISTA, WILLIAM BURKE, Y LA DIFUSIÓN DE LAS IDEAS LIBERTARIAS DEL CONTINENTE HISPANOAMERICANO*

Después de su periplo europeo (1785-1789) y de sus servicios prestados y sufridos en Francia (1792-1799), a partir de 1800 Francisco de Miranda se instaló en Londres donde comenzó a establecer no sólo una red personal de relaciones políticas americanas sino, especialmente, una extensa red con el mundo de la edición, de las casas de impresión, de los libreros especializados, y de los editores relacionadas con asuntos americanos, y con la independencia del Continente.

Su vida estuvo rodeada de papeles y libros, convirtiéndose, a medida que la vivía, en un hombre de la información, que la acumuló en su *Archivo*, lo que le permitió difundir sus ideas. Fue un extraordinario propagandista y un editor, tarea que comenzó a realizar primero, en 1782, y luego, una década después, en 1793, cuan-

---

* Texto en parte tomado de la presentación que hice sobre "The connection between the United States Independence and the Hispanic American Independence movement, and the role of some key Books published at the beginning of the 19th century," en la *Law Library of Congress* con occasion del bicentenario de la publicación del libro: *Interesting Official Documents Relating to the United Provinces of Venezuela*, London 1812, Washington DC, November 22, 2011. Véase en http://www.loc.gov/to-day/pr/2011/11-216.html.

do en sendas ocasiones tuvo que dar explicaciones y argumentos públicos en su propia defensa con ocasión de acusaciones y juicios injustos en su contra.

En el primer caso, en 1782, de regreso de Las Bahamas luego de la operación militar exitosa de la toma de la Isla Nueva Providencia en contra de los ingleses, pasó por La Hispaniola ya con despachos de Bernardo de Gálvez, para que lo acompañase como edecán en la expedición que se tenía preparada para la conquista de Jamaica. Estaba en la población de Guárico, cerca de Cap Haïtien, cuando supo de cuestionamientos sobre la actuación que habían tenido Cajigal y él en Las Bahamas, por lo que Miranda convenció al Gobernador de la Isla Bellecombe de publicar en la *Gaceta del Cabo* un texto con la información sobre la campaña realizada, lo que molestó a Gálvez ya que en el reportaje no se le nombraba y solo se destacaba las ejecutorias de Cajigal.[82] Gálvez, como lo narró Miranda, lo fue a buscar "sobre la marcha," y sin prevención le pidió la llaves de sus baúles y lo mandó arrestado a bordo de la fragata *Correo* que el día siguiente debía partir hacia La Habana, todo con base en la Real Orden que mandaba su arresto por los juicios pendientes en España y por su actuación en la misión secreta a Jamaica, que Cajigal como Gobernador nunca había ejecutado.

Sus libros le fueron confiscados y pasó a La Habana a la orden de Cajigal, quien tuvo "notable disgusto" por la conducta de Gálvez, pues todos sabían que la acusación en su contra era falsa. Sin embargo, poco tiempo después llegó el Mariscal de Campo Luis de Unzaga con órdenes para relevar a Cajigal del gobierno de La Habana, por haber incumplido la orden de arresto de Miranda y haberlo defendido.

Se embarcó entonces Miranda en compañía de Cajigal quien "seguía para el Guárico o España" por órdenes de la Corte, pero el

---

82 Véase el texto "Noticias Políticas de Cabo" (Affiches Americaines), en Francisco de Miranda, *América Espera*, [Ed. J.L. Salcedo Bastardo], Biblioteca Ayacucho, Caracas 1992, pp. 53-57.

mal tiempo impidió el viaje debiendo regresar dos veces a La Habana a reparar la embarcación

Entre tanto llegaron las noticias del Tratado de paz firmado en Paris el 3 de septiembre de 1783 reconociendo la independencia de Estados Unidos, cesando con el mismo la guerra entre Inglaterra y España, con lo que quedó suspendida la expedición española contra Jamaica. Con ello, como lo dijo el propio Miranda, el nuevo gobernador Unzaga con el Juez de Residencia que había sido enviado por el ministro Gálvez, comenzaron "abiertamente la práctica de sus secretas instrucciones" para arrestarlo. La primera instrucción para ello salió en abril de 1783, y al tener Miranda, quien se había escondido, "puntuales avisos de sus tramas más secretas," como él mismo lo expresó dos años después en comunicación que desde Londres el 10 de abril de 1785 envió al rey Carlos IV denunciando el "injurioso y tropélico procedimiento"[83] iniciado en su contra, dando parte a Cajigal, decidió embarcarse:

"con seguridad, para Charleston, en la Carolina Meridional, a fin de sustraerme por este medio de una cábala tan poderosa, y aprovechar el tiempo al paso, dando principios a mis viajes por los países más civilizados del mundo que yo tanto había deseado." [84]

En el Manifiesto "para Gensone,"[85] para la Independencia, que firmó en Paris el 10 octubre de 1792, Miranda se refirió a que luego de esperar la independencia de las colonias norteamericanas:

"Con esta mira (y por sustraerme también a las intolerables persecuciones del ministro Gálvez), hice dimisión formal de mi empleo en el Ejército, luego que se publicó la Paz, y pasé a examinar comparativamente a los Estados Unidos de América."[86]

---

83 Véase el texto de la carta en Francisco de Miranda, *América Espera*, [Ed. J.L. Salcedo Bastardo], cit., pp. 68 ss.
84 *Idem*, p. 70.
85 Armand Gensonné fue diputado de la Asamblea Nacional francesa entre 1791 y 1793, de la cual fue presidente en marzo de 1792 y marzo de 1793.
86 Véase el texto en Francisco de Miranda, *América Espera*, [Ed. J.L. Salcedo Bastardo], cit., pp. 119-121.

En 1793 le tocaría enfrentar a Miranda otro juicio injusto que se le siguió en Francia por el Tribunal revolucionario durante la época del Terror, que por poco le costó la vida. Se había cuestionado su actuación militar como comandante de los Ejércitos del Norte, bajo el mando del general Charles François Dumouriez, quien efectivamente sí había resultado involucrado en traición a la Revolución para la restauración de la Monarquía.

Con tal ocasión, Miranda escribió y publicó en París dos opúsculos con sus explicaciones ante la Convención Nacional y su intercambio de cartas con Dumouriez:

Miranda á ses concitoyens. Discours que je me proposais de prononcer á la Convention nationale, le 29 mars dernier, le lendemain de mon arrivée à Paris, Paris 1793; Extrait du procès-verbal des délibérations du Comité de la Guerre, scéance de lundi abril huit heures du soir. Interrogatoire de général Miranda, impreso en Paris, por Barrois l'Aîné, 1793.

Correspondence du général Miranda avec le general Dumouriez, les ministres de la guerre, Pache et Beumonville, Paris 1794.

Este último libro fue traducido al inglés e igualmente publicado por Miranda en Londres como:

Original Correspondence between Generals Dumouriez, Miranda, Pache and Beumonville, Ministers at War, since 1793, impreso por J. Owen, London 1794.

En este último caso, se trató de su respuesta a las críticas que se le habían formulado en Inglaterra, considerándolo como un "aventurero" al haberse unido a los ejércitos franceses, y que provenían de los conocidos intelectuales irlandeses Edmund y William Burke, críticos de la Revolución francesa, expuestos en la traducción que habían hecho de un escrito de Jacques Pierre Brissot de Warville, uno de los tantos ministros franceses conocidos de Miranda en París.[87]

---

87 El libro de Jacques Pierre Brissot de Warville, *Letter to his Constituents*, fue traducido al inglés por William Burke y publicado con Prólogo de Edmond Burke, London 1794. Como ha señalado Mario Rodríguez, este fue el único

En 1795, después de haber salido de prisión, Miranda también publicó en París dos libros dando cuenta de nuevo de sus acciones:

Miranda aux répresentants du people français, Paris 1795; y

A la répresentation nationale, Barrois l'Aîné, an 3, Paris 1795.

Y a ellos, se agregó otro libro, más general titulado:

Opinion du général Miranda sur la situation actuelle de la France et sus les remèdes convenable à ses maux, Imprimerie de la rue de Vaugirard, an 3, Paris, 1975.

Más tarde, en 1799, apenas regresó a Londres, acometió la publicación de la carta a los americanos escrita del jesuita Juan Pablo Viscardo y Guzmán Nait, precursor y notable intelectual de la independencia de América Hispana escrita en París en 1791. El manuscrito de esta carta con todos sus papeles, habían sido dejados por Viscardo antes de su muerte al Ministro Americano en Londres, Rufus King, quien decidió dárselos a Miranda. [88] Fue entonces posteriormente que Miranda, con la ayuda de King, publicó en Londres la carta de Viscardo y Guzmán en 1799, como libro aun cuando con pie de imprenta en Filadelfia, titulado:

Lettre aux Espagnols-Américains. Par un de leurs compatriots, Philadelphia, MDCCXCXIX.

Dos años más tarde, en 1801, Miranda tradujo la carta de Viscardo al español y la publicó de nuevo, esta vez con pie de imprenta en Londres, como:

---

contacto indirecto de Miranda con los escritores irlandeses quienes murieron antes de finales del siglo (Edmund en 1797 y William en 1798). Véase Mario Rodríguez, *"William Burke" and Francisco de Miranda. The Word and the Deed in Spanish America's Emancipation,* University Press of America, Lanham, New York, London 1994, pp. 128, 545-546.

88 Miranda recibió sólo algunos de los documentos de Viscardo, porque todos los otros que no estuvieron en los archivos de Miranda fueron encontrados en los archivos del político estadounidense, Rufus King, quien originalmente los había recibido. Véase Merle E. Simmons, *Los escritos de Juan Pablo Viscardo y Guzmán. Precursor de la Independencia Hispanoamericana,* Universidad Católica Andrés Bello, Caracas, pp. 15-19.

Carta dirigida a los Españoles Americanos por uno de sus compatriotas, P. Boyle, London 1801.

La carta también fue publicada en **The Edinburgh Review**, January 1809, con un comentario de James Mill, sobre la "*Emancipation of South America*" (páginas 277-311). Esta carta, gracias a la publicidad que le dio Miranda, tuvo una enorme influencia en el movimiento de Independencia en la América Hispana, habiendo incluso quedado reflejado su contenido, por ejemplo, en la propia Declaración de la Independencia y en la Constitución de Venezuela de 1811.[89] Miranda, además, hizo referencia directa a ella en su Proclama del 2 de agosto de 1806 que dejó en la ciudad de Coro en su fallida invasión a Venezuela, en la cual expresó:

> "lean la Epístola adjunta de D. Juan Viscardo, de la Compañía de Jesús, dirigida a sus compatriotas; y hallarán en ella irrefutables pruebas, y sólidos argumentos en favor de nuestra causa, dictados por un varón santo, y a tiempo de dejar este mundo, para aparecer ante el Creador del Universo."[90]

En sus años en Londres Miranda aún sin planificarlo hizo un extraordinario equipo de colaboradores en sus empresas de publicista, entre los que hay que destacar especialmente al librero francés Pedro Antonio Leleux a que conoció en la librería Dulau de la Soho Square de Londres, quien se convertiría en su secretario personal y asistente tanto en Londres como luego en Caracas, y que fue quien en definitiva cuidó su *Archivo*. Además, se destaca Manuel Cortés Campomanes, quien había participado con Picornell y Gomilla en la fallida conspiración de San Blas en Madrid para cambiar en España la monarquía por un gobierno republicano (1796). Junto con Picornell, una vez detenido y condenados en Madrid, al ser enviados a prisión en las mazmorras del Caribe, llegaron al Puerto de La Guaira donde después de escapar, participaron en dicha Conspiración de

---

89 Véase Georges L. Bastin, "Francisco de Miranda, 'precursor' de traducciones," en *Boletín de la Academia Nacional de Historia de Venezuela*, N° 354, Caracas 2006, pp. 167-197, y también en <http://www.hidal.umontreal.ca/pdfs/FranciscoMirandaPrecursorDeTraducciones.pdf>.

90 Véase Francisco de Miranda, *América Espera*, op. cit. p. 357.

Gual y España en La Guaira en 1797 contra el gobierno colonial. En 1809 entraría en contacto con Miranda en Londres, pasando desde entonces a ser uno de sus principales colaboradores en la actividad de publicista, particularmente como traductor, que se extendió en el tiempo hasta la estadía en Caracas entre 1810 y 1812.[91]

Campomanes, además, fue quien le presentó a Miranda a otra persona que debe mencionarse en esta faceta de publicista, quien también jugó un papel especial como su ayudante, que fue José María Antepara, quien también acompañaría a Miranda a Caracas en 1810. Antes del viaje, Antepara fue el editor de otro libro importante, esta vez de Miranda y sobre la vida Miranda, titulado:

> *South American Emancipation. Documents, Historical and Explanatory Showing the Designs which have been in Progress and the Exertions made by General Miranda for the South American Emancipation, during the last twenty five years*, impreso por R. Juigné, London 1810.[92]

Este libro, en realidad era un libro sobre Miranda, con una colección de sus documentos, la mayoría del propio Miranda o sobre él, todos ellos procedentes de su valioso *Archivo*, incluyendo la Carta de Viscardo y Guzmán, y el artículo de James Mill sobre la *"Emancipación de América del Sur"* donde hizo los comentarios a dicha carta.[93]

El libro además salió coincidiendo con la presencia en Londres de los delegados oficiales de la Comisión del nuevo gobierno de Venezuela, donde habían llegado en julio de 1810, y para su publi-

---

91 Véase Mario Rodríguez, *William Burke" and Francisco de Miranda, cit*. pp. 248, 555.

92 Editado por R. Juigné, London 1810. Véase la primera edición del libro en español: José María Antepara, *Miranda y la emancipación suramericana, Documentos, históricos y explicativos, que muestran los proyectos que están en curso y los esfuerzos hechos por el general Miranda durante los últimos veinticinco años para la consecución de este objetivo* (Carmen Bohórquez, Prólogo; Amelia Hernández y Andrés Cardinale, Traducción y Notas), Biblioteca Ayacucho, Caracas 2009.

93 *Idem*, pp. 11 ss.

cación, Miranda recibió un importante apoyo financiero por parte de algunos exiliados hispanoamericanos en Londres, estando entre las contribuciones notorias a esa actividad editorial de Miranda después de su regreso de la fallida expedición a Venezuela, la que dio la prominente familia Fagoaga de México, a través del Segundo Marqués de Apartado, José Francisco Fagoaga y Villaurrutia, su hermano Francisco y su primo Wenceslao de Villaurrutia, quien estaba en Londres después del movimiento autonomista liderado por el Ayuntamiento de la Ciudad de México en 1808. Por ese apoyo sustancial de los Fagoaga, Miranda consintió que el nombre de José María Antepara apareciera como editor del libro, escribiendo su prólogo.[94]

En todo caso, los tres colaboradores antes mencionados, Leleux, Campomanes y Antequera, además, participaron con Miranda en la edición del periódico *El Colombiano* que fundó en Londres en 1810. En todas esas empresas editoriales, y en el diseño y publicación de los libros, con el financiamiento de los Fagoaga, también contribuyeron James Mill y José Blanco White, antes de que éste fundara su propio periódico *El Español*.[95]

Como se dijo, Leleux, Campomanes y Antequera viajaron con Miranda a Caracas en 1810, donde trabajaron intensamente con él en el proceso de difusión de ideas, y todos lograron escapar del puerto de La Guaira el 31 de julio de 1812, en la Corbeta de Guerra *HRM Sapphire*, con el *Archivo* de Miranda, mientras Miranda era encarcelado.

---

[94] Véase, por ejemplo, la cita al "Manifiesto de Venezuela" en José Guerra (seudónimo de fray Servando Teresa de Mier), *Historia de la revolución de Nueva España o antiguamente Anahuac o Verdadero origen y causas con la relación de sus progresos hasta el presente año 1813*, Guillermo Glindon, Londres 1813, Vol. II, p. 241, nota. Véase la cita en Carlos Pi Sunyer. *Patriotas Americanos en Londres (Miranda, Bello y otras figuras)*, (Ed. y prólogo de Pedro Grases), Monteávila Editores, Caracas 1978, p. 218.

[95] Véase Salvador Méndez Reyes, "La familia Fagoaga y la Independencia" Ponencia al 49 Congreso Internacional de Americanistas, Quito 1997, en <http://www.naya.org.ar/con-gresos/contenido/49CAI/Reyes.htmen>.

Todos ellos formaron el círculo editorial y de publicistas importante que funcionó eficientemente en la labor de difusión de las ideas de Miranda sobre la independencia de la América española; habiendo sido además, con la ayuda de Mill y Bentham, los encargados de recolectar todos los documentos, artículos y editoriales que viajaron en el *Archivo* de Miranda a Venezuela, y que comenzarían a aparecer publicados en la *Gaceta de Caracas* bajo el nombre de "William Burke,"[96] – quien por supuesto, como nombre ficticio también "escaparía."

El circulo editorial fue tan eficiente que incluso el primer artículo del propio Mill y de William Burke fueron publicados antes de la llegada de Miranda a Venezuela, enviados desde Londres a través de Andrés Bello como material de difusión, directamente a Juan Germán Roscio, el editor de la *Gaceta de Caracas*.[97]

El libro de Antepara, en todo caso, fue la última de las empresas editoriales directas en las cuales participó personalmente Miranda en Londres, antes de regresar a Caracas, con el cual se buscaba, persuadiendo a la opinión pública, presionar al Gobierno británico sobre la necesidad de apoyarlo en el proceso de la liberación de la América Hispana y el gran potencial que ello significaba para la prosperidad inglesa a largo plazo.

Pero quizás, el elemento más importante de la labor de Miranda como publicista y editor antes de la aparición del libro de Antepara y antes de su viaje a Venezuela en 1810, fue su asociación con el nombre de William Burke, el supuesto "prolífico autor" que ya había "escrito" cuatro libros durante los años anteriores, en particular

---

96 Véase Mario Rodríguez, *William Burke" and Francisco de Miranda, cit.* pp. 271, 316, 318, 518, 522. Esos documentos, básicamente, viajaron en el *Archivo* de Miranda, aunque algunos de ellos deben haber sido enviados antes por Bello a Roscio, el editor de *Gaceta de Caracas*.

97 El primer editorial de Burke apareció en la edición de la *Gaceta de Caracas* del 23 de noviembre de 1810, antes de la llegada de Miranda, que fue enviados probablemente junto con algunos suministros traídos de Londres para la imprenta de la *Gaceta*. Véase Mario Rodríguez, *William Burke" and Francisco de Miranda, cit.*, pp. 296, 297, 311.

entre 1806 y 1808, que fueron publicados en Londres, dos de ellos directamente relacionados con la Independencia de Sur América, en los cuales en particular se destacaba precisamente el papel y la labor que Francisco de Miranda debía desempeñar en la misma.

"Burke" fue, además, el "autor" de más de ochenta editoriales publicados en la *Gaceta de Caracas* entre 1810 y 1812, que se recogieron en un libro editado en 1812 en Caracas; todos con importantísima información sobre los progresos del constitucionalismo en Norte América. Por ello Mario Rodríguez, el historiador e investigador que más ha estudiado a este prolífico escritor William Burke, y su relación con Miranda, afirmó que:

> "La Primera Républican de Venezuela, quizás más que cualquier otro país de de la América española, gracias a la presencia de William Burke, sin duda, tuvo a su alcance más información sobre el modelo de los EE.UU. que otros en América del Sur."[98]

Rodríguez concluyó su aseveración afirmando que "muchas de las ideas de Burke fueron reflejadas en la Constitución de diciembre de 1811," habiendo sido sus artículos en la *Gaceta de Caracas*, la fuente más importante de influencia de los principios constitucionales norteamericanos en la nueva República de Venezuela.

La verdad, en todo caso, apunta a considerar que en realidad William Burke, el supuesto muy distinguido escritor irlandés quien en sus trabajos reflejó un conocimiento enciclopédico, único y extraordinario, no existió en la realidad y solo fue el vehículo utilizado precisamente por Miranda para la difusión de ideas sobre la independencia americana y la formación del nuevo gobierno; lo que se confirma por el hecho de que en la historiografía universal, no hay una sola referencia a su persona, habiéndosele conocido en los medios londinenses y venezolanos solo a través de sus escritos. Su existencia como persona real, sólo ha sido objeto de conjetura, no existiendo crónica o referencia alguna de la época, ni en Londres ni en Caracas, que lo identifique como una persona física concreta,

---

98 Véase Mario Rodríguez, *"William Burke" and Francisco de Miranda*, cit., p. 529.

con la cual alguien pudo haber entrado en contacto, se haya entrevistado o haya estado.

Sólo una cosa es absolutamente cierta sobre este extraordinario personaje: Entre 1806 y 1810 fue autor de libros y artículos publicados en Inglaterra, incluso en el *Edinburgh Review*, precisamente en la época que Miranda estaba en Londres. Luego, cuando Miranda viajó a Venezuela en 1810 donde estuvo hasta 1812, Burke también apareció en Caracas, donde también escribió y publicó artículos y libros, pero esta vez en castellano, incluso artículos relacionados con la situación política española, los cuales fueron publicados en la *Gaceta de Caracas*. Otro dato a retener es que después de la detención de Miranda en La Guaira, y la evacuación de Leleux, Campomanes y Antepara en el *Sapphire* el 30 de julio de 1812, William Burke también se desvaneció.

Todos estos hechos son, sin duda, elementos de sospecha, a pesar de que en general en Venezuela se explique[99] que William Burke, de origen irlandés, habría "llegado" a Caracas en diciembre de 1810, junto con Miranda, permaneciendo en Venezuela hasta el 30 de julio de 1812, esto es, hasta la noche en la cual Miranda fue apresado en el Puerto de La Guaira. La verdad es que aquellos que viajaron con Miranda desde Inglaterra a Caracas fueron sus más importantes asistentes en Londres, Manuel Cortés Campomanes y

---

99 En la historiografía venezolana se dice que Burke fue un "publicista irlandés" con "estrechas relaciones con Miranda," quien había viajado desde Londres a Nueva York y luego a Caracas a finales de 1810. Véase "Nota de la Comisión Editora," William Burke, *Derechos de la América del Sur y México,* Vol. 1, Academia de la Historia, Caracas 1959, p. xi.). Se ha dicho además, que en Caracas, participó como uno de los "instigadores importantes del momento" (Ver Elías Pino Iturrieta, *Simón Bolívar*, Colección Biografías de *El Nacional* N° 100, Editora El Nacional, Caracas, 2009, p. 34) junto a otros patriotas en el proceso de independencia. A finales de la República, Burke supuestamente habían huido a Curazao en julio de 1812 y habría muerto a finales de ese año en Jamaica. Igualmente se ha dicho que "cuando Miranda regresa a Caracas, a fines de 1810, Burke se convertirá en uno de sus más enconados detractores." Véase Carmen L. Bohórquez, Prólogo a la obra de J.M. Antequera, *Miranda y la emancipación suramericana*, Biblioteca Ayacucho, Caracas 2006, nota 3.

José María Antequera, además de su secretario personal, Pedro Antonio Leleux, habiendo todos permanecidos con él hasta la misma noche en la que fue hecho prisionero, el 30 de julio de 1812.

Por lo que respecta a William Burke, en todo caso, su nombre irrumpió en el mundo editorial inicialmente en el carácter de *Late Army Surgeon,* con motivo de la aparición del libro publicado en Londres en 1806, sobre:

> *History of the Campaign of 1805 in Germany, Italy, Tyrol, etc., By William Burke, Late Army Surgeon, London,* Impreso por James Ridgway, N° 170, Opposite Bond Street, Piccadilly, 1806.[100]

Este libro trató sobre las guerras napoleónicas de esos años, desarrolladas después de la reacción de las Potencias aliadas europeas contra de Francia, cuyos ejércitos habían ocupado la mayor parte de Europa y habían amenazado con invadir Inglaterra. Contiene una descripción detallada sobre la política militar de las guerras napoleónicas durante 1805, y sobre la reacción de las grandes potencias europeas contra Francia, además de referencias concretas a la batalla de Trafalgar que tuvo lugar en octubre de 1805 entre las flotas combinadas de Francia y España y la Marina Británica, la cual pondría fin a los intentos de Napoleón de invadir a Inglaterra. En el Apéndice del libro se incluyeron importantes documentos y tratados firmados entre las potencias aliadas, así como diversas proclamas de Napoleón.[101]

---

100 Véase las referencias en Joseph Sabin, *Bibliotheca Americana. A Dictionary of Books relating to America, from its Discovery to the Present Time* (continued by Wilberforce Eames, and completed by Robert William Glenroie Vail), New York, 1868-1976. En el ejemplar de este libro comentado por Mario Rodríguez, señaló que en una especie de publicidad, el editor de Ridgway también se refiere a una obra de William Burke (*The Armed Briton: or, the Invaders Vanquished. A Play in Four Acts*), y a otra obra: *The Veterinary Tablet, or, a Concise View of all the Diseases of the Horse; with their Causes, Symptoms, and most approved Modes of Cure, By a Veterinarian Surgeon.* Véase Mario Rodríguez, *"William Burke" and Miranda, cit.,* pp. 129, 546.

101 Véase la referencia en *Annual Review and History of Literature for 1806,* Arthur Aikin, Ed., Longman etc, Ridgway, London 1807, p. 162.

Este libro fue seguido, ese mismo año de 1806, por otro libro también publicado en Londres y firmado por el mismo William Burke, en el cual se refirió a un tema totalmente distinto con el título:

South American Independence: or the Emancipation of South America, the Glory and Interest of England, "by William Burke, the author of the Campaign of 1805," publicado por J. Ridgway, Londres 1806.

A pesar de ser un tema diferente, en la primera página del libro, el mismo William Burke aparece como su autor, aunque esta vez sin ninguna referencia a la profesión de médico del autor, siendo, no obstante, la manifiesta intención del editor de establecer un vínculo claro entre el autor de este libro y el del anterior del *Late Army Surgeon* sobre la campaña militar de 1805. La idea del editor había sido, sin duda, consolidar un "nombre" en el mundo editorial utilizando en este caso un apellido que por cierto era muy conocido en Inglaterra, como era "Burke," pero en un momento en el cual, en realidad, "William Burke" no correspondía a persona alguna viva en Londres.[102]

En efecto, en las Islas Británicas se pueden encontrar personas reales con el nombre de William Burke antes y después de los años en los que este William Burke supuestamente escribió sus libros. Fue el caso, por ejemplo, unas décadas antes, de William Burke (1729-1797) co-autor junto con su primo, el muy conocido Edmund Burke, ambos irlandeses, de un libro publicado en Londres en 1760, titulado: *An Account of the European Settlements in America, in six Parts*.[103] Edmund Burke, por su parte, era un autor de renombre, de libros como: *A philosophical Enquiry into the Origin of our Ideas of the Sublime and the Beautiful* (1757), que Miranda en su estadía en España compró para su biblioteca, según el inventario que hizo en 1780;[104] y como: *Reflections on the Revolution in France. And on*

---

102 No hay referencias bibliográficas en el Reino Unido sobre William Burke quién supuestamente escribió entre 1805 y 1810, por lo que puede decirse que tal persona no existió, salvo en las portadas de los libros que llevan su nombre.
103 Publicado por Rand J. Dodsey (London 1760).
104 Véase Francisco de Miranda, *América Espera*, op. cit. p. 27.

the Proceeding in Certain Societies in London Relative to That Event in a Letter Intended to Have Been Sent to a Gentleman in Paris, 1790. Edmund Burke falleció en 1797 y William Burke en 1798, pero antes publicaron el libro de Jacques Pierre Brissot de Warville, *Letter to his Constituents*, traducido al inglés por William Burke y con Prólogo de Edmund Burke, London 1794. En él criticaban a Miranda por haberse incorporado al ejército francés; lo que provocó como antes se dijo, la publicación por Miranda en Londres el mismo año de la traducción al inglés de su libro publicado en Paris:

> *Original Correspondence between Generals Dumouriez, Miranda, Pache and Beumonville, Ministers at War, since 1793*, impreso por J. Owen, London 1794.

A finales del siglo XVIII, por lo tanto, Burke era un nombre muy bien establecido en el mundo académico y editorial, pero por supuesto, ninguno de los mencionados autores irlandeses tenía relación alguna con el publicista "William Burke" de principios del siglo XIX quién hacía referencias elogiosas a Miranda.

El otro verdadero William Burke (1792-1829) que por cierto sí podía ser "contemporáneo" del supuesto publicista-editor, con su mismo nombre, que puede ser rastreado en la historia del Reino Unido durante esos tiempos, más joven por supuesto que el William Burke que escribió libros en Londres y en Caracas, en realidad actuó en un mundo muy diferente al de los libros, aunque también en un mundo muy publicitado, como es el mundo de la delincuencia.

En efecto, años después de la publicación de los libros de William Burke en Londres y Caracas, el otro William Burke que se hizo famoso fue como un criminal que, junto con un cómplice, William Hare (ambos también de Irlanda), se dedicaron al saqueo de tumbas y al comercio con cadáveres humanos. Por esos crímenes fue juzgado y ahorcado en 1829, y su cuerpo diseccionado ante 2000 estudiantes de medicina de la Universidad de Edimburgo. Su esqueleto todavía se puede ver en el Museo de la Universidad de

Edimburgo.[105] Este Burke, por supuesto, no tenía ninguna relación con el William Burke que nos interesa.

Como se ha mencionado, nuestro William Burke de comienzos del siglo XIX tenía que haber sido un febril intelectual y escritor, director y editor, quien, además de los dos libros ya mencionados, también habría escrito y publicado en Londres, en 1807, otro libro con el título:

> *Additional Reasons for our Immediately Emancipating Spanish America: deducted from the New and Extraordinary Circumstances of the Present Crisis: and containing valuable information respecting the Important Events, both at Buenos Ayres and Caracas: as well as with respect to the Present Disposition and Views of the Spanish Americans: being intended to Supplement to "South American Independence," by William Burke, Author of that work.*"[106]

Este nuevo libro estaba destinado a complementar el anterior, pero haciendo referencia a dos acontecimientos concretos e importantes que se habían producido en América del Sur con posterioridad a su publicación, entre 1806 y 1807, precisamente apenas ocurridos. En este libro, una vez más, es evidente el vínculo que se seguía desarrollando en la secuencia entre el autor de este trabajo y los autores de la obra anterior de 1806. En la Segunda Edición ampliada de este libro se incluyó, además, la *Letter to the Spanish Americans* de Juan Pablo Viscardo y Guzmán, que Miranda había publicado en Londres en francés, en 1799, y en español, en 1801.[107]

Los hechos que motivaron la publicación de este nuevo libro de *Additional Reasons for our Immediately Emancipating Spanish America* ..., fueron, por una parte, la expedición organizada en 1806 por el propio Francisco de Miranda con el propósito de iniciar el proceso de independencia de la América Hispana, la cual zarpó de

---

105 Véase la referencia en R Richardson, *Death, Dissection and the Destitute*, Routledge & Kegan Paul, London 1987 y en <http://www.sciencemuseum.org.uk/broughttolife/people/burkehare.aspx>.
106 Publicado por F. Ridgway, London 1807. (Ridgway, London 1808)".
107 Publicado por F. Ridgway, Ridgway, London 1808, pp. 95-124.

Nueva York y desembarcó en la provincia de Venezuela, fracasando en su intento; y por la otra, la invasión realizada en 1807 por el comandante en jefe de las fuerzas británicas en el Río de la Plata, John Whitelocke, al puerto de Buenos Aires en 1807, quien también había fracasado en su intento.

La primera parte de la obra *Additional Reasons for our Immediately Emancipating Spanish America* ..., se destinó a analizar y criticar la fracasada invasión británica a la ciudad de Buenos Aires que tuvo lugar bajo el mando de John Whitelocke en junio de 1807, con un ejército de unos 10.000 hombres, después de haber ocupado Montevideo en abril de ese año. La resistencia de los habitantes de Buenos Aires fue definitiva, superando a las fuerzas británicas y provocando la capitulación de Whitelocke en condiciones humillantes, la que fue ratificada en julio de 1807. Whitelocke se vio obligado a evacuar la frontera sur del Río de la Plata en 48 horas, y liberar a la ciudad de Montevideo en los dos meses siguientes. Todo esto ocurrió el 1º de septiembre, cuando Whitelocke dejó la desembocadura del Río de la Plata junto con todo su ejército. A su llegada a Inglaterra en enero de 1808, Whitelocke fue sometido a una corte marcial que lo declaró culpable de todos los cargos que se le hicieron, dándolo de baja y declarándolo "no apto e indigno para servir a Su Majestad en ninguna clase militar." Con estos hechos, según se argumenta en el libro, los generales y almirantes británicos se convencieron que América del Sur nunca podría ser británica.

En cuanto a la segunda parte del libro, la misma se dedicó a analizar el primero de dichos nuevos acontecimientos, es decir, la expedición de Francisco de Miranda el año anterior, de 1806, la cual con el conocimiento de las autoridades británicas y de las autoridades de los Estados Unidos, aun cuando sin su apoyo oficial, zarpó el 3 de febrero 1806 con un grupo de hombres reclutados y contratados en el puerto de Nueva York para invadir la provincia de Venezuela.

Miranda navegó de Londres a Nueva York en noviembre de 1805, donde su amigo William Stephens Smith, quien lo había acompañado en su viaje de interés militar por Europa en 1785, le ayudó a montar la expedición. Tanto el presidente de los Estados Unidos de la época, Thomas Jefferson, y su Secretario de Estado, James Madison, fueron debidamente informados sobre el proyecto.[108] Sin embargo, después, en un juicio que se desarrolló en Nueva York en contra de quienes ayudaron a Miranda, en particular contra William S. Smith y Samuel Ogden, el dueño del barco insignia de la expedición, en el cual se solicitó infructuosamente la comparecencia de Jefferson y Madison para testificar a favor de los acusados, no se pudo comprobar el grado de apoyo efectivo que le habían dado a la expedición de Miranda.[109]

En el libro se analizó con todo detalle la expedición de Miranda,[110] en una forma que no deja dudas de que fue escrito directamente por él mismo, para ser publicado en Londres antes de su retorno, y más bien, para preparar la opinión pública para su regreso; terminando con el rechazo a toda idea de cualquier intento de liberar a la América hispana como consecuencia de una invasión británica o extranjera. El libro promovía, en cambio, la idea de que la invasión debía ser dirigida por los propios hispanoamericanos, dando relevancia al papel que el propio Francisco de Miranda debía tener en ese proceso de la independencia de América del Sur. El libro en definitiva era un texto de promoción de Miranda, que obviamente no podía aparecer él como su autor, formulándose incluso en el mismo una petición directa dirigida al Gobierno Británico so-

---

108 Véase la carta de Miranda a Thomas Jefferson y James Madison del 22 de enero 1806 sobre el secreto de la expedición, en Francisco de Miranda, *América Espera* [Ed. J.L. Salcedo Bastardo], *cit.*, p. 340.

109 Véase la referencia en Tomás Polanco Alcántara, *Miranda,* Edición patrocinada por Vencemos, Caracas 1997, p. 194.

110 De esta empresa, y además de la historia en el libro de Burke, se publicó en Nueva York un libro crítico (probablemente escrito por uno de los estadounidenses involucrados en la aventura): *The History of Don Francisco de Miranda's Attempt to Effect a revolution in South America in a Series of Letters*, Boston 1808, London 1809. Véase Mario Rodríguez, "*William Burke" and Francisco de Miranda. The Word and the Deed in Spanish America's Emancipation*, University Press of America, Lanham, New York, London 1994, p. 108.

licitando apoyo económico, con cifras exactas correspondientes a los proyectos de Miranda."[111]

Para los efectos de su edición, incluso, el manuscrito del libro fue enviado a Londres por el mismo Miranda con el coronel Gabriel Conde de Rouvray, uno de los oficiales de Miranda que se incorporó a la expedición en Trinidad, quien actuó como su representante personal. Viajó a Londres desde Barbados con la documentación completa de la expedición para buscar el apoyo británico para una nueva invasión, llegando en diciembre de 1806, poniéndose en contacto con los amigos intelectuales y autores londinenses de Miranda, James Mill y Jeremy Bentham. A ellos, sin duda, Miranda además debió haberles dejado, antes de su partida para su expedición, documentos importantes relacionados con el proceso de independencia hispanoamericana, incluyendo su propia nota biográfica que fue incorporada también en el libro de Burke.

El libro, por tanto, luego de incluir dicha breve biografía de Miranda, continuó inmediatamente con su defensa contra las calumnias que se habían difundido acerca de él y acerca de sus intenciones en la fracasada expedición a Venezuela, describiendo a Miranda como el "Washington de América del Sur," y formulando la propuesta de que Miranda debía ser inmediatamente ayudado con una fuerza militar que comprendiera entre 6.000 y 8.000 hombres a fin de lograr la independencia de su propio país, Caracas, y desde allí, la independencia del resto de la América española. Miranda, se argumentó en el libro, podía lograr de esa manera lo que ningún militar británico podría hacer directamente porque sería rechazado como acababa de ocurrir en Buenos Aires. De esta manera, decía el libro, el proyecto de la independencia hispanoamericana no debía ser retrasado un día más.

Se trataba, por tanto, de una obra esencialmente destinada a defender a Miranda y a promover su figura como la persona clave

---

111 Véase Georges L. Bastin, "Francisco de Miranda, "precursor" de traducciones," en *Boletín de la Academia Nacional de Historia de Venezuela*, Nº 354, Caracas 2006, pp. 167-197 y también en <http://www.histal.umontreal.ca/pdfs/FranciscoMirandaPrecursorDeTraducciones.pdf>.

para la dirección del proceso de independencia de América Hispana; argumentándose que si Gran Bretaña hubiera dado un apoyo eficaz a Miranda, su expedición no habría fracasado. Por ello la segunda mitad del texto fue dedicada a promover el General Miranda como la persona más capaz para dirigir la tarea de liberar a la América Hispana, con el apoyo británico.

El libro, en todo caso, apareció publicado en Londres, a fines de 1807, cuando Miranda se encontraba todavía en el Caribe (Barbados), a la espera de regresar a Londres después de su fallida invasión; edición cuya ejecución, sin duda estuvo a cargo de sus amigos londinenses, particularmente de James Mill a quien Rouvray dejó en Londres como representante de Miranda, cuando regresó a Barbados a principios de 1808, seguramente ya con copias del nuevo libro de Burke, *Additional Reasons for our Immediately Emancipating Spanish America* ....[112] A los pocos meses Rouvray falleció en Barbados.

En esa época, James Mill era ya un filósofo e historiador escocés famoso, y prominente escritor y columnista (1773-1836). Fue el padre de John Stuart Mill, y un escritor prolífico, siendo sus obras más conocidas, la *Historia Británica de la India* (1818), *Elementos de Economía Política* (1821), *Ensayo sobre el Gobierno* (1828) y *Análisis de los Fenómenos de la Mente Humana* (1829).

Como editor y antes de la publicación de estas obras, había escrito sobre todos los temas imaginables, habiendo en muchas ocasiones tratado cuestiones relativas a la independencia de la América Hispana, citando, por ejemplo, documentos de Juan Pablo Viscardo y Guzmán, que sólo Miranda tenía. El artículo *Pensamientos de un inglés sobre el estado y crisis presente de los asuntos en Sudamérica,* publicado en *El Colombiano,* un diario fundado por el mismo Miranda y editado en Londres, que apareció cada quince días, entre marzo y mayo de 1810, debía corresponder a Mill, como lo demues-

---

112 Véase Mario Rodríguez, *"William Burke" and Francisco de Miranda. The Word and the and the Deed in Spanish America's Emancipation*, University Press of America, Lanham, New York, London 1994, p. 153.

tran las referencias que se hacen en sus propios trabajos sobre la América Hispana publicados años antes en el *Edinburgh Review* (enero y julio de 1809). Este artículo fue reproducido también en la *Gaceta de Caracas* el 25 de enero de 1811, y sin duda fue llevado por Miranda a Venezuela, junto con muchos de los otros documentos que luego se publicarían, en diciembre de 1810.[113]

Jeremy Bentham, por su parte, abogado muy distinguido, filósofo y político radical, entre el universo de los asuntos de su interés, también se había ocupado de los asuntos hispano americanos. Fue conocido principalmente por su filosofía moral, en especial basada en el principio del utilitarismo, que evaluaba las acciones sobre la base de sus consecuencias.

Es en esa alianza entre Miranda, Mill y Bentham, donde se puede encontrar el factor clave para, entre otras cosas, precisar algo más sobre el prolífico escritor "William Burke," y su empresa editora de promoción de la causa de la independencia; de la cual lo que obviamente resulta es que se trató de un nombre de pluma o seudónimo, resultado del diseño editorial de varios libros sobre la independencia de la América Hispana, para la promoción que se hizo en ellos del general Francisco de Miranda, incluyendo las referencias a las guerras napoleónicas de 1805.

Por ello, en realidad, los libros de Burke fueron libros de "naturaleza cooperativa,"[114] publicados con la participación del propio

---

113   *Idem*, pp. 267-268.

114   Véase Eugenia Roldán Vera, *The British Book Trade and Spanish American Independence. Education and Knowledge Transmission in Transcontinental Perspective*, Ashgate Publishing, London 2003, p. 47. Mario Rodríguez es el autor que ha estudiado a "William Burke" de la manera más precisa y completa como el seudónimo que James Mill y Jeremy Bentham habrían utilizado para escribir varios artículos sobre la América Hispana. Véase Mario Rodríguez, *William Burke" and Francisco de Miranda: The World and Deed in Spanish America's Emancipation*, University Press of America, Lanham, New York, London 1994, pp. 123 ss., 509 ss., 519. Véase también Ivan Jasksic, *Andrés Bello. La pasión por el orden*, Editorial Universitaria, Imagen de Chile, Santiago de Chile 2001, pp. 96, 133.

Francisco de Miranda y de sus amigos de Londres, Mill y Bentham,[115] quienes se habían familiarizado con el *Archivo* de Miranda. Todos ellos se dedicaron a fomentar el proceso de la independencia de la América Hispana, buscando una rápida acción por parte de Inglaterra.[116]

James Mill y Jeremy Bentham estaban tan involucrados en dicho proceso que incluso tuvieron el propósito de acompañar a Mi-

---

115 En el grupo había otros supuestos amigos de Miranda, como el Dr. F.S. Constancio, tal vez otro seudónimo. Christopher Domínguez Michael dice que las iniciales FSM fueron utilizadas por José Francisco Fegorara y Fray Servando Teresa de Mier. Véase, *Vida de Fray Servando*, Ed. Era, México 2004, pp. 394, 447 ss. Mario Rodríguez pensó que era una persona verdadera conjeturando que podría haber también viajado a Caracas con el grupo de Miranda, en donde él habría sido un sustituto de "William Burke." Véase Mario Rodríguez, *William Burke" and Francisco de Miranda, cit.* pp. 248, 318, 514, 555.

116 Por ejemplo, Georges Bastin, en su "Francisco de Miranda, 'precursor' de Traducciones," explica de que es muy claro ver la intervención de Miranda en la publicación del libro de Burke: *South American Independence: or, the Emancipation of South America, the Glory and Interest of England*, en 1807, diciendo también que, como se mencionó anteriormente, en este documento "en su última parte cuando solicita la ayuda monetaria del gobierno, incluidos los números exactos que corresponden a proyectos de Miranda," y también que "En 1808, Miranda nuevamente prepara gran parte del libro de Burke titulado *"Razones adicionales para que nosotros emancipemos inmediatamente a Hispanoamérica"*.. "realizado en dos ediciones en Londres. en la segunda edición ampliada, como se ha dicho, Miranda incluye su traducción al Inglés de la *Lettre aux Espagnols Americains* por Viscardo y Guzmán, como así como cinco documentos con el título "Cartas y proclamas del general Miranda." Después la cooperación entre Miranda y Mill continuó como William Burke, en la redacción de artículos para the *Annual Register* y la *Edinburgh Review*. En particular, en enero 1809, James Mill, con la ayuda de Miranda, publicó un artículo sobre "La emancipación de la América española" para el *Edinburgh Review* de 1809, Nº 13, pp. 277-311. Véase Georges Bastin, "Francisco de Miranda, 'precursor' de traducciones," en *Boletín de la Academia Nacional de Historia de Venezuela,* Nº 354, Caracas 2006, pp. 167-197; y también en <http://www.histal.umontreal.ca/pdfs/FranciscoMirandaPrecursorDeTraducciones.pdf>.

randa cuando éste regresó a Caracas en 1810.[117] Si bien al final no pudieron viajar, sus estudios, trabajos y documentos sí viajaron en forma efectiva en el valioso *Archivo* de Miranda, por supuesto, manifestándose en los documentos publicados a través "William Burke," bajo cuyo nombre aparecieron como editoriales en la *Gaceta de Caracas*, que era el diario oficial del gobierno, incluso antes de su supuesto "viaje" a Caracas.

En efecto, desde el 23 de noviembre de 1810 hasta marzo de 1812,[118] coincidiendo con el desarrollo del proceso constituyente en Caracas, en dicha *Gaceta* aparecieron más de ochenta editoriales y artículos relacionados no sólo con el funcionamiento del sistema constitucional de América del Norte, los cuales sin la menor duda influyeron de una manera importante en los redactores venezolanos de los documentos constitucionales de la Independencia; sino sobre todos los sucesos importantes de aquellos tiempos, incluyendo la situación política en España, y el debate sobre la tolerancia religiosa.

Todos estos trabajos, no hay duda, estuvieron basados en documentos que habían sido escritos por Mill, Bentham y Miranda, que en su mayoría provenían de documentos contenidos en el *Archivo* de Miranda. Por ello, con razón Augusto Mijares observó que los escritos de Burke en la *Gaceta* "de inmediato traen a la mente algunos de los proyectos de Miranda, donde la terminología es a veces seguida de Burke."[119]

De todo ello lo que resulta es que Burke fue el nombre de guerra de los intelectuales difusores de las ideas de la independencia

---

117 Véase Mario Rodríguez, *William Burke" and Francisco de Miranda, cit.* pp. 242, 315.

118 En la *Gaceta* del 23 de noviembre de 1810, en efecto, con el cabezal: *Salus populi suprema lex,* apareció la siguiente nota como encabezado: *"Entre los extranjeros que han venido a admi [...], se halla el Señor Burke, Autor de algunas obras relativas a la felicidad de la América, quien ha hecho las siguientes reflexiones, mandadas a publicar por orden Superior."*

119 Véase Augusto Mijares, "Estudio Preliminar," William Burke, *Derechos de la América del Sur y México,* Vol. 1, Academia de la Historia, Caracas 1959, p. 21.

tanto en Londres como en Caracas, al punto de que incluso, Juan Germán Roscio, como editor de la *Gaceta de Caracas*, Francisco Xavier Ustáriz y Miguel José Sanz también publicaron algunos editoriales en la *Gaceta* llegando a utilizar el nombre de Burke. Si bien en Venezuela todos los que leían sabían del autor Burke, nadie dio nunca referencia alguna de la persona natural, de sus andanzas, visitas, conversaciones o encuentros. Solo se lo conoció a través de la escritura, y así fue que se lo criticó o defendió.

Por ejemplo, debe recordarse la carta que Roscio envió a Bello quien ya estaba en Londres el 9 de junio de 1811, en la cual se indicaba que Miranda había excusado a Burke ante el Arzobispo de Caracas en la controversia sobre la cuestión religiosa, afirmando que la carta específica que la provocó, había sido escrita por "Ustáriz, Tovar y Roscio."[120] También hay que referir sobre un supuesto "choque entre Miranda y Burke" mencionado en la misma carta que Juan Germán Roscio dirigió a Bello el 9 de junio de 1811, y en la cual por lo demás exhibió todo el rencor que le tenía a Miranda, dado entre otros factores que Roscio había sido el Fiscal acusador contra los participantes de la expedición de Miranda apresados en Ocumare en 1806.[121]

En todo caso, si en ese año crucial de 1811, Roscio estaba en contra de las posiciones de Miranda, "Burke" también en algún momento tenía que aparecer en esa posición debido a que "Burke" también fue el nombre que Roscio, como editor de la *Gaceta de Caracas*, debió haber utilizado, a veces traduciendo los trabajos de Mill, y a veces escribiendo él mismo. Esos editoriales de la *Gaceta de Caracas* del 11, 15 y 18 de enero de 1811 fueron particularmente analizados por Mario Rodríguez, quien llegó a la conclusión de que fueron escritos entre otros, en parte por un hispano que claramente era Roscio. Lo mismo ocurrió en relación con el ensayo publicado en la edición del 19 de noviembre de 1811, escrito por Ustáriz, y

---

120   *Idem*, p. 26.
121   Debe recordarse el hecho de que cinco años antes, en 1807, Roscio había sido el fiscal en contra de los miembros apresados de la expedición de Miranda.

otro ensayo escrito por Miguel José Sanz.[122] El nombre de Burke también fue utilizado por Roscio en *La Bagatela*, editado por Antonio Nariño en Santa Fe.[123] Por otra parte, algunos de los escritos de Burke, incluso, dieron lugar a importantes debates o polémicas como el relativo a la tolerancia religiosa, una cuestión que ya había sido tratada por Bentham en Londres,[124] y a la cual Miranda se había referido en muchas ocasiones.

Al final, setenta del importante conjunto de editoriales y artículos publicados en la *Gaceta de Caracas* por Burke entre noviembre 1810 y marzo de 1812, fueron recogidos en un nuevo libro de William Burke, el cuarto publicado en seis años, esta vez editado en castellano en dos volúmenes en Caracas, titulado:

> *Derechos de la América del Sur y México, de William Burke, autor de "la Independencia del Sur de América, la Gloria e Interés de Inglaterra," Caracas, impreso por Gallagher y Lamb*, impresores para el Supremo Gobierno, 1811.[125]

Este libro, de hecho, fue publicado incluso antes de que la nueva Constitución Federal de 21 de diciembre de 1811 fuera sancionada: el primer volumen en julio de 1811, apenas declarada la Inde-

---

122 Véase Mario Rodríguez, *William Burke" and Francisco de Miranda, cit.* pp. 334, 337, 338, 417, 418.

123 *Idem*, p. 394.

124 Véase el texto del artículo de Burke en la *Gaceta de Caracas* N° 20, de 19 de febrero de 1811, in Pedro Grases (Ed.), *Pensamiento Político de la Emancipación Venezolana*, Biblioteca Ayacucho, Caracas 1988, pp. 90-95 ss. Por otro lado, cabe mencionar que James Mill abordó específicamente el tema de la tolerancia religiosa entre 1807 y 1809 en colaboración con Jeremy Bentham.

125 Véase en la edición de la Academia de la Historia, William Burke, *Derechos de la América del Sur y México,* 2 vols., Caracas 1959. Tal vez por eso, José M. Portillo Valdés señaló que "William Burke" habría sido, al menos de acuerdo con los escritos publicados en Caracas, una "pluma colectiva" utilizada por James Mill, Francisco de Miranda and John Germán Roscio. Véase José M. Portillo Valdés, *Crisis Atlántica: Autonomía e Independencia en la crisis de la Monarquía Española*, Marcial Pons 2006, p. 272, nota 60. Contra Karen Racine, *Francisco de Miranda: A Transatlantic Life in the Age of Revolution*, SRBooks, Wilmington, 2003, p. 318.

pendencia, y el segundo volumen, en octubre de 1811,[126] el cual incluso contenía algunos de los textos de los ensayos que serían posteriormente publicados en la *Gaceta de Caracas*, hasta el 20 de marzo de 1812, cuando apareció el último de los editoriales de Burke, justo antes del terrible terremoto que ocurrió en Venezuela el 26 de marzo de 1812.

Durante esos meses de la publicación de los dos volúmenes, sin duda, el propio Miranda debió haber participado en su edición, junto con sus asistentes inmediatos, Manuel Cortés de Campomanes y José María Antepara. El primero, como se dijo, uno de los conspiradores en la Conspiración de San Blas de Madrid y en la Conspiración de Gual y España; y el segundo, el que apareció publicando otro libro con papeles de Miranda en Londres, justo cuando éste viajó a Caracas en 1810: *Miranda y la emancipación suramericana*.

Si William Burke hubiera sido una persona real, habría sido una de las personas más distinguidos de su tiempo, y habría sido conocido en los círculos intelectuales tanto de Londres, como más tarde de Caracas. Pero el hecho es que no se sabe nada acerca de este personaje, a quien la historiografía venezolana, como hemos dicho, identifica sólo como irlandés, amigo de Francisco de Miranda durante sus últimos años en Londres, y quien supuestamente habría viajado a Venezuela animado por el propio Miranda, contribuyendo con su escritura a las ideas que conformaron la base constitucional del proceso constituyente venezolano de 1811. En las crónicas de la vida en Caracas durante los días de la independencia, sin embargo, como se dijo, nada se menciona de Burke, de quien sólo se conoce su nombre plasmado en sus escritos.

Las única referencia que se ha hecho acerca de alguien con el nombre de Burke en esa época en Caracas, fue después del terremoto de marzo 1812, por un escocés llamado John Semple, en una carta que escribió a su hermano Mathew Semple, donde mencionó algunos "americanos" que habían sobrevivido al terremoto, entre

---

126 Véase Mario Rodríguez, *William Burke" and Francisco de Miranda, cit.* pp. 399, 400, 510, 519.

ellos uno de apellido Burke.[127] Este "americano" Burke habría sido el mismo Burke que en junio de 1812 Miranda pensó enviar en una misión para negociar el apoyo militar y político con los Estados Unidos.[128] Cabe mencionar también que Augusto Mijares se refiere a este hecho, pero de otro modo, indicando que debido a un supuesto desacuerdo en la relación entre Burke (editoriales de Burke) y Miranda, ello evitó que Burke "saliera del país, incluso cuando aparentemente tenía documentos para el gobierno de los Estados Unidos del Norte."[129]

En cualquier caso, fue a través de los escritos de Burke y de sus referencias al sistema constitucional de América del Norte y del funcionamiento del sistema federal de gobierno, que estas ideas influyeron en la redacción de la Constitución Federal Venezuela de 1811 y en todos los documentos constitucionales de la Independencia. Entre muchos otros elementos, esto puede ser corroborado, por ejemplo, en el uso de la expresión norteamericana "derechos del pueblo" y "soberanía del pueblo" en lugar de las expresiones francesas como "derechos del hombre y del ciudadano" o "soberanía de la Nación", contenidas en la Declaración de los Derechos del Pueblo del 1 de julio de 1811.[130]

Todos esos documentos fueron recogidos, en lo que en mi criterio fue la última gran empresa editorial promovida por Miranda, que fue la edición de un libro en Londres en 1812, en texto en inglés y castellano, de todos los documentos constitucionales de la Independencia adoptados y sancionados en la República en 1811, y que apareció con el título:

---

127 Véase la carta del 3 de abril de 1811 en *Tres testigos europeos de la Primera República*, Caracas 1934, pp. 86-87.

128 Véase Mario Rodríguez, *William Burke" and Francisco de Miranda*, cit. pp. 399, 400, 455, 456, 474, 568, 570.

129 Véase las referencias en Augusto Mijares, "Estudio Preliminar," William Burke, *Derechos de la América del Sur y México*, Vol. 1, Academia de la Historia, Caracas 1959, pp. 25.

130 Véase William Burke, *Derechos de la América del Sur y México*, cit., Tomo I, pp. 113, 118, 119, 120, 123, 127, 141, 157, 162, 182, 202, 205, 241.

Interesting Official Documents relating to the United Provinces of Caracas, viz. Preliminary Remarks, The Act of Independence. Proclamation, Manifesto to the World of the Causes which have impelled the said provinces to separate from the Mother Country; together with the Constitution framed for the Administration of their Government. In Spanish and English, Printed for Logman and Co. Paternoster-Row; Dulau, Soho-Square; Harding, St. James's Street; W. Mason, N° 6, Holywell Street, Strand, &c&c, London 1812.

Este excepcional libro, a cuya historia me refiero en la última parte de este libro homenaje al bicentenario del fallecimiento de Miranda, lo he reproducido en facsimilar en mi libro:

Allan R. Brewer-Carías, (ed), *Documentos constitucionales de la Independencia/ Constitucional Documents of the Independence 1811*, Colección Textos Legislativos N° 52, Editorial Jurídica Venezolana, Caracas 2012, 644 pp.

Esta obra además de la edición facsimilar del libro de Londres (pp. 301-637); tiene una Introducción General sobre el significado y la importancia del mismo, pp. 59-299, y contó con un Prólogo de José Ignacio Hernández.

III
MIRANDA, PERSEGUIDO POR ESPAÑA, Y EL DESCUBRIMIENTO DE LA LIBERTAD EN NORTEAMÉRICA

El día 10 de julio de 1783, Francisco de Miranda desembarcó en New Berne, entonces capital del Estado de North Carolina de los Estados Unidos, situada en la rivera del rio Neuse.

Allí llegó como desertor del Ejército español y, además, como prófugo de la justicia española para evadir una orden de detención librada en su contra por el Tribunal de la Inquisición de Sevilla, entre otras causas que tenía pendiente. Llegó, sin embargo, respaldado de cartas de recomendación, entre ellas una de Juan Manuel Cajigal, su superior, quien había sido Capitán General y Gobernador de Cuba. Entre esas cartas estaba una para Francisco Rendón, el Agente español en los Estados Unidos, a quien conoció en Filadelfia y en la cual por supuesto nada se decía de su deserción ni sobre su situación judicial. Tan importante fue la carta que incluso el Embajador lo hospedó en su casa, habiendo sido el propio Rendón quien lo introdujo ante la sociedad y el mundo político norteamericano.

Haber sido perseguido por la Corona española fue una constante durante toda la vida de Miranda después que dejó Venezuela en 1770, hasta cuando llegó a la prisión de Cádiz en enero de 1814, considerado entonces como un enemigo de Estado, y del Estado español.

Para ese momento tenía un historial y antecedentes sin duda destacados, por haber sido acusado y sometido a proceso en diversas ocasiones, incluso detenido o con orden de detención, y en todo caso, perseguido por un cúmulo de hechos de la más variada naturaleza, ocurridos en España y en La Habana, e incluso en Paris cuando fue acusado por Robespierre en la época del Terror.

Todo comenzó en España, luego de haber obtenido la Patente de Capitán en 1772 y de haber sido incorporado al Regimiento de Infantería de la Princesa en Madrid. Durante diez años, tuvo diversas misiones militares, teniendo en cada una, problemas con la disciplina y la justicia: entre 1773 y 1775 estuvo asignado al servicio militar en Madrid, Granada y Melilla; entre 1775 y 1778, en la guarnición de Cádiz; entre 1778 y 1780 de nuevo en Madrid; en 1780, de nuevo en el segundo batallón del Regimiento en Cádiz bajo el comando de Cajigal; y entre 1780 y 1783, en la marina, bajo las órdenes del mismo Cajigal, con sede en La Habana.

Luego de su acción en la defensa de Melilla, ciudad de la costa de Marruecos en el Mediterráneo que estaba bajo la soberanía española desde 1497, con motivo del sitio de la ciudad por las tropas de Sultán de Marruecos, de regreso a Cádiz luego de pasar por Málaga, en 1777 sufrió un primer proceso disciplinario por fallas en el uso del uniforme, el cual terminó en arresto impuesto por su superior, el Conde Alejandro de O'Reilly. A él, desde Melilla en 1774, le había solicitado ser enviado a América; y es en el norte de África donde conoce al coronel Juan Miguel Cajigal con quien entablará gran amistad. En Cádiz, además, fue donde conoció al comerciante inglés John Turnbull, con quien también entablaría una gran amistad, y quien lo ayudó durante toda su vida.

En Cádiz, en 1778 fue acusado de insubordinación, de lo cual fue absuelto; y luego, trasladado a Madrid, en 1779 fue objeto de una nueva medida de arresto, también por motivos disciplinarios, lo que lo enfrentó a su superior Juan Roca, a quien conocía desde la misión en Melilla, y en el cual se ventilaron, además de lo estrictamente militar, acusaciones de cuentas de guarnición, y rencillas personales. Estuvo detenido hasta cuando por la intermediación de Cajigal, obtuvo la libertad y fue trasladado a Cádiz en 1780 para incorporarse en el Segundo Batallón del Regimiento de la Princesa.

Desde el mismo momento en que se abrió el último de los procesos disciplinarios militares en su contra, paralelamente, se había iniciado otro por el Consejo del Tribunal de la Inquisición de Sevilla. Sobre ello, el Consejo, en noviembre de 1778, envió al Consejo de la Suprema Inquisición de Madrid un sumario acusatorio que había levantado contra Miranda acusado de adquirir y retener de libros prohibidos y pinturas obscenas, el cual, sin que se hubiesen adoptado medidas, en 1779 fue devuelto a Sevilla para que continuase su desarrollo.

El afán de Miranda por aprender y acumular libros, sin duda, y su recelo ante la Inquisición, tendrían sus serias consecuencias, de las cuales se enteraría posteriormente en El Caribe. Es decir, el proceso ante la Inquisición continuó hasta 1781 cuando el expediente fue enviado de nuevo a Madrid, con el objeto ya de detener a Miranda, en orden que llegó a La Habana, donde entonces se encontraba.

En efecto, luego de prestar servicios militares en Cádiz, en 1780, y entre otros factores para salvar escollos derivados de las diversas acusaciones de las que había sido objeto por cuestiones disciplinarias, Miranda había resuelto incorporarse como capitán del Regimiento de Infantería de Aragón en una expedición para las Antillas. Llegó entonces a La Habana, como Capitán, bajo las órdenes del general Juan Manuel Cajigal, quien además había sido encargado de la Gobernación de Cuba.

Su primera misión en 1781, fue reforzar la campaña del general Bernardo de Gálvez, gobernador de Luisiana, en el sitio de Pensacola, luego de que éste había capturado las posiciones inglesas de Baton Rouge, Natchez y Mobile. Para ese momento, España estaba aliada con Francia, y había declarado la guerra a Inglaterra, pero no para defender la independencia de las ex colonias inglesas en Norteamérica que se había declarado desde 1776, sino para procurar recuperar Gibraltar, Menorca y La Florida.

En todo caso, tanto Cajigal como Miranda, bajo las órdenes de Bernardo de Gálvez, gobernador de Luisiana y La Florida participaron en la toma de Pensacola contra las tropas británicas, al mando de un ejército de tropas combinadas españolas, francesas y algunos patriotas norteamericanos, habiendo logrado la rendición del General inglés John Campbell. A Miranda, incluso le correspondió participar en la negociación de la Capitulación de las tropas británicas.[131] De la acción, Cajigal y Miranda resultaron ascendidos a Teniente General y teniente coronel respectivamente.

Concluida la campaña de Pensacola, en el mismo año 1781 Miranda fue encargado por Cajigal, quien ya era Gobernador y Capitán General de La Habana, de una misión a Kingston, Jamaica, que era el último reducto ingles que quedaba en El Caribe. La empresa, si bien tenía como objeto oficial el intercambio de prisioneros españoles y británicos, tenía, por encargo de Cajigal, la misión secreta de obtener información sobre las posiciones militares inglesas en Jamaica, y adquirir algunos barcos, para preparar una posible invasión española.

Desde allí, luego de haber realizado un efectivo intercambio de prisioneros españoles y británicos, regresó con información privilegiada sobre las Escuadras inglesas en la Isla, y unos barcos y bienes que como resultado de la misma, trasladó a La Habana. Fue interceptado ya en Cuba por Oficiales de la Aduana, y de allí le surgió una acusación por contrabando de mercancías, habiendo sido decomisados los bienes y libros que había adquirido en Jamaica para ser inspeccionados bajo el ángulo de libros prohibidos.

Para ese momento ya el Ministro José de Gálvez, a los efectos de poder ejecutar una decisión contra de Miranda, y trasladarlo a España, había obtenido del Rey una Orden de arresto en su contra de fecha 2 de noviembre de 1781, con requerimiento de su traslado de inmediato a la Península, pero basada en una nueva acusación y era que supuestamente habría permitido al General inglés John Campbell, jefe de las tropas británicas derrotadas en Pensacola, y con quien Miranda había negociado el Armisticio de la plaza ingle-

---

131 Véase el "Registro de las acciones en Pensacola," de 8 de mayo de 1781, redactadas por Miranda, en Francisco de Miranda, *América Espera*, [Ed. J.L. Salcedo Bastardo], Biblioteca Ayacucho, Caracas 1992, pp. 34-46.

sa, la visita a las fortificaciones de La Habana. Cajigal sabía que los cargos no eran ciertos, pues para el momento de la visita de Campbell a La Habana, Miranda, bajo sus instrucciones, estaba precisamente en Jamaica cumpliendo la misión secreta que le había confiado.

Es decir, a su regreso de su exitosa misión a Jamaica, en 1782 lo que encontró Miranda fueron sendos oficios enviados por José de Gálvez, ministro de Indias a Cajigal, ordenándole a Cajigal la detención de Miranda, y que fuese embarcado sin dilación con dirección a España.

Como el mismo Cajigal se encontraba preparando por encargo de Bernardo de Gálvez, Jefe de operaciones de la Armada en las Antillas, una nueva acción militar en las Islas Bahamas, desde donde se conocía que los ingleses atacaban el tráfico naval español entre el Altántico y el Caribe; conociendo él personalmente la verdad de los falsos cargos, asumió la defensa de Miranda y desatendiendo las órdenes dadas por el Ministro Galvez, lo llevó como ayudante de campo a la misión a las Bahamas, donde participaron con 54 barcos españoles con 2.500 soldados y varios barcos norteamericanos, en la toma exitosa de la Isla Providencia, el 4 de mayo de 1782, con sus cinco fuertes y 566 casas sin ninguna baja. Cajigal envió desde el 6 de mayo, a Miranda como parlamentario y le dio al capitán general británico de Bahamas, vicealmirante John Maxwell los términos de capitulación la cual fue firmada, el 8 de mayo, por Miranda y Maxwell.

Pero al concluir la campaña de las Bahamas, lo cierto es que ya Miranda tenía en su contra un cúmulo de procesos judiciales que para entonces coincidieron, por los cuales el 5 de febrero de 1782, el Supremo Consejo de la Inquisición de Madrid, por el proceso que estaba pendiente desde noviembre de 1778, dispuso que el capitán Miranda fuese hecho preso, sus bienes fuesen embargados, se le siguiera causa definitiva en el Tribunal Inquisitorial de Sevilla, o en el de Cartagena de Indias por encontrarse en La Habana, y que durante el tiempo de su prisión se reconocieran las pinturas, libros y papeles que tenía, y se recogiesen los prohibidos. Al mes siguiente, una segunda orden de arresto había sido dictada contra Miranda mediante Real Orden del 11 de marzo de 1782, con la acusación de contrabando que se había formulado contra Miranda, que también había llegado a Madrid, con orden de reclusión en el Castillo de San Carlos de la Cabaña, y además, con privación de toda comunicación y del uso de la escritura. A todo ello se sumaba la orden de arresto por considerarlo responsable de la visita del general Campbell a las fortificaciones de la Habana.

De manera que al regreso de Cajigal y Miranda de las Bahamas hacia La Habana, en 1782, el mismo Bernardo Gálvez, sobrino que era además del Ministro, y quien tenía su cuartel general en La Española, arrestó a Miranda al pasar por Cabo Francés, con base en todas las órdenes recibidas desde Madrid, habiendo sin embargo quedado libre unos meses después meses por influencia de Cajigal. Allí, en todo caso, Miranda hizo publicar un artículo suyo sobre la campaña en las Bahamas, que fue su primera publicación, la cual apareció la *Gaceta del Cabo*, diario de Cabo Francés.[132] En cuanto a Cajigal, al llegar Miranda a La Habana, no lo encerró en el Castillo El Morro como también se le había ordenado, ni sus libros fueron confiscados, conforme a las órdenes de captura y detención que se emitieron desde Madrid; lo que permitió a Miranda esconderse.

Cajigal asumió la defensa de Miranda, pero las autoridades españolas terminaron desautorizando su actuación en la misión a Jamaica, y reaccionando contra su acción protectora respecto de Miranda, e incluso fue lo destituido de su cargo de Gobernador de La Habana. El nuevo gobernador Luis de Unzaga recibió una nueva orden de arresto contra Miranda, ya considerado entonces como reo de Estado.

Cajigal convenció a Miranda sobre la necesidad que ambos tenían de cumplir las órdenes que habían recaído sobre ellos, y que para ello debían viajar a España a defenderse de los cargos y probar su inocencia. Con tal fin se embarcaron, pero al tocar la nave que

---

132 Véase "Noticias políticas del Cabo," en Francisco de Miranda, *América Espera, op. cit.*, 53-57.

los conducía a España en el puerto de Matanzas, el 14 de abril de 1783, mientras se ponía lastre a los navíos, Miranda recibió noticias ciertas de que iba a ser arrestado, desistiendo entonces de continuar el viaje a España con Cajigal. Luego de permanecer escondido durante abril y mayo de 1783, y ante la feroz persecución en su contra, desertó del ejército español embarcándose el 1 de junio de 1783 con rumbo a Carolina del Norte, llegando allí para descubrir la libertad. Su llegada coincidió cuando ya la guerra de la independencia contra Inglaterra, en la cual España se había involucrado a favor de los americanos, ya había concluido.

Al dejar los dominios españoles, en todo caso, Miranda dejó allí a Juan Manuel Cajigal y Niño, quien en definitiva sería el único amigo español que tuvo, originado particularmente en sus años en el ejército en Madrid y luego en la marina española en El Caribe, entre 1778 y 1783, que además había sido su protector en el mundo militar. Cajigal murió en 1811, diez años después de la sentencia que en definitiva los declararía inocentes.[133] No tuvo mayor actuación pública, la cual en cambio sí tuvo un primo, Juan Manuel Cajigal y Monserrat, quien a partir del mismo año de 1799, había entrado al servicio del gobierno español, y precisamente en la provincia de Venezuela. Allí llegó sirviendo al Batallón Veteranos de Caracas, y luego, entre 1804 y 1809, en el tiempo en el cual Miranda invadió el territorio de la provincia de Venezuela, y llegó a desembarcar en Coro, Cajigal era el Gobernador de la Provincia de Nueva Andalucía. Fue ascendido a Mariscal de Campo, y en 1813 participó en la campaña de oriente bajo las órdenes de Domingo Monteverde, el carcelero de Miranda. En 1814 fue nombrado Capitán General de Venezuela, habiendo sido derrotado en la primera batalla de Carabobo en mayo de 1814, por Simón Bolívar.

Miranda se embarcó en el *Prudent*, no sin antes haberle enviado a Cajigal una carta que tiene fecha 16 de abril de 1783 firmada "en

---

133   Véase la afectuosa carta de Miranda a Cajigal del 9 de abril de 1800, acusándole recibo de la sentencia del Consejo de Indias a favor de ambos, en Francisco de Miranda, *América Espera, op. cit.*, 257-259.

el mar, sobre el Puerto de Matanzas,"[134] precisándole que no le parecía prudente dejarse encarcelar por las autoridades españolas sabiendo de la falsedad de los cargos en su contra. Le explicó a Cajigal en su carta, que en la persecución que había sido desatada en su contra había visto "al propio enemigo hecho un juez arbitrario en su propia causa," expresándole entonces que "con la divisa *sic volo, sic juveo...*"[135] no le parecía "prudente el compromiso" el verse privado de libertad, siendo su decisión entonces para ello, alejarse de España.

Era evidente, que ante la amenaza de ser sometido a prisión a los 33 años, con las persecuciones, envidias y condenas que ya tenía en su contra, y los pocos amigos españoles, excepto Cajigal, que había tenido durante su permanencia en el ejército español, y la seguridad que tenía de que no iba a tener un juicio justo, pues entre otras cosas, era americano; la prudencia le aconsejó que debía ponerse a buen resguardo, no por "temor nimio" como escribió, sino por "precaución indispensable." Casualmente, incluso, para su viaje al norte, se embarcó en un navío con el nombre de *Prudence*.

Su decisión de no dejarse atropellar injustamente o, en sus propias palabras sustraerse "a la tropelía que conmigo se intentó," y dirigirse hacia los Estados Unidos de América, como se lo expresó a Cajigal en otra carta del mismo día 16 de abril de 1782, fue para dar "al mismo tiempo principio a mis viajes en países extranjeros, que sabe V. fue siempre mi intención concluida la guerra," requiriéndole además, que le gestionara los "documentos suficientes, para pasar por cuatro años a Inglaterra, Holanda, Francia, Alemania, Italia, etc. a viajar y perfeccionar mi incompleta educación."[136] El proyecto de Miranda, que había iniciado en sus años militares en

---

134 Véase en Francisco de Miranda, *América Espera*, op. cit., pp. 57-60.

135 La frase completa era "*sic volo, sic jubeo, stat pro ratione voluntas*, y se trataba de una versión imprecisa de la frase del satírico romano, Juvenal, que en realidad la había escrito así: "*Hoc volo, sic jubeo, sit pro ratione voluntas*, y que quiere decir, "lo quiero, insisto en ello, dejad que prime mi voluntad antes que la razón.

136 Véase en Francisco de Miranda, *América Espera*, op. cit., pp. 60-61.

España aprendiendo inglés, francés e italiano, que luego ejecutó en su periplo europeo (1785-1789), por tanto, ya lo tenía planificado cuando salió de Cuba. Luego en 1788 escribiría, ante la persecución de la Corona española que:

> "todas las absurdidades, amenazas o trampas que puedan poner, no me harán desistir jamás un punto de la discreción, probidad y atención con las cuales me he propuesto corregir con mis viajes los prejuicios absurdos de mi defectuosa educación; a lo que nadie tiene derecho de oponerse, ni ninguna autoridad cualquiera impedir con razón." [137]

Cajigal, sin embargo, por su parte, sí viajó a España, y al llegar fue sometido a arresto domiciliario. Siguió el juicio que se había abierto en su contra, el cual solo fue luego de dieciséis años, en 1799, cuando al fin el Consejo de Indias declaró su inocencia, y además la del propio Miranda, de los cargos que se habían formulado en su contra con motivo de sus actuaciones como gobernador de La Habana y la misión a Jamaica. Esa noticia la recibió también Miranda ese mismo año 1799, apenas había regresado a Londres después de su experiencia como militar al servicio de la Revolución francesa, y de haber pasado cerca de tres años preso en Paris.

El viaje por las ex colonias inglesas en la costa este de Norte América que Miranda realizó durante año y medio, desde junio de 1783 a diciembre de 1784, sin duda fue un contraste brutal entre las persecuciones de la Inquisición y las limitaciones impuestas a las personas en España, y la vida en libertad que experimentó en Norteamérica, lo que habría de marcarlo para el resto de sus días.

En efecto, cuando después de 10 días de navegación desembarcó el 10 de junio de 1783, en New Bern, Carolina del Norte, en lugar de Charleston que era lo que los pasajeros del *Prudent* habían contratado, llegó a un país nuevo donde además se había producido la primera Revolución que el mundo había conocido, con la creación de un nuevo Estado republicano sobre la base de lo que habían

---

137 Véase carta al conde de Bezborodko, en Copenhagen, de fecha 26 de enero de 1788, en Francisco de Miranda, *América Espera*, op. cit., p. 92.

sido por doscientos años colonias inglesas. Ello se había formalizado solo siete años antes, el 4 de julio de 1776, con la Declaración de Independencia respecto de la Metrópoli inglesa, adoptada en un segundo Congreso Continental que se había celebrado con los representantes de dichas Colonias.

Como consecuencia de la *Proclamación de Rebelión* que el Rey Jorge III había emitido el 23 de agosto de 1775 contra las Colonias, el primer Congreso, justo antes de la Declaración de Independencia, había requerido de las Colonias que respecto de las que aún no lo habían hecho, formaran gobiernos separados para el ejercicio de toda autoridad. El Congreso así, resolvió:

> "Que se recomienda a las respectivas Asambleas y Convenciones de las Colonias Unidas, donde aún no se hubiere establecido un gobierno suficiente a las exigencias de sus asuntos, el adoptar tal gobierno en forma tal, que en opinión de los representantes del pueblo, pueda conducir mejor a la felicidad y seguridad, en particular de sus ciudadanos y en general de América."

La Independencia no se había aún proclamado, y prevalecía la búsqueda de la solución de la reconciliación de las colonias con la Corona. Para la Independencia, en realidad, parecía que solo faltaba un sólido impulso doctrinario, que apareció bajo la forma de panfleto anónimo, publicado en Filadelfia por el impresor Robert Bell, el 10 de enero de 1776, bajo el título de *Common Sense*, donde se explicitaban todas las causas y necesidad de la independencia

Su autor quien se identificó luego de varias ediciones, fue Thomas Paine, quien planteó la necesidad de idear para el nuevo mundo, una nueva alternativa de gobierno frente al único conocido hasta entonces y durante las centurias anteriores, que era el de las Monarquías absolutas hereditarias. Así, cuando en *Common Sense* Paine se pronunció por la separación de las Colonias norteamericanas de la Monarquía británica, y formuló la idea de la independencia, lo hizo dejando claro que el nuevo régimen político a establecer no podía ser el de la "locura del Gobierno hereditario de los reyes," o de "la absurdidad de la sucesión hereditaria," la cual consideró como "un insulto y una imposición sobre la posteridad, porque siendo todos los hombres iguales en su origen, ninguno por su nacimiento pudo tener un derecho para establecer para siempre su misma familia con una perpetua preferencia sobre todas las demás."[138]

La propuesta de Paine que luego plasmó en muchos de sus escritos, partió de la idea simple, de lo que llamó la división primaria de los formas de gobierno, que era: primero, el gobierno por elección de representantes y segundo, el gobierno de sucesión hereditaria; considerando que había sido precisamente dicha división el origen de las revoluciones que se sucedieron durante los últimas décadas del siglo XVIII en los Estados Unidos y en Francia, basadas en el conflicto entre "el sistema representativo fundado sobre los derechos del pueblo; y el sistema hereditario fundado en la usurpación,"[139] no solo el formado con Monarcas de sangre, sino incluso el establecido por dictadores citando nada menos que a quien años después sería su perseguidor –como lo fue también de Miranda– Maximillien Robespierre en representación de la Convención; considerando en definitiva al "sistema representativo como la invención de mundo moderno." [140]

Y así, precisamente, se forjaron los regímenes republicanos basados en la elección y representación, es decir, gobiernos representativos, como contrapuestos al régimen de gobierno hereditario, considerando Paine, simplemente, que éste último no tenía "derecho de existir."[141]

El panfleto tuvo un éxito editorial inusitado, pues frente a las generales intenciones y sentimientos que existían en las colonias de búsqueda de una reconciliación con la Metrópolis, por la guerra económica que se había desatado en las provincias, lo que en el

---

138 Véase Manuel García de Sena, *La independencia de Costa Firme justificada por Thomas Paine treinta años ha*, (1811), edición conmemorativa del Bicentenario de la Constitución de los Estados Unidos de América, Ministerio de Relaciones Exteriores, Caracas 1987, pp. 83-84
139 Véase en *Thomas Pain Reader* (Ed. Michael Foot and Isaac Kramnick), Penguin Books, 1987, p. 453
140 Véase en *Thomas Pain Reader, cit.*, p. 454.
141 Véase en *Thomas Pain Reader, cit.*, p. 454.

texto se planteaba era un grito por la Independencia, sobre lo cual nadie hasta ese momento había escrito.

A los pocos meses, la Asamblea Legislativa de la colonia de Virginia adoptó el 12 y el 29 de junio de 1776, no sólo el *Bill of Rights* sino la *Constitution or Form of Government of Virginia,* que fue la primera Constitución republicana que se había adoptado en el mundo, es decir, que no era otorgada por un Monarca, dándose así inicio al fin del proceso de colonización británica de Norteamérica que los ingleses habían comenzado a comienzos de Siglo XVII, con el envío de los primeros colonos emigrantes de la Compañía de Londres, que establecieron un asentamiento, precisamente llamado Virginia, por Sir *Walter Raleigh* en honor de la Reina virgen, Isabel (1558-1603).

Ese proceso de colonización inglesa de Norteamérica, al contrario de la colonización española de Sur América, y que se desarrolló durante el reinado del rey Jacobo I (1603-1625), no fue propiamente una empresa y una política asumida centralizadamente por la Metrópoli londinense, sino que se hizo por aproximaciones sucesivas, mediante convenios o cartas individuales otorgadas a grupos de colonos que se fueron asentado en el vasto territorio, gobernados por sus propios consejos locales, designados por los propios colonos. Por ello el principio el representatividad y participación local que caracterizó a las colonias, que con tanto interés debió haber observado Miranda en su viaje por Norteamérica, se inició en las Colonias desde el mismo momento en que comenzó la colonización, de manera que si bien luego se nombraron gobernadores desde Inglaterra, ello no eliminó el espíritu asambleario de las colonias.

Por ello todas estas colonias habían desarrollado una amplia autonomía con un espíritu asambleístico arraigado y un gobierno local bastante autónomo debido, además, a la ausencia de mecanismos centralizantes de administración colonial, como los que por ejemplo España pudo establecer en las colonias de centro y sur América. Cada colonia británica, en contraste, poseía su legislatura, compuesta de dos Cámaras; y el centro de la vida política en cada comunidad, en todo caso, siempre fue el *meeting house,* o *Town Hall,* donde en asamblea se resolvían los asuntos locales.

En todo caso, la Independencia de las colonias para julio de 1776 ya era decisión tomada, y de allí la resolución del segundo Congreso Continental, del 2 de julio de 1776, en la se declaró:

> "Que las Colonias unidas son, y por derecho, deben ser, Estados libres e independientes; que ellas están absueltas de toda obediencia a la Corona Británica, por lo que toda conexión política entre ellas y el Estado de Gran Bretaña, es y tiene que ser, totalmente disuelto."

El Congreso convino, además, en preparar una Declaración cuya redacción se encomendó a Thomas *Jefferson,* y en cuyo borrador colaboró Tomas Paine, proclamando al mundo las razones de la separación de la Metrópoli, habiéndose adoptado el 4 de julio de 1776, la *Declaración de Independencia,* en formal ratificación del acto ya ejecutado.

Con este documento, de interés histórico universal, apareció por primera vez en forma abierta en la historia, la legitimidad jurídica, política y racionalista del auto-gobierno basado en la representatividad democrática.

Por el impacto que todo ello tuvo en la sociedad norteamericana, no puede haber duda de que entre los primeros libros adquiridos por Francisco de Miranda, apenas llegó a New Bern, tuvo que ser el *Common Sense,* y el texto de la Declaración de Independencia, constatando que en la misma los ex colonos independentistas no habían recorrido para fundamentarla en el *common law,* ni en los derechos de los ingleses, sino exclusivamente a las *leyes de la naturaleza y en Dios;* en lo que se consideraron verdades evidentes en sí mismas, como:

> "Que todos los hombres son creados iguales; que son dotados por su Creador de ciertos derechos inalienables; que entre éstos están la vida, la libertad y la búsqueda de la felicidad. Que para garantizar estos derechos se instituyen entre los hombres los gobiernos, que derivan sus poderes legítimos del consentimiento de los gobernados; que cuando quiera que una forma de gobierno se haga destructora de estos principios, el pueblo tiene el derecho a reformarla o aboliría e instituir un nuevo gobierno que se funde en dichos principios, y a organizar

sus poderes en la forma que a su juicio ofrece las mayores probabilidades de alcanzar su seguridad y felicidad."

Como consecuencia, todo lo que no estaba adaptado racionalmente a los objetivos establecidos derivados de los derechos inalienables del hombre, era injustificable e ilegítimo, debiendo estar organizado el Estado en la forma más adecuada para alcanzar dichos objetivos; de lo que derivaba el principio de que al violar el pacto que lo unía a sus súbditos americanos, el Rey había perdido toda posibilidad de reclamar su lealtad, y consecuentemente, las Colonias se convirtieron en Estados independientes.

En esa forma, las Asambleas Legislativas de las Colonias, después de los mencionados *Bill of Rights* y la *Constitution or Form of Government of Virginia* adoptados, respectivamente, el 12 y el 29 de junio de 1776, procedieron a adoptar sus propias Constituciones y Declaraciones de Derechos como derechos naturales que como se expresó en el texto de Virginia, "pertenecen a ellos y a su posteridad, como la base y fundamento del Gobierno," principios que también se recogieron en la Declaración de Independencia de los Estados Unidos de América aprobada menos de un mes después de la adopción de la Declaración de Virginia.

En septiembre de 1776, bajo la redacción de Paine, se adoptó la Constitución de Pensilvania, con un teto extenso, y que se fue considerada como la más democrática de las Constituciones

Miranda, en todo caso, fue el primer venezolano y quizás latinoamericano que recorrió las antiguas colonias y que se nutrió directamente, de todos los principios del constitucionalismo norteamericano que luego sólo comenzaron a circular en Venezuela, clandestinamente por traducciones realizadas por venezolanos, como fueron los libros de Joseph Manuel Villavicencio, *Constitución de los Estados Unidos de América,* publicado en Filadelfia en 1810, que fue la primera traducción al castellano de la misma; y el libro de Manuel García de Sena, *La Independencia de la Costa Firme, justificada por Thomas Paine treinta años ha. Extracto de Sus Obras,* también publicado en Filadelfia en 1811, con la traducción al castellano de las obras más importantes de Thomas Paine, y de los textos constitucionales de los Estados Unidos.

La coincidencia del tiempo constitucional norteamericano con la visita de Miranda, fue sin duda excepcional, pues en 1783, el proceso de construcción de la Unión norteamericana estaba a medio camino. A partir de la declaración de independencia en 1776, y de la configuración sucesiva de las colonias como Estados libres, cada una con su Constitución y su *Bill of Rights,* comenzó a surgir la idea de una Confederación o Unión entre las mismas, entre otros motivos para asegurar la unión política a los efectos de la conducción de la guerra contra Inglaterra. De allí la adopción por el Congreso, el 15 de noviembre de 1777, de los *"Artículos de la Confederación"* considerados como la primera Constitución Americana, en la cual se creó una confederación y unión perpetua entre Estados, cuyo objetivo era "la defensa común, la seguridad de sus libertades y el mutuo y general bienestar," en un sistema conforme al cual cada Estado permanecía con "su soberanía, libertad e independencia," y titular de cualquier poder, jurisdicción y derecho no delegado expresamente a los Estados Unidos en Congreso.

El resultado fue que el único cuerpo de la Confederación era el Congreso, en el cual cada Estado tenía un voto. Consecuentemente, la Confederación carecía de poder impositivo directo, dependiendo por ello, desde el punto de vista económico, exclusivamente de las contribuciones de los Estados; carecía de un cuerpo ejecutivo y sólo tenía una forma de organización judicial embrionaria. A pesar de dichas debilidades, sin embargo, la Confederación tuvo éxito en conducir la guerra durante siete años, hasta finalmente triunfar, lo que había ocurrido precisamente en 1783 cuando Miranda desembarcó en Carolina del Norte.

En este proceso, muchos factores contribuyeron con la causa de las colonias, y entre ellos, el apoyo de la Monarquía francesa, la cual encontró en la guerra de independencia de las Colonias, una ocasión única para vengarse del Tratado de París de 1763 y de la pérdida frente Inglaterra, de sus posesiones coloniales en Canadá. La colaboración económica de Francia a esta guerra, sin embargo, no sólo provocó luego la quiebra del Tesoro real sino, además, por las ideas de libertad republicana que América exportaba, la Revolución francesa y la caída misma de la propia Monarquía, unos años después, en 1789.

Por otra parte, cuando Miranda llegó a Norteamérica se venía de firmar el Tratado de Paz con Inglaterra, el Tratado de Versalles de 3 de septiembre de 1783, mediante la cual Inglaterra reconoció oficialmente la independencia de las trece colonias que formaron los Estados Unidos de Norteamérica.

Posteriormente, como lo siguió estudiando Miranda desde Europa, la precaria estructura de la Confederación que él conoció, avanzó hacia la necesidad de establecer un poder central que lograra la integración nacional. para lo cual fue convocada una Convención Federal, "con el único y expreso objetivo de revisar los artículos de la Confederación," lo que condujo, en 1787, a la sanción por el Congreso, de la Constitución de los Estados Unidos, habiendo sido ello el resultado de una serie de compromisos entre los componentes políticos y sociales de las Colonias independientes, es decir, entre federalistas y anti-federalistas; entre los grandes y los pequeños Estados; entre los Estados del Norte y los Estados del Sur; entre esclavistas y antiesclavistas, y entre la democracia y los intereses de las clases dominantes. Todo ello condujo finalmente al establecimiento no sólo de la forma federal del Estado, sino de un sistema de separación de poderes, balanceados y controlados entre sí *(check and balance system)*, que tanto influenció posteriormente en el pensamiento de Miranda

El país que Miranda "descubrió" cuando abandonó La Habana en 1783, por tanto, venía de terminar formalmente una guerra contra los ingleses, y el Reino Unido venía de reconocer su independencia. Los signos militares de la guerra, sin embargo, estaban en todas partes, y a ellos dedicó una atención particular Francisco de Miranda durante el año y medio que permaneció en suelo norteamericano, desde el día 10 de julio de 1783, cuando desembarco en New Bern, Carolina del Norte, hasta que zarpó de Boston el 15 de diciembre de 1784, rumbo a Londres.

Con ocasión de este viaje a Norteamérica, Miranda comenzó a aplicar la forma de conocer personas en lugares desconocidos, que no era otra que la muy utilizada de las cartas de recomendación de parte de personas distinguidas, lo que por lo demás era práctica común. Por ello, para iniciar el viaje, aún en la forma subrepticia que lo caracterizó, Miranda partió de La Habana con sendas cartas de presentación que le dio Juan Manuel Cajigal, su superior y protector, dirigidas a George Washington, el ministro o Agente de España en Philadelphia, Francisco Rendón y el Gobernador de Carolina del Norte Benjamin Guerard.

Miranda recorrió toda la costa este de los Estados Unidos, visitando durante 1783, habiendo visitado Beaufort, Wilmington, Charleston y Philadelphia, donde pasó la navidad de 1973, el mismo mes y año en el que nació en Caracas Simón Bolívar.

En 1784, visitó New York, West Point, Albany, New Haven, Wethersfiel, Hatford, Midletown, New London, New Port, Salem, Porthmouth, Newburyport y Boston. En todas esas ciudades conoció todo lo que había de interés, y toda persona de interés y relevancia, y además, particularmente, las instalaciones y defensas militares que habían quedado, inglesas y norteamericanas de la guerra recién terminada, y las bibliotecas y universidades. De todo ello Miranda dejó constancia pormenorizada en el diario que llevó, y que William Spence Robertson, su biógrafo, publicó en 1928:

> William Spence Robertson, *The Diary of Francisco de Miranda. Tour of the United States 1783-1784*, New York, 1828

En efecto, desde New Bern, donde como se dijo desembarcó el 10 de julio de 1783, en North Carolina, bajó hasta Charleston (agosto 1873) en Carolina del Sur, donde originalmente era que todos los pasajeros del *Prudence* habían fijado su destino.

Entre las cartas de presentación que Miranda tenía, además de las de Cajigal, había una del propietario del *Prudence*, James Seagrove, a quien había vendido su biblioteca antes de zarpar de La Habana. Con dicha carta, Miranda, Con ella comenzó la cadena de relaciones personales con personas comunes y destacadas en cada ciudad que visitó, y que se fueron multiplicando a medida que avanzaba hacia el norte y conocía nuevas personas y recibía nuevas cartas de presentación. Por ello John Adams, quien fue el segundo presidente de os Estados Unidos, expresó de Miranda que:

> "Es una opinión generalizada que en los Estados Unidos nadie conoce mejor o más que Miranda, las familias, grupos y relaciones del país y que ningún oficial de nuestro ejército ni ningún hombre de Estado de nuestros consejos, conoce mejor o más que él de ninguna campaña, sitio, batalla o refriega que se haya dado durante toda la guerra."[142]

El 2 de noviembre de 1783 Miranda viajó hacia Philadelphia, navegando el rio Delawere y pasando por Wilmingthon. En Philadelphia, que era la sede del gobierno, se presentó ante Francisco Rendon, el ministro español ante el gobierno de la Confederación, quien por supuesto nada sabía de la deserción de Miranda y de sus problemas con la justicia. Rondón, en cuya residencia se hospedó, fue quien lo introdujo en todos los círculos políticos y sociales. Allí conoció a muchísimas personas del mundo político, miembros del Congreso y del gobierno, y entre ellos, a George Washington,[143] John Adams, Samuel Adams y al marqués de Lafayette.

Miranda siguió hacia Nueva York en enero de 1784, en un duro invierno como él mismo lo describió, atravesando el rio Delawere, que estaba congelado, a pie detrás de la carroza que lo transportaba. En Nueva York conoció entre otros, a Alexander Hamilton, con quien mantendría posteriormente correspondencia regular por más de veinte años; a Robert L. Livingston y familia, y general Henry Knox con quien también mantendría correspondencia posteriormente, particularmente en temas militares para la liberación de América Hispana.

---

142 Véase en la obra de Charles Francis Adams, *The Works of John Adams, second President of the United States, with a Life of the Author, notes and illustrations by his grandson.* Little, Bown and Company, Boston 1856. Véase en http://www.franciscodemiranda.info/es/documentos/adams-letter.htm.

143 Como lo refirió el mismo Miranda, el 9 de diciembre de 1783 fue a verlo apenas llegó a Filadelfia en compañía de Rondón, y con la carta de recomendación que le había dado Cajigal para Washington. Véase en Francisco de Miranda, *América espera, op. cit.,* pp. 61-62.

Pero entre las personas de mayor relieve que conoció en Nueva York fue Thomas Paine, el famoso autor del panfleto *Common Sense*, que como hemos dicho, había sido el detonante de la independencia norteamericana, y que tuvo una influencia notoria en toda la población, así como en los padres fundadores americanos, orientado el curso de las determinaciones que condujeron a la independencia en julio de 1776. El panfleto, como debe haberlo constatado Miranda después de seis meses visitando seis de las trece colonias, había sido como una "biblia" para el establecimiento de un Estado libre e independiente en Norteamérica, basado en los derechos naturales del hombre. Por ello, seguramente ya sabía que el impulso fundamental a la revolución americana se podía atribuir a Paine.

Éste había llegado de Inglaterra unos meses antes, y había sido introducido a Thomas Jefferson por Benjamin Franklin. El 10 de junio de 1776, cinco meses después que aparición de *Common Sense*, el Congreso Continental designó un Comité integrado por Thomas Jefferson, John Adams, Benjamin Franklin, Roger Sherman y Robert R. Livingston ninguno de los cales había escrito jamás nada sobre la independencia, para elaborar una declaración para la misma de las Colonias respecto del Reino Unido.

Se comisionó a Jefferson la preparación del primer borrador de la misma, el cual era bien conocido que había sido elaborado por Paine. Sin embargo, él no fue miembro del Congreso y por ello no firmó la Declaración del 5 de julio de 1776, y sus aportes no fueron siempre reconocidos por los padres fundadores. En todo caso, sin fortuna, y con reconocimiento complicado, el Estado de Nueva York le donó una hacienda de casi trescientas acres en New Rochelle, al norte de Nueva York.

Miranda debió haber conocido la obra de Paine durante su recorrido por los Estados del sur hasta llegar a Nueva York, y por tanto, era obvio que lo conociera allí personalmente en abril de 1784, habiendo establecido con él una relación que los llevaría a reunirse posteriormente, en 1792, en Londres; y luego en Paris, entre 1793 y 1795, donde incluso Thomas Paine resultó ser el testigo clave en la defensa de Miranda en el juicio por traición que se le siguió ante el

Tribunal criminal por acusación de Robespierre, en la época del terror.

Luego Miranda se toparía en forma indirecta con Paine, en Caracas en 1812, al conocer y utilizar su obra, traducida al castellano por Manuel García de Sena, en el libro:

> Manuel García de Sena, *La Independencia de la Costa Firme justificada por Thomas Paine treinta años ha. Extracto de sus obras*, T. y J. Palmer, 1811[144]

Algunas partes del trabajo de Paine, incluso salieron publicadas en la *Gaceta de Caracas* en 1811.

Pero luego de haber conocido a Paine en Nueva York, y haber permanecido varios meses en la ciudad, Miranda continuó su viaje, hacia los Estados del norte, reconociendo instalaciones militares, educativas, religiosas y de gobierno local, con una acuciosidad excepcional, habiendo sido recibido en cada ciudad o lugar con toda deferencia.

En ese proceso de conocimiento y relaciones, la ayuda del Ministro español Rendón que había sido fundamental, comenzó a resquebrajarse la misma tan pronto recibió noticias desde España sobre el fugitivo, pasando entonces a denunciar ante las autoridades norteamericanas su presencia en Norteamérica.

Para ese momento, en diciembre de 1784, Miranda ya se encontraba en Boston, donde, además, en la víspera de su viaje a Londres, también recibió la noticia de que había sido condenado por las autoridades españolas a 10 años de prisión en África, pérdida de empleo, y multa. Y así fue que se embarcó rápidamente hacia Inglaterra.

Miranda, por tanto, puede decirse fue perseguido durante toda su vida por las autoridades españolas por todos los países por donde viajó, a pesar incluso de usar nombres y pasaportes falsos, muchas

---

144   Una reimpresión de esta obra se realizó por el Ministerio de Relaciones Exteriores de Venezuela en 1987, como Edición conmemorativa del Bicentenario de la Constitución de los Estados Unidos de América, Caracas 1987.

veces protegido por las autoridades rusas,[145] y a pesar de las noticias recibidas de Cajigal sobre la absolución de los cargos por las acusaciones derivadas de los hechos de La Habana en 1783.

Sin embargo, quedaban pendientes, aun cuando en forma imprecisa, todas las otras acusaciones por actividades desarrolladas en España en 1778, contrarias a las prohibiciones impuestas por el Santo Oficio de la Inquisición; por el intento de invasión de la Colonia española de Venezuela en 1806, por lo que las autoridades locales llegaron hasta poner precio a su cabeza; y por el delito de deserción del ejército español cuando abandonó La Habana en 1783. Luego, a partir de 1810, el ámbito y motivo de las persecuciones españolas en su contra se amplió aún más, por haber Miranda participado como diputado en el Congreso de las Provincias Unidas de Venezuela, entre 1810 y 1812, es decir, las provincias rebeldes de la antigua Capitanía General de Venezuela, y por haber comandado el ejército republicano en 1812, precisamente enfrentando a las fuerzas militares de la Corona española.

En todo caso, la última comunicación indirecta que Miranda recibió de autoridad alguna de España, sobre sus peticiones tratando de aclarar su situación, fue la que le envió el Ministro José Moriño y Redondo, el Conde de Floridablanca, al Embajador de España en Londres, Bernardo del Campo, en abril de 1790, en respuesta a una petición de Miranda, donde le informaba escuetamente que tenía un proceso pendiente con la Corona española, en el cual debía defenderse. A ello Miranda respondió en comunicación dirigida al propio

---

145 Miranda mismo, como ejemplo, recogió en su diario en Copenhague el 26 de enero de 1788, donde reseña lo siguiente: "Gaceta de la Corte de la Haya del 12 de enero. De Estocolmo el 21 de diciembre de 1787. "Se ha sabido que el ministro de España, residente en esta Corte, ha recibido, por el ultimo correo, orden de su Corte para reclamar cierto Conde de Miranda, español de nacimiento pero actualmente al servicio Imperial de Rusia, y que desde hace algún tiempo ha venido aquí de San Petersburgo, y de enviarlo prisionero a España por ser culpable de infidelidad para con su Rey e inclusive sospechoso de alta traición. El mencionado Conde de Miranda ha partido ya desde hace algún tiempo hacia Dinamarca." Véase en Francisco de Miranda, *América espera, op. cit.*, p. 92.

Rey Carlos IV, el 23 de abril del mismo año, que la posición de la Corona no le daba otra alternativa que escoger una patria que lo tratase al menos con justicia y asegurase su tranquilidad civil.[146] Es decir, se trató de su renuncia definitiva ante el Rey de su condición de súbdito español por los continuos agravios que había recibido

Cuando llegó a Cádiz en 1814, por tanto, sin patria, salvo la americana colombiana, fue encerrado en la prisión de las Cuatro Torres, en La Carraca, como al más importante de los perseguidos políticos americanos, que había llegado a manos de las autoridades españolas, en el propio territorio de la Península ibérica, a las cuales había sido incluso entregado por parte de sus propios subalternos. De allí que para las mismas, era claro que nunca más saldría de prisión; les había costado mucho tiempo, aunque poco esfuerzo, poder tenerlo allí. Nadie, ni personas, ni gobiernos, abogaron por él, ni manifestaron interés alguno en su libertad y, por lo demás, no había mayor interés de juzgarlo. Estaba solo, y sus captores solo querían tenerlo privado de libertad.

Y esa patria no sería otra, en ese momento, que Inglaterra, donde ya desde febrero del mismo año 1790, Miranda había entrado en comunicación con el primer ministro William Pitt, quien desde 1783, cuando asumió el cargo a los 24 años, y ante un Monarca enfermo, venia gobernando Inglaterra. En ese año y por las dos décadas que siguieron, aun cuando intermitentemente, Miranda realizó su infructuosa campaña ante las autoridades inglesas para que el Reino Unido apoyase el proceso de independencia de las colonias hispanas en América, lo que nunca logró.

Pero en realidad, en cuanto a la patria que tendría Miranda que escoger que no fuera la de España de la cual se consideraba rechazado, salvo la americana, Miranda en realidad tampoco llegó a tener otra específica. Por ello, durante su vida, estuvo sucesivamente al servicio de varios Estados, lo que despertó suspicacia entre sus respectivas autoridades.

---

146 Véase el texto en http://www.franciscodemiranda.info/es/documentos/cartacarlos.htm.

Antes de entrevistarse con Pitt en 1790,[147] cuando en su viaje por Europa el cual comenzó apenas llegó a Londres desde Boston en 1785, llegó a Crimea en 1786, visitando luego Kiev, Moscú y San Petesburgo. Allí obtuvo la protección de la Emperatriz de las todas las Rusias, Catalina La Grande,[148] quien incluso le propuso se quedara en Rusia. Por ello, al continuar su viaje, gozó además del auxilio de sus embajadores hasta regresar a Londres, donde incluso pidió al Embajador ruso lo inscribiera en el personal de la Embajada "(para ciertas precauciones judiciales) con el fin de prevenir cualquier inicuo proceso que puedan intentar,"[149] por todo lo cual llegó a ser considerado en más de una ocasión, como agente ruso.

Luego sirvió en el ejército francés como Mariscal de Campo en el Ejército del Norte entre 1792 y 1973, lo que provocó el repudio por parte del gobierno ruso. En Francia, en todo caso, fue acusado incluso de traición y de conspirador, y fue encarcelado en dos largas oportunidades, y en más de una ocasión fue considerado como agente o espía inglés y ruso. Y cuando regresó a Inglaterra, después de su experiencia francesa, no faltó que también se lo considerara agente francés, o de la revolución francesa.

En fin, Miranda no había sido una persona que había estado tranquila en el mundo, ni era de aquellas que no se granjean enemigos sin buscarlo; los tenía en todas partes, y en gran medida por su propio talento, que es uno de los crímenes que menos perdón tienen.

---

147 Véase la relación de la reunión con Pitt en Hollwood el 14 de febrero de 1790 en Véase en Francisco de Miranda, *América Espera, op. cit.*, pp. 104-106.

148 La protección fue incluso de carácter financiero. Véase la carta de agradecimiento que Miranda le envió a la Emperatriz desde San Petesburgo, de fecha 15 de agosto de 1787, en Véase en Francisco de Miranda, *América Espera, op. cit.*, p. 91.

149 Apenas regresó a Londres, el 20 de julio de 1789, Miranda le escribió a la Emperatriz diciéndole, que ante la persecución de la Corte española, "me hubiera sido imposible dar un paso sin hacer uso de la Protección que V.M. tuvo a bien concederme. . . tan solo una pequeña parte de la misma fue suficiente para llevarme por todos los lugares con seguridad y sin el menor tropiezo o disgusto." Véase en Francisco de Miranda, *América Espera, op. cit.*, p. 99.

En su prisión en Cádiz a partir de 1814, sin que nunca se le hubiesen formulado cargos, por tanto, poca ayuda podía obtener para ser liberado de los españoles, sobre todo porque no tenía amigos ni en España ni en el gobierno español, y los pocos amigos que tenía en el gobierno inglés no podían ayudarlo.

Francisco de Miranda en efecto, había tenido vínculos con Inglaterra a partir de 1785; y allí llegó su Archivo de Miranda pocos meses antes de él llegar a Cádiz, en 1814. Su esperanza de que amigos ingleses lo ayudaran no era más que una ilusión; era una esperanza como la que podía expresar cualquier persona privada ilegítimamente de libertad. Sin embargo, en su caso no era realista.

Había que distinguir entre las personas británicas amigas de Miranda, que sí las tenía y muchas, así fueran altos funcionarios del gobierno inglés, y el propio gobierno inglés. De aquellas, Miranda sí podía esperar lo que de la amistad siempre se recibe, lealtad y asistencia, pero del gobierno inglés nunca podía esperar signos de amistad, pues los gobiernos no tienen amigos; solo tienen intereses; y los amigos funcionarios, nada pueden hacer con los gobiernos, cuando éstos tienen otros intereses distintos.

Los gobiernos si pueden llegar a considerar a ciertas personas como sus enemigas, incluso como enemigos de Estado, como lo hizo España con Miranda, pero nunca como amigas.

Miranda tenía, sin duda, amigos ingleses, e incluso, amigos en el Gobierno inglés como los que mencionó en una de sus últimas cartas dirigidas desde Cádiz a su esposa a Sarah, entre ellos Nicholas Vansittart quien para ese momento era el *Chancellor of the Exchequer*, pero nada más, y menos para comprometer al Gobierno en nada que pudiera afectar los intereses de Estado. Podía sí, contar con que se comportaran personalmente en forma amistosa y eficientemente, como en efecto sucedió, pero siempre que no significara comprometer al gobierno.

Y esa había sido por lo demás la propia experiencia de Miranda con el gobierno inglés durante los 24 años de relación que tuvo con sus funcionarios desde que tuvo la primera entrevista con el primer Ministro William Pitt en 1790, buscando que el gobierno de su Majestad británica apoyara sus proyectos de independencia de las colonias españolas en la América Hispana. Si ello nunca lo logró, tampoco desde Cádiz podía pretender lograr que el gobierno británico gestionara por su libertad, y menos ante el gobierno de la restaurada Monarquía española con el retorno de Fernando VII precisamente ese mismo año 1814, y en ese momento específico de euforia monárquica y amistad entre Gran Bretaña y el Reino de España.

Los meses siguientes al regreso de Miranda a Londres en 1808, luego de su fracasada expedición a liberar a Venezuela, coincidieron con la abdicación de los monarcas españoles Carlos IV y Fernando VII en Bayona, de la Corona del reino de España en Napoleón, lo que se produjo el 5 de mayo de 1808; y con la invasión de los ejércitos franceses de España y Portugal. Desde entonces en una forma u otra, Inglaterra siempre había permanecido aliada con España, por su apoyo a ésta en su lucha por la independencia frente a los franceses y Napoleón, y sobre todo, tras el proyecto del restablecimiento de la Monarquía y del principio monárquico en toda Europa, que la Revolución Francesa y Napoleón habían quebrado. De allí, incluso, la decisiva acción militar de Inglaterra en Portugal y España a partir de 1808, en su lucha mancomunada contra Napoleón, lo que le permitió a las fuerzas navales inglesas que incluso hubieran ocupado materialmente todo el sur de la Península ibérica.

El objetivo político fundamental del gobierno del Reino Unido durante las guerras napoleónicas, a los efectos de la restauración de la Monarquía en Europa, precisamente en esos meses de 1814, se había logrado cabalmente. En Francia, en abril de ese mismo año 1814, Napoleón, vencido, había abdicado, y Luis XVIII había sido aclamado y restaurado como rey de los franceses en Paris; y respecto de España, ya el 11 de diciembre de 1813, Napoleón había firmado el Tratado de Valençay en el cual reconoció a Fernando VII como Rey, y éste, cinco meses después, el 4 de mayo de 1814 adoptó su célebre manifiesto sobre abrogación del Régimen Constitucional mediante el cual se restableció la autoridad absoluta del monarca, declarando "nulos y de ningún valor ni efecto, ahora, ni en tiempo alguno, como si no hubiesen pasado jamás..., y se quitasen de en medio del tiempo"[150] la Constitución y los actos y leyes dictados durante el período de gobierno constitucional, volviendo todas las instituciones a la condición que tenían en marzo de 1808. Así, el Monarca, reestablecido, barrió inmisericordemente con la Constitución de la Monarquía que los constituyentes de Cádiz había elaborado con todo cuidado, en su nombre.

En esas condiciones parecía claro no sólo que España nunca liberaría a Miranda, sino que Inglaterra nada haría por gestionar su liberación.

Como se dijo, Miranda tenía sin duda amigos ingleses, quienes después de su prisión seguirían siendo sus amigos y se ocuparían de sus cosas personales, así como de su familia, pero no eran amigos que pudiesen mover a su favor al gobierno británico.

Era el caso, precisamente, de Nicholas Vansittart, quizás su más íntimo amigo, quien lo había financiado durante muchos años, quien era su albacea testamentario desde 1810, y quien se ocupó de Sarah Andrews y su familia durante su ausencia.

Con él tuvo una correspondencia importante desde Cádiz hasta su fallecimiento. Entre ellas, está la carta que Miranda le envió a Vansittart desde La Carraca el 21 de mayo de 1814, considerándolo "mi más digno apoyo y protector en este mundo," en la cual le pedía que hablara "con sus amigos y los míos (S.A.R el Duque de Gloucester, Mr. Wilberforce) con el fin de obtener una eficaz y pronta recomendación," expresándole su apreciación de que "si desperdiciamos la favorable oportunidad del regreso de Lord Wellington de Paris a Madrid, tal vez nunca vea Ud. mis cartas, ni otra cosa." Además, le decía que le escribiría a Lord Wellington "con la esperanza de que él no me negará este favor y gracias" y le pedía que hablase con Richard Wellesley.[151]

---

150   Véase en *Constituciones Españolas y Extranjeras,* Tomo I, Ediciones de Jorge de Esteban, Ed. Taurus, Madrid 1977, pp. 125.
151   Véase en Francisco de Miranda, *América Espera, op. cit.,* pp. 485-487.

Su carta nunca tuvo respuesta, pero ello no significó que sus amigos ingleses no actuaron como tales, personalmente. Y en esto, Miranda si sabía que le responderían. Por ello, la carta dirigida a Vansittart concluía recomendándole a su "pequeña familia;" pidiéndole le entregara a Sarah Andrews "mi ama de llaves en la que confío plenamente" una carta que adjuntaba; y pidiéndole que gestionara con el Sr Taylor en envío de un crédito "a la casa Duff, en Cádiz única persona que sabe cómo comunicarse conmigo."[152]

George Duff era el Cónsul General británico en Cádiz, y en él confiaba Miranda que podía ser uno como sus amigos ingleses. Pero allí tuvo otra desilusión, pues como se lo dijo al propio Vanisttart en una carta del 13 de abril de 1815, Sir Duff había resultado ser "un extraño y execrable personaje" para con él, quien le había negado un dinero que le había sido remitido, quejándose con toda ilusión de que "de haberlo hecho él, yo estaría actualmente fuera de todo embarazo y muy probablemente en Grafton Street."[153] Y en otra carta a Vansittart, del 15 de agosto de 1808, le repitió Miranda que

> "Sir G. Duff (a quien había remitido unas cartas para Ud. y para Lord Wellington) posteriormente se portó conmigo como ni siquiera lo hubiera hecho un adicto de la Inquisición española, y no en su condición de Cónsul de S.M.B en Cádiz...Pero algún día quizás sea posible pedirle cuenta."[154]

Por otra parte, la carta de 21 de mayo de 1814 a Vansittart, finalizaba rogándole que recogiera como pudiera "todos mis papeles (los que en gran parte son también del Gobierno inglés en razón de mis correspondencias)" y que le decía, están a salvo en Curaçao, en la casa inglesa de los Sres. Robertson, Belt y Cía., así como mis libros, equipajes, 22.000 piastras de plata y 1.200 Do. de oro."[155]

Los amigos ingleses, con Vansittart a la cabeza, había hecho todo por recoger sus baúles con todo su equipaje, papeles, libros y su

---

152   Véase en Francisco de Miranda, *América Espera*, *op. cit.*, p. 487.
153   Véase en Francisco de Miranda, *América Espera*, *op. cit.*, pp. 492-493.
154   Véase en Francisco de Miranda, *América Espera*, *op. cit.*, p. 494.
155   Véase en Francisco de Miranda, *América Espera*, *op. cit.*, pp. 485-486.

Archivo que habían quedado depositados en la aduana de Curaçao el 1 de agosto de 1812 cuando el Capitán Haynes atracó con el *Sapphyre*, y precisamente por esa gestión, había sido precisamente el capitán Haynes, en el mismo *Sapphire*, en enero de ese mismo año 1814 quien había llevado todo eso de regreso a Inglaterra, entregándolos en el despacho del Visconde Lord Vincent Castlereagh, Ministro para las Colonias.

Ello, sin embargo, como resulta de su carta, no lo sabía Miranda en mayo de ese mismo año cuando le escribió a Vansittart, ni lo supo jamás. Por lo visto, era un secreto de Estado, pues el gobierno inglés consideraba que los documentos y papeles del Archivo de Miranda, eran propios, tal y como el propio Miranda le expresó en su carta a Vansittart, al escribirle que eran "también del Gobierno inglés."

En cuanto a las piastras de plata y los ducados de oro, nada más se supo de ellas al haber quedado consignadas en la aduana de Curaçao el 1 de agosto de 1812, consignados a la casa Robertson & Belt. El propio George Robertson, quien había viajado en el *Sapphire* desde La Guaira a Curaçao aquél día 31 de julio de 1812, debió haber tomado posesión de esas monedas.

El 13 de abril de 1815 Miranda envió otra carta a Vansittart, en la cual le expresó que amargamente que: "Parece que la adversidad me acosa por todas partes y de todas las maneras posibles. Hasta desconozco lo que está pasando en el mundo en la actualidad," que terminaba diciéndole, "en fin, mi único amigo (si es que Ud. aún vive, para mi alivio)."[156] Y efectivamente, Vansittart vivía y quizás fue su único amigo, que hizo lo que el amigo tenía que hacer en su caso, que fue ocuparse de su familia y de la casa de Grafton Street, pero que no podía actuar en forma alguna como Ministro; ni siquiera contestarle las cartas.

En las últimas cartas que Miranda envió a Vansittart, ya la situación por supuesto era desesperada, pero sin dejar de ser ilusa. El

---

156 Véase en Francisco de Miranda, *América Espera*, *op. cit.*, p. 492.

15 de mayo de 1815, le vuelve a solicitar envío de ayuda económica, por medio de cualquier casa de comercio no vinculada a la de Sir G. Daff, indicándole que

> "creo que con eso saldré de apuro, si es que me llega a tiempo, pues la suerte me es tan adversa en estas circunstancias, casi todo me está afligiendo y he llegado al extremo de tener dudas acerca de la buena fe por parte del Gobierno Británico para conmigo ! *Quot Dei avertant!*"[157]

En dicha carta le hacía referencia al joven P. Turnbull, "quien conoce Cádiz," hijo de su gran amigo, de la casa Turnbull y Ca., de Gibraltar, quien era la persona que lo ayudaría a escapar.

Por ello, en carta de marzo de 1816, también dirigida a Vansittart, y pidiéndole ayuda económica, le informaba que estando

> "mejor de mis calenturas, he dispuesto partir el miércoles o jueves próximo para aquel viajecito que Ud. sabe; todo está preparado con bastante cuidado para que lleguemos con toda felicidad a Gibraltar."[158]

Le dijo que "como los moros nos son ahora enemigos, puede la casualidad llevarnos a las costas de Portugal, que están enfrente del Estrecho, donde sea necesario fletar prontamente un bote o falucho con bandera inglesa americana o de otro país que esté en paz con ellos," pidiéndole para ello que le enviara "cuatro líneas de recomendación para algún comerciante de dichos puertos" advirtiéndole que el nombre que debía utilizar respecto de él era el de "José Amindra" como iba firmada la carta.[159]

Y finalmente, la última carta que envió a su amigo Vansittart, incluida en carta a Peter Turnbull de 7 de abril de 1816, es una nota firmada como José Amindra, en la cual le informaba que "para hoy lo más tarde habíamos de partir para el viajecito que V. sabe, no ha podido esto verificarse" por la razón que le daría la portadora de la

---

157 Véase en Francisco de Miranda, *América Espera*, op. cit., p. 493.
158 Véase en Francisco de Miranda, *América Espera*, op. cit., p. 495.
159 Véase en Francisco de Miranda, *América Espera*, op. cit., pp. 495-496.

nota, solicitándole la reposición de una cantidad, "para reponerlo y partirme – lo que de verificarse dentro de tres días a más tarde."[160]

Fue la última nota que se conoce escrita por Miranda, y el viajecito, en realidad, se pospuso, pero para siempre, pues Miranda, quien al final cayó enfermo, falleció tres meses después, el 14 de julio de 1816.

Concluyó así la azarosa, fascinante e intensa vida de Francisco de Miranda, en una prisión remota, solo, absolutamente solo, abandonado a su suerte, a pesar de haber conocido y haber estado en permanente relación con todas las personas más destacadas de su época, tanto en Norte América, como en Europa y en Sur América; a pesar de haber establecido lazos de amistad con muchas de ellas; a pesar de sus vínculos con la mazonería y con los jesuitas, no tuvo ayuda de ningún tipo que pudiese aliviar su dolor y desespero de los últimos años.

Fue una persona que durante toda su vida tuvo una movilidad permanente, de manera que a partir de su salida de Caracas en 1771, nunca permaneció en alguna ciudad o lugar en forma continua por un periodo de más de tres años, con la sola excepción de su estadía en Londres durante cuatro años, entre 1801 y 1805. De todo ello, el mayor número de años que permaneció en un solo lugar y situación durante toda su vida, fue en prisión: un año en Madrid, dos años en Paris y los últimos seis años de su vida entre Caracas, Puerto cabello, San Juan y Cádiz.

Esa movilidad vital de aprendizaje permanente la comenzó, por supuesto, desde que salió muy joven de Caracas en 1771, para entrar al servicio del Ejército y de la Marina españolas, donde estuvo por una década entre 1773 y 1783 en la Península (Madrid, Cádiz), en el Norte de África (Melilla) y en el Caribe (La Habana), de donde pasó a Norteamérica por el conocimiento cierto que tuvo de que sería detenido y procesado, sin juicio justo, y además, seguramente sería condenado por delitos no cometidos, por un Tribunal como el

---

160   Véase en Francisco de Miranda, *América Espera*, op. cit., p. 496.

de la Inquisición que lo perseguía desde hacía años.[161] Fue allí cuando decidió desertar de la Armada española, abrirse al mundo, y nutrirse del conocimiento universal que tanto había anhelado y que no lo había logrado hasta entonces. Sus intentos, a través de los libros que fue acumulando y de sus lecturas, siempre encontraron el escollo de la intolerancia, y siempre terminaron requisados, confiscados y en todo caso perdidos, en Madrid o en La Habana.

Todo ello cambió a partir de su periplo por Norteamérica.

---

161   Por eso, como lo explicó su abogado Chauveau Lagarde alegando en su defensa ante el Tribunal revolucionario del Terror en 1793, durante el servicio de Mirada en el ejército español, "cultivaba la filosofía y la literatura, lo cual no dejó de atraerle el odio de la Inquisición, cuyo tribunal, no pudiendo hacer en su persona un *auto de fe,* se vengó en su biblioteca filosófica, entregándola a las llamas." Véase en Francisco de Miranda, *rica Espera, op. cit.*, p. 129.

IV
MIRANDA EN LA REVOLUCIÓN FRANCESA, Y SU PERSECUCIÓN EN LA ÉPOCA DEL TERROR

Miranda pasó casi diez años en Francia, entre 1788 a 1798, coincidiendo su estadía, precisamente, con el tiempo de la Revolución Francesa (1789-1799), acontecimiento político mediante la cual se trastocó y se puso fin al orden político, económico y social del Antiguo Régimen monárquico, sentando las bases del liberalismo, de la democracia y del constitucionalismo moderno en Europa.[162]

Dicho proceso revolucionario, el cual vivió Miranda desde el principio al fin, se sucedió a través de una serie de etapas que se podrían resumir como sigue: *primero*, la convocatoria de los Estados Generales por el rey Luis XVI (1789), forzado por los *Parlements* que eran los órganos de justicia del reino; *segundo*, la instalación y funcionamiento de la Asamblea Constituyente (1789-1791) en la cual se transformaron forzadamente los Estados Generales, la cual aprobó, entre otros, la Declaración de los Derechos del Hombre y del Ciudadano, reformó la estructura territorial del Estado, y sancionó la Constitución de 1791; *tercero*, el régimen de la Monarquía Constitucional (1791-1792), que funcionó conforme al principio de la separación de poderes hasta la detención y decapitación

---

162 Véase Allan R. Brewer-Carías, *Reflexiones sobre la revolución norteamericana (1776), la revolución francesa (1789) y la revolución hispanoamericana (1810-1830) y sus aportes al constitucionalismo moderno*, 2ª Edición Ampliada, Serie Derecho Administrativo Nº 2, Universidad Externado de Colombia, Editorial Jurídica Venezolana, Bogotá 2008.

del Rey Luis XVI; *cuarto*, el régimen de la Convención (1792-1795) que luego de la abolición de la Monarquía, asumió todos los poderes del Estado, y que fue controlada sucesivamente por los partidos de los girondino y jacobinos, etapa en la cual se desarrolló el régimen del terror (1793-1794); *quinto*, el régimen del Directorio (1795-1799), que era el órgano del poder ejecutivo plural (5 miembros) que reguló la Constitución de 1795 (redactada por la Convención y aprobada mediante referendo), la cual además atribuyó el poder legislativo a dos Cámaras (Consejo de los Quinientos y el Senado); período en el cual se produje el golpe de Estado del 18 Fructidor (4 de septiembre de 1797), que con el apoyo del Ejército, aumentó los poderes del Directorio; período que concluyó con el golpe de Estado del 18 Brumario (9 de Noviembre de 1799), llevado a cabo por Napoleón Bonaparte, quien impuso una Constitución autoritaria, eliminando el Directorio, y estableciendo en su lugar el Consulado.

Todas las etapas las vivió Miranda, salvo el final de la última con el ascenso de Napoleón al poder, lo que ocurrió cuando ya estaba de regreso a Londres.[163]

Miranda en efecto llegó a Francia el 20 noviembre de 1788, desde Ginebra; bajó por el valle del Rodano, estuvo en Lyon, visitó la *Provence*, pasó por Avignon y Aix, llegando a Marsella el 6 de diciembre de 1788. Luego recorrió la Costa Azul, visitó el puerto de

---

163 Como se lo resumió a su amigo Juan Manuel Cajigal al responder su carta con la noticia de la sentencia favorable del Consejo de Indias a favor de ambos por las acusaciones que lo hicieron desertar del Ejército español en 1783: "Por este propio motivo me habrá usted visto desde nuestra separación, ya viajando y atentamente examinando una gran porción del civilizado mundo; ya encargado de los ejércitos de la Francia Protectriz de la libertad-pública; ya conducido por la Anarchia ante el famoso Tribunal Revolucionario; ya rehusando funciones públicas en aquella confusa República; y ya por esta causa proscripto el 18 Fructidor del año V. [1797]. Forzándome por ello á tomar refugio en este país, donde hallé acogida favorable por cierto tiempo, y sobre todo un inestimable amigo antiguo, cuya hospitalidad me ha soportado y soporta aun en el día." Véase Francisco de Miranda, *América Espera* [Ed. J.L. Salcedo Bastardo], Biblioteca Ayacucho, Caracas 1992, p. 258.

Tolón, y allí la Escueta de Guardamarinas, llegando a Génova. Visitó Turín, y regresó a Marsella el 16 de febrero de 1789.

De allí salió hacia Salon el 27 de febrero, donde visitó la tumba de Nostradamus. Visitó Arles, Nimes, Montpellier, Béziers, Narbonne, Carcassonne, llegando a Tolouse el 14 de marzo, visitando de paso la Escuela Real Militar en Soréz. El 18 de marzo navegó por el río Garona y llegó a Burdeos, donde pasó tres semanas. Allí visitó el castillo de la Blède, que había sido propiedad de Montesquieu, cuyas obras bien conocía. De Burdeos salió el 13 de abril, y después de recorrer durante un mes la costa atlántica y todas sus ciudades, como La Rochelle, Nantes, Lorient, Brest, Saint-Malo, Cherburgo y Caen, llegó a Le Havre el 14 de mayo, desde donde salió hacia Paris donde llegó el 24 de mayo de 1789.[164]

La llegada de Miranda a Francia, y el recorrido que hizo, ocurrió de regreso de su largo periplo de observación y estudio por toda Europa (1785-1788), con recorridos tan intensos como el que hizo en esos meses por Francia. El país en el cual permaneció más tiempo fue en Rusia entre el 26 de septiembre de 1786 hasta el 7 de septiembre de 1787, de donde salió bajo la protección de la Emperatriz Catalina la Grande,[165] para evadir la persecución de los agentes españoles.

Fue por ello que desde que salió de Rusia, nunca viajó como Francisco de Miranda, sino con nombres varios, entre otros, como Meran, Meroud, Mayrat y Meroff, siempre como ciudadano de Livonia, y bajo la protección de los agentes rusos,[166] los cuales le emitieron los pasaportes necesarios. Por ello, cuando en 1789 llegó a Paris, obtuvo la protección del embajador de Rusia. De allí salió hacia Londres que era su destino final, donde llegó el 18 de junio de

---

164 Véase Francisco de Miranda, *América Espera* [Ed. J.L. Salcedo Bastardo], Biblioteca Ayacucho, Caracas 1992, pp. 550 ss.

165 Véase el texto de la Carta -Circular de la Emperatriz a todos sus ministros y autoridades asegurándole protección a Miranda, que su abogado Chauveau Lagarde presento a los jueces ante el Tribunal del Terror en el juicio se le siguió en 1793. *Idem*, p. 131.

166 *Idem*, p. 550 ss.

1789, y donde el embajador de Rusia lo declaró como adscrito a su Misión.

Durante esa breve pero intensa visita por Francia, presenció en Tolouose a la reunión del Estado Llano,[167] es decir, de la asamblea de representantes locales del *Tièr État* que era uno de los tres estamentos de la sociedad francesa, diferente a la nobleza y el clero, integrado por la burguesía, comerciantes y artesanos en general. Ese fue su primer contacto, en vivo, con los cambios políticos que estaban en proceso de ocurrir en Francia.

Su otro contacto fue en Versailles, donde presenció el 3 de junio de 1789 la reunión de los *États Generaux* (Estados Generales)[168] que el Rey Luis XVI había convocado después de casi doscientos años desde la última vez que se habían reunido, con representantes de los tres estamentos: la nobleza, el clero y el estado llano.

Durante su estancia en Francia, Miranda tuvo que haber captado la gravísima crisis fiscal que desde años atrás afectaba a la Monarquía francesa por la carencia de recursos fiscales, y la imposibilidad institucional que tenía de poder introducir las reformas necesarias para obtener nuevos ingresos. La aristocracia se opuso sistemáticamente a todas las reformas que propusieron sucesivamente los ministros Necker, Calonne y de Brienne para modernizar las finanzas y modernizar el Estado, defendiendo sus privilegios.

El déficit fiscal del Reino, paradójicamente, había tenido su principal causa en la ayuda financiera que Francia había prestado a la Revolución de las colonias norteamericanas, por supuesto, no porque la Monarquía apoyara los vientos de libertad y republicanismo que allí soplaban, sino como parte de la política exterior francesa signada por la rivalidad con Inglaterra. La ayuda, en todo caso, provocó un endeudamiento externo del país, lo que se sumó a los otros males existentes como los gastos excesivos de la gran nobleza y de la Corte, que costaba mucho, agregándose a ello la corrupción.

---

167   *Idem*, p. 554.
168   *Idem* p. 556.

La única solución al déficit era aumentar los impuestos, que por lo demás, en la sociedad estratificada francesa, sólo los pagaban algunos terratenientes y la burguesía, pues la nobleza y el clero como clases privilegiadas estaban exentos de impuestos. Las mismas hicieron oposición a las reformas, particularmente la aristocracia, a través del *Parlement* de París y de los otros doce *Parlements* que controlaba, y que eran los órganos superiores de justicia y que intervenían en el proceso legislativo, aprobando los edictos reales.[169]

Fue así que en relación con el edicto del Rey con la propuesta que había formulado el Interventor General de Finanzas *de Brienne* en 1787, para el establecimiento de un conjunto de impuestos, al ser sometido al *Parlement* de París éste se negó a registrarlo y no solo por política en defensa de los privilegios de la nobleza, sino alegando algo que para entonces era novedoso y fue que "sólo la Nación tenía derecho a conocer nuevos impuestos y pidió que fuera reunida."[170]

Es decir, algo parecido al grito de *"no taxation without representation"* que los colonos plantearon en vísperas de la revolución norteamericana.[171] Pero en Francia no había ni siquiera un Parlamento, y la única institución que podía considerarse como una reunión de la Nación y consentir esas medidas, era una institución que no existía, que eran los *États Généraux,* que habían desaparecido de la historia desde 1615.

La negativa del *Parlement* de registrar las leyes impositivas, por tanto, en ese caso se acompañó con la petición al Rey para que convocara los *Etats Généraux,* para que fueran éstos los que aprobaran las reformas con nuevos impuestos. Y así actuaron al unísono los

---

169 Alexis De Tocqueville, *Inéditos sobre la Revolución,* (trad. de *Notes et Fragments inedites sur la Revolution*), Madrid, 1989, p. 56.
170 *Idem,* p. 53.
171 Véase Allan R. Brewer-Carías, *Reflexiones sobre la revolución norteamericana (1776), la revolución francesa (1789) y la revolución hispanoamericana (1810-1830) y sus aportes al constitucionalismo moderno,* 2ª Edición Ampliada, Serie Derecho Administrativo Nº 2, Universidad Externado de Colombia, Editorial Jurídica Venezolana, Bogotá 2008.

doce *Parlements* que existían en las doce provincias judiciales del país.

Por ello la afirmación de de Tocqueville en el sentido de que "la unión de los *Parlements* no sólo era el arma de la Revolución, sino su señal,"[172] calificando la situación como la de una "sedición judicial, más peligrosa para el gobierno que para cualquier otro." [173]

Pero la reacción real contra el rebelde *Parlement* no se hizo esperar, y el 6 de agosto de 1787, el Rey Luis XVI, y conforme al poder que en definitiva tenía de imponer su voluntad en *lit de justice,* hizo que el *Parlement* de París registrase los edictos reales estableciendo los nuevos impuestos.

Al día siguiente, sin embargo, el *Parlement* anuló su registro por ilegal. Nunca antes se había discutido el poder real en esta forma, por lo que la reacción real fue inmediata: como no podía destituir a los magistrados del *Parlement* pues eran independientes y miembros de la aristocracia, el Rey lo que hizo fue exiliarlos, es decir, sacarlos fuera de París, y enviarlos a las provincias. Esto provocó una agitación en todos los otros *Parlements* de las Provincias, y una reacción y resistencia general de la aristocracia frente al Rey.

El Interventor General de Finanzas *de Brienne,* tuvo que capitular en sus pretensiones, retirando los edictos. Se restablecieron los impuestos anteriores (4 de septiembre de 1787) y se eliminó el registro que se había hecho bajo la presión del Rey. Retornaron los magistrados del exilio, habiendo fracasado la reforma fiscal impositiva.

Triunfó así la aristocracia, pero ello no disipó la crisis fiscal, lo que llevó a *de Brienne* a proponer una nueva reforma, basada entonces en nuevos empréstitos, la cual, sin embargo, también debía ser sometida al *Parlement.* La reacción de este fue de nuevo de rechazo a registrar los edictos con nuevos empréstitos, planteando la misma necesidad de que se convocaran los *États Généraux.* Ante el rechazo, el Rey de nuevo asistió a la sesión solemne del *Parlement,*

---

172   Alexis De Tocqueville, *Inéditos sobre la Revolución, op. cit.,* p. 66.
173   *Idem.,* p. 66.

y en *lit de justice* impuso nuevamente el registro de los edictos el 19 de noviembre de 1787. La lucha se resumió en una frase que se atribuyó al Duque de *Orléans,* quien le habría dicho al Rey en esa *lit de justice,* donde el Rey impuso sus impuestos: *"Sire, c'est illégal,"* a lo que el Rey respondió: *"C'est légal parce que je le veux."*[174]

La querella entre el Rey y el *Parlement* se eternizó. El *Parlement* llegó a publicar, incluso, el 3 de mayo de 1788, una declaración sobre las "Leyes Fundamentales del Reino" de las cuales por razones históricas se decía guardián, siendo dicha declaración del *Parlement* la negación más absoluta del poder real, al proclamar particularmente, y en forma general, que el voto de los impuestos pertenecía a los *États Généraux,* es decir, a la Nación. El *Parlement*, además, formuló otras declaraciones condenando los arrestos arbitrarios y defendiendo la inamovilidad de los magistrados. La reacción de la Monarquía fue la formulación de propuestas para reformar la función judicial y frenar a los *Parlements,* lo que originó la resistencia abierta de éstos.

La reacción de Luis XVI frente a esa actitud de los *Parlements* y particularmente, del de París, fue la orden de arresto contra dos magistrados del *Parlement (Duval d'Epremesnil y Goislard de Montsabert),* quienes se habían refugiado en el propio edificio del *Parlement,* los días 5 y 6 de mayo de 1788, donde buscaron la protección de la ley. El Rey emitió edictos el 8 de mayo, quitándole todos sus privilegios políticos, para quebrar su resistencia. Sin embargo, estos edictos contra la aristocracia parlamentaria también debían registrarse por el propio *Parlement,* lo que produjo una verdadera insurrección de los *Parlements* en toda Francia.

En esta forma, fue la magistratura judicial guiada por la aristocracia la que reaccionó contra la Monarquía, algunas veces con el apoyo popular, ocurriendo incluso revueltas populares en muchas provincias como en *Dijon, Toulouse, Pau,* y en el *Dauphiné.* Hubo Asambleas, producto de una alianza entre el *Tiers* y los estamentos privilegiados, conformando en algunos casos *Estados Provinciales*

---

174   Idem.

pidiendo la reinstalación del *Parlement,* y la convocatoria de los *États Généraux.*

Para evitar que los hechos como el de la Asamblea de Vizille en el Dauphiné se multiplicaran, en 1788 Luis XVI despidió a sus Ministros, abolió o suspendió los edictos, y convocó de nuevo a los *Parlements.* Estos, reasumieron sus funciones, castigaron a quienes habían osado reemplazarlos y persiguieron a quienes habían obedecido a éstos. Los *Parlements,* ciertamente habían desatado la revolución, pero pronto serían extinguidos por la misma.

En efecto, el Interventor General de Finanzas *de Brienne,* como lo habían reclamado los *Parlements,* el 5 de julio de 1788 prometió reunir los *États Généraux* y fijó de una vez para el 1º de mayo de 1789, la apertura de esta gran Asamblea. En todas las provincias se comenzaron a organizar y reunir los representantes del Estado Llano para elegir sus representantes. Por ello Miranda pudo asistir en marzo de 1789, a la reunión del *Tièr,* en Toulouse. Escribió en su diario que la reunión le había recordado el caso "Calas,"[175] quizás por el sesgo arbitrario de las decisiones asamblearias. El caso Calas había sido el del juicio, tortura y ejecución de un comerciante en Toulouse (Jean Calas) veinticinco años antes, en 1762, a pesar de su alegato de inocencia.

Con la convocatoria de los *États Généraux* puede decirse entonces que se inició la revolución política de Francia, pues, en definitiva, se puso fin por la propia Monarquía, al gobierno absoluto, al aceptar el Rey compartir el gobierno y el poder con un cuerpo de diputados electos que asumirían el poder legislativo, que hasta ese momento era ejercido por el propio Monarca. Por tanto, realmente, el 5 de julio de 1788, al convocarse y fijarse la fecha de los *États Généraux,* el Rey dictó la sentencia de muerte del Antiguo Régimen, de la Monarquía Absoluta, y de su propia vida.

Con esta convocatoria real de los *États Généraux,* la agitación política se volcó para determinar la forma cómo debía producirse la convocatoria y la forma de funcionamiento de dicha Asamblea, que

---

175 Véase Francisco de Miranda, *América Espera* [Ed. J.L. Salcedo Bastardo], *op. cit.* p. 554.

como se dijo la última vez que funcionó fue en 1614, como Asamblea de las tres órdenes o estamentos de la sociedad: la nobleza, el clero y el resto o *Tiers;* que tenían, cada una, un voto. De ello resultaba que las clases privilegiadas: la nobleza y el clero, siempre dominaban y se imponían, porque tenían dos votos frente al *Tiers Etat* (Estado Llano).

Por tanto, la discusión política a partir de septiembre de 1788 fue sobre la forma del voto, en el sentido de si debía o no ser separado, y la forma como debían reunirse las órdenes, en cuanto al número de sus representantes. El *Parlement* de París, incluso, que era el principal instrumento de la aristocracia, dictó una declaración el 21 de septiembre de 1788 indicando la forma elegida: cada orden tendría igual representación y voto separado. Con ello, sin duda, la aristocracia había triunfado, pero también había iniciado la verdadera revolución.

Es decir, cuando el Rey convocó los Estados Generales después de 175 años de inactividad, muy poco se sabía sobre estas Asambleas, ni de cómo era que funcionaban. Sólo el Rey podía decirlo, y no lo hizo.[176] La imprecisión, incluso, llevó a un hecho curioso antes de la declaración del *Parlement* de París, y fue la aceptación por el Monarca de la propuesta de su ministro *de Brienne* de convocar a un "concurso académico" invitando:

> "a todos los sabios y demás personas instruidas del Reino, y en particular, a quienes componen la Academia de Bellas Letras, a dirigir a su Señoría, el ministro de Gracia y Justicia, toda clase de informes y memorias sobre esta cuestión." [177]

De Tocqueville señaló sarcásticamente, que "Ni más ni menos era como tratar la Constitución del país como una cuestión académica y sacarla a concurso." [178]

Y así fue. En el país más literario de Europa, una petición de ese tipo, en un momento de efervescencia política como la que

---

176 Alexis De Tocqueville, *Inéditos sobre la Revolución, op. cit.,* p. 86.
177 *Idem.,* p. 86.
178 *Idem.,* p. 86.

existía, provocó una inundación de escritos y de papeles sobre el tema. Todos deliberaron, todos reclamaron y pensaron en sus intereses y trataron de encontrar en las ruinas de los antiguos *États Généraux* la forma más apropiada para garantizarlos. Este movimiento de ideas propició la subversión total de la las instituciones, de manera que mezclado con la resurrección de los antiguos *États Généraux,* la discusión se tornó hacia otras metas y en particular, a identificar el poder legislativo, a la separación de poderes, a nuevas formas de gobierno, y a las libertades individuales. La inundación de escritos provocó una subversión total de las ideas, y en ese proceso, los escritos de *Montesquieu y Rousseau* fueron fundamentales. Miranda visitó Francia precisamente en ese momento, entre 1788 y 1789.

Como se dijo, el propio *Parlement* de Paris había expresado su criterio de que los *États Généraux* debían reunirse igual que en 1614, es decir, un voto para cada orden, expresados en forma separada, buscando que las clases privilegiadas mantuvieran el control de la Asamblea. Frente a ello hubo múltiples reacciones panfletarias, signadas por la reacción del *Tiers*. Según lo señaló *de Tocqueville,* el Rey, incluso, respondió:

> "Nada tengo que responder a mi *Parlement* sobre sus súplicas. Es con la Nación reunida con quien concertaré las disposiciones apropiadas para consolidar para siempre el orden jurídico y la propiedad del Estado."[179]

Esta declaración de Luis XVI de que era con la Nación con quien iba a consultar, era decir, que consultaría con quien la representada que eran precisamente los *États Généraux*, materialmente significó la renuncia al Gobierno Absoluto, aceptando compartirlo con los *États Généraux* que se reunirían a partir de mayo de 1789, y a cuya sesión del 3 de junio asistiría Francisco de Miranda en Versailles. Con ello, el Rey había consumado la Revolución, y a la vez había firmado su condena y la del Antiguo Régimen.

Así, vencido el Rey y convocados los *Estados Generales,* los estamentos u órdenes que habían estado juntos en el proceso de su

---

179   *Idem.*, p. 81.

convocatoria, comenzaron la lucha por el dominio de la Asamblea, con lo cual la Revolución comenzó a adquirir su verdadera figura. Frente al esquema tradicional defendido por el *Parlement* y la aristocracia de que cada orden tenía un voto y las tres órdenes votaban por separado, con lo cual las clases privilegiadas tenían dos votos sobre uno, la propaganda política general defendida por la burguesía fue que debía haber un doblamiento de los miembros del *Tiers Etat* en relación a los otros dos estamentos, y además, que el voto debía ser por cabeza de diputado y no por estamento, con lo cual había posibilidad de tener un voto igual entre nobleza y clero, por una parte, y el *Tercer Estado* por la otra, cesando el dominio de la Asamblea por parte de los dos primeros.

Se multiplicaron así los escritos contra los privilegios, la violencia contra la aristocracia, y la negación de los derechos de la nobleza. La igualdad natural que había sido tema difundido por la propia nobleza en sus ratos de ocio, se convertiría en el arma más terrible dirigida contra la misma, prevaleciendo la idea de que el gobierno debía representar la voluntad general, y la mayoría numérica debía dictar la Ley.

En enero de 1789 se publicó el Reglamento de Elecciones de los diputados, mediante un sistema de elección indirecta, de dos grados en el campo y de tres grados en la ciudad, las cuales se realizaron en más de 40.000 circunscripciones o asambleas electorales en todo el país, las cuales despertaron políticamente a Francia, produciéndose una movilización completa de la población y despertando emociones populares. En todas las Asambleas locales se formularon los tradicionales cuadernos de reivindicaciones y peticiones *(cahiers des doléances)*. En una de esas reuniones del Estado Llano en Toulouse, fue que precisamente asistió Miranda en marzo de 1789.

Los diputados de todo el país llegaron a *Versalles* en abril de 1789, cargados de peticiones y requerimientos de la nobleza, del clero y el pueblo, signadas por reacciones contra el absolutismo que buscaban limitar los poderes del Rey; por el deseo de una representación nacional a la que le correspondiera votar las leyes impositivas y en general, hacer las leyes; y por el deseo general de igualdad.

Toda la efervescencia política, sin duda, se concretó en estos cuadernos de reivindicaciones, que a la usanza de los tradicionales *États Généraux,* los diputados debían entregar al Rey el día de su instalación.

Como previsto, el 5 de mayo de 1789 los *États Généraux* fueron inaugurados oficialmente por el Rey y la discusión inicial se concretó respecto de cómo se iban a instalar, pues ello no había sido resuelto en la convocatoria real: si en una asamblea las tres órdenes juntas o si en tres asambleas separadas. En el mismo mes de mayo de 1789, el *Tercer Estado* insistió en la celebración conjunta de sesiones para considerar la validez de los mandatos de los diputados, negándose a la verificación en forma separada. La nobleza adoptó una posición diametralmente opuesta, considerando la votación separada como un principio de la constitución monárquica. El clero, dividido, si bien no aceptó celebrar sesiones conjuntas con el *Tiers,* se abstuvo de declararse como Cámara aparte.

Miranda, como antes se dijo, presenció las sesiones de los *États Généraux* en Versalles del día 3 de junio de 1789, en las cuales el *Tiers état* eligió como su presidente a un destacado miembro de la Academia de Ciencias, el astrónomo Jean Sylvain Bailly, quien luego sería alcalde de Paris. Tres días después, el 6 de junio de 1789, estando ya Miranda de vuelta en Paris, el *Tiers état* se revelaría contra los otros estamentos, instalándose por su cuenta, incitando y convocando a las otras dos órdenes para una sesión conjunta, lo que se repitió el 10 de junio a propuesta del abate Sieyès, advirtiéndoles que si no asistían actuaría solo, aun cuando el número de votos por cabeza de diputados fuera igual.

En todo ese proceso, por tanto, el clero tuvo un papel importante. Si bien se trataba de una de las clases privilegiadas de la sociedad estamental, sin embargo, no tenía una composición uniforme: había un alto clero, que formaba parte de la nobleza y había un bajo clero, más cerca de las clases populares y de la burguesía. Por ello, cuando se produjo la convocatoria por parte del *Tiers* a una asamblea general, primero fueron tres, después siete y al final dieciséis diputados del clero que se sumaron al *Tiers état,* en lo cual, sin duda, el abate Sieyès jugó un papel fundamental.

Este último estamento provocó que la Asamblea se constituyera, siendo ello un triunfo del *Tiers,* que se arrogó a sí misma el título de Asamblea. *Sieyès,* diputado por el clero, incluso propuso que el título fuera "Asamblea de representantes conocidos y verificados de la Nación Francesa." En todo caso, no había pasado mes y medio desde la instalación de los *États Généraux,* cuando el 17 de junio de 1789, el *Tiers,* con algunos diputados de las otras órdenes, adoptó la *Declaración de constitución de la Asamblea,* atribuyéndose a sí mismos el poder de legislar y, por tanto, de consentir o no los impuestos. Este fue, sin duda, el primer acto revolucionario del *Tiers,* y de inicio de la Revolución Francesa, habiéndose nombrado como primer presidente de la Asamblea Nacional al mismo académico Bailly.

Para ese día Miranda, quien había salido de Paris el 8 de junio, ya estaba en Calais embarcándose hacia Dover para seguir hacia Londres, donde llegó el 18 de junio de 1789. Ya no tendría el conocimiento directo del proceso revolucionario en la forma como lo había vivido en los meses que pasó en Francia.

En junio de 1789, en efecto, Francia vio surgir una Asamblea en la cual la mayoría todopoderosa e incontenible que se atribuía la representación nacional, amenazaba y disminuía el poder real, ya desarmado. Por ello Alexis de Tocqueville observó que en esa situación "El *Tiers état,* dominando la única Asamblea, no podía dejar de hacer, no una reforma, sino una revolución," [180] y eso fue lo que hizo. De allí la propia afirmación que deriva del título de la famosa obra de Sieyès: *Qu'est-ce que le tiers état?* (¿Qué es el Tercer Estado?): El *Tercer Estado* constituye la Nación completa, negando que las otras órdenes tuvieran algún valor.[181]

La Asamblea dictó decretos, incluso sobre la forma de su propia disolución, quitándole poder al Rey sobre ello. Los decretos, sin embargo, fueron derogados por el Rey ordenando que se constituyeran los *États Généraux* por separado, intimidando con la fuerza al

---

180   *Idem,* p. 92.
181   Véase Sièyes, *Qu–est–ce que le tiers état,* (publicada en enero de 1789), ed. R. Zappeti, Génova, 1970.

Tercer Estado. A raíz de ello apareció por primera vez en la Revolución el elemento popular de protesta, lo que no fue difícil por el hambre que campeaba y por el aumento del precio del pan, por la escasez de cereales, particularmente agravado, ese año, por razones climáticas. En fin, la pobreza fue el combustible para la agitación y rebelión del pueblo, estimulado por los diputados del *Tiers État* para lograr su supervivencia política frente al Rey.

Así, la Asamblea, con el apoyo popular, impidió su propia disolución y se impuso ante Rey. La turba parisina inclusive fue en protesta hasta Versalles, y en el Palacio llegó hasta la antesala del Rey. Esto provocó que el Rey ordenase a los otros dos estamentos (nobleza y clero) que se integrasen a la Asamblea, por lo que a partir de 27 de junio de 1789, por decisión real, puede decirse que cambió radicalmente la estructura político-constitucional de Francia y de la Monarquía Absoluta.

El 9 de julio de 1789 la Asamblea se constituyó en *Asamblea Nacional Constituyente* desafiando nuevamente el poder real. La presencia y acción represiva del Ejército en París, para contener las protestas, produjo la exacerbación popular, y el pueblo, bajo la arenga política, buscó armas para defenderse. Las obtuvo el 14 de julio en el asalto a la caserna militar de los Inválidos, donde la turba se apertrechó (4 cañones y 34.000 fusiles) y en ese proceso de búsqueda de armas, se produjo, ese mismo día, la toma de la Bastilla, prisión del Estado, símbolo de la arbitrariedad real. Allí, sin embargo, además de que no había sino siete detenidos, no había armas.

La revuelta, en todo caso, salvó a la Asamblea Nacional, la cual, reconocida por el Rey e instalada definitivamente después de la toma de La Bastilla, a partir de agosto de 1789 comenzó a cambiar la faz constitucional francesa. El espíritu subversivo se esparció por todas las Provincias, en las cuales los campesinos y los pueblos en armas se sublevaron contra los antiguos señores. La Asamblea Nacional tuvo que prestar atención inmediata al problema del privilegio fiscal, lo que llevó, el 5 de agosto, a que los diputados nobles y del clero renunciaran a sus derechos feudales y a sus inmunidades fiscales.

La Asamblea había recibido el 11 de julio un primer texto de una "Declaración de Derechos del Hombre y del Ciudadano," presentado por el marqués de Lafayette, quien fue miembro de la Comisión redactora de la Asamblea Nacional que produjo la Declaración de 1789, basado en la Declaración de Independencia Americana y en la Declaración de Derechos de Virginia; el *rapporteur* de la Comisión Constitucional de la Asamblea propuso "trasplantar a Francia la noble idea concebida en Norte América." Para ese momento, además, Thomas Jefferson estaba presente en París,, habiendo sucedido a Benjamín Franklin como Ministro Americano en Francia.[182]

Suprimidas las rebeliones provinciales, la Declaración de Derechos del Hombre y del Ciudadano fue sancionada el 26-27 de agosto de 1789, y con ella, la Asamblea aprobó los artículos de una Constitución (19 artículos que preceden la Declaración), con lo cual se produjo la primera manifestación constitucional de la Asamblea, en los cuales se recogieron los principios de organización del Estado: se proclamó que los poderes emanaban esencialmente de la Nación (art. 1°); que el Gobierno francés era monárquico, pero que no había autoridad superior a la de la Ley, a través de la cual reinaba el Rey, en virtud de la cual podía exigir obediencia (art. 2°); se proclamó que el Poder Legislativo residía en la Asamblea Nacional (art. 2°) compuesta por representantes de la Nación libre y legalmente electos (art. 9°), en una sola Cámara (art. 5°) y de carácter permanente (art. 4°); se dispuso que el Poder Ejecutivo residiría exclusivamente en las manos del Rey (art. 16), pero que no podía hacer Ley alguna (art. 17); y se estableció que el Poder Judicial no podía ser ejercido en ningún caso, por el Rey ni por el Cuerpo Legislativo, por lo que la justicia sólo sería administrada en nombre del Rey por los tribunales establecidos por la Ley, conforme a los principios de la Constitución y según las formas determinadas por la Ley (art. 19).

---

182 Jean Rivero, *Les libertés publiques*, París, 1973, Vol. I, p. 455; A.H. Robertson, *Human Rights in the World*, Manchester, 1982, p. 7.

La Declaración, sin embargo, fue rechazada por el Rey; y una nueva revuelta popular llegó hasta asaltar el palacio de Versalles, provocando el traslado de la Asamblea de Versalles a París. El 2 de octubre la Asamblea obligó al Rey a sancionar la Declaración, conminándolo a trasladarse a París, procediendo a trasladarse con a su familia al Palacio de Las Tullerías, en el centro de París. Allí, en contraste con el lujo y a la libertad de movimiento que tenían en Versalles, la familia real se encontró confinada a unos apartamentos relativamente pequeños, rodeados por el tumulto de la ciudad, con la presencia permanente de la Guardia Nacional.

El 2 de noviembre de 1791 la Asamblea confiscó los bienes de la Iglesia y del clero, los cuales se declararon bienes nacionales.

En esta forma, la Asamblea, en pocos meses, hizo la Revolución jurídica, cambió todos los instrumentos que regían la Monarquía y, a partir de finales de 1789 comenzó a configurarse un nuevo Estado, por la voluntad de una Asamblea Constituyente que, el 22 de diciembre, creó los Departamentos como demarcación territorial uniforme del nuevo Estado. Asimismo, antes, por Decreto de 14 de diciembre de 1789 había organizado las municipalidades e institucionalizado el "poder municipal."

Este proceso revolucionario, a partir de 1790, originó la reacción y declaración de guerra por todas las Monarquías europeas contra Francia, que se encontró amenazada en todas sus fronteras. La Revolución, por tanto, además de consolidarse internamente tuvo que protegerse externamente. En junio de 1791, el Rey negoció con las potencias extranjeras e intentó huir con toda su familia. A tal efecto, la tarde del 20 de junio de 1791, toda la familia real abandonó en Palacio de Las Tullerías, donde materialmente habían quedado aislados. Salieron todos, uno por uno, disfrazados de nobles rusos, pero fueron reconocidos y detenidos al día siguiente en *Varennes-en-Argonne*. De allí fueron devueltos a Las Tullerías, rodeados de una poblada armada, quedando bajo custodia de la Guardia nacional.

El Rey fue suspendido provisionalmente de sus funciones y la Asamblea asumió mayores funciones ejecutivas, abriéndose a la discusión y discurso político el tema si debía deponerse al rey o debía obligárselo a abdicar, e incluso, sobre el establecimiento de una República. Finalmente, el Rey fue perdonado, pero se lo obligó a jurar la Constitución que sancionó la Asamblea de 13 de septiembre de 1791. Se trató de la primera Constitución europea moderna, configuradora, sin embargo, de un Estado monárquico, signado por el principio de la separación de poderes: el Rey conservaba el Poder Ejecutivo, el Poder Legislativo lo asumía la Asamblea, y el Poder Judicial, los Tribunales.

De ese esquema, lo primero que desapareció fueron los *États Généraux* y los *Parlement* que fueron los que había provocado la revolución. La Constitución declaró al Reino como "uno e indivisible" cuyo territorio se distribuyó "en 83 Departamentos, cada Departamento en Distritos, cada Distrito en Cantones," y en estos, las Comunas, en un total de 43.915, que ejercieron el "poder municipal," concepto que venía de los escritos de Benjamín Constant y de las propuestas de reforma que había hecho el ministro Turgot ya en 1775.[183]

En virtud de la nueva Constitución, Luis XVI dejó de ser "Rey de Francia" y pasó a ser "Rey de los Franceses," dedicando sin embargo su esfuerzo a frenar la Revolución, aplicando el veto suspensivo a la legislación. Con ello, sin embargo, lo que logró fue aumentar el descontento político y popular contra él, quedando de nuevo materialmente aislado junto con su familia en el Palacio de las Tullerias.

Entre junio de 1789 y marzo de 1792, Miranda había permanecido en Londres, donde entró en contacto con el Primer Ministro William Pitt, con quien tuvo múltiples reuniones tratando sobre el tema de la independencia de América hispana. También se entrevistó con Tomas Paine, en la casa comercial de John Turnbull, y conoció tanto la publicación por Edmund Burke de su libro *Reflections on the Revolution in France*, que fue una crítica política muy importante contra la revolución francesa publicado el 1 de noviembre de 1790; como la respuesta a dicha crítica que fue el trabajo de

---

183   Véase Eduardo García de Enterría, *Revolución Francesa y Administración contemporánea*, Taurus Ediciones, Madrid 1981, pp. 72, 76, 135.

Tomás Paine, *Rights of Man*, primera parte, publicado en marzo de 1791 en defensa de la Revolución.

Miranda, en todo caso, le había suministrado a Pitt información valiosa, documentos y mapas sobre el Continente americano buscando obtener el respaldo del gobernó inglés en su empresa por liberar a Hispanoamérica. Nunca lo logró, y entre los factores que se interpusieron, estuvo la solución de la controversia de *Nootka Sound* en la costa norte del Pacífico en Norte América, que concluyó en octubre de 1791 con un acuerdo entre el Reino Unido y España, en el primero de tres, que disiparon toda posibilidad de que Gran Bretaña apoyara a Miranda en una acción independentista contra España, de sus colonias en América.

Miranda terminó reclamándole a Pitt airadamente en cartas de 28 de enero, 26 de agosto de 1971 y de 17 de marzo de 1792, la devolución de los documentos e informaciones que le había dejado,[184] indicándole además que solo había recibido una parte de lo que le había ofrecido Pitt como remuneración a sus servicios. En fin, se despidió de Pitt ratificándole su voluntad de seguir luchando por la independencia de Hispanoamérica.[185] En la carta de 17 de marzo de 1792, en efecto le dijo a Pitt lo siguiente:

"Habiendo esperado pacientemente por espacio de casi seis meses alguna contestación a mi carta fechada el 18 de septiembre de 1791, o por lo menos la devolución de los papeles que tuve el honor de confiarle, ahora ya no me quedan dudas en cuanto a la determinación que debo tomar, y por más extraña que sea la conducta que se le ha antojado seguir para conmigo, la entiendo muy bien. El poder suministrar pruebas completas acerca de lo que ocurrió privadamente entre V. y

---

184 Luego de que su Secretario sólo le devolviera 4 de los 10 documentos que le había entregado a Pitt, Miranda llegó incluso a decirle lo siguiente: "Señor: papeles entregados personalmente al primer Ministro de la Gran Bretaña, considerados por él como de suma importancia nacional... extraviados!! Permítame suspender las reflexiones que lo singular de tales circunstancias genera." Véase Francisco de Miranda, *América Espera* [Ed. J.L. Salcedo Bastardo], *op. cit.*, pp. 115.

185 Véase Francisco de Miranda, *América Espera* [Ed. J.L. Salcedo Bastardo], *op. cit.*, pp. 109-116.

yo, está fuera de mi alcance, y aun teniendo esta facultad, el carácter secreto del objeto de nuestras Entrevistas lo imposibilitaría

Pero ¿cree V., Señor, que sea justo o razonable el apropiarse por parte suya de lo ajeno y que falte a sus compromisos y a las promesas hechas en nombre de la nación? Pues es a la nación inglesa a quien se ha dirigido, por órgano del Ministerio de V., comunicación de unos planes que se han creído dignos de Ella, y no se pensaban formar para el honorable W. Pitt ¿y que V. se crea con derecho, cuando yo haya dejado este país, a hacer de mis proyectos lo que juzgue a propósito? No, Señor, todas las ideas contenidas en esos planes, ojalá que V. no lo olvide nunca, le fueron expresamente comunicadas en pro de la Libertad y la Prosperidad de los pueblos hispano-americanos y para utilidad y honor de Inglaterra, siendo ambos objetos perfectamente compatibles. Pero, si V. tuviere la mira de hacer otro uso, persuádase con anticipación de que no faltarán a mis compatriotas medios para detener sus propósitos siniestros, aun en el caso de que V. quisiera eventualmente ejecutarlos con prontitud; pues me consta que en estos momentos V. se vale de algunos agentes para obtener informes sobre lo que ocurre en América meridional. En esta suposición, V. me impondrá el deber ineludible de demostrar al mundo quién, de nosotros dos, ha sabido en el curso de estas negociaciones regular mejor su conducta basándose en los principios de la justicia, de la equidad y el honor, elevando sus miradas sólo para el beneficio de sus semejantes, la Felicidad y la prosperidad de la Patria!"[186]

Con esto, la ruptura entre Miranda y Pitt fue definitiva, al menos para ese momento (volverían a comenzar a reunirse de nuevo siete años después, a partir de 1798), al punto de que tres días después, el 20 de marzo Miranda partió para Paris. Como el mismo Miranda lo explicó en una nota que escribió en la copia de esa carta:

"El 20 de marzo de este mismo año partí de Londres á Paris, con ánimo de informarme si acaso los franceses (como yo me lo presumía) no intentaban revolucionar la América Española. Y habiendo llevado cartas de recomendación para monsieur Bailly ex-Maire de Paris, y Mr Garant de Coulon preste del Tribunal extraordinario de Orleans: me introdujeron estos, al cabo de algún tiempo, á Mr Petion, maire de Paris; igualmente que á Mess: Gensoné, Guadet, Brissot, Diputados á la Asamblea Legislativa; Mess: Roland, y Dumouriez

---

186   *Ídem* pp. 114-115.

ministros del interior, y de negocio extranjeros. Por ellos supe efectivamente que se pensaba en revolucionar la España y cuando menos las Colonias Españolas de la América Meridional. Hice lo posible para disuadirles de lo primero (esto es de la España); y que así mismo no se intentase nada relativamente a la América Meridional sin estar asegurados, primero de la probabilidad del suceso, y consultarme sobre el particular: pues yo podría cooperar en la empresa con más eficacia tal vez que otro, y se concluyó definitivamente que se suspendería la ejecución del proyecto por algún tiempo, y que nada se emprendería en este particular sin darme parte antes."[187]

Miranda en la misma nota siguió su relato indicando que se aprestaba a salir de vuelta hacia Londres para seguir hacia San Petesburgo, a "tributar todo mi reconocimiento a la Emperatriz mi Protectora, la gran Catharina, cuando estando para partir (con mi plaza pagada ya en la Diligencia de Londres, &c) el 12 de agosto, data que precede el gran evento del 10; que las barreras se sierran, y que nadie puede partir!"[188]

Se refería Miranda al hecho de que con motivo de la agitación política que se había desarrollado contra los vetos reales a las decisiones de la Asamblea, el 10 de agosto de 1792 se produjo un asalto popular al Palacio de las Tullirías, con enfrentamiento entre rebeldes armados arengados por la Comuna de París y la guardia suiza que lo custodiaba, la cual al final resultó aniquilada. Antes de la confrontación, la familia Real pudo salir del Palacio protegida por algunos legisladores y conducida a la sede de la Asamblea.

Allí, al tenerse conocimiento de la victoria de los insurgentes, se planteó ante la Asamblea la moción de que se suspendieran las funciones constitucionales del Rey, y se procediera a convocar elecciones por sufragio universal para integrar una Convención Nacional, la cual fue aprobada. Se estableció un gobierno transitorio y de acuerdo con la Comuna insurgente se constituyó un Consejo Ejecutivo Provisional, formado por los antiguos ministros girondinos y el Georges Danton, a cargo de la cartera de Justicia. También se formó, por exigencia de la Comuna insurrecta, un "tribunal ex-

---

187   *Idem* p. 116.
188   *Idem*.

traordinario" que sería el encargado de juzgar los crímenes de la Corte. Toda la familia Real fue encarcelada en la Torre del Temple. El gobierno provisorio envió representantes a todos los departamentos para que se destituyera a todas las autoridades y funcionarios monárquicos o que se sospechara que podían tener alguna lealtad hacia el Rey.

Miranda fue testigo en París de aquellos acontecimientos que trastocaron totalmente la Monarquía de Luis XVI y el régimen monárquico en general, produciéndose un cierre de fronteras que efectivamente le impidió salir de Paris.

Como el mismo Miranda lo resumió en la Nota antes mencionada, escrita en la copia de la carta que había enviado a Pitt antes de su salida de Londres; al día siguiente de los sucesos del 10 de agosto, los diputados y ministros que había visto, todos del partido Girondino, en particular Pétion, el alcalde de París:

> "me llaman con instancia, y me proponen el que era indispensable para el bien de mi Patria, para salvar la Francia en aquel momento de una invasión extranjera, y tal vez la familia Real de una masacre inevitable si los Prusianos llegaban á Paris; que yo partiese inmediatamente al ejército francés, con carácter de general, y que reuniéndome a Dumouriez procurásemos ambos detener á los Prusianos y Austríacos; y que logrado este objeto, la Libertad se establecería en Francia, la familia Real seria preservada, y yo conseguiría también el colmo de mis deseos llevando la Libertad, y la independencia á mi Patria!.."[189]

Miranda tomó unos días para decidir, y lo hizo aceptando la propuesta el 24 de agosto de 1792, habiendo sido nombrado Mariscal de Campo, no sin antes formular ciertas condiciones en carta enviada al ministro de Guerra (Serban), sobre su status militar, su situación una vez concluida la guerra y sobre el permiso futuro para ocuparse de la libertad de los pueblos de América del sur.[190]

Le escribió de inmediato al embajador de Rusia en Inglaterra (Woronzoff) sobre su decisión para que le informara a la Empera-

---

189 *Idem.*
190 Carta de 24 de agosto de 1792, *Idem.*, p. 117.

triz agradeciéndole las bondades que había tenido para con él,[191] lo que en definitiva significó su separación de la tutela rusa, y el desagrado de la Emperatriz. Dos días después, el 17 de agosto el general Lafayette hizo un último intento para liberar a la familia Real, pero la insubordinación de sus soldados provocaron que huyera hacia Austria.

El 2 de septiembre de 1792 se eligió la Convención, en la cual, entre otros pocos extranjeros, Tomas Paine fue electo en el departamento de Calais. Cuatro días después, el 6 de septiembre, Miranda salió de Paris hacia el ejército del Norte, siendo recibido por el general Charles François Dumouriez, estando ya para el 12 de septiembre en campaña. Así, Miranda había pasado, en un mes, de despedirse airadamente del primer ministro de la Gran Bretaña, y de ser simple espectador de los acontecimientos políticos de Francia, a dirigir los ejércitos del Norte, siendo ascendido de inmediato por sus logros militares al grado de Teniente General de los ejércitos franceses.[192]

El 21 de septiembre se instaló la Convención, siendo la primera decisión adoptada, la de declarar la abolición de la Monarquía, designando al nuevo Estado como la República francesa. La Convención, además, asumió todos los poderes de la República, es decir, el ejecutivo, el legislativo e incluso el judicial, asumiendo la función propia de un tribunal supremo, como luego ocurriría en el caso del juicio por traición que se le siguió al Rey.

Al mes siguiente de instalarse la Convención, en octubre de 1792, Miranda fue llamado por la misma para ir a Paris, enterándose de la propuesta formulada al gobierno por el Ministro Brissot de que Miranda pudiese comandar un ejército contra España, pues pensaba que en definitiva no habría paz para Francia mientras un Borbón (Carlos IV) permaneciese como Rey.[193] Miranda, como ya

---

191   Carta de 30 de agosto de 1792, *Idem.*, p. 118.
192   El nombramiento se lo informó Servan por carta de 9 de octubre de 1792. *Idem*, p. 119.
193   Véase William Spence Robertson, *The Life of Miranda,* The University of North Carolina Press, Chapel Hill 1929, vol. 1, p. 127.

lo había hecho repetidamente en Inglaterra, en Francia rehusó toda idea de participar en una empresa militar contra España. También Brissot le planteó a Dumouriez, en carta del 28 de diciembre, la idea de nombrar a Miranda Comandante General en la Isla de Santo Domingo al frente de un Ejército de 25 mil hombres y de una escuadra puesta a su disposición "para operar la revolución e independencia Américo-hispana."[194] Esta misión, que también la rehusó, como se lo dijo Miranda a Brissot en carta de 19 de diciembre, se debía entre otras razones que si bien estaba "perfectamente enterado y en condiciones de expresar na opinión exacta en lo referente al continente hispanoamericano" en cambio tenía un desconocimiento total en todo lo concerniente a las islas francesas y su situación actual."[195]

La Convención estaba entonces dominada por los Girondinos, lo que le permitió a Miranda escribirle a Petion, entonces miembro de la Convención, desde Valenciennes el 26 de octubre de 1792, en cuanto a la legislación de la Convención que:

> "me contenta mucho ver que el demagogo de Robespierre cayó en el olvido, en el que ha debido estar siempre para el bien público al cual no poco daño hiciera. Pero veo con indignación que ustedes están soportando a otros todavía peores, como son Marat, Cha, etc... Difamar impunemente a los pro-hombres, la nación y la Convención Nacional.!"[196]

En el frente en los ejércitos del Norte, Miranda sitió Amberes e hizo capitular la ciudad en 29 de noviembre de 1792. Por supuesto, sus éxitos militares no dejaron de provocar envidias, y basta recor-

---

194 Véase el texto, en Arístides Rojas, *Miranda en la revolución francesa, Colección de documentos auténticos referentes a la historia del general Francisco de Miranda durante su permanencia en Francia de 1792 a 1798*, Imprenta y Litografía del Gobierno nacional, Caracas 1889, pp. 1-4. Véase lo expuesto por Miranda en el "Borrador para Gansomé," en Francisco de Miranda, *América Espera* [Ed. J.L. Salcedo Bastardo], *op. cit.*, p. 121.

195 Véase el texto, en Arístides Rojas, *Miranda en la revolución francesa, op. cit.*, pp. 5-6.

196 Véase *América Espera* [Ed. J.L. Salcedo Bastardo], *op. cit.*, p. 123.

dar lo que escribió un norteamericano, Jean Skei Eustace, que también estaba al servicio del ejército francés en carta que envió al general Labourdonna describiendo a Miranda como "el llamado Conde del Perú, no más que un desertor, vil contrabandista y notorio aventurero."[197]

Entretanto, mientras Miranda estaba en la avanzada del ejército en Maeseyck-sur-Meuse donde llegó el 6 de diciembre. En esos mismos días, en Paris, la Convención le siguió juicio al rey Luis XVI acusándolo por traición el 11 de diciembre de 1792, abriéndose el proceso quince días después. Los girondinos querían evitar la condena a muerte del Rey, considerando que ello provocaría la guerra de todas las potencias europeas contra Francia. Entre quienes se opusieron a la condena a muerte del rey estuvo el mismo Tomas Paine.[198] Los jacobinos, con Maximillien Robespierre a la cabeza, al final se impusieron, y el 15 de enero la Convención decidió en votación la condena a muerte del rey. Fue guillotinado seis días después, el 21 de enero de 1793; y meses después, el 16 de octubre, su esposa María Antonieta también sería ajusticiada.

Miranda continuó en el frente. Entró en Ruremond el día que Luis XVI fue ejecutado y para el 11 de febrero de 1793 había capturado Stevensweet que controlaba el río Meuse. Sus acciones en la toma de los Países Bajos, que amenazaba a toda Europa, condujo a Inglaterra a proponer la formación de la primera coalición de las Monarquía europeas contra Francia compuesta por Austria, Prusia, Rusia, España y el reino Unido.

Miranda fue encargado por Dumuoriez de sitiar Maastricht; luego recibió órdenes del mismo de levantar el sitio, y unirse en un ataque a la ciudad de Neerwinden, orden que siguió Miranda no sin antes formular sus observaciones sobre lo errado de la decisión, que resultó en un fracaso para los ejércitos franceses. La batalla fue librada el 18 de marzo de 1793, siendo las tropas francesas derrota-

---

197 Véase William Spence Robertson, *The Life of Miranda*, op. cit., p. 131.
198 Véase Tomás Paine, "Reasons for Preserving the Life of Louis Capet (1793)," en *The Thomas Paine Reader*, Penguin, London 1987, pp. 394-394.

das por el Ejército austríaco, con pérdida de casi cuatro mil hombres. Dumouriez, al terminar la batalla, arrestó a los comisarios de la Convención que habían sido enviados para investigar su conducta, los entregó al enemigo y, a continuación, intentó convencer a sus tropas de marchar sobre París y derrocar al Gobierno revolucionario. El intento fracasó, y Dumouriez, junto con el duque de Chartres (primo de Luis XVI y quien sería luego el último rey de Francia, Luis Felipe I, entre 1830 y 1848) y su hermano, el duque de Montpensier, huyeron a campo austriaco el 28 de marzo de 1793.

El 21 de marzo de 1793 la Convención ordenó el arresto de Miranda,[199] quien escribió un detallado memorial en su propia defensa, en el cual analiza la conducta de Dumouriez y cómo bajo su protesta tuvo que obedecer sus órdenes en el sitio de Neerwinden.

Luego de haber sido interrogado los días 8 al 10 de abril de 1793[200] y de un examen preliminar del caso por la Convención, el 10 de mayo, Miranda fue hecho prisionero y fue sometido a juicio ante el Tribunal revolucionario, habiendo sido acusado por el Fiscal Fouquier-Tinville, en particular, de:

> "haber hecho traición, adrede y con maldad, a los intereses de la República, y provocado su disolución, no oponiéndose a la invasión del territorio por sus enemigos, y aun facilitándola, cuando tenía todos los medios suficientes para impedirla; y de haberle causado pérdidas incalculables, tanto en hombres, dinero y víveres, como en municiones de guerra las cuales han quedado en poder del traidor Dumouriez y de sus secuaces." [201]

Su abogado fue Claude François Chauveau-Lagarde,[202] el mismo aguerrido y destacado abogado que fue luego defensor, entre

---

199 Véase el texto de la orden de arresto, en Arístides Rojas, *Miranda en la revolución francesa, op. cit.,* pp. 137-138.

200 Véase el texto íntegro del interrogatorio, preguntas y respuestas, en Arístides Rojas, *Miranda en la revolución francesa, op. cit.* pp. 138-165.

201 *Idem.*, p. 130.

202 Véase los argumentos y legajos de la defensa de Miranda en Francisco de Miranda, *América Espera* [Ed. J.L. Salcedo Bastardo], *cit.*, pp. 127 ss. Véase también el texto en Arístides Rojas, *Miranda en la revolución francesa, op. cit.,* pp. 174- 212.

otros, de la reina María Antonieta de Austria esposa del Rey Luis XVI, de Charlotte Corday, la asesina de Marat, en cuyo caso, la defendió alegando que actuó bajo la "exaltación del fanatismo político; y de muchos girondinos, y entre ellos, de Jacques Pierre Bissot, jefe de los mismos, quien había sido el que había ofrecido y comprometido a Miranda para que sirviera en el Ejército de Francia.

Chauveau-Lagarde tuvo que iniciar sus argumentos ante el Tribunal en defensa de Miranda, expresando cuán extraño era el destino de tener que defenderlo de las infundadas acusaciones de traición a la Revolución, formuladas "en el momento mismo en que la defendía gloriosamente con las armas en la mano, y de haberle hecho traición de concierto con el hombre que era entonces su más mortal enemigo," refiriéndose a Miranda como el:

> "hombre que en todo Europa es conocido por su filosofía, principios y carácter, como uno de los más celosos partidarios de la libertad; que en las dos naciones más libres, antes de la revolución francesa, Inglaterra y América, se ha granjeado la amistad de los hombres más conspicuos por sus virtudes, talento y trabajos en favor de la libertad; que a causa de ésta ha sido perseguido por el despotismo del uno al otro polo; que durante su vida no ha discurrido, respirado y combatido sino por ella, habiéndole fortuna, aspiraciones y hasta amor propio."[203]

En el proceso Miranda mismo contribuyó a su propia defensa. Como lo afirmó el propio abogado defensor:

> "el General Miranda, en sus respuestas, lo ha explicado, aclarado y probado todo, de manera que después de haber brillado en los consejos y en los ejércitos, como uno de los más ilustres é intrépidos defensores de la República, se ha mostrado en este tribunal el más elocuente defensor de sí mismo que pudiera tener; y si me ha dejado alguna tarea que cumplir, lo es menos para su justificación que para su apología. Y ésta no será difícil: reproduciré algunas de sus palabras y pintaré sus acciones."[204]

---

203 Véase Arístides Rojas, *Miranda en la revolución francesa*, op. cit., p. 166.
204 Véase los argumentos y legajos de la defensa de Miranda en Francisco de Miranda, *América Espera* [Ed. J.L. Salcedo Bastardo], cit., p. 167.

Y siguió con lo siguiente:

"En el mismo momento en que Miranda combatía de tal suerte, con peligro de su vida, para gloria de. la República, cubriendo la retirada del ejército á Pellemberg, era cuando Dumouriez arrancaba por sorpresa á los comisarios de la Convención Nacional el decreto en virtud del cual se halla acusado ante vosotros; y os acordáis, ciudadanos jurados, de que el ciudadano Lacrois, diputado de la Convención Nacional, depuso que el traidor tuvo la bajeza de decirle que la batalla se había perdido por culpa del General Miranda, a quien él había dado la orden de mantenerse firme sin combatir, mientras que la orden firmada de su propia mano le mandaba expresamente lo contrario[205]

Tal es el hombre, ciudadanos, a quien la calumnia ha citado ante vosotros, como reo de alta traición. Si se dijera que Catón y Bruto fueron traidores; que los marselleses, los vencedores de la Bastilla, y los franceses son cobardes; que los jurados son injustos, y que este tribunal, es anti-revolucionario ¿quién lo creería! Pues bien, cuando se dice que Miranda ha hecho traición a la República, se dice lo mismo en otros términos. No, ciudadanos; injustos los jurados, anti-revolucionario este tribunal, cobardes los franceses, y Miranda, Catón y Bruto culpables de traición: he aquí cosas que nadie en el mundo puede creer."[206]

Por ello, Jerónimo Pétion en una respuesta al largo libelo de Maximiliano Robespierre: concluía:

¿Y es á tal hombre á quien Robespierre no vacila en herir con cierta especie de ferocidad? No lo ataca como á reo, sino afirma que es culpable. Cobardes! Esperad a lo menos que se le haya oído: será entonces tiempo de sentenciar, de castigar ó de absolver."[207]

Al final, Miranda pudo salvarse habiendo sido declarado inocente en el proceso que se desarrolló en su contra, ordenándose su libertad el 16 de mayo de 1793. Chauveau-Lagarde, luego del juicio, dijo de Miranda:

---

205   *Idem.*, p. 192.
206   *Idem.*, p. 200.
207   *Idem.*, pp. 245-247. Véase el texto, además, en Arístides Rojas, *Miranda en la revolución francesa, op. cit.*, pp. 245-247.

"Viles calumniadores, hombres sediciosos de sangre, que no ven sino culpables, que no quieren sino víctimas, que no se ruborizan de ultrajar hasta la última virtud. El día más hermoso de mi vida ha sido aquél en que defendí a Miranda. Declaro que jamás he conocido hombre que me haya inspirado más estima, y más diré, ni más veneración. Es imposible tener más grandeza de carácter, más elevación de ideas, ni un amor más verdadero a todas las virtudes. No es preciso ser más preciso en las respuestas, más claro en las explicaciones, más fuerte en el razonamiento, más enérgico en todo lo que emana del sentimiento; y sobre todo, tener más de esa calma imperturbable que solo es fruto de una sana conciencia." [208]

Ese grande elogio, por supuesto, puso de manifiesto también cuántos debieron haber sido sus enemigos en ese entonces, y en Francia, y no sólo en la Convención y sus tumultuarias barras, sino en sus acusadores; todo lo cual confirma la extraordinaria personalidad de Miranda, odiado por tantos y admirado por otros tantos.

Marat, en todo caso, atacó a Chauveau-Lagarde por su defensa, acusándolo de haber dejado libre a un culpable. Por otra parte, uno de los testigos a favor de Miranda en el proceso fue precisamente su amigo Thomas Paine, el gran ideólogo de la Revolución norteamericana a quien había conocido en Nueva York en 1784 y quien incluso era miembro de la Convención francesa, habiendo participado en el proceso político de la Revolución francesa. Incluso fue el encargado de entregarle las llaves de la Bastilla a Washington. Paine testificó sobre Miranda diciendo entre otras cosas:

"Es imposible que un hombre pueda entender el corazón de otro tan bien como entienda el propio; pero de todo lo que sé sobre el General Miranda no puedo creer que desea traicionar la confianza que la República Francesa ha puesto en él, muy especialmente cuando el destino de la revolución Francesa estuvo tan íntimamente ligado al objeto

---

208 Véase en el libro de José María Antepara, *Miranda y la emancipación suramericana* (1810), edición de la Biblioteca Ayacucho, Caracas 2006, pp. 87-88; y en *Documentos Históricos sobre la vida del generalísimo Miranda iniciador de la Independencia Sur-Americana*, Ofrenda del Gobierno del Estado Zulia, 4 de julio de 1896, Maracaibo 1896, p. 130. Véase el escrito de la defensa de Francisco de Miranda, en Francisco de Miranda, *América Espera* [Ed. J.L. Salcedo Bastardo], *cit.*, pp. 127-130. Véase igualmente en Arístides Rojas, *Miranda en la revolución francesa*, pp. 219 ss.

favorito de su corazón, es decir, la liberación de la América Hispana, un designio que persiguió por las cortes de España durante la mayor parte de su vida."[209]

Leído el veredicto del Tribunal revolucionario en lo Criminal, de fecha 16 de mayo de 1793, declarando inocente a Miranda,[210] como lo reportó el *Moniteur* del 21 de mayo de 1793: "El pueblo aplaudió la sentencia sobre Miranda y también su discurso; lo tomaron en hombros, y lo llevaron triunfante y lo rodearon."[211]

Miranda, en todo caso, al no haber sido incluido para el 15 de mayo en el Reporte del Ejército, quedó excluido automáticamente del mismo el 1 de junio de 1793. El 24 de junio de 1793, entró en vigencia la primera Constitución Republicana, ratificada por referéndum (Constitución del año I), que también estaba precedida de la Declaración de Derechos. Ese mes los Girondinos perdieron el poder, y el terror político y revolucionario se apoderó de Francia guiado por los jacobinos, generalizándose el caos en el país, que además enfrentaba la Coalición monárquica recién formada.

Inglaterra estaba en guerra con Francia, a cuyo ejército había servido Miranda, por lo que no era prudente volver de inmediato a Londres, donde por otra parte había perdido por completo el apoyo ruso que tanto le sirvió antes. Por ello, Miranda permaneció cuatro años más en París, de los cuales pasó año y medio preso en la cárcel de *La Force* por orden del Comité de Salvación Pública, precisamente en la época del Terror (1793-1794) cuando la Convención votó a favor de las medidas de terror para reprimir las actividades contrarrevolucionarias. Miranda en efecto fue arrestado en julio de 1793, perseguido por Robespierre, y por más que clamó en su propia defensa, sólo salió en libertad bastantes meses después de que Robespierre fuera a su vez guillotinado (28 de julio de 1794).

---

209 Véase William Spence Robertson, *The Life of Miranda*, Volume I, Chapel Hill, The University of North Carolina Press 1929, p. 137.
210 Véase el texto de la sentencia del Tribunal revolucionario en lo Criminal del 16 de mayo de 1793 en Véase el texto, en Arístides Rojas, *Miranda en la revolución francesa*, pp. 218-219.
211 Véase William Spence Robertson, *The Life of Miranda*, Volume I, cit. p. 138.

Entre sus protestas, está lo que escribió a la Convención desde la cárcel de *La Force* el 4 de enero de 1795, en un texto en el cual además de afirmar que tenía "en Francia el *privilegio exclusivo* de la persecución," expresó:

> "Denuncio a la Convención Nacional un crimen cuya averiguación y persecución importan esencialmente a la libertad.
>
> Este crimen existe, o en la impunidad de un gran culpable, o en la persecución de un inocente.
>
> Entre las diversas maneras de matar la libertad, no hay ninguna más homicida para la República, que la impunidad del crimen o la proscripción de la virtud.
>
> No hay sociedad allí donde algún miembro del cuerpo social insulta impunemente a la justicia, es decir, a la voluntad del cuerpo que quiere esencialmente su seguridad, y que no la encuentra sino en la represión de los criminales.
>
> No hay sociedad allí donde el cuerpo social deja oprimir a uno de sus miembros; pues de la opresión de la parte a la del todo, la consecuencia es directa y necesaria.
>
> Uno de estos dos crímenes contra la libertad existe en la detención ilegal de mi persona, que denuncio a la Convención Nacional.
>
> O soy culpable, y entonces se comete un crimen contra la sociedad dejándome impune. En este caso, yo mismo reclamo mi castigo legal; pues prefiero morir libre, es decir, por la fuerza de la ley, que vivir esclavo, es decir, en menosprecio de la ley y por la voluntad de otro.
>
> O soy inocente, y entonces hay también crimen contra la sociedad, teniéndome preso sin juzgarme ¿qué digo? sin que se atrevan a confesar el motivo, y según declaración de la actual Junta de seguridad general, sin que exista cargo alguno contra mí. En este caso, reclamo mi libertad en interés del cuerpo social, herido en mi persona por la tiranía de que soy objeto.
>
> Pido que la Convención tome una resolución sobre tan extraña alternativa, cuya prolongación es un delito hacia la sociedad, y para mí un suplicio peor que la muerte."[212]

Y luego, en la víspera de su liberación había escrito de nuevo a la Convención Nacional reclamando:

---

212 Véase en Francisco de Miranda, *América Espera* [Ed. J.L. Salcedo Bastardo], *cit.*, p. 170.

"Más de diez y ocho meses hace que habiendo comparecido ante la Convención para denunciarle mi prisión arbitraria, pasó mi queja a la Junta de seguridad general para hacerme justicia, y la Junta ni siquiera me ha interrogado todavía."[213]

La Convención finalmente se ocupó de su caso y el 15 de enero de 1796 fue decretada su libertad, aun cuando sin siquiera haberlo oído. Por ello, al salir, hizo publicar un folleto para dar a conocer al publicó la justicia de su causa, el cual circuló en Paris hacia el 20 de enero de 1795.

En julio de 1795 publica otro folleto titulado *Opinión del general Miranda sobre la situación actual de Francia y los remedios,* lo que al mes siguiente el 21 de agosto, por la animadversión de algunos miembros del Comité de Salvación Pública, provoca que se ordene su arresto. Se trató de uno de los últimos actos de la Convención Nacional, que cesó el 30 de octubre de 1795. Miranda logró evadir la aprehensión, reclamando desde la clandestinidad por la persecución. Al fin fue hecho prisionero el 27 de noviembre, habiendo sido conducido a la cárcel de Plessis, donde después de ser interrogado sin hallarse nada en su contra, fue dejado en libertad (30 de noviembre).

El 4 de diciembre de 1795, con base en una Ley dictada en la época del Terror contra los extranjeros, el jefe de Policía decreta su expulsión de Francia. El 9 de diciembre logra burlar la vigilancia de la policía y pasa a la clandestinidad viviendo en las afueras de París (Departamento de Sena y Oise). Reclama al gobierno y al Ministro de Policía varias veces, exigiendo que cese la persecución, y se reconozca su derecho a vivir en paz en Francia, lo que al fin acogió el gobierno cuatro meses después, el 25 de abril de 1796.

Pasó más de un año en relativa paz, entre otras cosas, reanudando sus contactos en todo el mundo, y así el 1 de abril de 1797 escribió a su amigo Hamilton, indicándole que "después de cuatro años vuelvo a tomar la pluma para participarle que todavía sigo entre los supervivientes que quedamos en Francia tras la tiranía."[214].

---

213   *Idem.*, p. 175.
214   *Idem.*, p. 187.

Pero a raíz del Golpe de Estado del 18 Fructidor (4 de septiembre de 1797), ejecutado por el Directorio con apoyo del ejército, en contra de los órganos legislativos del Estado (Consejo de los Quinientos y Consejo de Ancianos), significando la preeminencia del Poder Ejecutivo, cae entre los proscritos por el nuevo gobierno. De nuevo se escondió para evitar ser deportado, y comenzó a preparar su regreso a Inglaterra escribiendo a sus amigos ingleses, entre ellos Trumbull, con cartas para Pitt, quien seguía de primer Ministro. Preparó y suscribió junto José del Pozo Sucre y Manuel José de Salas el Acta de París [215] del 22 de diciembre de 1797, con los llamados "Diputados de las ciudades y provincias de América meridional," a los efectos de tener un soporte formal para las negociaciones que pensaba reemprender con Pitt.

Finalmente, perseguido por la policía, con un pasaporte viejo ruso, falsificado,[216] y bajo el nombre de Mirandow, salió de Paris el 3 de enero de 1798, y llegó a Dover el 12 de enero, escribiéndole a su amigo Turnbull:

> "Aquí estoy, mi muy estimado amigo, recién llegado de Calais tras haber sido obligado a abandonar Francia como cualquier proscrito el 18 del pasado Fructidor. ¡Felizmente pude con gran suerte escaparme de las garras del Directorio !."[217]

Llegó a Londres el 15 de enero de 1798 y de inmediato el 16 de enero tuvo una entrevista con el ministro Pitt, en la misma casa de campo de Hollwood,[218] donde ocho años atrás había tenido con él su primera entrevista para tratar los asuntos de la libertad de la América hispana, reanudando así las conversaciones que habían suspendido en 1792. Esta vez se presentó ante Pitt como "agente

---

215   *Idem.*, pp. 194-199.
216   Como lo narró el propio Miranda, el pasaporte que le habían procurado, su "Amigo Le Grand con el *Accide muriatique oxigené*, puso en regla combinando el señalamiento y la firma; y así mismo una Peluca, y espejuelos verdes con que disfrazár mi persona." *Idem*, p. 204.
217   *Idem.*, p. 201. Véase William Spence Robertson, *The Life of Miranda*, Volume I, *cit.* p. 164.
218   Como lo indicó Miranda en su Diario. Véase en Francisco de Miranda, *América Espera* [Ed. J.L. Salcedo Bastardo], *cit.*, p. 205.

principal de las Colonias hispanoamericanas,"[219] conforme al encargo que había recibido a raíz de la reunión celebrada en Paris el 22 de diciembre de 1797 (Acta de París), con los "delegados de la Junta de Diputados de los pueblos y Provincias de la América meridional, reunida en Madrid, España, el 8 de octubre de 1797, para convenir en os medios más conducentes a realizar la Independencia de las Colonias Hispanoamericanas."[220] En la entrevista, Miranda le presentó a Pitt el "Proyecto de Constitución para las Colonias Hispano-americanas,"[221] y en la relación que escribió sobre la misma, explicó que se había quedado "algo admirado del excesivo buen acogimiento y olvido total de la brusca contestación en que habían quedado estos asuntos al principio del año de 1792 – cuando me fui da París."[222]

Ya en Londres, Miranda, quien ya nunca más regresaría a Francia, seguramente se enteró de que Napoleón Bonaparte, quién había sido nombrado por el Directorio como Comandante de la expedición en Egipto (1798), retornó a Francia en octubre de 1799, donde los moderados le confiaron la labor de eliminar el Directorio. Mediante un golpe de Estado que dio el 9-10 de noviembre de 1799 *(Brumaire,* año VIII), impuso al país una Constitución autoritaria, dando inicio al Consulado, terminando así con la Revolución Francesa, cuyo proceso había durado sólo 10 años. Tres años después, Napoleón se hizo designar Cónsul Vitalicio (1802) y posteriormente, *Emperador de los Franceses* (1804), "por la gracia de Dios y la voluntad nacional," habiendo concluido así la República que solo duró 12 años (1792-1804).

Miranda en Londres, comenzó a concretar sus ideas sobre el proyecto de Constitución para la América Hispana independiente.

---

219 *Idem*, p. 202.
220 *Idem*, pp. 194 ss.
221 *Idem*, pp. 208-210.
222 *Idem*, pp. 207.

V
LOS PROYECTOS CONSTITUCIONALES DE MIRANDA PARA LA INDEPENDENCIA AMERICANA, Y SU CONCRECIÓN EN LONDRES

A raíz de la llegada de Miranda a Londres en enero de 1797, y con ocasión de haber reanudado las conversaciones con el primer ministro William Pitt, las cuales habían quedado abruptamente suspendidas cuando decidió irse a París en 1792, puede decirse que Miranda terminó de concretar sus ideas sobre la independencia y libertad de la América española, y sobre la Constitución y la forma federal del gobierno para las Colonias Americanas, una vez que éstas alcanzasen su independencia. En esos años entre 1800 y 1805 fue que elaboró sus Proyecto de gobierno o de Constitución para la América-Colombiana.

Sobre la justificación de la independencia de América

En cuanto a la independencia y libertad misma de la América hispana, sobre la cual Miranda había venido argumentando y abogando desde cuando en 1784, como él lo dijo, concibió el proyecto en Nueva York;[223] en 1801, mediante un Manifiesto dirigido "a los pueblos del Continente Colombiano (alias Hispano-América),"[224] por primera vez se refirió a los pretendidos "derecho de posesión"

---

223   Véase en el Manifiesto "para Gensone", Paris 10 octubre 1792, quien debía hacer el manifiesto para la Independencia, en Francisco de Miranda, *América Espera* [Ed. J.L. Salcedo Bastardo], *cit.*, p. 120.
224   Véase en Francisco de Miranda, *América Espera* [Ed. J.L. Salcedo Bastardo], *cit.*, pp. 263-271.

que España alegaba tener sobre los dominios americanos, desmontando uno a uno desde el punto de vista del "derecho de gentes" las razones que se daban para justificarlos; en una argumentación que se vería reflejada, diez años después, en 1811, en el texto del Manifiesto dado al mundo por el Congreso General de Venezuela el 30 de julio de 1811, en cuya preparación sin duda debió intervenir, explicando las razones que justificaban la declaración de independencia que se había adoptado en 5 de julio de 1811.[225]

Miranda, en efecto, explicó que el argumento exclusivo que se había esgrimido históricamente para justificar esos derechos de posesión era que había sido el Papa, mediante una Bula quien, "como señor del mundo, hizo donación de estas Islas y tierra firme del Mar océano, a los Católicos reyes de Castilla," título que consideró Miranda "tan absurdo y tan ridículo que sería perder tiempo inútilmente el detenerse en refutarlo," recordando solo la cita que hizo Antonio de Herrera en su *Historia general de las Indias occidentales* sobre que:

> "Aquellos dos caciques del Darién guiados únicamente por la impulsión de la ley natural, tenían gran razón en decir que "dar, pedir y recibir los bienes de otro, eran otros tantos actos de demencia; y que siendo ellos mismos señores del país, nada tenían que hacer con un señor extranjero (lib. 1, cap.2)."[226]

Sobre otro de los argumentos que la Corona de España para alegar algún título legítimo sobre las tierras americanas, que era "*el derecho de Conquista,*" Miranda explicó que antes de examinar si ello podía ser invocado como título para justificar la posesión real sobre las tierras, así fuera afirmativo, la "invocación sería tardía, puesto que la Corte de Madrid, cuando la ocupación de las Islas y del continente americano, no declaró tenerle *sino en virtud de la donación papal.*" Por lo demás, haciendo referencia a las relaciones

---

225 Véase en el texto en el libro Allan R. Brewer-Carías, *Documentos Constitucionales de la Independencia 1811,* Editorial Jurídica venezolana, Caracas 1812.

226 Véase en Francisco de Miranda, *América Espera* [Ed. J.L. Salcedo Bastardo], *cit.*, p. 264.

de "las expediciones sucesivas de Cortés, Pizarro, Quesada y Soto" concluyó que las mismas "prueban de una manera incontestable que si el derecho de conquista pudiese ser admitido, esto no podía ser sino de los sucesores en favor de aquellos conquistadores, que a sus propias expensas, intenta." Incluso, argumentó Miranda que si la Corte de Madrid "quisiese alegar el derecho de conquista," tal "derecho es de ningún valor," pues "según el derecho de gentes una nación puede muy bien ocupar un país desierto e inhabitado," es decir, sólo "reconoce la propiedad y la soberanía de una nación, sobre los países vacíos que ha ocupado realmente y de hecho," pero no se puede alegar respecto de países ocupados. Por lo que, "siendo incontestable que las Islas y el Continente americano, en lugar de estar desierto, estaba por el contrario muy poblado, los españoles no pudieron tomar posesión de él legítimamente." [227]

Y sobre la otra consideración también sacada del "derecho de gentes" que también se "opone de la manera más fuerte a la admisión del derecho de conquista" por la Corona española, Miranda recurrió a lo afirmado por "el más sabio y más célebre de los publicistas modernos< (Vatel, *Droit des gents*, lib. 3, Cap. 11, par. 183, 184 y 185)" según el cual:

> "Una guerra injusta no da ningún derecho, y el soberano que la emprende se hace delincuente para con el enemigo a quien ataca, oprime y mata, para con su pueblo, invitándole a la injusticia, y para con el género humano, cuyo reposo perturba, y a quien un ejemplo da un ejemplo pernicioso. En este caso, el que hace la injuria está obligado a reparar el daño, o a una justa satisfacción, si el mal es irreparable." [228]

Terminó Miranda su argumentación para desmontar el argumento, constatando que "Desde el descubrimiento del Nuevo Mundo hasta ahora no hay un solo publicista que se atreva a sostener que la guerra de la España contra los pueblos de América, haya sido

---

227 Véase en Francisco de Miranda, *América Espera* [Ed. J.L. Salcedo Bastardo], *cit.*, p. 265.
228 Véase en Francisco de Miranda, *América Espera* [Ed. J.L. Salcedo Bastardo], *cit.*, p. 265.

justa;" y en todo caso, según el mismo Vatel, "solamente una guerra *declarada en forma,* debe ser mirada en cuanto a sus efectos, como justa de una y otra parte," siendo indispensable para declararla "que la potencia que ataca, tenga un justo motivo de queja, que se le haya rehusado una satisfacción razonable; y que haya declarado la guerra." De ello concluyó Miranda la improcedencia de tal argumento peguntándose ¿cómo pudo haber contra los americanos "un motivo justo de queja, cuando antes del descubrimiento del Nuevo Mundo, no los conocían ni aun de nombre? ¿Y no habiéndolos ofendido, no habiéndoles hecho injuria alguna, cómo podían estar obligados a ofrecerles ninguna satisfacción?

Por todo lo anterior, Miranda concluyó su argumento afirmando que:

"Los Reyes de Castilla y de Aragón han sentido bien estas razones. Ellos han conocido que no podían hallar en el derecho de gentes ni causas legítimas ni aun motivos honestos para colorear su toma de posesión; y por eso no han alegado otro título que la donación del Papa español."[229]

Y sobre el último posible argumento para justificar un título sobre los dominios americanos, Miranda destacó que el gobierno de su majestad católica podía en fin esgrimir el de "la prescripción de 300 años, ante lo cual recurriendo de nuevo a Vatel, argumentó que lo que había que responder es que "no puede haber prescripción en favor de una usurpación tiránica."[230]

De todo lo anterior concluyó Miranda sosteniendo no sólo en la ausencia total de título de la Corona española para pretender derechos de posesión sobre América, sino que con la ocupación de los territorios americanos lo que hizo fue montar una "monstruosa tiranía," lo que justificaba que:

---

229 Véase en Francisco de Miranda, *América Espera* [Ed. J.L. Salcedo Bastardo], *cit.*, p. 266.
230 Véase en Francisco de Miranda, *América Espera* [Ed. J.L. Salcedo Bastardo], *cit.*, p. 266.

"que los verdaderos acreedores entren en sus derechos usurpados: Es preciso que las riendas de la autoridad pública vuelvan a las manos de los habitantes y nativos del país, a quienes una fuerza extranjera se las ha arrebatado. Pues es manifiesto (dice Locke) que el gobierno de un semejante Conquistador, es cuánto hay de más ilegitimo, de más contrario a las Leyes de la naturaleza, y que debe inmediatamente derribarse" (*Del Gobierno Civil.* art. Conquista injusta)."[231]

Todo lo anterior era lo que justificaba la independencia, concluyendo Miranda su Manifiesto proclamando varios artículos con el objeto de "mantener nuestra dichosa emancipación pura de toda acción contraria al derecho Civil, a la justicia, y al orden público en general," entre os cuales además de uno asegurando la tolerancia religiosa, proclamando conforme al principio democrático representativo, la necesidad de que "los Cabildos y Ayuntamientos de las Villas y Ciudades que componen las colonias del Continente Colombiano," enviaran sin dilación "sus diputados" para "formar el congreso, que debe ocuparse de la formación de su gobierno provisional, que nos conduzca a una libertad bien entendida, y a la independencia de estos países (Artículo 1)."

Cuarto, conforme al principio de la solidaridad, la obligación de todos los ciudadanos entre 18 y 58 años, de "tomar las armas en defensa de su patria (Artículo 4)."[232]

Miranda, en todo caso, contaba entre sus planes militares para lograr la independencia, que presentó e diversas ocasiones al gobierno británico, con que era "factible tomar por sorpresa la ciudad de Caracas, así como también el puerto de La Guaira. Esta ciudad se encuentra totalmente abierta y desprovista de cualquier tipo de defensa; tampoco presenta La Guaira obstáculo alguno si se ataca de *flanco o* por detrás," de manera que "Una vez dueños de estos dos puntos, lo somos de hecho de toda la provincia." Logrado esto,

---

231 Véase en Francisco de Miranda, *América Espera* [Ed. J.L. Salcedo Bastardo], *cit.*, p. 269.

232 Véase en Francisco de Miranda, *América Espera* [Ed. J.L. Salcedo Bastardo], *cit.*, p. 270-271. Miranda en esa ocasión, también redactó un Reglamento Militar detalladísimo, *Idem.*, pp. 272-283.

explicó en una Memoria que escribió en Londres, ya instalado en su casa de Grafton Street, el 29 de abril de 1803:

"Se procederá seguidamente a la convocatoria de una Asamblea General. De estar realmente decidida la mayor parte de los habitantes a apoyar su independencia, se levantara un informe con los documentos del caso y se despachará un barco para llevarlos a España, junto con las propuestas más respetuosas para con la madre patria, instándola por todos los medios a que llegue a un amigable y razonable arreglo, con tal de que la independencia absoluta del gobierno de las Colonias y, por ende, su libre comercio con todo el resto del mundo, sea la base fundamental de dicha estipulación."[233]

Pura ilusión, que fue truncada por el gran desencuentro que se produjo a partir de 1810 entre las Colonias independientes de Venezuela y la madre patria, como consecuencia del cual lo que se produjo fue una larga guerra que duró hasta 1821.

Sobre la forma de gobierno en la América independiente

Sobre la forma de gobierno a establecer en las Colonias Hispano-Americanas, las ideas de Miranda se formaron desde su conocimiento de la Constitución de los Estados Unidos de América, y de su experiencia en la Francia revolucionaria, por una parte, en sentido positivo, respondiendo fundamentalmente al principio democrático como base política, al principio de la separación de poderes en la organización del Estado, y la adopción de la forma federal del gobierno; y por la otra, en sentido negativo, en el sentido de que en ningún caso el gobierno a establecer podía caer en los vicios en que había caído el régimen del Terror.

En cuanto al principio de la separación de poderes, el mismo, por supuesto, era el de la propia esencia del constitucionalismo moderno en formación a raíz de la revolución norteamericana y del inicio de la revolución francesa, inspirado en las doctrinas de Montesquieu. Miranda había sido testigo de excepción de su funcionamiento en Norteamérica en su periplo por los Estados Unidos entre

---

233 Véase en Francisco de Miranda, *América Espera* [Ed. J.L. Salcedo Bastardo], *cit.*, p. 302.

1784 y 1785; y también había sido testigo de su deformación en Francia en la época de la Convención y del terror. Además, conocía la doctrina de Motesquieu, ya que desde 1780 las "obras de Montesquieu" (8 vols.) aparecía en el listado de su biblioteca.[234]

En particular, cuando Miranda visitó el castillo de La Brede en 1789, terminando su periplo europeo, sitio donde Montesquieu había escrito su obra *L'ésprit des lois* en la cual formuló su propuesta sobre la separación de poderes, expresó: "!No me hartaba de considerar el sitio en que la más brillante obra del Espíritu humano se había producido!"[235]

Pero sus primeras ideas sobre el principio la formuló en Francia, en su libro *Opinion du général Miranda sur la situation actuelle de la France et sus les remèdes convenable à ses maux*, Imprimerie de la rue de Vaugirard, an 3, Paris, 1975, en el cual formuló su crítica al régimen del Terror conducido por la Convención y su Comité de salvación pública, montado precisamente sobre el abandono del principio de la separación de poderes que había sido adoptado tanto en la Declaración de los derechos del hombre y de los ciudadanos de 1789 como en la propia Constitución de 1791. En dicho libro de 1795, después de haber sufrido personalmente los embates de la Convención en Francia y particularmente de su Comité de Salvación Pública comandado por Maximillien Robespierre, que lo llevó incluso a una larga prisión y a ser sometido a un juicio por uno de los Tribunales penales del Terror, expresó lo siguiente:

> "solamente por una sabia división de los poderes podrá dársele estabilidad al gobierno. Todas las autoridades constituidas vienen a celarse mutuamente, porque todas se interesan en la permanencia de la Constitución de que ellas emanan, y por esto es que todas se ligan contra cualquiera que quisiere atacar –a una de ellas. Más al contrario, si todos los poderes se concentran en un solo cuerpo, se arrogará siempre

---

234 Véase en Francisco de Miranda, *América Espera* [Ed. J.L. Salcedo Bastardo], *cit.*, p. 31.

235 Véase en Francisco de Miranda, *América Espera* [Ed. J.L. Salcedo Bastardo], *cit.*, p. 97

la autoridad de la masa entera y bastará a una facción dirigir sus tiros a esta masa soberana de hecho, para hacer una revolución. El 31 de mayo, y el 9 de Termidor han dejado subsistir la misma Convención Nacional, y sin embargo ambos han mudado la faz del Estado, porque ambos hicieron mudar de mano al poder.

La espantosa tiranía de Robespierre y de la antigua comisión de seguridad pública no fue producida sino por esta fatal confusión de los poderes, y es bien notable que el principio de las iniquidades y asesinatos se debe fijar en la época en que la Convención, transfiriendo toda su fuerza al Comité de Salud Pública, hizo desvanecer enteramente la fantasma del poder ejecutivo, que aunque sometido y dependiente de los caprichos del legislador, no obstante le oponía aún una débil barrera. Este se apoderó bien pronto del poder judicial que la Asamblea, había ya usurpado en una grave circunstancia. La Convención, ó por la influencia del Junta, ó por sí misma, dictaba los juicios; y hasta la sombra de la libertad civil y política, desapareció de este territorio desgraciado.

Las relaciones de la sociedad estaban desordenadas, sus lazos relajados, la seguridad personal no tenía garantía alguna, ni la propiedad base sólida. La fuente de las riquezas nacionales estaba agotada, y sus canales obstruidos, separados ó rotos. Todo cuanto el Estado tomaba con una mano, lo disipaba con la otra. Tales son los efectos de la tiranía, y tales las consecuencias de la confusión de los poderes."

[...] Seis años de revolución nos excusan de ir a buscar en la historia de los pueblos los males producidos por la confusión de los poderes; nosotros hemos cometido los más horribles crímenes, y hemos sufrido desgracias las más inauditas de cuantas nos han trasmitido los anales del mundo, sin otra causa que porque la Convención se arrogó una plenitud de poder más grande que la que un tirano haya gozado. Los que han tiranizado a los pueblos han sido detenidos, o por las costumbres, o por las leyes, o por las creencias del pueblo a quien dominaban; pero la Convención, al contrario, queriendo mudarlo todo, y trastornando todos los principios, nada respetó, ni se detuvo por dique alguno, ni se retardó por ningún obstáculo, y este cuerpo tiránico acabó por despedazar todo cuanto no se doblegaba, y destruir todo lo que se oponía a sus designios."[236]

---

236 Véase el texto en Arístides Rojas, *Miranda en la Revolución Francesa, Colección de documentos auténticos referentes a la historia del General Francisco de Miranda, durante su permanencia en Francia de 1792 a 1798,* Imprenta y Litografía del Gobierno Nacional, Caracas 1889, pp.

Para volver pues a los principios de que tan horriblemente nos hemos separado, conviene seguir una carrera inversa. Es necesario que la libertad los divida escrupulosamente y haga desde luego imposible esa monstruosa confusión, y he aquí el primer paso que se ha de dar para restablecimiento del orden.

Dos condiciones son esenciales para la independencia absoluta de los poderes: la 1ª que la fuente de donde ellos emanen sea una; la 2ª que velen continuamente los unos sobre los otros. El Pueblo no sería soberano si uno de los poderes constituidos que le representan no emanase inmediatamente de él, y no habría independencia si uno de ellos fuera el creador del otro. Dad al Cuerpo Legislativo, por ejemplo, el derecho de nombrar los miembros del Poder Ejecutivo, y ejercerá sobre ellos una funesta influencia que hará desaparecer la libertad política. Si nombra los jueces tendrá igualmente influencia sobre los juicios, y sucederá lo mismo con la libertad civil.

[...] Los poderes deben velarse y contenerse recíprocamente, y ninguno de ellos debe atribuirse exclusivamente este celo, supuesto que todos son nombrados por el soberano. Si la confianza que éste ha hecho de todos es igual ¿por qué se ha de suponer que uno de ellos sea infalible e incapaz de ser corruptible, mientras que los otros se consideran. sujetos al error y a la depravación? Tal es no obstante el absurdo sistema de aquellos que suponen al Poder Legislativo el observador nato de las operaciones del Ejecutivo, y que no consideran en éste derecho alguno de inspección sobre aquél. Los que así juzgan se olvidan sin duda de que los tres poderes son como centinelas avanzados para velar por la seguridad del Estado, y que si una de ellas se extravía de sus funciones, las otras dos deben dar el alarma, para que el pueblo así advertido provea a su salud y a su seguridad. No es verosímil que tres poderes independientes y celosos se reúnan jamás para hacer traición a los intereses del soberano, y así es que sobre esta probabilidad moral se ha fundado la seguridad del ciudadano con respecto a la libertad civil y política."[237]

333, 334. Igualmente véase en Francisco de Miranda, *América espera, op. cit.*, pp. 177-179.

[237] Véase el texto en Arístides Rojas, *Miranda en la Revolución Francesa, Colección de documentos auténticos referentes a la historia del General Francisco de Miranda, durante su permanencia en Francia de 1792 a 1798,* Imprenta y Litografía del Gobierno Nacional, Caracas 1889, pp. 333, 334. Igualmente véase en Francisco de Miranda, *América espera, op. cit.*, pp. 180-181.

Unos años después, con ocasión de tener su primera entrevista que tuvo con el primer ministro Pitt del Reino Unido el 16 de enero de 1798, al resumirla en su diario, Miranda hizo indicó que ante la pregunta de Pitt sobre cuál era la forma de gobierno que se planeaba establecer una vez declarada a independencia de la América hispana, él respondió: "semejante al de la Gran Bretaña, pues debe componerse de una Cámara de Comunes, otra de nobles, y un Ynca, ó soberano hereditario," a lo que Pit respondió:

> "mui bien, *pues si un sisthema por el modo de la Francia se intentase introducir en el Pais, aseguro á U. (me replicó con viveza) que más bien querríamos que los americanos españoles continuasen por un siglo súbditos obedientes baxo del opresivo govierno del Rey de España, que verles submergidos en las calamidades del abominable sisthema de los franceses!.*"

Precisamente, "para evitar un contagio semejante, y precavernos con tiempo del influjo gálico," le explicó Miranda, es que habían "pensado en emancipamos inmediatamente; y formar alianza con los E.U. de América y con la Inglaterra a fin de combatir unánimemente (si fuese necesario) los monstruosos y abominables principios de la pretendida Libertad francesa!, " para lo cual pasó Miranda a entregarle a Pitt "el borrador del proyecto de Constitución que se cree más acomodado al espíritu y opiniones de nros. americanos; y que los comisarios de aquel país han sancionado."[238]

Ese proyecto de Constitución que Miranda entregó a Pitt, y que éste leyó con gran interés, tenía las siguientes regulaciones fundamentales:

En cuanto al territorio del nuevo Estado a constituir, el mismo comprendía toda la América del sur, exceptuando los territorios de Brasil y de Guayana; la América central; y parte de la América del Norte al oeste del cauce del río Mississippi, desde su "desembocadura hasta la cabecera del mismo y partiendo de ella siguiendo la misma línea recta en dirección del oeste por el 45° de latitud septentrional hasta unirse con el mar Pacífico. En cuanto a las islas del

---

238   Véase en Francisco de Miranda, *América espera, op. cit.*, p. 205.

mar Caribe, solo formarían parte del nuevo Estado, la isla de Cuba "en razón de que el puerto de La Habana es la llave del golfo de México."

En cuanto a la forma de gobierno, el proyecto de Constitución indicaba que sería "mixto y similar al de la Gran Bretaña," conforme al principio de la separación de poderes, dividido el Poder del Estado entre el Poder Ejecutivo, el Poder legislativo y el Poder Judicial. En cuanto al Poder Ejecutivo el mismo estaba "representado por un *Inca* provisto del título de Emperador. Este será hereditario." En cuanto al Poder Legislativo, el mismo estaba conformado por dos Cámaras: Una Cámara Alta y una Cámara de los Comunes. En cuanto a la Cámara Alta, la misma estaría integrada por:

"senadores o Caciques designados por el Inca. Los cargos serán vitalicios, pero no hereditarios. Sólo podrán ser excluidos de la Cámara por la autoridad de los Censores. La simple descalificación conllevará la exclusión de los mismos. Sólo podrán reclutarse en la clase de los ciudadanos que hayan desempeñado honorablemente los primeros cargos del Imperio, como son las funciones de General, Almirante, Gran Juez en los Tribunales Supremos, Censor, Edil o cuestor. Se fijará el número de Senadores. Este siempre se mantendrá completo."

Respecto de la Cámara de los Comunes, la misma:

"Será elegida por todos los ciudadanos del Imperio. Su número queda fijado. No devengarán dieta alguna. Ellos son reelegibles. Durante todo el período en que permanezcan investidos de esta Dignidad, su persona será inviolable, salvo en caso de delitos capitales. La duración de cada legislatura será de cinco años."

Y en cuanto al Poder Judicial, el proyecto disponía que:

"sus miembros serán nombrados por el Inca y escogidos entre los ciudadanos de mayor distinción dentro del Cuerpo Judicial. Tales cargos serán vitalicios y sólo podrán ser removidos de los mismos sus titulares bajo una acusación y mediante juicio por corrupción. Los sueldos de los Grandes Jueces y demás habrán de ser substanciales con el fin de ponerles mediante una holgada subsistencia, a cubierto de toda prevaricación. Sobre este particular las altas instancias tribunales de Inglaterra son un modelo."

El proyecto de Constitución establecía, además, tres cuerpos de órganos de Control: los Censores, los Ediles y los Cuestores.

Los Censores debían ser dos personas

"electos por el pueblo y ratificados por el Inca. La duración de sus funciones será de cinco años. Serán reelegibles. Sus funciones consisten fundamentalmente en velar por la buena conducta de los Senadores a quienes pueden excluir del Senado por mera remoción, inscribiendo a tal efecto sus nombres en tablillas. También velarán por la moralidad de la juventud, en especial por las Instituciones y el Magisterio."

En cuanto a los Ediles, los mismos, disponía el proyecto:

"serán electos por un período de cinco años a través del Senado y aprobados por el Inca. Tendrán a su cargo todas las grandes vías del Imperio, los puertos, los canales, los monumentos públicos, las fiestas nacionales, etc. Procederán a la rendición de cuentas a fines de cada lustro ante la Cámara de los Comunes, acerca de todo lo concerniente a las sumas destinadas a los edificios públicos y ante el Senado cuando se trate de lo atinente a edificaciones, monumentos y proyectos que hayan sido emprendidos y ejecutados."

Y en cuanto a los Cuestores, los mismos:

"serán nombrados por la Cámara de los Comunes, por espacio de un lustro y aprobados por el Inca. Serán reelegibles. Sus funciones consistirán fundamentalmente en velar por la conducta de los depositarios del Tesoro del Estado, los guardabosques nacionales, los responsables de los resguardos aduanales, etc.. En una palabra, velar por los intereses públicos en todo lo concerniente a las finanzas."

El proyecto de Constitución, además, regulaba sobre la confección de las leyes, disponiendo que:

"Se requiere la sanción de los tres poderes, al igual que en Inglaterra. Las leyes sólo podrán ser reglamentarias, es decir, emanadas de la propia Constitución; ya que de encontrarse casualmente en contraposición con las leyes constitucionales del Estado, las mismas serían consideradas por todos los tribunales como nulas y sin efecto."

La Constitución que se proponía, además estaba dotada de rigidez, a cuyo efecto se estableció la forma de rectificar la Constitución, regulándose el siguiente procedimiento:

"Si las *dos terceras partes* de ambas Cámaras estimasen conveniente modificar alguna ley constitucional, entonces el Inca estaría en la obligación de recurrir a los Jueces presidentes de las altas instancias tribunalicias de justicia y elevar a su consideración la propuesta, la cual sería sancionada por las dos terceras partes de ambas cámaras. De ser aprobada por las *tres cuartas partes* de los jueces, incluyendo al Inca con derecho a voto, la ley entra en vigencia y se modifica la Constitución. Si, *al revés,* las *dos terceras partes* de los jueces y el Inca presentan la sugerencia y si ésta resulta sancionada por las *tres cuartas partes* de ambas cámaras, entonces la ley entra en vigencia y se procede a la modificación de la Constitución. La reforma se opera sin que el cuerpo político entre en convulsiones y riñas desgarradoras."[239]

El proyecto de Constitución para las Colonias Hispano-americanas lo envió el mismo Miranda al presidente de los Estados Unidos, John Adams, mediante comunicación de 24 de marzo de 1798, en la cual además de expresarle sus deseos de "Quiera la Providencia que los Estados Unidos hagan en 1798 por sus compatriotas del Sud, lo que el rey de Francia hizo por ellos 20 años atrás," le informaba sobre la forma de gobierno para el nuevo Estado formado por las Colonias Hispano-americanas, indicándole lo siguiente:

"Me felicito de ver al frente del Poder Ejecutivo americano, a un hombre que después de haber contribuido con su valor a la independencia de su país, preside con sabiduría un gobierno estable, capaz de asegurarle la libertad. Nosotros nos aprovecharemos sin duda de vuestras lecciones, y desde ahora yo me complazco en manifestaros que el sistema de nuestras instituciones será mixto. Optaremos por un Jefe del Poder Ejecutivo hereditario, que tomará el nombre de Inca, y será escogido con particular agrado de mi parte, entre nuestros compatriotas mismos. Tendremos también un Senado electivo, en el que tomarán asiento los hombres de las clases principales, y una Cámara de origen y carácter popular, pero cuyos miembros deberán ser propietarios. Tal es en síntesis la forma de gobierno que parece reunir la mayoría de los sufragios en el continente Hispano-americano. El impedirá sin duda las consecuencias fatales del sistema republicano francés que Montesquieu llama "la *liberté extréme*"."[240]

---

239 Véase en Francisco de Miranda, *América espera, op. cit.*, pp. 208-210.
240 Véase en Francisco de Miranda, *América espera, op. cit.*, pp. 220.

Información similar envió Miranda a Alexander Hamilton, mediante carta del 6 de abril de 1798, ratificándole la propuesta de establecer en la América hispana una "forma de gobierno mixto," advirtiéndole que "el único peligro que intuyo radica en la introducción de los principios franceses, los cuales emponzoñarían la incipiente Libertad, acabando pronto con la suya propia."[241]

En la misma fecha de 6 de abril de 1798, Miranda instruyó a Pedro Joseph de Caro para que llevara personalmente la correspondencia antes mencionada a Hamilton y a Adams, y luego pasara a la América meridional, en particular a Santa Fe, para informar con "la discreción, prudencia, actividad, cautela, resolución, audacia y valor" sobre los proyectos, y hacerles sentir:

> "la necesidad de prevenir por todos los medios posibles el que los principios o sistema jacobino se introduzcan en nuestro Continente; pues por este medio la Libertad, en lugar de la cuna, encontrará luego el sepulcro; como lo prueba toda la historia de la revolución francesa."[242]

Proyecto de gobierno provisorio en 1801

En 1801 Miranda estuvo muy agitado pensando que la liberación de la América Hispana era inminente. Viajó a los Países Bajos, y desde allí, bajo el nombre de Martin escribió con el mayor secreto a varios de sus amigos en Francia y en Inglaterra, entre ellos Turnball y Pitt. Allí, seguramente terminó de redactar dos proyectos para el gobierno de América, un Proyecto de Gobierno Provisional y un Proyecto de Gobierno federal.

En cuanto al Proyecto de Gobierno Provisorio[243] que debía funcionar mientras se establecía el Gobierno Federal en todo el Continente americano, el mismo se debía establecer en cada Provincia y en sus Cabildos y Ayuntamientos, mediante un sistema democrático representativo en primer y segunda grado.

---

241 Véase en Francisco de Miranda, *América espera, op. cit.*, pp. 221.
242 Véase en Francisco de Miranda, *América espera, op. cit.*, pp. 223.
243 Véase en Francisco de Miranda, *América espera, op. cit.*, pp. 285-287.

El carácter de elector, o miembro de los Comicios, correspondía a toda persona mayor de 21 años, nacida en el territorio americano o establecida allí, siempre que hubiera prestado juramento a la nueva forma de gobierno y a la independencia, "tengan renta anual al menos de 50 pesos, sean hijos de padres y madres libres, no ejerzan el oficio de sirvientes con sueldo, y no hayan sufrido ninguna pena infamante."

Los Comicios debía elegir los miembros de los Cabildos y Ayuntamientos para sustituir a las autoridades españolas, a los cuales, además, debían incorporarse "al número de sus miembros un tercio escogidos entre los indios y la gente de color de las Provincias." Los miembros de dichos Cabildos o Ayuntamientos debían ser mayores de 35 años, con propiedad mayor a "20 fanegas de tierra cultivada," condición de la cual, sin embargo, quedaban dispensados por una sola vez los "indios y la gente de color." Los Cabildos debían escoger entre sus miembros y todos los ciudadanos del distrito, a dos alcaldes, mayores de 35 años, y con "una renta anual de 300 pesos a lo menos," quienes, "como en el pasado, estarán encargados de la administración de justicia, y también de la policía durante la guerra actual."

Estas ideas sobre los Cabildos y Ayuntamientos para el gobierno provisional, las repitió sucintamente Miranda en el 'Proclama a los Pueblos del Continente Americano-Colombiano" que emitió en Coro el 2 de agosto de 1806, con motivo de su expedición invasora, indicando que:

"II. Los Cabildos y Ayuntamientos en todas las ciudades, villas, y lugares ejercerán en el ínterin todas las funciones de gobierno, Civiles, Administrativas, y Judiciales con responsabilidad, y con arreglo a las Leyes del País: y los curas párrocos, sin alterar el ejercicio de sus Sagradas funciones."[244]

Posteriormente, en la Nota "Pensamientos de un inglés sobre el estado y presente crisis de los negocios de la América del Sur" publicada en *El Colombiano*, periódico que Miranda dirigía en Lon-

---

244　Véase en Francisco de Miranda, *América espera op. cit.*, p. 357.

dres, con fecha 15 de mayo de 1810, expresó la misma opinión de que:

> "El primer paso que los habitantes del continente colombiano debían hacer hacia su independencia, es el tomar una medida que hiciese ver de un modo ostensible y decisivo, la resolución de crear un gobierno que emane únicamente de ellos mismos. "La medida, que a este efecto parece la más adecuada y fácil, se presenta naturalmente de si misma. Que las personas principales de cada distrito se reúnan y declaren: *que como el antiguo gobierno se halla disuelto por la fuerza de los eventos, el gobierno de las Américas se deposite interinamente, en las autoridades naturales del país que son los cabildos.*"[245]

Ahora bien. conforme al proyecto de Gobierno provisorio de 1801, los Cabildos debía elegir de su seno y entre todos los ciudadanos del distrito, uno o varios representantes (según la población de cada ciudad) que debían formar una "Asamblea Provincial encargada del gobierno general de toda la Provincia, hasta que se establezca el Gobierno Federal." Dicha Asamblea debía nombrar "dos ciudadanos, de más de 40 años, y renta anual de 500 pesos, bien entre sus miembros o entre los ciudadanos de la Provincia, con la denominación de **Curacas**," quienes debían activar y hacer ejecutar las leyes provinciales durante la guerra."

Sobre ello, Miranda también indicó en la Proclama de Coro de agosto de 1806, que:

> "III. Todos los Cabildos y Ayuntamientos enviaran uno, o dos Diputados al cuartel general del Ejército, a fin de reunirse en Asamblea general a nuestro arribo a la Capital y formar allí un gobierno provisorio que conduzca en tiempo oportuno a otro general y permanente, con acuerdo de toda la Nación."[246]

El Proyecto de Gobierno provisorio de 1801, además dispuso en cuanto a la legislación, que debían mantenerse la vigencia de las leyes existentes hasta que fueren sustituidas, pero sin embargo, quedaban abolidas *ipso facto*, "todo impuesto o gravamen personal para los indios o para los demás," "los derechos sobre las importa-

---

245   Véase en Francisco de Miranda, *América espera, op. cit.*, p. 434.
246   Véase en Francisco de Miranda, *América espera, op. cit.*, p. 357.

ciones y exportaciones del país," con algunas excepciones, estableciéndose la libertad de importar y exportar; y "todas las leyes referentes al odioso Tribunal de la Inquisición."

Por último, el proyecto reguló a la milicia, así como toda la fuerza armada, puesta bajo la dirección de un ciudadano nombrado por la Asamblea y confirmado por los Comicios de la Provincia, que llevaba "el título de *Hatunapa* (generalísimo) de los ejércitos colombianos, y su autoridad solo durara el tiempo que dure la guerra o hasta la formación del Gobierno Federal."[247]

Proyecto de gobierno federal en 1801

En el mismo año 1801, Miranda elaboró para el "Imperio Americano" un Proyecto de Gobierno federal,[248] estructurando una República en todo el continente americano, es decir, una "Federación Americana," cuya conformación respondió no sólo a los mismos principios de democracia representativa aplicado a la integración de las autoridades que había comenzado a diseñar en el proyecto de gobierno provisorio; sino a la forma de Estado federal, con distribución del poder entre tres niveles territoriales: los municipios, las provincias y el Gobierno federal. En el proyecto, además, se previó establecer la "ciudad federal" en el punto más central del Continente, como o indicó Miranda, "(tal vez en el istmo de Panamá), que debía llevar el nombre augusto de *Colombo,* a quien se debe el descubrimiento de esta bella parte de la Tierra."

En el original del texto del Proyecto, en la palabra "Colombo" aparece una "nota manuscrita" de Miranda con el siguiente texto:

> "Si se adopta el nombre de Colombia para designar a la nueva república, sus habitantes deberán llamarse Colombianos; este nombre es más sonoro y majestuoso que Colombinos."

El federalismo, para la organización del territorio de la América Hispana, fue por tanto la forma de Estado por la cual se inclinó Miranda, y esa fue además, la que desde su punto de vista, tenían los

---

247 Véase en Francisco de Miranda, *América espera, op. cit.*, pp. 285-287.
248 Véase en Francisco de Miranda, *América espera, op. cit.*, pp. 288-291.

Comisionados que años después, en 1810 recibió en Londres, enviados por la Junta Suprema de Caracas, los cuales según lo relacionó en las "Notas sobre Caracas para Richard Wellesley Jr." en julio de 1810, esperaban:

> "que los diversos Virreinatos y Provincias de Norte y Sur América se dividirán en diferentes Estados de acuerdo con sus límites físicos o políticos; pero ellos proyectan un sistema federal, que dejando a los respectivos Estados una Independencia de Gobierno pueda formar una autoridad central y combinada, como la de los Anfictiones de Grecia." [249]

En todo conforme al Proyecto de 1801, 1 la base del sistema de gobierno estaban los electores, integrados en los Comicios Americanos, que eran las asambleas compuestas por todos los ciudadanos americanos (los nacidos en el país, y los extranjeros establecidos en el mismo que prestasen juramento de fidelidad al nuevo Gobierno), mayores de 21 años, titulares de una propiedad territorial al menos de 100 fanegadas de tierra cultivada. El Gobierno debía cuidar de distribuir a cada indio que no tenga propiedad suficiente, 10 fanegadas si era casado, y 5 si era soltero.

Conforme al proyecto, las personas estaban obligadas a cultivar la tierra, indicando que quienes "descuidaren el cultivo de sus tierras por dos años consecutivos, serán castigadas por los magistrados, de acuerdo con las leyes." El Proyecto precisaba, además, que "toda persona que enajenare sus tierras perderá el precioso derecho de ciudadano, y solo podrá recuperarlo cuando adquiera la cantidad de tierras necesarias al efecto." En todo caso, los ciudadanos que carecieren de las cualidades para votar, sin embargo, no perdían por eso los demás derechos que les correspondían como ciudadanos pacíficos.

En el nivel territorial inferior estaban los Cuerpos Municipales (Cabildos) integrados por cierto número de ciudadanos del distrito menores de 35 años y con una renta anual al menos de 500 pesos, designados por los ciudadanos activos. Esos Cabildos eran los res-

---

249   Véase en Francisco de Miranda, *América espera, op. cit.*, p. 445.

ponsables "de la policía y administración interna de las ciudades." Los integrantes de los Cabildos constituían, además, el cuerpo de electores para la representación provincial, al cual correspondía la designación de las personas que debían formaban las Asambleas Provinciales.

En el nivel territorial intermedio estaban las Provincias, cuyo gobierno estaba a cargo de una Asamblea provincial y un Poder Ejecutivo, siguiendo el principio de la separación de poderes.

Las Asambleas Provinciales, denominadas *Amautas,* se componían de un número de personas escogidas entre los ciudadanos activos del mismo, mayores de 30 años y con una propiedad raíz de al menos 30 fanegadas, y tenían a su cargo "la salubridad y administración provinciales." A tal efecto, tenían competencia para dictar "leyes administrativas que se circunscribieran a los límites de la propia Provincia," siempre que no pusieran "trabas a la ejecución de las leyes generales," que correspondían al Cuerpo legislativo en el nivel superior de la organización del Estado.

Para asegurar esta compatibilidad, el proyecto de Constitución exigía que las leyes administrativas se sometieran a control preventivo por parte del Cuerpo. Legislativo, "el que sin retardo y en el año corriente habrá de devolverlas con su sanción para ponerlas en vigencia, o bien dando las razones de su negativa si retardo y en el año corriente habrá de devolverlas con su sanción para ponerlas en vigencia, o bien dando las razones de su negativa si las rechazare." Los miembros de las Asambleas provinciales tenían, además, derecho de petición ante el Cuerpo Legislativo.

El Poder Ejecutivo en las provincias estaba a cargo de "dos ciudadanos americanos, electos por cinco años por las Asambleas provinciales. Estos titulares del Poder Ejecutivo en cada Provincia que tenían el título de *Curacas,* debían ser mayores de 40 años, y ser propietarios de al menos 150 fanegadas de tierra cultivada.

El gobierno federal, en el nivel territorial superior del Imperio americano, conforme al proyecto de Constitución, también se organizaba conforme al principio de la separación de poderes, distribuyéndose entre un Poder legislativo a cargo del Cuerpo Legislativo, un Poder Ejecutivo y un Poder Judicial.

El Poder legislativo se atribuyó al Cuerpo Legislativo, denominado *Concilio Colombiano,* se formaba con ciudadanos americanos electos por los miembros de las Asambleas Provinciales, en número proporcional al de la población de cada Provincia, que debían ser ciudadanos de la Provincia que los enviaba, propietarios de al menos 150 fanegadas y tener la edad de 35 años. El mandato de los electos era por cinco años.

Este Concilio Colombiano era el único cuerpo que podía dictar "leyes para toda la Federación Americana," las cuales debían aprobarse "por simple mayoría de votos." Las leyes, sin embargo, debían ser "sometidas a la sanción del Poder Ejecutivo, quien tendrá el derecho de rechazar el proyecto de ley, siempre que al hacerlo exponga sus observaciones." En todo caso se previó que si después de este veto, "votare el Concilio la misma Ley con una mayoría de dos tercios, el Poder Ejecutivo deberá conformarse a la nueva decisión, y sin demora la pondrá en ejecución como ley del Imperio."

En cuanto a las leyes constitucionales, se previó un principio de rigidez disponiendo que si el Concilio, "por mayoría de dos tercios, encontrare que una Ley constitucional cualquiera requiere reforma o cambio, el Poder Ejecutivo la pasará a las diferentes Asambleas Provinciales para su asentimiento; y si la sancionaren las tres cuartas partes de las Asambleas, será aprobada y puesta en ejecución. Igualmente, en cuanto a las leyes constitucionales se previó que las Asambleas provinciales podían igualmente tomar la iniciativa de su reforma, "y en este caso, si la aprueban los tres cuartos del Concilio, será igualmente Ley constitucional y se pondrá en ejecución."

El Poder Ejecutivo, nombrado por el Concilio Colombiano, se componía "de dos ciudadanos elegidos entre todos los del Imperio," es decir, mediante una universal, los cuales tenían "el titulo de *Incas*, nombre venerable en el país." Éstos debían ser mayores de 40 años, poseer una propiedad de 200 fanegadas y debían haber servido uno por lo menos de los grandes cargos del Imperio. Los *Incas* debían durar dos lustros (diez años) en su cargo, pudiendo ser reelectos, uno o ambos, pero sólo después de "un intervalo de diez años." Uno de los Incas debía permanecer constantemente en la ciudad federal, cerca del Cuerpo Legislativo, y el otro debía recorrer las Provincias del Imperio.

Conforme al proyecto, los Incas eran "responsables ante la Nación de todos los actos de su administración; y no obstante la inmunidad de sus personas durante el ejercicio de sus magistraturas, podrán ser, terminadas sus funciones públicas, acusados y juzgados ante la Alta Corte Nacional."

El Poder Ejecutivo tenía el "cargo esencial de velar por la seguridad del Imperio: en consecuencia, podrá hacer la guerra defensiva en caso de ataque de un enemigo cualquiera; pero no podrá continuarla sin el consentimiento del Concilio Colombiano." En ningún caso podía "declarar la guerra sin estar autorizado por el Concilio, y necesitará también autorización de este cuerpo para llevarla fuera de los límites del territorio imperial."

El Proyecto de Gobierno federal previó que "en casos de extrema gravedad," el Concilio podía decretar "el nombramiento de un *Dictador* (con el mismo poder que se daba en Roma a los dictadores, y el cargo solo durara un año)," para cuyo efecto los Incas debían escoger "la persona que haya de desempeñar este cargo sagrado." El Dictador debía "tener a lo menos 45 años de edad, y será preciso que haya ejercido uno de los grandes cargos del Imperio."

En cuanto a la administración del Poder Ejecutivo, los Incas debían nombrar "dos ciudadanos para ejercer el cargo de *Cuestores* o administradores del Tesoro Público; dos para el cargo de *Ediles,* que se ocuparan principalmente en la construcción y reparo de los caminos del Imperio, etc.; y seis ciudadanos que, con el título de *Censores*, harán levantar el censo del Imperio, vigilaran la instrucción pública y cuidaran de la conservación de las buenas costumbres. La edad de los Censores debía ser más de 45 años, y la de los Ediles y Cuestores más de 40 años. La duración de sus cargos debía ser de solo cinco años, "haciéndose en seguida nuevos nombramientos."

En cada Provincias, también debía haber "varios Cuestores, con la sola atribución de percibir las rentas públicas, pagar los ejércitos, etc.; "todo de conformidad con las leyes y reglamentos del Imperio." Igualmente, en cada Provincia debía haber Ediles, "quienes, como los de la capital, cuidaran del buen estado de las ciudades, edificios públicos, templos, acueductos, cloacas, y mercados públicos, pesos y medidas, etc. Ejercerán la censura de las obras dramáticas, y tendrán bajo su dirección los juegos y fiestas públicos."

En proyecto agregó que "los Censores tendrán también subdelegados en las Provincias, con encargo de hacer el censo según la forma adoptada para el de la capital: censo que se pasara puntualmente al Gobierno cada cinco años, para tener así el estado exacto de la población de todo el Imperio. Los censores, además, debían examinar "si los ciudadanos cultivan bien sus tierras, si viven largo tiempo sin casarse, si se han comportado con valor en la guerra, etc."

El Poder Judicial del Imperio Americano, se componía "de los jueces que presidan los diferentes tribunales de las Provincias," y debía ser elegidos "en comicios provinciales, en el numero que considere conveniente el Poder Ejecutivo, de acuerdo con las Asambleas Provinciales." Sin embargo, se [previó que el Inca debía dar o negar "su aprobación a la elección de jueces efectuada por los Comicios: en caso de negarla, lo participara al Concilio, y si este confirma la negativa, llamará a nuevos comicios; pero en caso contrario el juez queda legítimamente nombrado y se le dará posesión de su destino."

Los jueces tenían "las cualidades de ciudadanos activos y no podrán ser menores de 40 años." Eran "inamovibles y vitalicios, salvo el caso de prevaricación." Si esto último sucediere, se los debía acusar "ante el Concilio, que debía examinar los cargos: "Si los encontrare insuficientes, rechazará la acusación; si la declarare con lugar, la pasará a la Alta Corte Nacional (único tribunal competente para juzgar a los Incas)."

La constitución de los tribunales y los juicios por jurados, "serán enteramente conformes a lo estatuido en Inglaterra y en los

Estados Unidos de América. Se nombrará primero un jurado especial, hasta que la masa de los ciudadanos se encuentre más o menos acostumbrada a la libertad; jurado que conocerá solamente de los asuntos civiles o criminales."

Los agentes del Poder Judicial quedaban excluidos "de toda función civil o militar, que no son menos necesarios que útiles en el ejercicio de sus funciones. Por tanto, todo notario público, procurador o abogado, será excluido del servicio militar y de cualquiera función civil."

El Poder Ejecutivo era el que debía nombrar "la Alta Corte Nacional, que se compondrá de un presidente y de dos jueces, elegidos entre los jueces nacionales. Esta Corte conocerá de los negocios relativos al Derecho de Gentes, a los tratados con las potencias extranjeras, y juzgará por último a todos los magistrados y demás personas acusadas de prevaricación o de cualquier otro crimen de Estado."

El Proyecto de Constitución del Gobierno federal, siguiendo las mismas ideas expresadas antes por Miranda, dispuso que "la religión católica, apostólica, romana será religión nacional," agregando que "la jerarquía del clero americano la determinara un Concilio Provincial que se convocara al efecto."[250]

En cuanto a los ministros del Evangelio se declaró que los mismos "no podrán ser molestados de ninguna manera en el ejercicio de sus funciones, y a este efecto se les excluirá de toda función civil o militar."[251]

Sobre los principios del gobierno civil: seguridad, libertad, igualdad

A la base de la formulación de sus propuestas sobre organización del Estado en los proyectos de Constitución para la América Hispana, Miranda tenía una clara concepción de las bases del gobierno civil que debía instaurarse, basado en los principios de liber-

---

250   Véase en Francisco de Miranda, *América espera, op. cit.*, pp. 288-291.
251   Véase en Francisco de Miranda, *América espera, op. cit.*, pp. 288-291.

tad, justicia, seguridad e igualdad; conforme al cual se debía "consolidar un gobierno de leyes que sea protector de la propiedad y libertad personal, base de toda felicidad civil, y en que la utilidad general de todos se encuentra precisamente reunida."[252]

Así, en la Proclama que escribió en 1801, al referirse a los derechos que "tres siglos de opresión" habían enseñado a los americanos, indicó que esos eran:

"La seguridad personal, la libertad, la propiedad, tan esenciales al hombre que vive en sociedad; más que libertad, ¿qué seguridad podemos tener nosotros, en nuestras personas ni en nuestros bienes cuando el déspota se dice dueño de vidas y haciendas, y cuando sus satélites nos privan de una y otras el día que les da la gana? cuando la menor instrucción, la palabra más indiferente, una queja vaga en la boca de uno de nosotros, es crimen de Estado que nos conduce irremediablemente a la tortura, a un presidio, ó a la muerte?"[253]

En cuanto a la libertad e igualdad, en la misma Proclama expresó:

"Un gobierno libre mira todos los hombres con igualdad, cuando las leyes gobiernan las solas distinciones son el mérito y la virtud. ...Unámonos por nuestra libertad, por nuestra independencia. Que desaparezcan de entre nosotros las odiosas distinciones de chaperones, criollos, mulatos, &. Estas solo pueden servir a la tiranía, cuyo objeto es dividir los intereses de los esclavos para dominarlos unos por otros. Un gobierno libre mira todos los hombres con igualdad, cuando las leyes gobiernan las solas distinciones son el mérito y la virtud. Pues que todos somos hijos de un mismo padre: pues que todos tenemos la misma lengua, las mismas costumbres y sobre todo la misma religión; pues que todos estamos injuriados del mismo modo, unámonos todos en la grande obra de nuestra común libertad. Establezcamos sobre las ruinas de un gobierno injusto y destructor un gobierno sabio y criador: sobre la tiranía la libertad, sobre el despotismo la igualdad de derechos, el orden, y las buenas leyes."[254]

---

252 Véase Comunicación a Caro, en 1798, en Francisco de Miranda, *América espera, op. cit.*, pp. 223.

253 Véase Proclama, 1801, en Francisco de Miranda, *América espera, op. cit.*, pp. 262.

254 Véase en Francisco de Miranda, *América espera, op. cit.*, p. 262.

Sobre el tema de la igualdad, incluso en particular sobre los derechos políticos de las mujeres, en carta a Pétion quien fue alcalde de París y miembro de la Convención, escrita el 26 de octubre de 1792, le recomendaba *"una cosa,* sabio legislador: las *mujeres,"* preguntándole:

> ¿Por qué dentro de un gobierno democrático la mitad de los individuos, las mujeres, no están directa o indirectamente representadas, mientras que si están sujetas a la misma severidad de las leyes que los hombres hacen a su gusto? ¿Por qué al menos no se las consulta acerca de las leyes que conciernen a ellas más particularmente como son las relacionadas con matrimonio, divorcio, educación de las niñas, etc.? Le confieso que todas estas cosas me parecen usurpaciones inauditas y muy dignas de consideración por parte de nuestros sabios legisladores... Si tuviera a la mano mis papeles, encontrara unos cuantos planteamientos que hice sobre el particular al conversar con algunos legisladores, de América y Europa, los cuales jamás me han dado razón satisfactoria alguna, conformándose con reconocer tal injusticia los más de ellos, etc."[255]

Sobre el tema de la igualdad, en 1801, en su Manifiesto dirigido "a los pueblos del Continente Colombiano (alias Hispano-América),"[256] formuló el principio en forma general para todos los hombres, proponiendo la abolición de hecho del "tributo personal cargado sobre los indios, y gentes de color, siendo odioso, injusto y opresivo," y proclamando que dichas personas gozaban "desde este instante de todos los derechos y privilegios correspondientes a los demás ciudadanos (Artículo 3)," lo que en definitiva era un decreto de abolición de la esclavitud para la América Hispana. Sobre ello volvió a expresar en el Proyecto de Gobierno Provisorio de 1801, la abolición abolidas *ipso facto,* de "todo impuesto o gravamen personal para los indios o para los demás ciudadanos."[257]

---

255 Véase en Francisco de Miranda, *América espera, op. cit.*, pp. 124.

256 Véase en Francisco de Miranda, *América Espera* [Ed. J.L. Salcedo Bastardo], *cit.*, p. 271.

257 Véase Proclama, 1801, en Francisco de Miranda, *América espera, op. cit.*, pp. 123.

En agosto de 1810, poco antes de su partida hacia América expresaba su criterio sobre la libertad en carta a Rodríguez Peña que la misma "no es otra cosa que la justicia sabiamente administrada; y donde se cometen atroces crímenes impunemente, la verdadera libertad no puede tener asiento." [258] Y por ello, igualmente en 1810, en el periódico *El Colombiano*, que publicó en Londres, expresaba que:

> "Cuando la sangre empieza a correr, cuando se empieza a violar la propiedad de los individuos, cuando empiezan las prisiones ilegales, la libertad está perdida y el partido del despotismo empieza a tomar fuerza. Nada es más importante en la causa de la libertad, que la seguridad de todos los individuos de la sociedad, y de sus propiedades. Si esta seguridad se establece y se mantiene, si se demuestra que cualquiera que sea la forma y la mutación que se haga en el gobierno la seguridad de personas y propiedades no corre ningún riesgo, todos los obstáculos que se oponen al establecimiento de la libertad están casi vencidos. [259]

Por tanto, como el mismo Miranda lo precisó en carta que dirigió a Lanjuinais, miembro del Senado Conservador de Francia, en 1801, cuando hablaba de libertad:

> "no me estoy refiriendo a la que Robespierre, Sieyés y Fouché quisieron establecer, sino más bien a la que *Montesquieu* y *Locke* definieron con mucha claridad. Cuando hablo de *Justicia*, no estoy aludiendo a la que Danton y Merlin nos han venido impartiendo en Francia, sino a la que Malesherbes, Usted, y L'Hospital se hubieran sacrificado generosamente." [260]

Sobre la Libertad religiosa

Miranda, de formación cristiana, fue sin embargo un convencido de la libertad religiosa y, por tanto, de que nadie debía ser perse-

---

258 Véase Proclama, 1801, en Francisco de Miranda, *América espera, op. cit.*, p. 446.
259 Véase Proclama, 1801, en Francisco de Miranda, *América espera, op. cit.*, p. 433.
260 Véase Proclama, 1801, en Francisco de Miranda, *América espera, op. cit.*, p. 433.

guido por sus creencias religiosas. Así debió haber sido producto de su formación en la Universidad de Caracas donde, dijo en su Testamento de 1805, "sabios principios de literatura y de moral cristiana" habían alimentado su juventud, "con cuyos sólidos fundamentos he podido superar felizmente los graves peligros y dificultades de los presentes tiempos."[261]

Por ello, en España, su determinación de aprender otras lenguas (francés, inglés, italiano) y de leer incesantemente, comenzando con ello a armar su biblioteca, con toda libertad, atrajo las miradas de la envidia y de la Inquisición, que lo persiguió y en definitiva lo obligó para preservar su libertad, a desertar del Ejército español en 1783.

A partir de allí expresaría una y otra vez su convencimiento sobre la libertad religiosa, lo que incluso lo llevó en 1784, en Boston, en reunión con el general Samuel Adams, "famoso republicano, agente principal en la pasada revolución," a formularle dos objeciones acerca de la "Constitución de esta república," respecto de las cuales, escribió en su Diario, "manifestó su acuerdo conmigo, después que meditó bien los puntos." Una de ellas, fue "la contradicción que observaba entre admitir como uno de los derechos de la humanidad, el tributar culto al Ser Supremo del modo y forma que le parezca, sin dar predominancia a ley o secta alguna, y que después se excluya de todo cargo legislativo o representativo al que no jurase ser de religión cristiana. Graves solecismos, sin duda."[262]

Uno de los temas sobre los cuales le inquirieron durante su estadía en Rusia, fue el de la Inquisición española, lo que explica porqué en su carta que le envió a la Emperatriz Catalina, al llegar a Londres después del periplo europeo, el 20 de julio de 1789, le expresara su admiración sobre "Cuán afortunados son quienes, bajo el gobierno de un Soberano esclarecido, sabio y filósofo, pueden a

---

261 Véase en Francisco de Miranda, *América espera, op. cit.*, p. 329.
262 Véase en Francisco de Miranda, *América espera, op. cit.*, p. 63.

cubierto del Fanatismo y de la Inquisición, transitar días felices en el cultivo de las Letras y el ejercicio de la virtud!"[263]

Poco tempo después, iniciadas sus conversaciones con el Primer Ministro Pitt en Londres, en la Nota de 5 de marzo de 1790 que escribió sobre la reunión que tuvieron en su casa de Hollwood el 14 de febrero de 1790, sobre la situación de la América española que decía Miranda, "desea que la Inglaterra le ayude a sacudir la opresión infame en que la España la tiene constituida," se refirió a la situación de los americanos a quienes decía, el régimen los tenía "aprisionados sin causa ni motivo alguno, y lo que es más aun, oprimir también en entendimiento, con el infame tribunal de la Inquisición, que prohíbe cuantos libros o publicación útil parezca, capaz de ilustrar el entendimiento humano, que así procuran degradar, haciéndole supersticioso, humilde y despreciable, por crasa ignorancia."[264]

Esa misma aversión a la Inquisición se la explicó al joven Bernardo O'Higgins, cuando partió de Londres hacia Chile, en una especie de 'breviario" con consejos que le escribió en 1799, en e cual, entre otros consejos memorables le indicó:

"Volviendo al punto de vuestros futuros confidentes, desconfiad de todo hombre que haya pasado de la edad de 40 años, a menos que os conste el que sea amigo de la lectura y particularmente de aquellos libros que hayan sido prohibidos por la Inquisición. En los otros, las preocupaciones están demasiado arraigadas para que pueda haber esperanza de que cambien y para que el remedio no sea peligroso."

Y terminaba sus consejos diciéndole: "Leed este papel todos los días durante vuestra navegación y destruidlo en seguida. No olvidéis ni la Inquisición, ni sus espías, ni sus sotanas, ni sus suplicios."[265]

Todas estas ideas sobre la libertad religiosa las fue plasmando posteriormente en todos sus proyectos constitucionales:

---

263 Véase en Francisco de Miranda, *América espera, op. cit.*, p. 99.
264 Véase en Francisco de Miranda, *América espera, op. cit.*, p. 104.
265 Véase en Francisco de Miranda, *América espera, op. cit.*, p. 242.

Primero, en el texto de su Manifiesto de 1801 dirigido "A los pueblos del Continente Colombiano (alias Hispano-América)," en cuyo artículo segundo final declaraba conforme al principio de a tolerancia, que si bien la Religión Católica, Apostólica, Romana, sería "imperturbablemente la religión nacional," sin embargo, "la tolerancia se extenderá sobre todos los otros cultos; y por consiguiente el establecimiento de la inquisición, haciéndose inútil por el mismo hecho, quedara abolido."[266]

Segundo, en el Proyecto de Gobierno Provisorio de 1801 que debía funcionar mientras se establecía el Gobierno Federal en todo el Continente americano, reiteró el mismo postulado de que "la tolerancia religiosa es un principio de derecho natural, se la permitirá en lo general," sin perjuicio de indicar que "el pueblo colombiano reconoce siempre la religión católica, apostólica, romana, como su religión nacional." Por ello, en el mismo proyecto de gobierno Provisorio se dispuso que quedaban abolidas ipso facto, "todas las leyes referentes al odioso Tribunal de la Inquisición."[267]

Y tercero, los mismos principios los plasmó en el Proyecto de Gobierno federal de 1801, reiterando que "dado que la Constitución admite una perfecta tolerancia, ningún ciudadano será molestado por sus ideas religiosas."[268]

Por último, sobre la tolerancia, los aliados de Miranda (Campomares y Antequera),sin duda usando los escritos de sus amigos James Mill y Jeremías Bentham que estaban en su Archivo, y usando la pluma de William Burke, escribirían en la *Gaceta de Caracas* en 1811 mientras se discutía la Constitución Federal de ese año.[269]

---

266 Véase en Francisco de Miranda, *América Espera* [Ed. J.L. Salcedo Bastardo], *cit.*, pp. 271.
267 Véase en Francisco de Miranda, *América espera, op. cit.*, pp. 286.
268 Véase en Francisco de Miranda, *América espera, op. cit.*, pp. 288-291.
269 Véase el texto del artículo de William Burke sobre la tolerancia en la *Gaceta de Caracas* N° 20, de 19 de febrero de 1811 y en Pedro Grases (Ed.), *Pensamiento Político de la Emancipación Venezolana*, Biblioteca Ayacucho, Caracas 1988, pp. 90-95.

VI
LA GRAN Y BIZARRA AVENTURA LIBERTARIA DE MIRANDA: LA INVASIÓN DE LA PROVINCIA DE VENEZUELA DESDE NUEVA YORK EN 1806 CON UN PUÑADO DE MERCENARIOS

Francisco de Miranda, ante el fracaso en haber podido obtener el apoyo efectivo del gobierno británico en sus proyectos de liberación de las provincias españolas en América del colonialismo de la Corona española, desde 1801 había venido concibiendo la idea de efectuar una operación militar para lograr la emancipación del Continente Americano. Así lo escribió en varios planes militares que presentó a sus amigos en el gobierno británico, así como en la correspondencia que cruzó con sus agentes en diversas ciudades americanas, en particular en Puerto España, Trinidad.[270] Incluso, así se lo explicó a su amigo Rafus King, el antiguo ministro embajador de Estados Unidos en Londres, en Nueva York, con carta de 3 de febrero de 1804, en la cual le anunciaba que en breve tiempo saldría con destino a la Trinidad:

> "en un barco armado transportando simultáneamente armas, municiones, ropa y todo cuanto sea necesario para comenzar con nuestro propio esfuerzo, pues este país [Inglaterra] se reserva para auxiliarnos más adelante."[271]

---

270 Véase en Francisco de Miranda, *América Espera,* [Ed. J.L. Salcedo Bastardo], *cit.,* pp. 295-304.
271 Véase en Francisco de Miranda, *América Espera,* [Ed. J.L. Salcedo Bastardo], *cit.,* p. 305.

Miranda había estado gestionando el apoyo de Inglaterra, contando que en algún momento declararía la guerra a España, lo que no ocurrió, todo lo cual condujo a que insistiera en que se lo autorizara a salir del Reino Unido hacia Trinidad, para lo cual incluso pidió pedido oficialmente permiso al Primer Ministro Pitt en cartas del 29 de septiembre de 1804 y 13 de junio de 1805, y además a través de Sir Evan Nepan en cartas de 5 de febrero de 1805 y de 9 de julio de 1805,[272] sin haber logrado el apoyo requerido.

Sin embargo, el 5 de agosto ya dejaba constancia en su *Diario*, después de quejarse que Pitt había "estado negociando con mi persona por largo tiempo" quebrantando sus promesas, de lo que su amigo Nepan le expresó, en el sentido de que:

> "hemos convenido en que yo de aviso a las Escuadras Inglesas que se hallen por aquellos parajes, y que envíe agentes con poderes aquí: que mantengamos correspondencia secreta y que vaya persuadido en que el gobierno íntimamente me desea el mayor suceso en esta empresa, y no dejara de sostenernos con todo su poder y esfuerzos, después de comenzado el asunto. Esta es la opinión también de mi amigo Vansittart: que me asegura vaya íntimamente persuadido, que mas esperanzas tienen los ministros puestas a este punto, en la Empresa que yo voy a ejecutar en la América-meridional, que en toda la coalición continental de Europa etc."[273]

Resuelto a partir, otorgó su testamento el 1 de agosto de 1805,[274] y entonces con el apoyo tácito de altos funcionarios del propio gobierno británico, y el financiamiento de su amigo John Turnbull, de la casa Turnbull & Forbes de Londres,[275] decidió em-

---

272   Véase en Francisco de Miranda, *América Espera*, [Ed. J.L. Salcedo Bastardo], *cit.*, pp. 310 y 325.

273   Véase en Francisco de Miranda, *América Espera*, [Ed. J.L. Salcedo Bastardo], *cit.*, p. 327.

274   Véase en Francisco de Miranda, *América Espera*, [Ed. J.L. Salcedo Bastardo], *cit.*, pp. 328-329.

275   Thomas Paine, sin embargo, en carta escrita "a un señor en Nueva York," sobre lo que sabía del General Francisco de Miranda con fecha 20 de marzo de 1806, estimó que no era difícil deducir que parte del financiamiento que tenía Miranda para armar la expedición en Nueva York se lo había suministrado el ministro Pitt, lo que dedujo de conversaciones que sostuvo

prender la acción en solitario no partiendo hacia Curazao como había anunciado, sino hacia los Estados Unidos, desde donde había fijado su idea de emprender la expedición para la liberación de las provincias de Venezuela. Allí pensaba encontrar apoyo dada su correspondencia múltiple con Alexander Hamilton[276] y el general Henry Knox,[277] quienes habían siempre visto con simpatía su empresa.

La narración de dicha aventura invasora, aparte de lo que escribió Miranda mismo, se hizo en tres libros de la época en los cuales se encuentra una relación detallada de la expedición, resumiendo todo lo ocurrido.

El primero, bajo la pluma de William Burke, en un texto que sin duda fue escrito por el propio Miranda, que se publicó en el libro:

Additional Reasons for our Immediately Emancipating Spanish America: deducted from the New and Extraordinary Circumstances of the Present Crisis: and containing valuable information respecting the Important Events, both at Buenos Ayres and Caraccas: as well as with respect to the Present Disposition and Views of the Spanish Americans: being intended to Supplement to "South American Inde-

---

con Miranda en Paris en 1793 en relación con el caso *Nootka Sound*. Véase en Moncure Daniel Conway, *The Life Of Thomas Paine, With A History Of His Literary, Political And Religious Career In America France, And England,* disponible en http://thomaspaine.org/aboutpaine/life-of-thomas-paine-vol-ii-by-moncure-conway.html.

276   A Hamilton, por ejemplo, en carta de 4 de noviembre de 1792, desde Paris, le recordaba los éxitos en Francia mostraban "como las cosas han madurado para la ejecución de esos grandes y beneficiosos proyectos que contemplábamos cuando en nuestras conversaciones en Nueva York el amor a nuestra patria exaltaba nuestras mentes con esas ideas, para el bien de la desafortunada Colombia." Véase en Véase en Francisco de Miranda, *América Espera,* [Ed. J.L. Salcedo Bastardo], *cit.,* pp. 124.

277   A Knox, en carta del 4 de noviembre de 1792, también le decía: "cómo van madurando las cosas y se acerca el tiempo en que nuestra querida patria la América llegara a ser esa gloriosa parte del globo que la naturaleza quiso que fuese! y que los proyectos que nuestro patriotismo sugirió a nuestras mentes en nuestros **simposia** en Boston, no están lejos de ser realizados." Véase en Francisco de Miranda, *América Espera,* [Ed. J.L. Salcedo Bastardo], *cit.,* pp. 125.

pendence," escrito por William Burke, como se decía en la portada, "autor del libro South American Independence," F. Ridgway, London 1807.

El manuscrito del texto lo llevó a Londres desde Barbados el Conde de Buvray en 1807, para preparar el regreso de Miranda a Inglaterra, después del fracaso de la expedición.

El segundo, bajo la pluma de James Biggs, uno de los oficiales norteamericanos que sobrevivieron de la misma, fue el libro con el título:

> James Biggs, *The History of Don Francisco de Miranda's Attempt to Effect a Revolution in South America, in a series of letters, by a Gentelman who was an Officer under that General, to his friends in the United States,* publicado por Oliver and Munboy, Boston en 1808.

Y el tercero, fue el libro, también publicado en la época, que indirectamente tocó la extraordinaria y bizarra expedición de Miranda, que apareció meses después de la misma, incluso antes de que Miranda regresara a Londres, y que contiene las actas del juicio que se siguió en Nueva York contra quienes asistieron y ayudaron a Miranda en la expedición. El libro llevó por título:

> *The Trials of William Smith and Samuel G. Ogden for Misdemeanors, had in the Circuit Court of the United States for the New York District, July 1806, with a Preliminary Account of the Proceedings of the same Court against Messes. Smith & Ogden, in the proceeding April Term,* Thomas Lloyd and Stephen Raper (ed), R. Riley and Co, New York, 1807.

En los Estados Unidos, en efecto, apenas zarpó Miranda en el *Leander* se había acusado a William Smith and Samuel G. Ogden, ciudadanos americanos, de haber violado las leyes federales norteamericanas al haber organizado y armado una expedición militar contra un país amigo, que en ese momento era España; proceso de lo cual al final salieron absueltos. El proceso, además, fue muy publicitado, pues con motivo de las campañas políticas electorales en los Estados Unidos, los acusados y sus amigos procuraron hacer del juicio una cuestión política gubernamental, tratando de que se juzgara a la Administración, pues se acusaba al presidente Thomas Jefferson y al Secretario de Estado James Madison, de haberle dado apoyo una expedición armada en territorio americano contra una nación amiga, lo que constituía delito.

Otra publicación que dio cuenta de la expedición fue el trabajo editado unas décadas después que con el título "General Miranda's Expedition," que apareció publicado en el *Atlantic Monthly*, una Revista de Literatura, Arte y Política, que había sido fundada en Boston en 1856, en su Vol. 5, Nº 31, Boston May 1860.[278]

Todas estas fuentes indican que Miranda llegó al puerto de Nueva York en noviembre de 1805 bajo el nombre de George Martin, donde sin embargo fue recibido como el General Francisco de Miranda, habiendo contactado a los amigos que había hecho veinte años atrás (1884), y entre ellos, a Rafus King, líder del partido federalista a quien había conocido en Londres a comienzos del siglo; y al coronel William Stephens Smith, quien había sido secretario de la Legación norteamericana en Londres, donde lo conoció, y lo acompañó en parte en su viaje por Europa en 1785, y a quien seguramente había visto años antes en Filadelfia cuando era ayudante de campo de George Washington.

Para cuando Miranda llegó a Nueva York, ya su amigo Alexander Hamilton había fallecido en el duelo que sostuvo el año anterior con Aaron Burr (1804); de manera que quienes lo asistieron fueron King y Smith, siendo éste último, para el momento, además, la primera autoridad o Supervisor del Puerto de Nueva York. Este tenía importantes conexiones en el mundo político, las cuales que eran necesarias, derivadas de que estaba casado con una hija de John Adams (1797–1801), quien había sido el segundo presidente de los Estados Unidos, de quién había sido edecán, siendo entonces cuñado de John Quincy Adams (1825– 829), quien luego también sería presidente de los Estados Unidos.

Luego de ser recibido por destacadas personalidades de Nueva York, Miranda viajó a Washington bajo el nombre de Molini, donde

---

278 Véase en http://www.fulltextarchive.com/page/Atlantic-Monthly-Vol-5-No-31-May-1860/ Véase el mismo texto también en: http://www.dominiopublico.gov.br/download/texto/gu009472.pdf.

llegó el 6 de diciembre; y allí también fue recibido por lo mejor de la sociedad y del mundo político, igualmente como el General Miranda, habiendo tenido entrevistas privadas con el presidente Jefferson y el Secretario de Estado, Madison. De ellas Miranda dejó constancia en el *Diario* que llevó de ese viaje,[279] en las cuales discutió sus planes para la liberación de las Provincias de Venezuela que ya dichos altos funcionarios conocían.

Todo ello incluso fue divulgado antes que se iniciara el juicio contra Smith y Ogden en un *Memorial* que en su defensa presentaron en forma pública ante el Congreso, denunciando la persecución de la que consideraron eran objeto por parte de las autoridades en Washington. Como evidencia del conocimiento que Jefferson tenía de los planes de Miranda, explicaron que Miranda había traído consigo desde Londres una carta para Rafus King, que tenía la explicación completa de su proyecto, la cual fue enviada de inmediato a Washington, al Secretario de Estado Madison, y entregada al presidente, antes del propio viaje de Miranda.

No es de extrañar, entonces, que tanto Madison como Jefferson recibieran de inmediato a Miranda, aun cuando brevemente, el día siguiente a su llegada, el 7 de diciembre. En la entrevista con Madison Miranda planteó la necesidad de una "conferencia bajo una recíproca confianza, y el más inviolable secreto," lo que ocurrió el 11 de diciembre, luego de que Madison asegurase a Miranda "que tenía orden del presidente para recibir su comunicación con el sigilo y reserva necesaria." Miranda expuso su plan para la liberación del Continente Hispano-Americano, solicitando "el consentimiento tácito del gobierno" o a lo menos que se hiciese "la vista gorda" ("*to Wink at it*," como lo escribió el propio Miranda). La respuesta de Madison en definitiva fue que los individuos del país "podían muy bien ayudar en el asunto, pues el gobierno este conforme al

---

[279] Véase en Francisco de Miranda, *América Espera*, [Ed. J.L. Salcedo Bastardo], *cit.*, pp. 330-337.

Derecho de Gentes, no respondía de los hechos o empresas de particulares."[280]

En otra entrevista que sostuvieron el 13 de diciembre, Madison le ratificó a Miranda que el gobierno "estaba con la mejor voluntad" hacia su empresa y causa, expresando que "no sabía cómo podía ayudar" en ese momento "sin faltar a la buena fe, y a la amistad que aun subsistía con las naciones con quienes estaban en paz" aludiendo sin duda a España. Insistió Madison en que la empresa era más para que la apoyaran particulares que para el gobierno comprometerse, ya que "las Leyes absolutamente no prohibían y mayormente en un asunto honroso y útil."

En la conversación, por otra parte, Miranda le planteó a Madison la solicitud del Coronel Smith de obtener del gobierno una Licencia para sumarse a la expedición, lo que el Secretario consideró "impracticable," siendo más fácil que él asumiera el riesgo. Miranda concluyó su relato sobre la conversación en su Diario, considerando que le "parecía evidente" que en el Gobierno "deseaban el que la empresa tuviese buen éxito," y nada más.[281]

Sobre sus reuniones en Washington, Miranda escribió al Ministro británico Vansittat el 4 de enero de 1806, que en las mismas encontró a su interlocutor "muy bien intencionado y me concedió una tácita y completa comprensión;"[282] y a la vez en la misma fecha escribió a Turnbull, informándole que "hemos logrado acá que el Gobierno nos conceda su tácito consentimiento, tras una recepción gentil y no común, para que el armamento estuviera preparado en muy poco tiempo."[283] Luego, en carta dirigida a Madison de 22 de enero de 1806, "a punto de abandonar los Estados Unidos" le

---

280 Véase en Francisco de Miranda, *América Espera,* [Ed. J.L. Salcedo Bastardo], *cit.,* p. 334.
281 Véase en Francisco de Miranda, *América Espera,* [Ed. J.L. Salcedo Bastardo], *cit.,* pp. 333 y 334.
282 Véase en Francisco de Miranda, *América Espera,* [Ed. J.L. Salcedo Bastardo], *cit.,* pp. 338.
283 Véase en Francisco de Miranda, *América Espera,* [Ed. J.L. Salcedo Bastardo], *cit.,* p. 339.

expresó que "las cosas importantes que tuve el honor de comunicarle entonces, quedarán, no lo dudo, en el más profundos secreto hasta el resultado final de este delicado asunto." [284] Y en la carta que remitió para el presidente Jefferson, en forma críptica le recordó:

> "Si por casualidad el feliz vaticinio que Vm. pronunció sobre la suerte futura de nuestra querida Colombia debe cumplirse en nuestros días, quiera la providencia que ello sea bajo vuestros auspicios y por los generosos esfuerzos de sus propios hijos." [285]

Miranda, por tanto, regresó a Nueva York en enero de 1806 confiado en el apoyo silencioso que entendió le había dado el Gobierno norteamericano. Ello mismo fue lo que alegaron Smith y Ogden en su Memoria pública enviada al Congreso, citando incluso las cartas que Miranda había enviado tanto al presidente como a su Secretario de Estado, que éste les había dado a leer antes de despacharlas, informándoles que se había conformado en toda forma a las intenciones del Gobierno, exigiéndoles que guardasen el secreto. Los demandados se basaron en las explicaciones y cartas de Miranda, y en el hecho de que el *Leander* no fuera retenido, para fundamentar su caso pidiendo la intervención del Congreso.[286]

El *Leander*, en efecto, propiedad de Samuel Ogden, quien fue presentado a Miranda por Smith, era una corbeta de guerra de alrededor de 200 toneladas de desplazamiento. Fue la que adquirió Miranda, pagando parcialmente el valor, y fue que utilizó para su expedición. La misma, que estaba anclada en el puerto de Nueva York, fue armada a plena luz del día, con 18 cañones montados, 40 piezas de campaña, 1.500 fusiles y otras tantas lanzas, y municiones abundantes. Además, lo más extraordinario, entre el "armamento"

---

284   Véase en Francisco de Miranda, *América Espera,* [Ed. J.L. Salcedo Bastardo], *cit.,* p. 341.

285   Véase en Francisco de Miranda, *América Espera,* [Ed. J.L. Salcedo Bastardo], *cit.,* p. 341.

286   Véase "General Miranda's Expedition," *Atlantic Monthly,* u Vol. 5, N° 31, Boston May 1860, p. 591. Véase en http://www.fulltextarchive.com/page/Atlantic-Monthly-Vol-5-No-31-May-1860/ Véase el mismo texto también en: http://www.dominiopublico.gov.br/download/texto/gu009472.pdf.

embarcado estaba una imprenta que adquirió Miranda en el puerto, a los efectos de ir imprimiendo, a bordo, las proclamas y documentos en defensa de lo que se pretendía con la expedición.

La *Leander* zarpó de Nueva York el 2 de febrero de 1806, como se dijo, sin objeción alguna de parte de las autoridades del puerto, con una tripulación formada por cerca de doscientos hombres, casi todos americanos, ingleses, irlandeses y franceses que habían sido reclutados en el puerto. Entre ellos había hombres con experiencia militar y otros no, pero a quienes se daría entrenamiento a bordo, teniendo todos como común denominador, el espíritu aventurero. La corbeta ancló en Staten Island donde se notificó al Oficial Naval sobre las armas que estaban a bordo, siendo en todo caso autorizado su zarpe hacia Jacquemel por no existir ley alguna que lo impidiera.

En el puerto de Nueva York, sin embargo, quedó el rumor de que la expedición era para atacar posesiones españolas en el Caribe, sobre lo cual, días después, el 21 de febrero, tres días después de que el *Leander* ancló en Jacquemel, aparecerían noticias en la prensa de la ciudad, dando cuenta sobre la queja formal que el Embajador español Marqués de Yrujo, apoyado por el Embajador francés, había hecho ante el Gobierno. Sobre ello, el mismo Miranda en carta al ministro británico Castlereagh dos años después, en 10 de enero de 1808, le expresara sobre el fracaso de la expedición, que ello se debió, entre otros factores, "a la mala fe de los agentes del Gobierno de los Estados Unidos, quienes revelaron el secreto a nuestros enemigos"[287] es decir, a los españoles.

En todo caso, la protesta pública del Embajador español, originó entre otras, la publicación en el *Philadelphia Gazette* de una serie de preguntas formuladas directamente al Secretario de Estado Madison en las cuales indirectamente se acusaba al gobierno de haber alentado la preparación de la expedición o de estar en connivencia con la misma.

---

287 Véase en Francisco de Miranda, *América Espera,* [Ed. J.L. Salcedo Bastardo], *cit.,* p .366.

La presión sobre el gobierno originó que las autoridades de Washington ordenaran la detención de Ogden y del Coronel Smith en aplicación de la Ley de 1794 que prohibía armar expediciones, en territorio de los Estados Unidos, contra potencias amigas.

Al poco tiempo Smith fue removido de su cargo de Supervisor del Puerto de Nueva York, habiendo el partido federalista, que estaba en la oposición, encontrado en Miranda y su expedición un inesperado aliado para atacar a Jefferson y a los Demócratas, particularmente desde la *New York Gazettte*, acusando al Gobierno de que sabiendo cuál era el destino del *Leander* y el objetivo de la expedición, sus altos funcionarios no impidieron que zarpara, castigando a Smith ante la opinión pública incluso antes de que fuera sometido a juicio, como por una especie de "tribunal de la inquisición." El Gobierno respondió no saber nada sobre la expedición, acusando a Rufus King, de haberla montado con el apoyo de los ingleses para afectar al Gobierno. Años después, Jefferson, después que dejó la Presidencia luego de ser reelecto, negó la acusación de Yrujo sobre su "injustificable cooperación y connivencia con la expedición de Miranda" aclarándole a Valentin de Fornonda, quien era Cónsul General de España en Filadelfia (1801-1807) durante los acontecimientos y luego fue Ministro Plenipotenciario ante los Estados Unidos en Washington (1807-1809), y aclaró que aun cuando estuvo enterado de la expedición, sin embargo, "no tuvo la más mínima sospecha de que Miranda iba a contratar hombres para la misma, pensando que solo iba a adquirir efectos militares, para lo cual no había ley alguna que lo impidiera." Agregó Jefferson que quizás el secreto con el cual procedió Miranda, fue lo que originó que todo hubiera sido desconocido por el Marqués de Yrujo y por el Cónsul español en Nueva York, "ya que ninguno de ellos le había advertido al gobierno sobre la recluta de hombres, sino hasta cuando ya fue muy tarde para que pudieran tomarse medidas desde Washington para impedir el zarpe."[288]

---

[288] Véase "General Miranda's Expedition," *Atlantic Monthly*, u Vol. 5, N° 31, Boston May 1860, p. 595. Véase en http://www.fulltextarchive.com/pa-

Las autoridades españolas, sin embargo, supieron de inmediato sobre la expedición, habiendo dado parte al Capitán General de Venezuela, Guevara Vasconselos, quien también, de inmediato, comenzó a preparar las provincias ante la anunciada invasión, disponiendo incluso el envío de espías a Jacquemel para enterarse, solicitando además el auxilio del Gobernador Ernouf de la isla francesa de Guadalupe, quien envió a Caracas a un cuerpo de veteranos de doscientos hombres que luego sirvieron de guardia de honor del gobernador.[289]

En Nueva York, por otra parte, antes de que la expedición zarpara de Jacquemel hacia las costas de Venezuela, el día 7 de abril ya el Gran Jurado había recibido la acusación contra Smith, Ogden, Miranda y Thomas Lewis, el capitán del *Leander*, por haber "puesto en marcha y comenzado con fuerza y armas una cierta empresa militar o expedición, a ser llevada desde los Estados Unidos contra los dominios de un príncipe extranjero: en concreto, los dominios del rey de España; estando entonces dicho Rey de España en paz don los Estados Unidos."[290]

Al zarpar de Nueva York, el *Leander* estuvo efectivamente bajo el comando del mencionado capitán norteamericano coronel Thomas Lewis, teniendo como segundo oficial al coronel inglés William Armstrong, El rango de teniente coronel lo tenía William Steuben Smith, hijo de William Stephens Smith, el acusado y destituido Superintendente del Puerto de Nueva York, quien con el consentimiento de su padre se había enlistado en la expedición, y fungió como ayuda de campo del comandante en jefe Miranda. A bor-

---

ge/Atlantic-Monthly-Vol-5-No-31-May-1860/ Véase el mismo texto también en: http://www.dominiopublico.gov.br/download/texto/gu009472.pdf.

289 Véase "General Miranda's Expedition," *Atlantic Monthly*, u Vol. 5, Nº 31, Boston May 1860, p. 591. Véase en http://www.fulltextarchive.com/page/Atlantic-Monthly-Vol-5-No-31-May-1860/ Véase el mismo texto también en: http://www.dominiopublico.gov.br/download/texto/gu009472.pdf.

290 Véase Yanes, *Historia de Venezuela*, según se transcribe en el libro: *Documentos históricos sobre la vida del Generalísimo Miranda*, p. 28.

do también estuvo Thomas Molini, secretario del general Miranda, quien incluso años después viajaría con él a Caracas en 1810.

La tripulación lo único que sabía era que la organización general de la expedición era obra del general Francisco de Miranda, quien era el comandante general de la misma, y de quien casi todos habían oído hablar por sus hazañas, pero nada sabían del destino definitivo de la misma. Sabían los tripulantes que estaba dirigida hacia algunas de las colonias españolas, y que tenía propósitos libertarios, pero sin detalle alguno de la misma. La misión había permanecido en relativo secreto, pero los tripulantes más entendidos habían sido alentados a creer, como lo comentó Briggs en su libro, que el gobierno norteamericano le había dado una implícita aprobación tanto a la expedición como al objetivo final que se perfilaba en un ataque contra España. En la tripulación se entendía que se trataría de una operación para alentar una revolución que se desarrollaría en el país de destino, con poca violencia y sin grandes pérdidas de vidas, donde la población, se decía, estaría consciente de sus sufrimientos y de la necesidad de remover el gobierno que los oprimía.

También se comentaba en la tripulación, que la expedición igualmente recibiría, de ser necesario, la cooperación y apoyo de la Armada real británica, habiendo confianza en la misma, en el comandante en jefe y en su liderazgo. La tripulación estuvo maravillada de Miranda, del conocimiento que tenía sobre la historia reciente en el mundo, en muchos de cuyos acontecimientos había participado, y que compartió con los hombres.

Diez días después de haber zarpado, el *Leander* tuvo su primer encuentro con un barco de la Armada Real británica, el *Cleopatra*, de 40 cañones, el cual al mando del capitán John Wight lo interceptó cerca de las Bermudas, quedando detenido. De la tripulación del *Leander*, el cual oficialmente era en ese momento un barco de bandera norteamericana con destino a la isla de Santo Domingo, diecinueve irlandeses fueron detenidos por el capitán Wight, a pesar de que tendían protección americana, y en cambio, fueron abordados en el *Leander* doce americanos, tripulantes de barcos norteamericanos que habían sido capturados por el Cleopatra. La negociación del capitán Lewis con el capitán Wight fue insuficiente para justificar la travesía, y sólo fue con la participación directa de Miranda en el buque *Cleopatra*, que el *Leander* pudo continuar la navegación.

Briggs, en su relato, consideró que Miranda debió haber explicado con más detalles del objeto de la expedición al Capitán Wight, y debió haberle mostrado credenciales del gobierno británico autorizando o protegiendo en alguna forma la expedición, todo lo cual había dado seguridades adicionales a la tripulación. A partir de entonces, Miranda comenzó a hablar más abiertamente de la expedición con los hombres, habiendo obtenido incluso del capitán Wight un certificado para evitar futuras detenciones y abordajes por parte de otros barcos británicos.

Un segundo incidente ocurrió a los pocos días, el 15 de febrero, en el estrecho que separa las islas de Puerto Rico y de Santo Domingo donde desde el *Leander* se avistó un bergantín y una goleta. Hubo intercambio de disparos, y fue esta vez el *Leander* el que interceptó a la goleta, obligando al capitán a presentar sus papeles abordo. Resultó ser un barco español cargado de madera en tránsito desde Saint Martin para la isla de Saint Bartholomew, por lo cual fue dejado continuar con su navegación. Briggs, en su relato, sin embargo, anotó que en esa ocasión se habían dado instrucciones precisas a los tripulantes del *Leander* de no hablar inglés, pidiendo que en la cubierta sólo estuviesen los que hablaban francés. Por tanto, cuando el capitán del bergantín español subió a bordo, y se encontró entre franceses, lo que hizo fue exclamar vivas al Emperador, a pesar de que en realidad estaba rodeado de ingleses y americanos.

En todo caso, como Briggs lo narró, no había explicación entre la tripulación respecto del derecho que el *Leander* hubiera podido tener para detener barcos de otra bandera en aguas del Caribe.

El 18 de febrero el *Leander* llegó al puerto de Jacquemel o Jacmel, al sur oeste de la isla de Santo Domingo, la cual para ese entonces era la única colonia en América, después de las trece colonias norteamericanas, que se había declarado independiente de una potencia europea, en este caso, de Francia, aún bajo la forma de un

Imperio. La permanencia allí por varias semanas le confirmó a Miranda lo acertado que había sido la decisión que había tomado en 1792, de no aceptar la posición de Gobernador de Santo Domingo y Comandante General del Ejército francés de invasión y pacificación de dicha Isla, que el gobierno francés le había ofrecido, cuando comandaba el Ejército del Norte en Bélgica. El resultado de los fracasos franceses, lo evidenciaba.

Haití estaba sita en la parte occidental de la Isla de la Hispagniola, la cual si bien había sido el inicio de la colonización y poblamiento de América por los españoles, para entonces, olvidada, estaba muy poco ocupada por españoles, habiendo en cambio sido ocupada progresivamente por franceses, inicialmente incluso provenientes de la isla de la Tortuga, donde tenía su sede la asociación de la *Hermandad Hermanos de la Costa.*

Con el tratado de Ryswick de 1697 que puso fin a Guerra de los Nueve Años que libró la Gran Alianza o Liga de Ausburgo contra Francia, España formalizó la cesión de esa parte de la isla a Francia, comenzando la colonia a llamarse Saint-Domingue, con capital en *Cap-Français*. En unas décadas, la misma se convirtió en la principal y más rica colonia francesa de ultramar, como consecuencia del establecimiento de plantaciones de azúcar con las que se llegó a cubrir la mitad del consumo de Europa. Como ocurrió en todo el Caribe, dichas plantaciones se establecieron y funcionaron con mano de obra esclava que se importó en grandes cantidades. No es de extrañar, por tanto, que luego de la revolución de independencia norteamericana de 1776 y de la revolución francesa de 1789, los principios libertarios y de derechos tuvieran efectos en la vida de la Isla.

Con motivo de lo que sería la primera rebelión de esclavos que se produjo en 1791, en la parte norte de la colonia, con muerte masiva de blancos y mulatos, y destrucción generalizada de haciendas, el 4 de abril de 1792, la Asamblea Nacional comenzó por otorgar la ciudadanía a los *hombres libres de color,* enviando a la Isla a tres comisionados, quienes al mando de Léger-Félicité Sonthonax y con un ejército de 6000 hombres, a partir de septiembre de 1792, enfrentaron la decidida oposición de los blancos colonos contra la decisión de la Asamblea.

En ese momento, el gobierno francés en una carta enviada por el Ministro Brissot al general Dumouriez de noviembre de 1792, le había propuesto a Francisco de Miranda, quien estaba en el frente de guerra en Bélgica, dado su origen americano, nombrarlo como Comandante General de Santo Domingo, ofreciéndole un ejército de 22 mil hombres y una Escuadra de 12 navíos de línea, y que por supuesto, además de la pacificación de la isla, tendría por objeto "operar la revolución e independencia de América-hispana." Miranda rechazó el nombramiento y sugirió que la empresa debía posponerse.

Llegó a la isla catorce años después, entre ellos, diez años de guerras entre las fuerzas francesas, los colonos y los negros que habían sido liberados, comandados por generales como François Dominique Toussaint-Louverture, Juan-Jacques Dessalines, Henri Christophe, y Alexandre Sábes, llamado *Pétion*. Todos estos materialmente incendiaron la Isla aplicando la política de tierra quemada o arrasada.

Al final, el 1 de enero de 1804, los esclavos dominaron declarando la independencia de la Isla, estableciéndose un imperio con Dessalines como Emperador del Estado haitiano, con el nombre de Jacques I, dándose así inicio al Imperio de Haití que abarcaba toda la Isla de Saint-Domingue, con un gobierno nacionalista y autocrático, similar al que estaba consolidándose en Francia durante esos años. Dicho Imperio pronto decaería, la parte este de la isla sería recuperada por los españoles, y en octubre de 1806 el Emperador sería asesinado como consecuencia de un complot entre los generales Christophe y Pétion. Las luchas entre estos dos líderes por el control del Estado, terminaron con la división del territorio de la isla desde 1806 hasta 1810. En medio de la guerra entre ambos bandos, en la parte norte dominada por Henri Christophe, también antiguo esclavo, se estableció el Estado de Haití, convertido en 1811 en el reino de Haití, proclamándose como su rey Henri I; y en la parte sur, dominada por el mulato Alexandre Pétion, se estableció una

República habiendo sido electo en 1806 como presidente de la República de Haití.

Por toda esa situación en la Isla fue que precisamente Miranda hizo su primera escala en su expedición libertadora de 1806, en Jacquemel, ya que era el único territorio al sur de los Estados Unidos que para entonces era independiente respecto de las potencias europeas, pensando obtener refuerzos a pesar del cuadro político de la Isla, dividida en tres gobiernos.

En todo caso, en Jacquemel, donde el *Leander* fondeó alejado de la costa, sólo desembarcaron el capitán Lewis y el Mayor Smith con la misión de pasar a Port au Prince y entrevistarse con el Emperador Dessalines. Antes, sin embargo, se planteó una violenta discusión entre el capitán Lewis y el coronel Armstrong respecto de quién tenía el comando de la nave, todo motivado por un castigo que Armstrong había impuesto a un sirviente. Lewis reclamó competencia absoluta para este tipo de acciones, que correspondían al capitán, pero Miranda apoyó a Armstrong, incluso alegando que el barco era de su propiedad, y que el capitán estaba obligado a comandarlo bajo su dirección. De allí se inició un desencuentro que tendría lamentables efectos posteriores para la expedición.

Mientras Lewis y Smith hacían sus gestiones en Port au Prince, en la cubierta del *Leander* se desarrollaron diversas actividades de entrenamiento militar para la tripulación, y para la sorpresa de todos, comenzó una intensa actividad de impresión de documentos en la imprenta que había sido embarcada en Nueva York. Allí se comenzaron a imprimir los textos de la comisión que se dio a cada tripulante, como oficiales del "Ejército Colombiano," con su rango, expedidas por "Don Francisco de Miranda, comandante en jefe del Ejército Colombiano" y refrendadas por el secretario Thomas Molini, que cada uno abordo recibió; y las proclamas del general Miranda dirigidas en general a los pueblos de Sur América.

Con estas últimas se puso punto final a la imaginación de los tripulantes sobre el propósito de la expedición, que se decía destinada a alguna parte de los dominios españoles en el Caribe y que para algunos incluso podía ser parte de la Louisiana o Nueva Orleans; aun cuando nada se dijo de alguna posible conexión de la empresa con los Estados Unidos.

El 12 de marzo de 1806 se izó por primera vez a bordo del *Leander* la bandera tricolor colombiana que el mismo Miranda había diseñado como símbolo de libertad, por la cual todos brindaron.

La escala en Jacquemel tenía en todo caso por objeto agregar refuerzos a la expedición, teniendo la esperanza Miranda de que se uniría a la misma el barco *Emperador*, comandado por el capitán Jacob Lewis, hermano del capitán del *Leander*, que estaba en Port au Prince, lo cual finalmente no fue posible. A la expedición se unió sin embargo, la goleta *Bee*, de Filadelfia, la cual no tenía cañón alguno. El 15 de marzo llegó a Jacquemel otra la goleta, el *Bacchus*, también de Filadelfia anunciando que acababa de llegar de La Guaira, donde se había encontrado el puerto bloqueado, con los barcos en él fondeados sometidos a embargo, razón por la cual había que tenido que abandonar su intento de llegar a dicho puerto.

Hubo sospechas sobre el relato, y se supo que Miranda sospechaba que se trataba de un barco espía enviado por el agente español en Estados Unidos. Al final, la goleta *Bacchus* fue comprada por un capitán Donahue y puesta al servicio de la expedición.

El 24 de marzo, los miembros de la tripulación de los tres barcos que entonces conformaron la expedición, hicieron un formal juramento de "ser fiel y leal al pueblo libre de Sur América, independiente de España,"[291] aceptando el comando general de Miranda como miembros del "ejército de Colombia" ya formado y que seguiría formando al servicio de los hombres libres de América del Sur, independientes de España, y someterse a las leyes de la guerra conforme al modelo de las de los Estados Unidos de Norte América. Una vez que el capitán Lewis regresó a bordo del *Leander*, hubo nuevos nombramientos, entre ellos el del teniente coronel George W. Kirkland de la infantería americana.

---

291 Véase el texto en Francisco de Miranda, *América Espera*, [Ed. J.L. Salcedo Bastardo], *cit.*, pp. 342.

La flota de los tres barcos zarpó el 28 de marzo, con el capitán Gardner al frente del *Bacchus*, el capitán Huddle a cargo del *Bee*, con cerca de 200 tripulantes en total, y acompañados de la firmeza que era natural en Miranda, basada en su creencia, según escribió Biggs, de que tan pronto pusieran pie en la costa de Sur América, las provincias coloniales, desde ese instante dejarían de pertenecer al rey de España. La travesía, rumbo a Aruba, no fue sin problemas de disciplina y agrias relaciones entre los capitanes, llegando finalmente a dicha isla el 11 de abril de 1806.

Allí permanecieron hasta el 16 de abril, cuando la flota zarpó de Aruba, acompañada de una goleta inglesa armada de seis cañones, al mando del capitán Phillips. Durante la travesía nuevas disputas surgieron, esta vez entre Miranda y el capitán del *Leander*, por reclamos del primero sobre el manejo inadecuado del barco, el cual con viento de proa en varios días de navegación en rumbo a Bonaire nada había avanzado más allá de Curaçao. La disputa fue de tal naturaleza que terminó con la renuncia del capitán Lewis a la comisión militar que tenía, considerando que había cesado de estar al servicio de Miranda. Se desentendía así, de la expedición, y sólo velaría por los intereses de Ogden quien había financiado el barco en Nueva York.

El *Leander*, después de siete días de navegación, el 23 de abril, llegó a tener Bonaire a la vista, tomando rumbo a Ocumare de la Costa en la provincia de Venezuela. Para el 24 de abril, la goleta inglesa que se había adelantado, ya no estaba a la vista, y durante el 25 de abril, para calmar la tripulación afectada por la disputa con el capitán, Miranda emitió una proclama ofreciendo una remuneración por el desembarco de los hombres. A medida que la flota se acercaba a la costa el 27 de abril, la tripulación pudo observar dos barcos guardacostas españoles, una corbeta y una goleta, el *Zeloso* y el *Argos*, de la estación de Puerto Cabello, que sin duda ya estaban esperando la expedición.

Se planeó el desembarco de noche, pero un mal cálculo llevó los barcos a un punto alejado de Ocumare. El *Bacchus* fue mandado en reconocimiento, pero apenas amaneció, los barcos españoles abrieron fuego contra el mismo, obligándolo a ir a la costa. Igual suerte corrió el *Bee*. El enemigo se apoderó de las dos goletas e hizo prisioneros a sus tripulaciones., y el *Leander* solo logró salvarse tirando al mar su artillería y sus municiones. El desembarco, por tanto, no pudo tener lugar y nada se podía hacer para rescatar a los prisioneros. El *Leander* regresó a Bonaire la noche del 29 de abril, con el convencimiento de que los guardacostas españoles estaban esperando el fallido desembarco de la expedición en el lugar preciso.

Como el mismo Miranda luego explicaría, no había duda de que el gobernador de Caracas capitán general Manuel de Guevara y Vasconcellos, había sido avisado desde hacía un mes por el ministro de España en Washington, y por los agentes españoles en Haití, y había tenido tiempo para prepararse.

El primero de mayo, después de abastecerse de agua, el *Leander*, con una tripulación reducida a sus dos terceras parte, zarpó en dirección hacia Trinidad luego de que un Consejo de guerra descartara la idea que se había formulado de desembarcar inmediatamente en Coro. El 14 de mayo el *Lander* tenía a la isla de Margarita a la vista, seguido a la distancia por un barco no identificado. Empujado por la fuerza del viento, hacia el norte, diez días después, el 28 de mayo, fueron avistados dos buques uno de los cuales resultó ser la corbeta británica *Lily*, que había estado buscando al *Leander* por instrucciones del Almirante Alexander Cochrane.

Luego de un mes de navegación y de fracaso, sin víveres ni agua, y luchando contra el viento, el *Leander* remolcado por el *Lily* llegó a la isla de Grenada. Después de haber sido reparado de los daños sufridos, zarpó el 30 de mayo hacia Barbados; y remolcado por los bergantines de S. M. B. *Lily* y *Express* llegaron al puerto de Bridgetown el 6 de junio de 1806.

En Barbados estaba otra de las importantes estaciones del Caribe de la Real Armada, comandada por el Almirante Cochrane, quien veía con simpatía la empresa de Miranda, lo que contrastaba sin embargo, con la resistencia del Gobernador de la isla Lord Seaforth y del general Bowyer, comandante general de las tropas de las Indias Occidentales. Surgieron nuevas diferencias entre el capitán

Lewis y Miranda, y el *Leander* además estuvo a punto de ser embargado por los servicios aduaneros de la isla, bajo acusaciones de comercio ilegítimo, contrabando y tráfico de armas.

Miranda supo sortear las acusaciones y el 21 de junio, después que Lewis hubiera renunciado definitivamente al comando del *Leander*, este de nuevo levantó ancla y zarpó de la bahía Carlisle con dirección hacia Trinidad, en compañía de los buques de guerra británicos *Lily* y *Express*, y de la goleta mercante *Trimmer*. Ello había sido posible en virtud de un acuerdo al cual llegó Miranda "hasta donde alcanzara su autoridad" con el Almirante Cochrane, el 6 de junio de 1806, conforme al cual, las provincias que fuese liberando concederían al comercio británico los mismos privilegios y franquicias que tuvieran los naturales,[292] comprometiéndose Cochrane a auxiliar el desembarco de las tropas de Miranda en Costa Firme con una corbeta, dos bergantines y una fragata de guerra e impedir que se le hiciere daño por cualquier fuerza marítima española que se hallare en esos mares, permitiéndole reclutar hombres para su expedición en Barbuda y Trinidad.

Para el 23 de junio la flota estaba cerca de Tobago, arribando a Port of Spain el 24 de junio. En Trinidad se incorporaron a la expedición nuevos voluntarios, entre ellos el coronel Conde de Rouvray, los capitanes franceses de Loppenot, de Belhay y de Frécier; y otros oficiales ingleses, entre ellos el capitán Johnson, quien asumió el comando del *Leander*.

Un mes permaneció el grupo expedicionario en Trinidad, donde Miranda publicó una de sus proclamas, alentando el alistamiento de voluntarios. Durante ese tiempo, en todo caso, ocurrieron dos acontecimientos relacionados con la expedición, primero, el 20 de julio el coronel Smith fue declarado inocente en el juicio que se le había seguido en Nueva York por culpa de la expedición; y segundo, la comisión militar que había designado el capitán general de la pro-

---

292 Véase la referencia a este acuerdo en la carta enviada por Miranda a Lord Castlereagh ya de regreso en Londres, luego de su fracasada expedición contra las costas de Venezuela, el 10 de enero de 1808. Véase en Francisco de Miranda, *América espera, op. cit.*, p. 366.

vincia de Venezuela condenó en el Fuerte de Puerto Cabello a 57 oficiales y marineros que componían la tripulación de los barcos de la expedición de Miranda que habían sido capturados en las costas de Ocumare. Diez de ellos fueron condenados a la horca, sentencia que fue ejecutada el 21 de julio, en el propio patio de la fortaleza de San Felipe, en presencia de las tropas y de los habitantes de la ciudad. Los demás desfilaron en silencio ante los cadáveres de los ahorcados, y. cuando días después salieron para Cartagena donde la mayoría de ellos iban a purgar en las siniestras bóvedas de esa ciudad su condena de diez años de presidio, pudieron ver frente al mar y plantadas sobre estacas, las jaulas de hierro en las cuales, según costumbre, habían sido expuestas las cabezas cortadas de sus desgraciados compañeros.

La expedición de Miranda zarpó de Trinidad el 25 de julio hacia el golfo de Paria, no teniéndose muy claras en la provincia de Venezuela cuáles eran los compromisos de Miranda con los ingleses. Se sabía que el Reino Unido costeaba los gastos de su expedición, y otros sin querer dudar de la lealtad de Miranda, lo creían engañado por los ministros británicos. El Capitán General Guevara, en medio la desinformación general existente, hizo esparcir toda clase de dudas respecto del desinterés de Miranda, considerándoselo más bien como enemigo y traidor al rey.

Paralelamente, Guevara utilizó la prolongada estancia de Miranda en las Antillas inglesas para efectuar levas de tropas y organizar las milicias de Caracas y de las ciudades de provincias. En cuanto a la ayuda francesa autorizada por el ministro francés de la Marina, la justificó el Gobernador Ernouf en el hecho de considerar que el Gobernador Guevara había sido el único de los gobernadores españoles que habían dispensado buena acogida a los franceses. Envió el gobernador al corsario *Austerlitz*, al mando del capitán d'Allégre hacia las costas de Cumaná y de Caracas, para seguir, la expedición de Miranda, y desembarcar el destacamento en Cumaná o en La Guaira o donde le pareciera necesario.

Miranda zarpó con su ejército colombiano ahora compuesto por cerca de 400 hombres, en una flota integrada, además de por el *Le-*

ander, con 16 cañones; el *Lily,* donde navegó Miranda, con 24 cañones, el *Express* con 12 cañones, el *Attentive* con 14 cañones, el *Prévost* con 10 cañones, los botes de guerra *Bull-Dog, Dispach* y *Mastiff* con dos y tres cañones, y los mercantes *Trimmer* y *Commodore Barry.* Estos barcos llevaban además considerable cantidad de armas de todo género destinadas a los voluntarios venezolanos, con cuya cooperación contaba más que nunca Miranda.

La flota pasó por el sur de la isla de Margarita, la cual Miranda pensaba convertir en su centro de operaciones para su segundo intento de desembarco. Pero allí, el 30 de julio, el *Prévost,* que navegaba separado de los demás barcos de la escuadra de Miranda, se halló en presencia del *Austelitz.* Al cabo de un combate que duró una hora, el corsario francés fue al abordaje y venció al *Précost,* pudiendo luego efectuar su desembarque en la costa de Caracas.

Este incidente disuadió a Miranda del proyecto de tomar tierra en la Isla, como había sido su intención, para convertirla en la base de operaciones navales por excelencia que llegó a ser algunos años más tarde. El ataque del *Austerlitz* le hizo creer que este barco formaba parte de una escuadra quizás más importante, y, por otra parte, los informes que recogió en Trinidad le habían hecho creer que la región de Coro, al oeste de Caracas, ofrecía probabilidades favorables a su desembarque; por lo cual decidió ir a dicho sitio.[293] Obedecía también secretamente al pensamiento de dar como punto de partida a la Revolución aquella ciudad de Coro, la más antigua de Venezuela, y la primera, como fecha (1528), entre las capitales coloniales. Pero, la mala suerte parece que perseguía a Miranda.

Miranda pernoctó el 1º de agosto en la isla de Coche y el día 2 de agosto llegó a la costa, aun cuando por error de cálculo a un sitio más alejado del que había deseado respecto del puerto de la Vela de Coro que estaba a varias leguas de la antigua capital. El estado del mar, además, hizo retrasar el desembarco el cual se inició al día

---

293 En todo caso, Miranda, en el Plan Militar que entregó en Londres al Gobierno inglés, a "Vansittart para Nepean" el 24 de mayo de 1801, la invasión de América debía comenzar desde Curazao para desembarcar en Coro. Véase Francisco de Miranda, *América espera, op. cit.*, pp. 295-298.

siguiente, 3 de agosto, con tiempo suficiente para que el jefe del distrito, José de Salas, hiciera evacuar las poblaciones de la costa y de Coro, haciendo que los pobladores se marcharan a los pueblos del interior.

El 3 de agosto se produjo el desembarco en el orden programado, del puertecito de San Pedro, con un primer destacamento comandado por el conde de Rouvray, no encontrando resistencia alguna. Ese mismo día por la mañana, Miranda, a la cabeza del resto de sus voluntarios llegó a tierra, izando el pabellón tricolor por primera vez en costas venezolanas.

En la tarde del día 4 de agosto, la fuerza expedicionaria llegó a Coro, que se hallaba a 80 leguas de Caracas, tomando posesión, de nuevo, de una ciudad totalmente abandonada por sus pobladores, y donde los únicos disparos que se oyeron fueron entre las propias fuerzas expedicionarias, entre si y por error, ocasionando algunos heridos y un muerto, que fue el cocinero del *Leander* nativo de Nueva York.

Durante los cinco días de permanencia en Coro, los invasores fijaron proclamas libertarias e independentistas que habían sido impresas a bordo, en los lugares públicos, en las cuales incluso Miranda mencionaba la carta del ex jesuita Juan Viscardo justificando la causa de la independencia. Las proclamas las firmó en su carácter de "Comandante General del Ejército Colombiano, a los pueblos habitantes del Continente Américo-Colombiano,"[294] las cuales por supuesto nadie leyó por ausencia de lectores. El 10 de agosto ya estaban de regreso en la Vela de Coro, y allí se enteró la fuerza expedicionaria, que durante su permanencia en Coro, el capitán Johnson del *Leander*, con una partida de quince hombres había sido apresados en tierra mientras se abastecían de agua por fuerzas españolas que habían estado al asecho. Estas, en ningún caso, se acercaron abiertamente a los invasores.

---

294   Véase Francisco de Miranda, *Textos sobre la Independencia*, Academia Nacional de la Historia, Caracas 1959, pp. 93-99.

Miranda decidió retirarse de las costas venezolanas. Sus proclamas quedarían donde fueron colocadas, y posteriormente serían quemadas a mano del verdugo, junto con su plan de gobierno, la bandera tricolor que enarboló y su propia esfinge en la plaza mayor de Caracas, como traidor y con ruidosa solemnidad. El cabildo le había fijado a su cabeza el precio de 30.000 pesos y entre los españoles se recogió un donativo de 19.850 fuertes para premiar a su aprehensor o asesino, monto que 21 de junio se había depositado en las cajas reales por acuerdo del mismo Ayuntamiento. Posteriormente, el Tribunal de la Inquisición de Cartagena lo declaró "enemigo de Dios y del rey."

Al zarpar de la costa de la Vela de Coro el día 13 de agosto, la flota tomó rumbo a Aruba, habiendo tomado formal posesión de la isla el 22 de agosto, mediante una "Proclama a los habitantes de Aruba" de Miranda denunciando, entre otras cosas, que el gobierno de Caracas había ofrecido una recompensa de 30 mil dólares por su cabeza, anunciando que continuaría en su lucha por la independencia.[295]

Desde Aruba, el 15 de agosto de 1806 Miranda envió al conde de Rouvray con la misión de pedir al gobernador de Jamaica subsidios para una tercera expedición, y a otros oficiales hacia Trinidad, con el mismo encargo.

Más de un mes permaneció la fuerza expedicionaria en Aruba, donde llegaron diversos navíos británicos, entre ellos los barcos *La Seine*, *Granada* y *Melville*, provenientes de Port of Spain. Gracias a la presencia de esas fuerzas pudo evitarse que Miranda cayera en manos del comandante del *Austerlitz*, que tenía el encargo de sacarlo de la isla. El capitán Atkins en todo caso, tenía instrucciones de llevar a Miranda hasta Barbados.

Con tal fin, el 28 de septiembre la flota zarpó de Aruba con rumbo a Grenada, con Miranda en *La Seine*, llegando a la Isla 25 días después. El 22 de octubre, *La Seine* se dirigió a Barbados con

---

295 Véase en Francisco de Miranda, *América espera, op. cit.*, p. 361.

Miranda y su estado mayor, para resolver temas contenciosos relativos al uso del mercante *Trimmer*, donde llegó el 2 de noviembre; y el *Leander* se dirigió a Trinidad donde llegó el 29 de octubre de 1806. Allí, la expedición se dio materialmente por terminada, licenciándose sus componentes, no sin reclamos por falta de pago a sus servicios.[296]

Para ese momento ya se habían recibido en Londres las noticias del fracaso de la invasión de las tropas británicas al puerto de Buenos Aires, y el Almirantazgo se había apresurado a indicar a los gobernadores de las Antillas que observasen con Miranda una conducta tan reservada como prudente. A ello, se aunaba ahora el fracaso de desembarco en Coro que había afectado el propio prestigio de Miranda.

Sin embargo, Miranda no dejó de comunicarse con sus amigos en el gobierno inglés, en particular para insistir en que la política de Gran Bretaña hacia América hispana no podía ser la de una ocupación extranjera, sino la de alentar la independencia de las provincias. Así, por ejemplo, desde Trinidad se dirigió a Sir Home Pophan el 7 de abril de 1807, refiriéndose al fracaso de la ocupación que pretendió hacer Whitelocke al puerto de Buenos Aires, preguntándole: ¿cómo quiere V. que 18.000.000 de habitantes establecidos sobre el continente más amplio e inexpugnable de la Tierra, situados a unas cuatro o seis mil millas de Europa y poseyendo tesoros e inmensos recursos, sean conquistados y subyugados hoy por un puñado de gente que viene a mandarlos como si fueran dueños?" Y concluía Miranda afirmando "No, mi estimado amigo, la cosa no es natural, ni factible, ni posible, y como garantía de esta aserción, tenemos hoy el resultado mismo de su empresa;" conminándolo más bien a que fuera a reunirse con él, y "cooperar en estos planes

---

296   Incluso, todavía en 1809, Miranda dirigió una carta al Sr. Ogden quien reclamaba compensación por las perdidas, indicándole que si el gobierno pasaba a manos de suramericanos se le reconocería. Véase en Francisco de Miranda, *América Espera* [Ed. J.L. Salcedo Bastardo], Biblioteca Ayacucho, Caracas 1992, p. 418.

sensatos y liberales que habíamos combinado con madurez en Inglaterra."[297]

Unos meses después, se dirigió a Lord Vincent Castlereagh, quien había sido recién nombrado Ministro de Guerra y Colonias, mediante carta escrita en Trinidad el 10 de junio de 1807, expresándole su opinión sobre que "los últimos acuerdos de Buenos Aires no han producido ni buena ni favorable impresión por parte del pueblo de Sur América hacia la nación británica," agregándole que siempre había pensado que "el proyecto de conquista era impopular en la región e irrealizable en cualquier extensión considerable, causante de muchos daños y confusión en el interior de Sur América."[298]

En todo caso, a partir de esos meses Miranda no encontró los socorros y estímulos ingleses que hasta entonces lo habían beneficiado, de manera que en Barbados, el Gobernador hasta se negó casi a recibirlo, declarando que no podía prestarle asistencia alguna; y lo mismo le ocurrió en Kingston al conde de Rouvray, quien por instrucciones de Miranda siguió a Londres, como su representante personal con información de la expedición para seguir gestionando ayuda a sus proyectos, y eventualmente allanar su regreso a Inglaterra.

Rouvray, para preparar su regreso tenía el manuscrito redactado por Miranda sobre la expedición, con el encargo de procurar con sus amigos, en particular con James Mill, su publicación, lo que efectivamente ocurrió, mediante pseudónimo en el libro:

Additional Reasons for our Immediately Emancipating Spanish America: deducted from the New and Extraordinary Circumstances of the Present Crisis: and containing valuable information respecting the Important Events, both at Buenos Ayres and Caraccas: as well as with respect to the Present Disposition and Views of the Spanish Americans: being intended to Supplement to "South American Inde-

---

297 Véase en Francisco de Miranda, *América espera, op. cit.*, p. 361.
298 Véase en Francisco de Miranda, *América espera, op. cit.*, p. 363.

pendence," by William Burke, Author of that work, F. Ridgway, London 1807.[299]

En dicho libro se analizó extensamente el fracaso y condena de la expedición a Buenos Aires comandada por Whitelocke, por haberse tratado de una invasión; y asimismo, el fracaso de la expedición del propio Miranda, pero por no haber recibido el apoyo necesario para la independencia de parte del gobierno inglés. Como él mismo lo expresó a Lord Castlereagh en carta de 10 de enero de 1808, su expedición y la estipulación a que llegó en su momento con el Almirante Cochrane "habría tenido éxito, si los Comandantes de la Armada no se hubiesen negado perentoriamente a realizar cualesquiera operaciones sobre esa costa, forzándonos a retirarnos."[300]

Posteriormente, el 9 de noviembre de 1806, Miranda navego hacia Trinidad, pero esta vez la recepción que tuvo también fue distinta. En su anterior estada, la casa del Gobernador incluso había sido puesta a su disposición; esta vez, en contraste, lo que se encontró fue con una solicitud que los comerciantes habían formulado al Gobernador Hislop de que prohibiera el desembarco de Miranda en la Isla. Denunciaban que su presencia en ella había materialmente destrozado el comercio, que fundamentalmente se hacía con las provincias de Venezuela. Al final, se permitió el desembarco, pero hubo prohibición para la tripulación de usar el uniforme militar, encontrando Miranda residencia en la casa de un oficial de la Armada Real.

Para finales de noviembre de 1806, en Trinidad, Miranda supo definitivamente que no recibiría más ayuda de la Armada británica sin que ello fuera necesariamente por órdenes desde Londres.

En febrero de 1807, de los cerca de doscientos hombres que habían zarpado de Nueva York, sólo quedaban 33 que se dispersa-

---

299 En la "Second Edition Enlarged, Ridoway, London 1808," se le agregó al libro la "Letter to the Spanish Americans" de Juan Pablo Viscardo y Guzmán, que Miranda había publicado en Londres francés, en 1799, y en español, en 1801, pp. 95-124.

300 Véase en Francisco de Miranda, *América espera, op. cit.*, p. 366.

ron, y el *Leander* finalmente fue vendido en pública subasta en el otoño de 1807. El escaso producto de la venta en todo caso, fue repartido entre los supervivientes de la expedición

Miranda había pedido volver a Londres, y desde Trinidad, el 10 de junio de 1807 escribió a Lord Castlereagh (Robert Stewart, Viscount Castlereagh) indicándole que como el continente sudamericano se hallaba en un estado de convulsión y de anarquía, ello hacía "que por el momento" resultase inútil su "presencia en aquellos sitios." En dicha carta, Miranda hizo especial referencia a los acontecimientos de Buenos Aires con la invasión británica y su fracaso, que habían desencadenado "entre aquellos pueblos violenta animosidad contra la Gran Bretaña.[301]

Por fin, con la intermediación del gobernador de Trinidad J. Hislop, el 31 de diciembre de 1807, Miranda fue autorizado para embarcarse para volver a Inglaterra, lo que hizo en el buque *Alexandria* con destino a Liverpool.

Desde que salió de las costas de Venezuela en agosto de 1806, Miranda había permanecido más de un año, inmovilizado en el Caribe, donde sin embargo, recibió siempre noticias de sus amigos londinenses. Fue así que antes de zarpar, recibió un ejemplar del libro de William Burke, *Additional Reasons for our Immediately Emancipating Spanish America* ..., cuyo texto que él mismo había redactado y que había sido llevado por el conde Rouvray a Londres y que con la ayuda de sus amigos Mill y Bentham se había publicado en Londres en ese mismo año 1807. En el mismo se hacía no sólo un recuento de su propia expedición, y se informaba sobre sus propias ejecutorias, sino que se hacía una defensa de su rol en el proceso de promoción de la independencia de Sur América.

Entre los aspectos importantes tratados en el libro *Additional Reasons for our Immediately Emancipating Spanish America*... que publicó "Burke" de 1807, fue la argumentación de que si Gran Bretaña le hubiese dado efectivo apoyo, la expedición de Miranda no

---

301 Véase en Francisco de Miranda, *América Espera* [Ed. J.L. Salcedo Bastardo], *cit.*, pp. 362-364.

hubiese fracasado, que es lo que justifica que la segunda mitad del texto se dedicase a promocionar al General Miranda, precisamente, como la persona más indicada para llevar la tarea de independizar a Hispanoamérica, con el apoyo inglés. Para ello, en el libro se incluyó una sucinta biografía de Miranda, sin duda escrita por él mismo o bajo su inmediata dirección, donde se resume su vida desde su nacimiento en Caracas en 1754 (1750).

Pero el libro *Additional Reasons for our Immediately Emancipating Spanish America...,* no se limitó a reseñar brevemente la biografía de Miranda, sino que finaliza con quizás su objeto principal, que era formular una defensa del Precursor ante las calumnias que se habían difundido contra él respecto de sus intenciones en la expedición a Venezuela, a cuyo efecto "Burke" lo llega a calificar como el "Washington de Sur América," formulando la propuesta de que el General Miranda fuera inmediatamente ayudado por una fuerza militar de seis a ocho mil hombres para lograr la independencia de su propio país, Caracas, y desde allí, del resto de Hispanoamérica. Miranda, se argumentaba en el libro, podía lograr en esa forma lo que ningún ejército británico podría pretender directamente, pues sería rechazado tal como había ocurrido en Buenos Aires. La empresa de la independencia de Hispanoamérica, en la forma como se planteaba, se decía en el libro que no debía demorarse ni un día más.

Un último aspecto importante que debe destacarse de la expedición de Miranda, a pesar de su fracaso, fue su particular contribución al desarrollo de las labores de impresión en Venezuela, colonia americana en la cual increíblemente, hasta 1808, simplemente no había imprenta, es decir, no se podían imprimir libros. Solo podían importarse, y bajo el control de las autoridades coloniales y de la Inquisición.

Entre las "armas" que Miranda hizo embarcar en el *Leander* en Nueva York, en efecto estuvo una imprenta con caracteres en español, para la impresión de sus Proclamas y Manifiestos, la cual al final, luego de la venta del *Leander*, la misma también fue vendida en Port of Spain en Trinidad, a Mateo Gallagher, quien era el editor del *Trinidad Weekly Courant*.

Andrés Bello, en su carácter de Oficial Mayor de la Capitanía General de Venezuela en 1808, con motivo de la visita de un oficial de la Armada británica a Caracas debe haber tenido conocimiento de ese hecho, y debe haber gestionado ante el Capitán General sobre la necesidad e importancia que había para el gobierno de la Capitanía General de que existiese una imprenta en la capital.

En todo caso, por iniciativa del Gobernador, y efectuadas las negociaciones, la antigua imprenta del *Leander* usada por Miranda para sus proclamas contra las autoridades españolas, fue adquirida por estas y trasladada a Caracas en septiembre de 1808 por el propio Gallagher y su socio Jaime Lamb, ambos ingleses, junto con Francisco González de Linares.

La Real Hacienda concedió un préstamo con hipoteca para el funcionamiento de la imprenta, constituyéndose entonces el *Taller de Mateo Gallagher y Jaime Lamb*, teniendo a la propia Gobernación como su principal cliente. En ella fue que se comenzó a editar la *Gaceta de Caracas*, teniendo como redactor, desde el inicio y hasta 1810, al mismo Andrés Bello, y cuyo primer número salió publicado con fecha 24 de octubre de 1808. Si bien la misma fue creada inicialmente para difundir las noticias e ideas favorables a la monarquía española, sus páginas fueron reflejando en sus primeros años los cambios políticos que a partir de ese momento se produjeron en la Provincia. En la imprenta, además, al poco tiempo de estar operativa, se publicó el primer libro editado en Caracas, que fue precisamente de Andrés Bello, titulado *Breve Historia de Venezuela*.

La expedición de Miranda en 1806, por otra parte, además de los efectos que produjo en las provincias de Venezuela y en el gobierno inglés, desde su inicio también tuvo repercusiones y secuelas políticas importantes en los Estados Unidos de Norteamérica, habiéndose desarrollado el antes mencionado importante y notorio juicio ante la Corte Federal de Circuito del Distrito de Nueva York, en el caso conocido como *Estados Unidos vs. William Smith and Samuel G. Ogden,* el primero el amigo de Miranda con quien había viajado por Europa en 1785, y el segundo amigo de éste y quien había sido el propietario del barco *Leander*, ambos acusados de haber sido los financistas y promotores de la expedición de Miranda.

Las actas del juicio, del cual los acusados fueron absueltos, se recogieron en un libro titulado:

> *The Trials of William Smith and Samuel G. Ogden for Misdemeanous, had in the Circuit Court of the United States for the New York District, July 1806, with a Preliminary Account of the Preceedings of the same Court against Messes. Smith & Ogden, in the precceding April Term, 1806,* Thomas Lloyd and Stephen Raper, Stenogreapher, printed by and for I Riley and Co., New York, 1807.

En el juicio, en efecto, se acusó a ambos personajes de haber violado las leyes federales norteamericanas al haber participado en la organización de una expedición militar contra un país amigo; habiendo sido la principal defensa de los acusados el hecho de que el presidente Jefferson y el Secretario de Estado Madison le habían dado apoyo oficioso a la expedición. Por el escándalo político y la diatriba interpartidista que se desató, el gobierno terminó acusar a Smith y a Ogden, prohibiendo a la vez que los funcionarios ejecutivos pudieran acudir al juicio como testigos.

El juicio se desarrolló en Nueva York entre marzo y junio de 1806, mientras Miranda todavía deambulaba por el Caribe después del fracaso de su expedición, acusándose, como se dijo, a William S. Smith and Samuel G. Ogden por haber comenzado "una expedición militar contra los dominios de un príncipe extranjero, del rey de España, en los territorios de la provincia de Caracas, contra la paz de los Estados Unidos y su dignidad." El primero, como explicamos, era un destacado miembro de la élite política y militar del país, amigo de Miranda desde 1785 cuando Smith era Secretario de la Legación norteamericana en Londres; y el segundo, era el propietario del barco *Leander*, el buque insignia de la expedición de Miranda.

En el juicio, que para el momento fue el más importante juicio que se desarrollaba en toda la historia de Nueva York, reuniendo a lo más destacado de la profesión legal, los abogados de la defensa pidieron se citara como testigos a James Madison, William Ducanson y Doctor Thompsom todos funcionarios del gobierno en Washington, quienes sin embargo se excusaron de comparecer.

El procedimiento se inició con una declaración voluntaria de Ogden dada el 1 de marzo de 1806, en el cual reconoció que era el único propietario del *Leander*; en el cual el General Francisco de Miranda se había dirigido a Jacquemel con 180 personas a bordo, 17 cañones, armas, pólvora y uniformes; indicando que dichas personas a bordo no habían sido organizadas como tropa para actuar en alguna operación militar; negando que hubiese preparado expedición alguna de naturaleza hostil contra un Estado extranjero.

Reconoció en su declaración que vio por primera vez a Miranda el 27 o 28 diciembre en Nueva York, presentado por William S. Smith, constándole que tenía en su poder varias cartas de crédito emitidas en Londres a su favor por 2000 libras esterlinas, por de Nicholas Vansittart y John Turnbull, y otras por 5000 libras emitida por Joseph Lambert y William Brown de Trinidad

Declaró, además Ogden, que sabía que Miranda había ido a Washington luego de su llegada a Nueva York, y que se había entrevistado con el presidente Jefferson y con el secretario de Estado James Madison, con quienes había hablado de la situación en Sur América y la opresión que se ejercía sobre sus habitantes; y además, que entendía que Miranda estaba en buenos términos con el gobierno británico y que ese gobierno estaba dispuesto a promover y secundar sus puntos de vista sobre la conducta de Espana en tierra firme.

El otro acusado fue William Stephens Smith, quien como se dijo, era amigo de Miranda desde su llegada a Londres en 1785, quien declaró el mismo día ante el Tribunal, indicando que Miranda había sido invitado por sus amigos en Caracas para regresar a su país, y que además lo había invitado a él, a Smith a acompañarlo, pero que declinó viajar, excepto si llegaba a obtener permiso del gobierno de Estados Unidos. Indicó además, que sabía que Miranda había ido a Washington y le había comunicado al presidente Jefferson y al Secretario de Estado Madison el objeto de su regreso a Caracas. Informó además al Tribunal que Miranda le había escrito desde Washington indicándole que él había pedido permiso oficial ante esas altas autoridades para que Smith fuera con él, informando que le contestaron que no era correcto que le dieran una carta de servicio pues ello podría comprometer al gobernó, pero que Smith estaba en libertad de ir como quisiera; y que sin embargo, desistió de la idea de acompañarlo.

Informó además, que Miranda le había preguntado sobre una nave apropiada para usarla para el regreso a su país, para lo cual le presentó al capitán Lewis y a Ogden, indicándole sobre la nave *Leander* como la más apropiada, y que además, navegaba en el comercio con las Indias occidentales. Smith confirmó ante el Tribunal que tenía una larga amistad con general Miranda y que por ello consintió que su hijo William Steuben Smith acompañara a Miranda, quién lo cuidaría como un padre.

Smith informó además al Tribunal que Miranda había comunicado abiertamente sus puntos de vista y planes al presidente Jefferson y a Madison, quienes le comunicaron que ellos no estaban en ese momento listos para ir a una guerra y que no podían darle ninguna ayuda pública ni aprobación, pero que ellos no tenían objeción respecto de que cualquier ciudadano individual de los Estados Unidos se comprometiera en esos actos, siempre que no se infringieran las leyes de los Estados Unidos. Informó además al Tribunal que Miranda, al salir de Nueva York, les escribió sendas cartas al presidente y al Secretario de Estado, que Smith mismo vio y leyó y que él mismo puso en el correo, donde les decía que esperaba que salieran complacidos de su decisión, aun cuando no se decía expresamente cuál había sido.

Igualmente informó al Tribunal que Miranda estaba en buenos términos con el gobierno británico pero que este no era favorable al proyecto de liberar Caracas de sus opresores; y que a su regreso a Washington Miranda le había comunicado que todo lo ocurrido se lo había informado a Rufus King de Nueva York

La parte medular del expediente del juicio, que comprende más de la mitad de los legajos, se refirió a la discusión judicial sobre los testigos promovido por la defensa, particularmente respecto de James Madison, quien el 17 de junio de 1806, junto con H. Dearborne, Robert, Smith, Jacob Wagner y William Thorton, comunicaron a la Corte que no podían acudir al juicio, dadas sus funciones ejecutivas, lo que repitieron el 8 de julio.

El destacado abogado Cadwallader D. Colden, quien fue el abogado de la defensa, indicó en su alegato que esos funcionarios eran testigos materiales de William Smith, y que esa negativa comunicada a la Corte por dichos jefes de departamentos por órdenes del presidente, constituía "un intento del Ejecutivo de interferir con el poder judicial, lo que la corte debía rechazar indignada." Precisó Colden que Madison y los otros eran testigos del hecho de que la expedición y empresa de Miranda había sido preparada y se había iniciado con el conocimiento del presidente de los Estados Unidos y con el conocimiento y aprobación del secretario de Estado Madison; y de que su hubiera habido alguna preocupación con dicha expedición y empresa la misma no hubiera contado con la aprobación del presidente y del Secretario de Estado. Alegó también Colden que la persecución contra Smith se había iniciado por orden del presidente Jefferson; y que el Secretario James Madison y Robert Smith estaban impedidos de asistir al juicio por órdenes o interposición de los Estados Unidos.

En definitiva Colden argumentó que dichos funcionarios no tenían excusas para no asistir, y que no podían alegar de entrada la existencia de cuestiones políticas; insistiendo que los funcionarios debían comparecer y una vez juramentados era que podrían excusarse basándose en asuntos de secreto de Estado

Lo que Colden quería probar en el juicio es que había una creencia universal de que el Congreso había aprobado secretamente un acto de guerra contra España, a cuyo efecto leyó el Mensaje del pen la apertura del último Congreso. Y el objetivo era probar que por la notoriedad de la operación de preparación de la expedición del general Miranda, de lo que se trataba era de que se había comenzado y poner en marcha, preparar y dar los medios para una expedición militar contra una nación con la cual Estados Unidos no estaba en paz; pero protestando que el presidente, luego de que había aprobado un acto, posteriormente buscaba castigarlo. En fin, la defensa más destacada fue el alegato de considerar que "la expedición militar contra Caracas se realizó con el conocimiento y aprobación del presidente y del Secretario de Estado," a quienes se acusó de violar una ley.

En el curso del procedimiento el Juez Patterson preguntó si Madison podía ser perseguido si respondía que la conducta del Coronel Smith había sido con su conocimiento o con el conocimiento y consentimiento del presidente; argumentando el Juez que en definitiva, aun si fuera cierto que el presidente y Madison sabían y habían apoyado la expedición, ello no exoneraría de responsabilidad al acusado Smith, desechando entonces el testimonio de los altos funcionarios del Estado por no ser pertinente ni por ser una vía o excusa legal que pudiera justificar la defensa.

Luego de este inicio del proceso, el mismo comenzó el 18 julio, como caso: *Estados Unidos vs William S. Smith,* con la acusación fiscal contra éste de haber preparado una expedición militar desde Nueva York, contra un Estado extranjero con quien se estaba en paz; lo cual por lo demás, no había sido cierto pues el objeto de la expedición fue secreta y solo fue fuera de los Estados Unidos, en Jacquemel, cuando se comenzó a conocer su objeto.

En todo caso, en el juicio, mediante sucesivos testimonios, se dejó constancia que había una carta de crédito a nombre de George Martin, pagada a Miranda, quien viajaba con ese nombre; y que el embarque del *Leander* se hizo a la luz del día, sin secreto alguno de lo que se embarcó. Georges Honkinns además, dio testimonio de la compra y embarque de una imprenta con caracteres en español.

La defensa, en resumen, argumentó que los actos de Smith que en el juicio se consideran crímenes, habían sido realizados con la sanción y aprobación del presidente de los Estados Unidos. Sin embargo, la lectura solicitada de algunos documentos oficiales fue rechazada, así como el testimonio de Rafus King, el amigo de Miranda desde 1800, y a quien Miranda todo le había informado.

La defensa, en todo caso, concluyó su alegato expresando sobre William Smith, su conciudadano, que era un veterano de la Revolución, compañero y camarada militar de George Washington, e hijo de Adams Smith, y que nadie podía pensar que Smith haya sugerido o planificado la expedición de Miranda; que el mismo no preparó ni dio medios para la expedición militar; que una imprenta puede ser una formidable máquina para una Revolución pero nunca antes había oído que fuera una munición de guerra; que la expedición no se formó en los Estados Unidos sino en Santo Domingo, en Jacquemel; y que en todo caso, había una situación de hostilidad con España, país que atacaba y capturaba a norteamericanos. En resumen: que la expedición de Miranda fue armada con el conocimiento, consentimiento y aprobación del presidente Jefferson y de su Ministro Madison Secretario de Estado.

El abogado Colden, además, se preguntó ante la Corte sobre dónde estaban los testigos de descargo, dónde estaba Madison, el favorito y tenedor de los secretos del presidente. Diciendo en defensa de Miranda; que solo había oído calumnias; que la expedición era cosa conocida y conversada y desarrollada bajo los ojos del gobierno y conocida por muchos dada sus conexiones con Washington, desde cinco o seis semanas antes del zarpe, y que nada se había hecho para detenerla. De Jefferson dijo que él debió saber que el *Leander* fue a Jacquemel; que llevaba armas y municiones para Santo Domingo lo que no estaba prohibido; que los que viajaron, americanos o no, lo hicieron como pasajeros y que del carácter militar solo e enteraron en un puerto extranjero, en Santo Domingo; y que ninguna expedición militar salió de Nueva York que pudiera afectar relaciones con España.

El Fiscal, por su parte, se refirió a Miranda como un "caballero errante de la libertad;" y la posición del Juez ante el Jurado en el caso, siguió la orientación que le dio desde el inicio en relación con los funcionarios del Poder Ejecutivo, reconociendo que había una considerable expectativa e importancia en el caso, tanto por los individuos acusados como por el sistema de política de neutralidad. Estimó, así, que incluso el conocimiento por parte del presidente de actos ilegales de un ciudadano no podía justificar la violación del derecho constitucional; reconociendo que fue en Santo Domingo que la expedición adquirió carácter militar. Indicó finalmente que el caso sometido a la decisión del Jurado "no es una cuestión de política partidista," sino un caso en el cual "el pueblo de los Estados Unidos de todas las denominaciones están igualmente interesadas."

En definitiva, a pesar de la no comparecencia de los testigos llamados por la defensa, tanto Smith como Ogden fueron declarados inocentes el 18 y el 26 julio de 1806.

El juicio, en todo caso, tuvo mucha importancia, pues además de haber estado involucrado en el mismo, en ausencia Francisco de Miranda, se trató del juicio más famoso y publicitado que se había desarrollado en Nueva York, coincidiendo con el origen del partidismo en los Estados Unidos, con el *Federalist Party* que creció alentado por Alexander Hamilton y que daría origen al Partido Republicano, y el *Democratic Republican Party* fundado por James Madison y Thomas Jefferson., que daría origen al Partido Demócrata. Jefferson fue presidente desde 1804 y precisamente lo sucedió Madison en 1808.

Una de las secuelas del escándalo político que originó la expedición de Miranda en Nueva York, que debe mencionarse, fue una carta que dirigió Tomás Paine, "a un señor en Nueva York" el 30 de marzo de 1806, en la cual expuso su opinión sobre Miranda. A quien fue dirigida la carta, no se sabe, pero debió haber sido a alguien de interés en el conflicto, y con motivaciones políticas, al punto de que en ella autorizó a su destinatario a hacerla pública. Recordemos, además, que Miranda había conocido a Peine en Nueva York en 1784, que lo había visto posteriormente, en 1792, en Londres; y luego en Paris, entre 1793 y 1795, donde incluso Thomas Paine fue uno de los testigos en su defensa en el juicio que le siguió el Tribunal del terror por traición.

La carta fue escrita algo más de un mes después que el *Leander* había zarpado hacia Jacquemel, con destino final las costas de Venezuela en la expedición libertaria que Miranda armó en el puerto de Nueva York; es decir, fue escrita cuando ya las noticias de la expedición de Miranda estaban en toda la prensa, con la diatriba contra el gobierno por el apoyo dado a la expedición.

En ese contexto, Paine se encargó de resumir lo que sabía "respecto del General Miranda," indicando que lo había conocido inicialmente "alrededor de 1783" (en realidad fue en 1784). Y que era "un hombre de talentos y empresa, y toda su vida ha sido una vida de aventuras." Luego indicó Paine que cuando fue a Francia en 1787, el Sr Littlepage, de Virginia, quien era agente del rey de Polonia en París, le dijo sobre las actividades de Miranda "haciéndose presentar a la Emperatriz Caterina de Rusia, y obtener de ella una suma de dinero de cuatro mil libras," sin que supiera "cuál había sido el objeto para el cual se le había dado ese dinero, creyendo que era un *retaining fee*."

Continuó Paine su narración indicando que después de haber publicado la primera parte de su libro Derechos del Hombre en Inglaterra, en 1791," se había encontrado "con Miranda en la casa de los mercaderes Turnbull & Forbes. Había estado poco antes empleado por el Sr. Pitt, en relación con el asunto de *Nootka Sound*, pero no lo supe en ese momento," indicando que en el curso de la carta le informaría "cómo terminó esta conexión entre Pitt y Miranda, pues lo sé por mi propio conocimiento." Continuó Paine indicando en la carta que

> "publicó la segunda parte de su *Derecho del Hombre* en Londres, en febrero de 1792, y continuó en Londres hasta que fue electo como miembro de la Convención francesa en septiembre de ese año; viajando de Londres a Paris para tomar posesión de su cargo en la Convención, que debía instalarse el 20 de ese mes. Llegué a Paris el 19. Después de que la Convención se instaló, Miranda fue a Paris y fue nombrado general del Ejército francés, bajo el General Dumouriez. Pero a comienzos del año 1793 como los asuntos de ese ejército salieron mal, Miranda fue sujeto de sospecha, y fue llevado bajo arresto a Paris para enfrentar su juicio. Él me citó a mi para comparecer sobre su persona, al igual que el Sr. Thomas Christie, quien tenía conexión con la casa Turnbull & Forbes. Yo dí mi testimonio como pensé, que fue que su objetivo principal era y ha sido la emancipación de su país, México, de la esclavitud de España; pues yo no sabía en ese tiempo de sus compromisos con Pitt. La evidencia del Sr. Christie estuvo dirigida a mostrar que Miranda no fue a Francia como un aventurero

necesitado, sino que pensaba que fue por otros de motivos de interés público; y que tenía una gran cantidad de dinero en las manos de Turnbull & Forbes. La casa Turnbull & Forbes tenía entonces un contrato para suplir a Francia de harina. Miranda fue declarado inocente.

Unos días después de que fue declarado inocente me vino a ver y unos días después yo regresé a visitarlo. Parecía deseoso de demostrarme que era independiente, y que tenía dinero en manos de Turnbull & Forbes.

No me dijo de su relación con la vieja Catalina de Rusia, ni le dije que yo sabía de ello. Pero entramos en conversación con respecto de *Nootka Sound*, y puso en mis manos varias cartas del Sr. Pitt para él sobre el tema; entre ellas, una que pienso me dio por equivocación, porque cuando la abrí y había comenzado a leer, puso su mano y dijo "Oh, esa no es la carta que yo pensaba;" pero como la carta era corta rápidamente la vi toda, y se la devolví sin hacer comentario alguno sobre la misma La disputa con España estaba entonces comprometida; y Pitt comprometió a Miranda por sus servicios entregándole mil doscientas libras esterlinas, siendo ese el contenido de la carta.

En consecuencia, si es verdad que Miranda trajo consigo un crédito sobre ciertas personas en Nueva York por seis mil libras, no es difícil suponer de quien vino el dinero; ya que la apertura de cualquier proposición entre Pitt y Miranda ya había sido hecha con el asunto de *Nootka Sound*. Miranda estaba en Paris cuando el Sr. Monroe llegó allí como ministro; y como Miranda quería conocerlo, yo advertí a; Sr. Monroe contra él, y le dije sobre el asunto de *Nootka Sound*, y los mil doscientas libras."

La carta terminaba indicándole a su destinatario que "Usted está en libertad de hacer uso de esta carta como quiera, y con mi nombre en ella."[302]

La relación entre ambos, era evidente que se había agriado, por la creencia de Paine de que Miranda, desde los años en los que coincidieron en París era un agente británico. El mismo Miranda captó la animadversión como lo expresó en carta que dirigió desde París a Alexander Hamilton el 1 de abril de 1797, en la cual al remitirle un

---

302 Véase *The Life Of Thomas Paine, With A History Of His Literary, Political And Religious Career In America France, And England, By Moncure Daniel Conway* en http://thomaspaine.org/aboutpaine/life-of-thomas-paine-vol-ii-by-moncure-conway.html

libro sobre la revolución francesa de Antoine-Fantin Desodoards (*Historie philosophique de la Revolution de France*), le dijo "menciona las causas [de la Revolución] con conocimiento, imparcialidad y moderación", recomendándole leerlo, y le indicó que "Mister Paine y M----, quienes se han ido de aquí rumbo a su país, tal vez no comparten este criterio, pero pienso que ellos son más conocedores del sistema de los Jacobinos que del concerniente a la revolución francesa," diciéndole además sobre Paine "que se ha convertido en un verdadero Marat."

En la posdata a esta carta Miranda a su "muy querido amigo" Hamilton, le dijo:

"Acabo de recibir en estos momentos una carta del Sr. Monroe, a través de su secretario Prevost. El contenido de dicha carta me hace sospechar alguna que otra cábala o intriga por parte de los señores Paine y Monroe (con quien jamás estuve ligado). Asimismo, me apresuro a enviarle copia de esta pequeña correspondencia para que pueda contestar las calumnias que son las armas de la secta *Jacobitte*." [303]

Era evidente que Paine tenía el convencimiento de que Miranda había participado en alguna forma al servicio del Reino Unido en el conflicto de *Nootka Sound*, que se había iniciado en 1789 y que condujo a la firma de un Convenio internacional entre los dos países en octubre de 1790 disipando lo que se creía era una situación de guerra inminente. Miranda quien conoció a William Pitt, primer ministro en febrero de 1790, cuando se entrevistó con el en s casa de Hollwood para plantearle su propuesta de liberación del Continente americano,[304] confiaba en que ello ocurriría, pues así las posibilidades de que Inglaterra ayudara a la causa de la independencia suramericana podían ser reales. Pero lamentablemente para él, el acuerdo entre el Reino Unido y España en la controversia *Nootka Sound* disipó toda posibilidad de ayuda británica a sus planes.

---

303 Véase en Francisco de Miranda, *América Espera*, [Ed. J.L. Salcedo Bastardo], *cit.*, pp. 187-188.

304 Véase en Francisco de Miranda, *América Espera*, [Ed. J.L. Salcedo Bastardo], *cit.*, pp. 104-107.

El sitio de *Nootka Sound* situado en la costa oeste de la Isla de Vancouver, al norte de la costa del Pacífico en Norte América, no solo era utilizado por navegantes rusos que incluso pretendían establecer allí una fortificación, sino que era utilizado con frecuencia por los navegantes británicos y particularmente comerciantes británicos de pieles.

Informado de ello el Virrey de Nueva España Manuel Antonio Flores, por el navegante y explorador español Esteban José Martínez cuando pasó por allí en viaje exploratorio hacia Alaska, el Virrey lo instruyó ocupar el sitio y establecer una población a los efectos de dejar claramente establecida la soberanía española en la zona. Y así, hacia mitades de 1789, Martínez formalmente estableció en el sitio el *Puerto de San Lorenzo de Nuca,* dando inicio a una serie de acciones confiscatorias y de toma de diversos navíos británicos que se sucedieron durante el resto del año. La medida no afectó, sino ocasionalmente, a navíos de bandera de los Estados Unidos a los cuales se les permitió zarpar dado que Estados Unidos era un aliado de España, y España incluso había ayudado a los Estados Unidos en la guerra de independencia.

La captura de los barcos británicos fue precisamente la que originó la crisis llamada de *Nootka Sound,* la cual por muy poco no desembocó en una guerra entre el Reino Unido y España.[305] El gobierno del Primer Ministro William Pitt cuestionó las pretensiones españolas de soberanía de la costa del Pacífico de Norte América, que España alegaba tener conforme a los términos del Tratado de Tordesillas de 1493; alegando en cambio derechos británicos de descubrimiento como resultado de las expediciones que habían hecho Francis Drake (1579) y James Cook (1778).

---

305 El mismo Miranda se refirió a ello en un Memorándum que dirigió al Ministro Pitt sobre sus conversaciones, recordándole que "tuvimos una larga conferencia sobre el tema de los preparativos para una guerra con España a consecuencia de los acontecimientos en Nootka-Sound, la fuerza posible de las fuerzas navales españolas, la disposición del pueblo en la América del Sur a unirse a los ingleses por su independencia contra los españoles, etc." Véase en Francisco de Miranda, *América Espera,* [Ed. J.L. Salcedo Bastardo], *cit.,* p. 111.

La superioridad de la Armada británica sobre la española, en todo caso, forzó a España a llegar a unos acuerdos, el primero de los cuales se firmó el 28 de octubre de 1790, mediante el cual ambos países reconocieron el derecho mutuo de ubicar asentamientos en la costa en sitios no ocupados, así como la libertad de navegación y comercio, poniendo fin al monopolio español de descubrimiento, conquista y comercio que venía ejerciendo por los dos siglos anteriores.

Lo que Miranda expresó al conocer el acuerdo fue: "He sido vendido por un tratado de comercio con España!,"[306] refiriéndose al desistimiento de Pitt de prestar ayuda alguna a su empresa libertaria. Ello por supuesto no terminó con sus entrevistas con Pitt y su insistencia de obtener apoyo, incluso solicitándole en 1791 y 1792 que se le asignara una renta ofreciendo trabajar para el gobierno británico,[307] habiendo recibido solo algunos pagos aislados de montos en libras esterlinas ordenados por Pitt,[308] después de repetidos reclamos con solicitud de devolución de los planos y documentos que había dejado en poder de Pitt,[309] antes de su ida a Francia en marzo de ese mismo año en busca de apoyos para su empresa de parte del gobierno que había surgido de la Revolución.

---

[306] Véase en Francisco de Miranda, *América Espera,* [Ed. J.L. Salcedo Bastardo], *cit.,* p. 558.

[307] Véase en Francisco de Miranda, *América Espera,* [Ed. J.L. Salcedo Bastardo], *cit.,* pp. 109.

[308] Véase en Francisco de Miranda, *América Espera,* [Ed. J.L. Salcedo Bastardo], *cit.,* pp. 115.

[309] Véase en Francisco de Miranda, *América Espera,* [Ed. J.L. Salcedo Bastardo], *cit.,* pp. 116.

VII
ALGUNOS HECHOS Y ACTORES QUE PROVOCARON LA REVOLUCIÓN DE CARACAS DE 1810

Luego del regreso de Miranda a Londres, después de su fracasada aventura libertadora de las provincias de Venezuela, es que puede decirse que se inició efectivamente el proceso de independencia de Hispanoamérica, que tuvo su origen en la crisis del Antiguo Régimen español que se produjo precisamente a partir de 1808; luego de la abdicación del rey Carlos IV y de su sucesor Fernando VII, de su secuestro en Bayona por el Emperador de los franceses, y de la invasión del Reino por las tropas de Napoleón.[310]

Esos hechos provocaron que el gobierno de España se hubiese desdibujado ante el mundo, habiendo en la Península en realidad varios gobiernos *de facto* de carácter local que se habían ido formado en medio de una aguerrida y sangrienta guerra de independencia contra los franceses.

Estos hechos y el vacío de poder que habían provocado eran conocidos en Caracas, y sus noticias, que reflejaban la situación

---

310 Véase Allan R. Brewer-Carías, "Las causas de la Independencia de Venezuela explicadas en Inglaterra, en 1812, cuando la Constitución de Cádiz comenzaba a conocerse y la Republica comenzaba a derrumbarse." Ponencia presentada en el *V Simposio Internacional Cádiz, hacia el Bicentenario. El pensamiento político y las ideas en Hispanoamérica antes y durante las Cortes de 1812*, Unión Latina, Ayuntamiento de Cádiz, Cádiz, 23-26 de noviembre de 2010.

desesperada de España, circulaban por las provincias americanas originándose en las mismas el temor de caer en manos de los propios usurpadores franceses. Esos hechos, como se señaló en las "Observaciones Preliminares" del libro que consideramos fue la última empresa editorial de Miranda, impreso en Londres en 1812, en los días antes de su detención, titulado: *Interesting Official Documents relatng to the United Provinces of Venezuela*, Printed for Logman and Co. Paternoster-Row; Dulau, Soho-Square; Harding, St. James's Street; W. Mason, N° 6, Holywell Street, Strand, &c&c, London 1812:

> "fueron las causas principales de la resolución tomada por los americanos de no confiar más tiempo su seguridad a la administración de los Europeos, y de poner sus negocios al cuidado de Juntas o Asambleas Provinciales formadas al ejemplo y por los mismos medios que España"

Para ese momento en el cual se produjo la invasión napoleónica a España, debe recordarse que ya la Revolución había terminado en Francia, particularmente después del período del Terror, respecto del cual tanta aprehensión tenía Miranda por experiencia propia. La República, en efecto, para ese momento había sido totalmente eclipsada y secuestrada por un régimen autoritario que convirtió a Napoleón Bonaparte en Cónsul de por vida en 1802, proclamándolo luego, en 1804, Emperador también de por vida, por supuesto, de acuerdo con el principio hereditario.

Para 1808, por tanto, ya no había República y toda Europa se vio amenazada y en gran parte fue ocupada o controlada por el Emperador. Éste conducía un Estado de guerra, y España, en la frontera, no escaparía de sus garras ni al juego de su diplomacia continental.[311] En ese contexto, y tras el Tratado de Fontainebleau firmado el 27 de octubre de 1807 por los representantes de la Corona española y del Imperio napoleónico, los dos países acordaron el reparto de

---

311   Véase Joseph Fontana, *La crisis del antiguo Régimen 1808–1833,* Barcelona 1992.

Portugal, cuyos príncipes habían huido a Brasil.[312] El Tratado de Fontainebleau, contenía una cláusula secreta mediante la cual se concedía el territorio del Algarve, bajo título hereditario, a Manuel Godoy, el ministro favorito de Carlos IV, previéndose precisamente la invasión de Portugal por las tropas napoleónicas a través de España.

Sin embargo, diez días antes de la firma del Tratado, las tropas de Napoleón ya estaban en España y habían cruzado la frontera con Portugal, lo que significó que en marzo de 1808, más de 100.000 hombres de los ejércitos franceses ya estaban en España. Al mismo tiempo, el rey Carlos IV sabía de la trama de su hijo Fernando para sacarlo del trono y secuestrar a Godoy, de lo que presumiblemente el Rey ya le había perdonado. Por otro lado, desde febrero de 1808, ya existía un regente en Portugal, Jean-Andoche Junot, Primer Duque de Abrantès, que actuaba en nombre del Emperador, por lo que el Tratado de Fontainebleau y el reparto del territorio de Portugal, había en definitiva quedado sin efecto.

---

312 Es decir, aún antes de que las tropas francesas (que desde noviembre 1807 ya habían invadido España) llegaran a la frontera con Portugal, ya el príncipe Juan de Braganza (quien era regente del reino de Portugal debido a la enfermedad de su madre, la reina María) y su corte, se habían refugiado en Brasil, estableciendo en marzo de 1808 la sede del gobierno Real en Río de Janeiro. Solo sería ocho años más tarde –en 1816– cuando el príncipe Juan se coronó como Juan VI de la Corona del Reino Unido de Portugal, Brasil y Algaves (con su capital en Río de Janeiro). En la península, Portugal había quedado gobernada por un Consejo de Regencia que estuvo controlado por el comandante de las fuerzas británicas. Una vez que Napoleón fue derrotado en Europa, Juan VI regresó a Portugal dejando a su hijo Pedro como regente de Brasil. A pesar de que las Cortes restablecieron el territorio de Brasil a su estado anterior lo cual requería que el regente Pedro regresara a la Península, él -al igual que hicieron las Cortes de Portugal-, convocó a una Asamblea Constituyente en Brasil, proclamando la independencia de Brasil de septiembre de 1822, y donde, el 12 de octubre ese año, fue proclamado Emperador de Brasil, como Pedro I de Braganza y Borbón. En 1824, la Constitución imperial de Brasil fue aprobada, y dos años más tarde, en 1826, el Emperador brasileño regresó a Portugal tras la muerte de su padre, Juan VI, para asumir el reino portugués como Pedro IV, aunque por un corto tiempo.

Napoleón había pensado inicialmente que la familia real española seguiría el ejemplo de la de Portugal[313] y se escaparía a Cádiz y de allí a América, pero al final cambió de opinión, imponiendo la entrega a Francia de todo el territorio de España al norte del Ebro, incluyendo los Pirineos, incluso como condición para la distribución de parte del Reino de Portugal a España.

La presencia de las tropas francesas en España y la concentración de las tropas españolas en Aranjuez provocaron todo tipo de rumores, incluida la mencionada posible huida del Monarca y su familia a Andalucía y a las Américas, que ya el rey había descartado. Sin embargo, estos rumores tuvieron que ser aclarados por el Monarca, quien anunció en una proclama a los súbditos españoles, que la concentración de tropas que se había producido en Aranjuez no estaban allí para defender a su persona ni para acompañarlo en un viaje "que su maldad los ha hecho asumir como necesario".

La concentración de tropas en Aranjuez, sin embargo, fue realmente parte de una conspiración en curso que se había desarrollado contra el gobierno de Godoy, liderada, entre otros, por el mismo Príncipe de Asturias, Fernando, futuro Fernando VII, que buscaba también la abdicación de su padre, Carlos IV, con la complicidad de agentes franceses y la ayuda del odio popular que se había desarrollado contra Godoy, por la ocupación francesa del reino.

La noche de 18 de marzo de 1808 por todo ello, estallaron disturbios en Aranjuez,[314] los cuales originaron una revuelta popular que condujo a la detención de Godoy y al saqueo de sus propiedades por parte de la turba, y finalmente, a la abdicación de Carlos IV

---

313 Véase Félix A. Montilla Zavalía, "La Experiencia Monárquica americana: Brasil y México," en *Debates de Actualidad*, Asociación Argentina de Derecho Constitucional, Año XXIII, N° 199, enero / abril de 2008, pp. 52 ss.

314 Véase un relato de los acontecimientos de marzo en Madrid y Aranjuez y los documentos completos sobre la abdicación de Carlos IV, en J.F. Blanco y R. Azpúrua, *Documentos para la Historia de la Vida Pública del Libertador de Colombia, Perú y Bolivia. Puestos por orden cronológico y con adiciones y notas que la ilustran*, La Opinión Nacional, Vol. III, Caracas 1877, Edición facsimilar: Ediciones de la Presidencia de la República, Caracas 1977, 1983, Tomo II, pp. 91 a 153.

en su hijo Fernando, como se anunció el 19 de marzo 1808, como parte de sus intrigas. Sin embargo, en la misma noche, Carlos IV ya estaba diciendo a sus siervos que no había abdicado, y dos días después, el 21 de marzo de 1808, se arrepintió de su abdicación en una proclama en la cual declaró:

> "Protesto y declaro que todo lo manifestado en mi decreto del 19 de marzo, abdicando la corona a mi hijo, fue forzado por precaver mayores males y la efusión de sangre de mis queridos vasallos, y por tanto de ningún valor."

También escribió a Napoleón clarificando su situación diciendo:

> "Yo no he renunciado en favor de mi hijo sino por la fuerza de las circunstancias, cuando el estruendo de las armas y los clamores de una guardia sublevada me hacían conocer bastante la necesidad de escoger la vida ó la muerte, pues esta última se hubiera seguido después de la de la reina."

A pesar de estas declaraciones, Carlos IV no sólo nunca recuperaría la corona, sino que tres días más tarde, su hijo, como Fernando VII entraría triunfante en Madrid, iniciando un reinado corto en el cual uno de sus primeros decretos fue el de ordenar la requisa de los bienes de Godoy, originando la ira popular contra dichos bienes que fueron asaltados en todo el Reino. Durante ese breve reinado, sin embargo, incluso se llegaron a acuñar monedas de "un duro" con el sello del nuevo rey: "Fer VII."

Con la abdicación anunciada y luego negada de Carlos IV, en todo caso, comenzaba a finalizar el Antiguo Régimen en España y a desaparecer toda una época cuyo testimonio gráfico quedó en la obra de Francisco de Goya. Fue durante el reinado de aquél que éste creó la parte más extensa y significativa de su obra, a través de la cual se pudo apreciar visualmente la Corte de Carlos IV. Goya, en efecto, fue nombrado por Carlos IV en 1789, el mismo año de la Revolución francesa, a los cuatro meses de entronizado, como Pintor de Cámara, habiendo sido ascendido en 1799 a Primer Pintor de la Real Casa. Para esa fecha ya tenía terminada la serie de grabados conocida como *Caprichos sobre los errores y vicios humanos*.

La familia de Carlos IV (1801) es un extraordinario retrato colectivo que está en el Museo de El Prado, legado a su vez de Fernando VII al arte universal. Esa obra constituye un testimonio visual, no sólo de la última familia real del Antiguo Régimen español, sino de una época que fue trascendente en la historia de España. En centenares de cuadros, Goya dio cuenta de esa época y de todos sus personajes. Todos posaron para él, incluyendo la Duquesa de Alba vestida y, como las *majas,* vestida y desnuda. Estos cuadros, incluso, en buena parte pasaron a la propiedad del ministro Godoy.

Goya dejó plasmado, además, en un magistral lienzo *Los fusilamientos del 3 de mayo de 1808 en Madrid*, el hecho con el cual se inició la guerra de independencia en España.

Después de la abdicación de Carlos IV y del exilio de los Reyes, Goya permaneció en la Corte al margen de todo partidismo extremo, plasmando los años difíciles en diversas pequeñas pinturas sobre temas dramáticos, desesperados y violentos que desembocaron en la serie llamada los *Desastres de la Guerra.* Abordó temas populares, como la serie con el título *La tauromaquia* que publicó en 1816. Desde 1819 fue creando las famosas *Pinturas Negras* así como la serie de grabados denominados *Disparates* llenos de pesimismo y de su visión ya desesperada de la humanidad. Con la restauración del absolutismo en 1823, la situación de Goya se hizo cada vez más incómoda obteniendo, sin embargo, en 1826 su jubilación como pintor del Rey, falleciendo años después en Burdeos. Su vida, entre dos siglos y dos mundos, por supuesto, estuvo llena de crisis personales e históricas que originaron tantas vertientes en su obra. En todo caso, Goya "habló" durante más de 50 años de los 82 que vivió, a través de sus pinturas y grabados, particularmente de la Corte de Carlos IV.

Esa Corte fue precisamente la que se desmoronó en 1808, cuando en Aranjuez Carlos IV anunció su abdicación, comenzó la persecución contra Godoy, y Fernando VII asumió la Corona, pensando que era efectivamente el nuevo rey. Así viajó a Madrid, pero sin prever que pocas horas después de su llegada, el 23 de marzo de 1808, el general Joaquín Napoleón Murat, Gran Duque de Berg, comandante del ejército y gobernador de Madrid también llegaría a la ciudad, ordenando que Godoy fuera salvado de un linchamiento definitivo, haciendo caso omiso a la presencia del nuevo rey en la ciudad que estaba ya ocupada por los franceses. En cuanto al ex rey Carlos IV y su familia, por orden de Murat, el 9 de abril de 1808 fueron trasladados a El Escorial, y luego, el 30 de abril de 1808, a Bayona, donde Napoleón los esperaba.

Para ese momento, ya estaban en Bayona, primero Fernando VII, quien había llegado el 20 de abril, y también el propio ministro Godoy, quien había llegado 26 de abril de 1808. Todos ellos se habían volcado hacia el Emperador para conseguir su apoyo y reconocimiento, con lo que Napoleón se había convertido en el árbitro de la crisis política de la monarquía española.

Estando el Reino bajo su control, Napoleón decidió apoderarse del mismo para lo cual siguió la siguiente trayectoria: En primer lugar, el 5 de mayo de 1808, obtuvo una nueva abdicación de Carlos IV, esta vez, en nombre del propio Napoleón; en segundo lugar, al día siguiente, el 6 de mayo de 1808 hizo que Fernando VII abdicara la corona en su padre Carlos IV, [315] sin decirle lo que había hecho el día anterior; y tercero, con la firma de los Tratados de Bayona, unos días más tarde, el 10 de mayo de 1808, Carlos IV y Fernando VII solemnemente transfirieron todos sus derechos sobre la Corona Española y las Indias al Emperador Napoleón,[316] "como el único que, en el estado a que han llegado las cosas, puede restablecer el orden," a cambio de asilo, pensiones y propiedades en Francia.[317] Además, desde el 25 de mayo 1808, Napoleón había nombrado al mismo Murat como Lugarteniente General del Reino,[318] expresando al pueblo español:

---

315 En J.F. Blanco y R. Azpúrua, *Documentos para la Historia de la Vida Pública del Libertador....,* Tomo II, p. 133.

316 En J.F. Blanco y R. Azpúrua, *Documentos para la Historia de la Vida Pública del Libertador....,* Tomo II, p. 142.

317 *Idem,* Tomo II, pp. 142 a 148.

318 *Idem,* Tomo II, p. 153.

"Vuestra Monarquía es vieja: mi misión se dirige a renovarla, mejoraré vuestras instituciones, y os haré gozar de los beneficios de una reforma sin que experimentéis quebrantos y convulsiones."

Prometió, además, "una Constitución que concilie la santa y saludable autoridad del Soberano con las libertades y privilegios del pueblo."[319]

El siguiente paso fue la instauración en Madrid del hermano del Emperador, José Bonaparte, como nuevo Rey de España, manteniendo las formas políticas a través de la convocatoria de un Consejo y el otorgamiento de una Constitución conocida como la Constitución de Bayona de julio de 1808. Dicha Constitución, sin embargo, no dio ninguna estabilidad institucional al Reino ya que antes que fuera promulgada, en mayo de 1808, en España ya había comenzado una guerra de independencia contra Francia, en la que gobiernos *de facto* locales tendrían el papel clave de asumir la representación del pueblo bajo el impulso de las iniciativas de la gente.[320]

Fue, en todo caso, el secuestro de los monarcas españoles en Francia lo que provocó que estallara en Madrid, el 2 de mayo de 1808, la rebelión popular que generó muertes y fusilamientos provocados por la guarnición francesa.[321] El emperador juró vengar a los franceses muertos, siendo la toma del Reino de España sin lugar a dudas parte de esa venganza. Pero en realidad, los que fue vengado fueron los españoles que murieron en los trágicos tiroteos del 3 de mayo, pues a partir de esos hechos el pueblo español extendió la rebelión por toda España, contra las tropas francesas, lo cual sin duda posteriormente repercutiría en las colonias americanas.

Como consecuencia de ese levantamiento que se extendió a todos los pueblos y ciudades, durante la guerra, en todas las capitales de las provincias se establecieron espontáneamente *Juntas de Ar-*

---

319   *Idem*, Tomo II, p. 154.
320   Véase A. Sacristán y Martínez, *Municipalidades de Castilla y León,* Madrid, 1981, p. 490.
321   Véase F. Blanco y R. Azpúrua, *Documentos para la Historia de la Vida Pública del Libertador...*, *op. cit.,* Tomo II, p. 153.

mamento y Defensa, las cuales asumieron el poder *de facto* de los pueblos. En general fueron todas integradas por las personas más importantes de cada localidad, quedando encargadas de la suprema dirección de los asuntos locales y de la realización y organización de la resistencia contra los franceses. Desde entonces estalló la Guerra de la Independencia.

Estas *Juntas*, aun cuando compuestas por personas designadas por aclamación popular, tenían como agenda común defender la monarquía que estaba simbolizada en la persona de Fernando VII, por lo que las mismas siempre actuaron en nombre del Rey. Pero a pesar de ello, lo cierto es que de hecho lo que se había producido era una revolución política, de manera que el sistema absolutista de gobierno pasó a ser sustituido por un sistema municipal popular, democrático y autónomo, representado plenamente en las *Juntas* locales.[322] Estas, a través de sus delegados, a su vez se unieron para la formación de *Juntas Provinciales* en representación de los municipios agrupados en un territorio determinado, y a su vez, estas *Juntas Provinciales* formaron una *Junta Suprema o Central* que se estableció en Sevilla.

Fue la idea de establecer unas Juntas a la usanza de las que se propagaron en la Península, sin duda, la chispa que luego provocaría el inicio de la Independencia de las provincias americanas, comenzando con las de Quito en 1809 y de Venezuela en 1810; creación por la que tanto abogó desde 1808 Francisco de Miranda en múltiples correspondencias que dirigió a los cabildos de México, Venezuela y del Río de la Plata.

En 1810, en todo caso, en la Península fue la *Junta Central* de Gobierno del Reino la que se vio obligada a establecerse en Cádiz, en el extremo sur de Andalucía, donde al resolver sobre su propia cesación, nombró un Consejo de Regencia para gobernar el Reino, y convocó, al mismo tiempo, elecciones de representantes de todas las provincias españolas con el fin de formar las *Cortes Generales* a

---

[322] Véase O. C. Stoetzer, *Las Raíces Escolásticas de la Emancipación de la América Española,* Madrid, 1982, p. 270.

fin de redactar una nueva Constitución, que fue la Constitución de 1812 Cádiz.

La noticia sobre la ocupación del territorio español por los ejércitos de Napoleón y la adopción de la Constitución de Bayona el 6 de julio de 1808, se conocieron oficialmente en Caracas un mes después, el 15 de agosto de 1808,[323] cuando tales hechos fueron formalmente informados al Capitán General de Venezuela mediante decretos reales, entre los cuales estaba el Decreto Real de proclamación de Fernando VII del 20 de abril de 1808. Esos decretos se abrieron en la reunión del *Ayuntamiento* de Caracas de ese día 15 de julio de 1808,[324] cuatro meses después de haberse expedido, y después de que ya habían ocurrido todos los acontecimientos antes mencionados, particularmente las abdicaciones de los reyes en Napoleón, y la proclamación de José Napoleón como "Rey de las Españas y de las Indias."

No es de extrañar, por tanto, los devastadores efectos políticos que en Venezuela tuvieron las noticias, empeoradas por el hecho de que el conocimiento tardío de las mismas se había hecho por emisarios franceses que habían ido a Caracas para tal fin, exacerbando con ello la incertidumbre en la provincia.

Al recibir la noticia, el Capitán General de Venezuela Juan de Casas, que desde 1807 había asumido el cargo tras la muerte de su titular Manuel de Guevara y Vasconcelos,[325] el que había recibido la invasión de Miranda, hizo una declaración solemne el 18 de julio 1808, indicando que debido a que "ningún gobierno intruso e ilegí-

---

323 Véase J. F. Blanco y R. Azpúrua, *Documentos para la Historia de la Vida Pública del Libertador...*, *op. cit.*, Tomo II, pp. 126, 127.

324 *Idem*, Tomo II, pp. 127 ss.

325 Fue precisamente durante la administración de Guevara Vasconcelos, de quien Casas era sub-comandante, cuando José María España, uno de los cabecillas de la llamada conspiración de Gual y España (1797), y la primera de las víctimas de las ideas republicanas en Venezuela, fue colgado con gran despliegue de terror en la plaza principal de Caracas (1799); y también cuando Francisco de Miranda desembarcó en La Vela de Coro en 1806, con de su pequeña expedición independentista, manteniéndose en Coro por cinco días.

timo puede aniquilar la potestad legítima y verdadera" por los hechos acaecidos en la Península, "en nada se altera la forma de gobierno ni el Reinado del Señor Don Fernando VII en este Distrito."[326] Es más, el 27 de julio, el *Ayuntamiento* de Caracas se sumó a tal manifestación al afirmar que "no reconocen ni reconocerán otra Soberanía que la suya (Fernando VII), y la de los legítimos sucesores de la Casa de Borbón."[327]

En esa misma fecha, incluso, el Capitán General se dirigió al Ayuntamiento exhortándolo a que se erigiese en esta Ciudad "una Junta a ejemplo de la de Sevilla,"[328] para cuyo efecto, el Ayuntamiento tomó conocimiento del acto del establecimiento de aquélla[329] y acordó estudiar un "Prospecto" cuya redacción encomendó a dos de sus miembros. Dicho proyecto llegó a ser aprobado el 29 de julio de 1808, pasándolo para su aprobación al presidente, Gobernador y Capitán General.[330]

En esos mismos días Francisco de Miranda desde Londres se dirigía por carta del 20 de julio de 1808 al Marqués del Toro,

---

326 Véase J. F. Blanco y R. Azpúrua, *Documentos para la Historia de la Vida Pública del Libertador...*, *op. cit.*, Tomo II, p. 169.

327 *Idem*, Tomo II, p. 169.

328 El 17 de junio de 1808, por ejemplo, la Junta Suprema de Sevilla explicó a los dominios españoles de América los acontecimientos "más importantes que llevaron a la creación de la Junta Suprema de Sevilla que, en nombre de Fernando VII, rige los reinos de Sevilla, Córdoba, Granada, Jaén, provincias de Extremadura, Castilla la Nueva y en los territorios que quedan por sacudir el yugo del emperador de los franceses." Véase el texto de la proclamación del 17 de junio de 1808. J. F. Blanco y R. Azpúrua, *Documentos para la Historia de la Vida Pública del Libertador...*, *op. cit.*, Tomo II, pp. 154-157, y 170-174. Véase C. Pérez Parra, *Historia de la Primera República de Venezuela*, Biblioteca de la Academia Nacional de la Historia, Caracas, 1959, Tomo I. pp. 311 y ss., y 318.

329 Véase el acta del Ayuntamiento del 28 de julio de 1808 en J.F. Blanco y R. Azpúrua, *Documentos para la Historia de la Vida Pública del Libertador...*, *op. cit.*, Tomo II, p. 171.

330 Véase el texto del folleto y su aprobación del 29 de julio de 1809. *Ibid.*, pp. 172-174; Y C. Pérez Parra, *Historia de la Primera República*, *op. cit.*, p. 318.

miembro del Cabildo, pidiéndole que le hiciera llegar al mismo y al Ayuntamiento, su advertencia de que España, sin soberano, corría el riesgo de verse envuelta en una guerra y ser "subyugada por la Francia," que afectaría a la provincia, suplicándole por ello que el Cabildo "se reunieran en un cuerpo municipal representativo y tomen a su cargo el Gobierno de esa Provincia."[331] Posteriormente, el mismo Marques recibió otra carta de Miranda,[332] de las cuales no sólo hizo del conocimiento del Ayuntamiento, sino del propio Gobernador, y con ello de las autoridades en la Península, lo que agravó aún más su situación considerado como conspirador universal. Tal como lo resumió el marqués en comunicación enviada al Capitán General el 8 de noviembre de 1808:

> "he recibido las dos cartas rotuladas a mí y en mi ausencia al Ilustre Cabildo y Ayuntamiento de esta ciudad, las cuales remitió a VS el Comandante de la Guaira expresando haberlas entregado el capitán de una goleta inglesa procedente de Barbada, manifestándole haber llegado allí en el paquete de Londres, y dándoselas el Sr. Alejandro Cochrane con encargo de ponerlas en mis manos. Efectivamente son dirigidas estas cartas, que devuelvo, por Francisco de Miranda, de igual texto a las que le pasó el 24 de octubre.
>
> Nada tengo que añadir a ella sino el concepto que he formado de que Miranda, *descaradamente ingrato al país que le tolera*, quiere desfigurar la notable oferta que ha hecho el Rey de la Gran Bretaña de auxiliar a España contra el enemigo común, sin otro interés que el de conservar la integridad de esta monarquía.
>
> Ni el señor Cochrane, ni otro alguno inglés, cuyas manos haya pasado semejantes *papeles incendiarios*, dejaría de detestarlos altamente si los conociese."[333]

---

331 Véase el texto de la carta en Francisco de Miranda, *América Espera* [Ed. J.L. Salcedo Bastardo], Biblioteca Ayacucho, Caracas 1992, pp. 378-379.

332 Véase el texto de la carta de 6 de octubre de 1808 en Francisco de Miranda, *América Espera* [Ed. J.L. Salcedo Bastardo], Biblioteca Ayacucho, Caracas 1992, pp. 382-385.

333 Véase el texto en J. F. Blanco y R. Azpúrua, *Documentos para la Historia de la Vida Pública del Libertador...*, *op. cit.*, Tomo IV, p. 70.

A su vez, el Gobernador Juan de Casas se dirigió al Ministro de Estado, Gracia y Justicia, en relación con las cartas de Miranda, informándole que:

> "El marqués del Toro me ha dirigido las cartas que le han dirigido desde Londres y ha hecho entregarle cautelosamente *el traidor proscripto Francisco de Miranda que después de repetidas tentativas de turbar la tranquilidad de las provincias de esta capitanía e inflamarlas a una insurrección, y sin embargo de haber conocido con escarmiento la inutilidad de sus esfuerzos malignos, todavía persiste en el mismo designio infame*, aun no pudiendo ignorar que la Inglaterra se halla en amistad y alianza con España.
>
> El marqués del Toro desea puramente indicar *la injuria atroz que le ha hecho Francisco de Miranda* por medio de la interposición soberana de VM, y yo deseo este mismo, no solo por la debida reparación del insulto hecho al Marqués, sino porque en mi concepto importa mucho que *Miranda vea descubiertas y castigadas sus tramas, que ofenden gravísimamente a la sinceridad de las dos Coronas.*"[334]

Para el 22 de marzo de 1809, la respuesta de la Junta Central Gubernativa sobre la carta de Miranda fue la Real Orden firmada por Marín de Garay, dirigida al Capitán General de Caracas, indicándole que:

> "La Junta se ha enterado del contenido de la carta del Capitán general de 11 noviembre 1808 en que remite los *papeles sediciosos que Francisco de Miranda había dirigido desde Londres al marqués del Toro, y por su ausencia, al Ayuntamiento de esa ciudad.
>
> Su Majestad ha mandado al ministro ante la Corte de Londres se dé queja a aquél Gobierno, así sobre la impropiedad de que en el estado actual de estrecha amistad de las Potencias *se permita permanecer tranquilo en Londres, y continuar sus intrigas a un revolucionario célebre por sus repetidos pasos y esfuerzos contra el rey y contra la Patria*, como sobre la circunstancia más extraordinaria todavía de que un Oficial al servicio de SMB haya sido el portador de semejantes papeles sediciosos para esa provincia actual.

---

334 *Idem*, Tomo IV, p. 70.

Le pide que manifieste al marqués del Toro y al Ayuntamiento "lo gratas que han sido las manifestaciones de lealtad, y al ver por ellas que la ciudad de Caracas no es menos fiel para hacer causa común con el resto de la Monarquía Española contra los pérfidos designios de los franceses, que para resistir las sugestiones y tramas de un *aventurero intrigante, oprobio del nombre español*."[335]

De esta correspondencia se puede apreciar bien, cuán buscado era Miranda por los españoles, y cuál era la posición de los criollos privilegiados de Caracas en relación con Miranda, en particular, la del marqués del Toro, con quien perduró la enemistad. No es de extrañar, por tanto, la recepción que Miranda tuvo al regresar a Caracas en 1810, ni la reacción del Marqués y de todo su entorno al nombramiento de Miranda para sustituirlo en la conducción del ejército republicano en 1812.

Pero volviendo a la propuesta de Miranda en sus cartas de 1808, lo cierto fue que el Capitán General, nunca llegó a considerar la propuesta de constitución de una Junta de gobierno en Caracas, a pesar incluso de la representación que le habían enviado las primeras notabilidades de Caracas el 22 de noviembre de 1808, las cuales habían sido designadas para tratar con él sobre el tema de "la formación y organización de la *Junta* Suprema." En dicha representación, se registró el hecho de la instalación de los consejos bajo el nombre de la *Juntas* Supremas en las capitales de provincia de la Península, acerca de las cuales se dijo:

"Nobles esfuerzos de la nación por defensa de la religión, del rey, de la libertad e integridad del Estado y estas mismas le sostendrán bajo la autoridad de la soberana central, cuya instalación se asegura haberse verificado. Las provincias de Venezuela no tienen ni menos lealtad, ni menos ardor, valor ni constancia, que las de la España Europea."

Por tanto, el Ayuntamiento informó al Capitán General que creía que era:

"Absolutamente necesario poner en práctica la decisión del Presidente, Gobernador y Capitán General informada al Honorable Ayunta-

---

335   *Idem*, Tomo IV, p. 70.

miento para la formación de una Junta Suprema que se someta a la Junta Soberana de España y sea capaz de ejercer la autoridad suprema en esta Ciudad, mientras que nuestro amado rey Fernando VII vuelve al trono."[336]

Con este fin y para "evitar todo motivo de preocupación y desorden," el Ayuntamiento decidió nombrar "representantes del pueblo" para tratar con el Presidente, Gobernador y Capitán General sobre el proyecto y la organización de la Junta Suprema.[337] El Capitán General, Juan de Casas, quien después de haber declarado la conveniencia de la constitución de la Junta de Caracas, con el tiempo, no sólo no accedió a la petición que se le hizo, sino que más bien lo vio como una ofensa al orden público y a la seguridad, persiguiendo y juzgando a los peticionarios.[338]

El resultado fue que si bien los agitadores criollos no lograron hacer que el Cabildo se constituyese en Junta Suprema conservadora de los derechos de Fernando VII, desde el 15 de agosto de 1808 nada pudo detener el desarrollo de la revolución en medio de la agitación y preocupación general de la provincia, particularmente por las noticias que siguieron llegando durante el año siguiente (1809), aun cuando tardíamente, sobre la invasión general de España por los ejércitos franceses. Dicha invasión había llegado a abarcar casi todo el territorio peninsular, habiendo quedado reducido el funcionamiento del gobierno provisional de la *Junta Central*, a la Isla de León en Cádiz.

Todos estos hechos relacionados con la crisis política de la Corona Española, que fueron una de las principales razones que promovieron el proceso de independencia en las provincias de Vene-

---

336 Véase el texto en JF Blanco y R. Azpúrua, *Documentos para la Historia de la Vida Pública del Libertador...*, *op. cit.*, Tomo II, pp. 179-180; C. Parra Pérez, *Historia de la Primera República* Biblioteca de la Academia Nacional de la Historia, Caracas, 1959, Tomo I, 133.

337 J.F. Blanco y R. Azpúrua, *Documentos para la Historia de la Vida Pública del Libertador...*, Tomo II, pp. 179–180.

338 *Idem.*, Tomo II, pp. 180–181; L. A. Sucre, *Gobernadores y Capitanes Generales de Venezuela,* Caracas, 1694, pp. 312–313.

zuela, fueron cuidadosa y extensamente explicados en los documentos constitucionales de la república de 1811.

Por ejemplo, en la *Declaración de Independencia* de 5 de julio de 1811, cuyo texto fue publicado también en el libro *Interesting Documents Relating to the United Provinces of Venezuela,* Londres 1812, los representantes de "las provincias de Caracas Cumaná, Barinas, Margarita, Barcelona, Mérida y Trujillo", reunidos en el Congreso, declararon que la independencia había sido el producto de la "plena y absoluta posesión" de los derechos de tales "Provincias Unidas," "que forman la Confederación Americana de Venezuela en el Continente Meridional," que habían recobrado:

> "justa y legítimamente desde el 19 de abril de 1810, en consecuencia, de la jornada de Bayona y la ocupación del trono español por la conquista y sucesión de otra nueva dinastía constituida sin nuestro consentimiento."

Y en la misma *Declaración de Independencia* se expresó que:

> "Las cesiones y abdicaciones de Bayona, las jornadas de El Escorial y de Aranjuez, y las órdenes del lugarteniente duque de Berg, a la América, debieron poner en uso los derechos que hasta entonces habían sacrificado los americanos a la unidad e integridad de la nación española."

Este vínculo entre la crisis política de España y el proceso de independencia como una de las principales causas de este último, fue señalado también, y argumentado extensamente, en el *Manifiesto dado al mundo* de 30 de julio de 1811, también publicado en el libro *Interesting Documents Relating to the United Provinces of Venezuela,* Londres 1812, en el cual el Congreso General expresó que cuando "Caracas supo las escandalosas escenas de El Escorial y Aranjuez," ya "presentía cuáles eran sus derechos y el estado en que los ponían aquellos grandes sucesos;" y que si bien "todos conocen el suceso del Escorial en 1807," sin embargo, "quizá habrá quien ignore los efectos naturales de semejante suceso."

Por ello, en dicho *Manifiesto* se hizo el siguiente resumen de los aspectos más relevantes de la crisis española, aclarando debidamente, sin embargo, de que no era el ánimo del Congreso "entrar a averiguar el origen de la discordia introducida en la casa y familia de Carlos IV;" que se atribuían "recíprocamente la Inglaterra y la Francia, y ambos gobiernos tienen acusadores y defensores." Incluso, en el *Manifiesto* si bien es cierto que se aclaró que no era el propósito del Congreso al formularlo, hacer referencia a las combinaciones secretas entre Fernando VII y Napoleón, es decir, al "casamiento ajustado entre Fernando y la entenada de Bonaparte, la paz de Tilsit, las conferencias de Erfuhrt, el tratado secreto de Saint Cloud y la emigración de la casa de Braganza al Brasil"; sin embargo sí se consideró "cierto y lo propio" para los venezolanos, que "por la jornada del Escorial quedó Fernando VII declarado traidor contra su padre Carlos IV."

Sobre ello, se afirmó en el mismo *Manifiesto*:

"Cien plumas y cien prensas publicaron a un tiempo por ambos mundos su perfidia y el perdón que a sus ruegos le concedió su padre; pero este perdón como atributo de la soberanía y de la autoridad paterna relevó al hijo únicamente de la pena corporal; el Rey, su padre, no tuvo facultad para dispensarle la infamia y la inhabilidad que las leyes constitucionales de España imponen al traidor, no sólo para obtener la dignidad real, pero ni aun el último de los cargos y empleos civiles. Fernando no pudo ser jamás Rey de España ni de las Indias."

El recuento de los sucesos posteriores se hizo en el mismo *Manifiesto* de la siguiente manera:

"A esta condición quedó reducido el heredero de la Corona, hasta el mes de marzo de 1808 que, hallándose la Corte en Aranjuez, se redujo por los parciales de Fernando a insurrección y motín el proyecto frustrado en El Escorial. La exasperación pública contra el ministerio de Godoy sirvió de pretexto a la facción de Fernando para convertir indirectamente en provecho de la nación lo que se calculó, tal vez, bajo otros designios. El haber usado de la fuerza contra su padre, el no haberse valido de la súplica y el convencimiento, el haber amotinado el pueblo, el haberlo reunido al frente del palacio para sorprenderlo, arrastrar al ministro y forzar al Rey a abdicar la Corona, lejos de darle derecho a ella, no hizo más que aumentar su crimen, agravar su traición y consumar su inhabilidad para subir a un trono desocupado por la violencia, la perfidia y las facciones. Carlos IV, ultrajado, desobedecido y amenazado con la fuerza, no tuvo otro partido favorable a su decoro y su venganza que emigrar a Francia para implorar la protección de Bonaparte a favor de su dignidad real ofendida. Bajo la nulidad de la renuncia de Aranjuez, se juntan en Bayona todos los Borbones, atraídos contra la voluntad de los pueblos a cuya salud refirieron sus resentimientos particulares; aprovechóse de ellos el Emperador de los franceses, y cuando tuvo bajo sus armas y su influjo a toda la familia de Fernando, con varios próceres españoles y suplentes por diputados en Cortes, hizo que aquél restituyese la Corona a su padre y que éste la renunciase en el Emperador, para trasladarla en seguida a su hermano José Bonaparte."

Todo esto, como se afirmó en el *Manifiesto* de 1811, para "cuando llegaron a Caracas los emisarios del nuevo Rey," en Venezuela se ignoraba o se sabía "muy por encima," de manera que "la inocencia de Fernando, en contraposición de la insolencia y despotismo del favorito Godoy," había sido "el móvil de su conducta, y la norma de las autoridades vacilantes el 15 de julio de 1808," al rehusarse el Capitán General a constituir una Junta de gobierno, por lo que ante "la alternativa de entregarse a una potencia extraña o de ser fiel a un Rey que aparecía desgraciado y perseguido," según el Congreso General como lo expresó en el Manifiesto:

"triunfó la ignorancia de los sucesos del verdadero interés de la Patria y fue reconocido Fernando, creyendo que mantenida por este medio la unidad de la nación, se salvaría de la opresión que la amenazaba y se rescataría un Rey de cuyas virtudes, sabiduría y derechos estábamos falsamente preocupados."

El resultado fue, según se expresó en el *Manifiesto,* que:

"Fernando, inhábil para obtener la corona, imposibilitado de ceñirla, anunciado ya sin derechos a la sucesión por los próceres de España, incapaz de gobernar la América y bajo las cadenas y el influjo de una potencia enemiga, se volvió desde entonces, por una ilusión, un príncipe legítimo, pero desgraciado, se fingió un deber el reconocerlo, se volvieron sus herederos y apoderados cuantos tuvieron audacia para decirlo, y aprovechando la innata fidelidad de los españoles de ambos mundos empezaron a tiranizarlos nuevamente los intrusos gobiernos que se apropiaron la soberanía del pueblo a nombre de un Rey quimérico, y hasta la junta Mercantil de Cádiz quiso ejercer dominio sobre la América."

El tema también fue objeto de consideraciones en el *Acta de Independencia* del 5 de julio de 1811, donde se observó que:

"Cuantos Borbones concurrieron a las inválidas estipulaciones de Bayona, abandonando el territorio español, contra la voluntad de los pueblos, faltaron, despreciaron y hollaron el deber sagrado que contrajeron con los españoles de ambos mundos, cuando, con su sangre y sus tesoros, los colocaron en el Trono a despecho de la casa de Austria; por esta conducta quedaron inhábiles e incapaces de gobernar a un pueblo libre, a quien entregaron como un rebaño de esclavos. Los intrusos gobiernos que se abrogaron la representación nacional aprovecharon pérfidamente las disposiciones que la buena fe, la distancia, la opresión y la ignorancia daban a los americanos contra la nueva dinastía que se introdujo en España por la fuerza; y contra sus mismos principios, sostuvieron entre nosotros la ilusión a favor de Fernando, para devorarnos y vejarnos impunemente cuando más nos prometían la libertad, la igualdad y la fraternidad, en discursos pomposos y frases estudiadas, para encubrir el lazo de una representación amañada, inútil y degradante. Luego que se disolvieron, sustituyeron y destruyeron entre sí las varias formas de gobierno de España, y que la ley imperiosa de la necesidad dictó a Venezuela el conservarse a sí misma para ventilar y conservar los derechos de su Rey y ofrecer un asilo a sus hermanos de Europa contra los males que les amenazaban, se desconoció toda su anterior conducta, se variaron los principios, y se llamó insurrección, perfidia e ingratitud, a lo mismo que sirvió de norma a los gobiernos de España, porque ya se les cerraba la puerta al monopolio de administración que querían perpetuar a nombre de un Rey imaginario."

Estas ideas se retomaron en las *Observaciones Preliminares* a mismo libro londinense *Interesting Documents Relating to the United Provinces of Venezuela* de 1812, aún con otro lenguaje, insistiendo en que la "reforma ha sido el grito general," considerando que en Europa, se habían "visto naciones enteras combatir animosamente por extirpación de abusos envejecidos" de manera que "aquellos mismos que más acostumbrados estaban á arrastrar las cadenas del despotismo, se han acordado de sus derechos largo tiempo olvidados, y se han reconocido todavía hombres."

Por ello, se expresó que no podía esperarse que la América Española cuyos habitantes habían sido:

> "tanto tiempo hollados y esclavizados, y donde mas que en otra parte alguna era indispensable una reforma, fuese la unica que permaneciese tranquila, la unica que resignada con su triste destino viese indolentemente, que quando los Gobiernos de la Peninsula se ocupaban en mejorar la condicion del Español Europeo, á ella sola se cerraba toda perspectiva de mejor suerte, que sus clamores eran desechados, y que aun se le imponia una degradacion todavía mayor, que la que habia sufrido baxo el regimen corrompido de los Ministros de Carlos IV"

Al contrario, en las *Observaciones Preliminares* al libro se añadió que la América española también había sentido el "choque eléctrico" de los contrastes, de manera que "penetrados los Americanos de la justicia de sus demandas," comenzaron a reclamarlas, particularmente frente a la "doble opresión de la Corona y del monopolio," y las "gravosas é irracionales restricciones que agobiaban a todas las clases, y sofocaban en ellas toda especie de actividad y de industria," con "leyes, extraviadas de su benéfico objeto, que no servían ya para el castigo del culpable, ni para la protección del inocente." En esa situación, se argumentó en dichas *Observaciones Preliminares*, que lo que se veían a cada paso eran "actos de la más bárbara arbitrariedad" careciendo los "nativos de una equitativa participación en los empleos de confianza ó de lucro," prevaleciendo un sistema de gobierno ignominioso "contrario á los más esenciales derechos del género humano, y opuesto á los dictados de la justicia y de la razón".

En una palabra, en las *Observaciones Preliminares* del libro se concluyó afirmando que la condición de los americanos no podía considerarse sino como la de un "oscuro" "vasallaje feudal de la España." En las Provincias de la colonia, por otra parte, existían "vacíos inmensos en todos los ramos de industria," ocasionados "por la grosera ignorancia de los mas comunes inventos," sometidas como estaban a "un sistema de monopolio, dictado por el injusto principio de preferencia á los pocos, y tan hostil á la fecundidad de las artes," denunciándose en particular que en la Provincia de Caracas no se permitió "enseñar matemáticas, tener imprenta, escuela de pilotaje, ni clase de derecho público, ni se toleró que hubiese Universidad en Mérida;" todo lo cual no podía "contradecirse por los mal descarados panegiristas del poder arbitrario, ni paliarse por las especiosas producciones de las prensas de Cádiz, empeñadas en probar las ventajas de la dependencia y del monopolio."

En fin, se argumentó en las mismas *Observaciones Preliminares* que no se podía pretender que sólo a las provincias de las Américas se les negasen sus derechos y el poder "velar sobre su integridad," y se les exigiera "que para la distribución de justicia" tuvieran que "atravesar un océano de dos mil leguas," y que en "momentos tan críticos como el actual, subsistan desnudos de todas las atribuciones de los seres políticos, y dependan de otra nación, que un enemigo poderoso amenaza aniquilar;" y que quedasen "como una nave sin timón," expuestos "a los rudos embates dé la mas furiosa tempestad política, y prontas a ser la presa de la primera nación ambiciosa que tenga bastante fuerza para apoderarse de ellas."

Por ello fue que Miranda desde Londres, como se ha dicho, por segunda vez se dirigió al Marqués del Toro y al Cabildo de Caracas, mediante carta de 6 de octubre de 1808, donde ya daba cuenta de la relación que el capitán Beaver, de la fragata *Acasta* de la Royal Navy, había hecho al Almirantazgo sobre lo ocurrido en Caracas y en La Guardia, con motivo de la visita de los emisarios franceses y la reacción de la población contra los mismos, recordándoles la necesidad de que "la fuerza de un Estado reside esencialmente en el Pueblo colectivamente, y que sin él uno no puede formarse vigorosa resistencia en ninguna parte," remitiéndole un bosquejo para la "organización representativa y de gobierno para nuestra América."[339]

Todos esos antecedentes provocaron que en la Provincia de Caracas, luego de los sucesos en España de 1808, se fuera tomando conciencia de lo precario del gobierno en la Península, afianzándose el temor al dominio que pudiera adquirir el Emperador sobre las provincias americanas. Ello se propagó con el sentimiento popular que se extendió de que además, el gobierno que existía en la Capitanía General era pro-bonapartista, lo cual también se achacó al Mariscal de Campo, Vicente de Emparan y Orbe, quien en marzo de

---

339 Véase el texto de la carta Francisco de Miranda, *América Espera* [Ed. J.L. Salcedo Bastardo], Biblioteca Ayacucho, Caracas 1992, pp. 382-385.

1809 había sido nombrado por la Junta Suprema Central Gubernativa del reino como Gobernador de la Provincia de Venezuela, en reemplazo del Gobernador Juan de Casas.[340]

Dicha Junta Suprema, que llevaba la dirección de los asuntos nacionales en España, había sido formalmente reconocida por el Ayuntamiento de Caracas a partir del 12 de enero de 1809 como el gobierno supremo del imperio,[341] y fue la misma que por Real Orden del 22 de enero de 1809, dispondría la muy importante resolución de que:

> "Los vastos y preciosos dominios que la España posee en las Indias no son propiamente colonias o factorías, como los de otras naciones, sino una parte esencial e integrante de la monarquía española..."[342]

Como consecuencia de esta trascendente declaración se consideró que las Provincias de América debían tener representación y constituir parte de la Junta Suprema Central, a cuyo efecto se dispuso la forma cómo habrían de elegirse los diputados y vocales americanos, a través de los Ayuntamientos coloniales, pero en absoluta minoría en relación a los representantes peninsulares.[343]

---

340 Véase L. A. Sucre, *Gobernadores y Capitanes Generales...*, op. cit., p. 314.

341 Véase Parra Pérez, *Historia de la Primera República op. cit.*, Tomo II, p. 305. Véase texto de las Juntas de Aranjuez y Sevilla en J. F. Blanco y R. Azpúrua, *Documentos para la Historia de la Vida Pública del Libertador...*, op. cit., Tomo II, pp. 174 y 179

342 Véase texto en J.F. Blanco y R. Azpúrua, *Documentos para la Historia de la Vida Pública del Libertador...*, op. cit., Tomo II, pp. 230–231; O. C. Stoetzer, *Las Raíces Escolásticas de la Emancipación...*, op. cit., p. 271.

343 Esto fue protestado en América. Véase, por ejemplo, el *"Memorial de Agrarios"* de C. Torres del 20 de noviembre de 1809 en J.F. Blanco y R. Azpúrua, *Documentos para La Historia de la Vida Pública del Libertador, op. cit*, Tomo II, pp. 243-246; y O.C. Stoetzer, *Las Raíces Escolásticas de la Emancipación op. cit.*, p. 272. En algunos casos, un proceso de elección se estableció y aplicó, por ejemplo, en la provincia de Guayana. Véanse los textos de JF Blanco y R. Azpúrua, *Documentos para La Historia de la Vida Pública del Libertador ...*, op. cit., Tomo II, pp. 260-261.

Sin embargo, para comienzos de 1809, también ya habían comenzado a aparecer en la Península manifestaciones adversas a la Junta Suprema Central y Gubernativa, a la cual se había incluso acusado de usurpadora de autoridad real. Ello condujo, en definitiva, a que la misma procediera a convocar a las Cortes, para darle legitimación a la representación nacional, lo que en definitiva hizo por Decretos de 22 de mayo y 15 de junio de 1809, en los cuales se fijó la reunión de las mismas para el 1° de marzo de 1810, en la Isla de León.[344] En dichas Cortes debían estar representadas tanto las Juntas Provinciales del Reino como representantes de las Provincias de Indias, que debían ser electos conforme al reglamento dictado el 6 de octubre de 1809. En cuanto a los representantes de América, después de interminables discusiones sobre su número y la forma de elección, al final efectivamente fueron designados, pero en forma supletoria, recayendo las designaciones en americanos residentes en Cádiz.[345]

Mientras tanto, en mayo de 1809, ya había llegado a Caracas el mencionado nuevo Presidente, Gobernador y Capitán General de Venezuela, Vicente Emparan y Orbe, quien por lo demás, era conocido en las provincias de Venezuela, pues había servido como Gobernador General de Cumaná entre 1792 y 1804, con ideas liberales al punto que se le atribuye haber ayudado a Manuel Gual a embarcar clandestinamente para Trinidad, siendo como era el otro responsable de la conspiración de 1797.

Con su nombramiento, Emparan también había recibido la advertencia que la Junta Suprema Gubernativa de España había enviado a todos los gobernantes de las provincias de América, sobre los peligros de la extensión de las maquinaciones del Emperador Napo-

---

344 Véase el texto en J.F. Blanco y R. Azpúrua, *Documentos para la Historia de la Vida Pública del Libertador...*, op. cit., Tomo II, pp. 234–235.

345 Véase E. Roca Roca, *América en el Ordenamiento Jurídico...*, op. cit., p. 21; J. F. Blanco y R. Azpúrua, *Documentos para la Historia de la Vida Pública del Libertador...*, op. cit., Tomo II, pp. 267–268.

león hacia las Américas.[346] Como se indicó en las *Observaciones Preliminares* del libro londinense de 1812, sobre los motivos que había "para desconfiar de los Virreyes y Capitanes Generales," ello se comprobó por los sucesos posteriores, pues los mismos, se explicó, no tuvieron:

> "reparo en proclamar la doctrina de que la América debe correr igual suerte que la Península, y que si la una es conquistada, debe someterse la otra al mismo señor. Los jefes coloniales estaban preparados para esta ocurrencia, y habiendo sido escogidos por el Príncipe de Paz, nada era mas natural que el que volviesen á sus antiguas miras."

En consecuencia, ese temor que surgió en Caracas respecto del subyugamiento completo de la Península por parte de los franceses con la ayuda de los gobernadores coloniales, sin duda, fue lo que provocó que comenzara la conspiración contra estos y por la independencia de la Provincia de Venezuela; de lo cual, incluso, el mismo Emparan ya tenía conocimiento antes de llegar a Caracas.[347]

Su acción de gobierno, fue por tanto compleja, y ello lo llevó a enemistarse incluso con el clero y con el Ayuntamiento, lo que contribuyó a acelerar la reacción criolla. Así, ya para fines de 1809, en la Provincia había un plan para derribar el gobierno de Emparan en el cual participaban los más destacados jóvenes caraqueños, entre ellos Simón Bolívar, quien había regresado de España en 1807, todos amigos del Capitán General.[348] Este adoptó diversas providencias al descubrir el plan, pero fueron débiles, provocando sólo protestas del Ayuntamiento.[349]

En España, el 29 de enero de 1810, luego de los triunfos franceses en Andalucía, la Junta Central Gubernativa del Reino había resuelto para reconcentrar la autoridad del mismo, nombrar a un Con-

---

346 Véase el texto en J.F. Blanco y R. Azpúrua, *Documentos para la Historia de la Vida Pública del Libertador...*, op. cit., Tomo II, pp. 250–254.
347 Véase G. Morón, *Historia de Venezuela,* Caracas, 1971, Tomo III, p. 205.
348 C. Parra Pérez, *Historia de la Primera República ...*, op. cit., Tomo I, pp. 368–371.
349 *Idem.,* p. 371.

sejo de Regencia, asignándole el poder supremo, aun cuando limitado por su futura sujeción a las Cortes que debían reunirse meses después.[350] Se anunciaba, así, la disposición de que "las Cortes reducirán sus funciones al ejercicio del poder legislativo, que propiamente les pertenece; confiando a la Regencia el del poder ejecutivo"[351]

De manera que fue el Consejo de Regencia, el que en ejercicio de la autoridad que había recibido, el 14 de febrero de 1810 dirigió a los españoles americanos una "alocución," acompañada de un Real Decreto, disponiendo y convocando la concurrencia a las Cortes Extraordinarias de diputados de los dominios españoles de América y de Asia, al mismo tiempo que de diputados de la Península.[352] Pero entre tanto, en las Provincias de América se carecía de noticias exactas sobre los sucesos de España, cuyo territorio, como se indicó, con excepción de Cádiz y la Isla de León, estaba en poder de los franceses. Estas noticias y la relativa a la disolución de la Junta Suprema Central y Gubernativa por la constitución del Consejo de Regencia, sólo se llegaron a confirmar en Caracas el 18 de abril de 1810.[353]

Por ello, para ese momento, la idea de la desaparición del Gobierno Supremo en España, y la necesidad de buscar la constitución de un gobierno para la Provincia de Venezuela, para asegurarse contra los designios de Napoleón, sin duda, fueron los últimos detonantes para el inicio de la revolución de independencia de América.

En Caracas, el Gobernador no pudo detener la conspiración, de manera que el 19 de abril de 1810, luego de rechazar la nueva propuesta que se formuló en el Ayuntamiento de constituir una Junta gubernativa de la provincia, una vez que dio por terminada la sesión del Cabildo y salió del mismo para asistir a los oficios propios del

---

350 Véase J. F. Blanco y R. Azpúrua, *Documentos para la Historia de la Vida Pública del Libertador...*, op. cit., Tomo II, pp. 265–269.
351 *Idem,* Tomo II, p. 269.
352 Véase el texto en *Idem,* Tomo II, pp. 272–275.
353 Véase *Idem,* Tomo II, pp. 380 y 383.

jueves santo en la Catedral de Caracas, el Gobernador fue obligado por la muchedumbre a volver al Ayuntamiento, lo que se resumió en la conocida frase: "A Cabildo, señor, el pueblo os llama a cabildo para manifestar su deseo".[354]

El resultado de la insurrección civil o golpe de Estado contra las autoridades coloniales,[355] fue la deposición del Gobernador y del Capitán General, y el establecimiento en su lugar de un nuevo gobierno autónomo;[356] decisión que fue adoptada por los propios

---

[354] Véase sobre estos eventos, Juan Garrido Rovira, *La Revolución de 1810*, Universidad Monteávila, Caracas 2009, pp. 97 ss.; Enrique Viloria V. y Allan R. Brewer-Carías, *La Revolución de Caracas,* Caracas 2010.

[355] Véase los documentos pertinentes sobre los hechos del 19 de abril de 1810, en *El 19 de Abril de 1810*, el Instituto Panamericano de Geografía e Historia, Caracas, 1957. Véase también Juan Garrido Rovira, *La Revolución de 1810, cit.*, Enrique Viloria Vera y Allan R. Brewer-Carías, *La Revolución de Caracas de 1810*, Centro de Estudios Ibéricos y Americanos de Salamanca, Caracas, 2011. Varios meses antes de los sucesos de Caracas, el 10 de agosto de 1809, tuvo lugar una insurrección en Quito en el que un grupo de indígenas bajo el mando de Juan Pío Montúfar, Marqués de Selva Alegre, también depuso a las autoridades coloniales y estableció una Junta Suprema juramentando lealtad a Fernando VII, en lo que ha sido considerado como la primera señal de independencia en las colonias americanas españolas. Sin embargo, el movimiento, al final no tomó forma y tres meses más tarde las tropas de virrey del Perú ya se habían apoderado de la capital, restaurando el gobierno español. Véase los documentos de Montúfar y de Rodríguez de Quiroga, ministro de Gracia y Justicia del Consejo Supremo en Quito, José Luis Romero y Luis Alberto Romero (coord.), *Pensamiento Político de la Emancipación,* Biblioteca Ayacucho, Tomo I, Caracas 1985, pp. 47-50.

[356] Las noticias de la revolución de Caracas sólo llegaron a Londres en junio de 1810, y fue Francisco de Miranda quien envió los informes a la prensa local (*Morning Chronicle, Courier*). Véase Mario Rodríguez, *"William Burke" y Francisco de Miranda. La Palabra y Acción en la emancipación de la América Hispana*, University Press of America, Lanham, Nueva York, Londres, 1994, p. 276. En la edición del 31 de julio 1810 de *El Español*, publicado en Londres y dirigido por José Blanco-White, se hizo un importante comentario sobre la Revolución de Caracas, al final de un comentario referido a un libro de Alejandro de Humboldt (*Ensayo político sobre el Reino de Nueva España, Paris 1808-1809,* París, 1808-1809), verificando el carácter provisional del nuevo gobierno, reconociendo el mandato de Fernando VII, y dando consejos al Consejo de Regencia de

miembros del Ayuntamiento para sustituir al propio Consejo, incorporando al mismo nuevos miembros como "representantes del pueblo," para cuyo efecto el propio Cabildo se constituyó en *Junta Suprema de Venezuela Conservadora de los Derechos de Fernando VII*, quien permanecía secuestrado por Napoleón.[357]

Sobre estos hechos del día jueves Santo, 19 de abril de 1810, en el *Manifiesto* del Congreso de las Provincias de 1811, publicado en el libro *Interesting Documents*... de Londres de 1812, se indicó que en el mismo

"se desplomó en Venezuela el coloso del despotismo, se proclamó el imperio de las leyes y se expulsaron los tiranos con toda la felicidad, moderación y tranquilidad que ellos mismos han confesado y ha llenado de admiración y afecto hacia nosotros a todo el mundo imparcial."

Ese día, el cual el Congreso General en el mismo *Manifiesto* consideró que debió haber sido el día, "cuando la independencia debió declararse," en todo caso, de hecho, Venezuela, con "una mano firme y generosa," depuso "a los agentes de su miseria y su esclavitud," y colocando

"el nombre de Fernando VII a la frente de su nuevo gobierno, juraba conservar sus derechos, prometía reconocer la unidad e integridad política de la nación española, abrazaba a sus hermanos de Europa,

---

España si quería evitar "excitar universalmente el espíritu independiente de los americanos." Véase el texto de Juan Goytisolo, *Blanco White. El Español y la Independencia / Hispanoamérica,* Taurus 2010, pp. 111 ss.

357 El 28 de julio de 1808, un intento previo fue hecho en el Ayuntamiento de Caracas para establecer una Junta siguiendo el patrón de las Juntas formadas en España, pero fracasó debido a la oposición del Capitán General. Véase el texto de José Félix Blanco y Ramón Azpúrua, *Documentos para la Historia de la Vida Pública del Libertador ... cit.,* Tomo II, p. 171. Coincidentemente, el 20 de julio de 1808, Francisco de Miranda en una carta enviada al Marqués del Toro, miembro del Ayuntamiento de Caracas, propuso al consejo municipal hacerse cargo del gobierno de la provincia. Véase el texto en Francisco de Miranda, *Textos sobre la Independencia,* Biblioteca de la Academia Nacional de la Historia, Caracas 1959, pp. 100-101. Véase también Giovanni Meza Dorta, *Miranda y Bolívar,* Bid & Co. Editor, Caracas 2007 p. 43.

les ofrecía un asilo en sus infortunios y calamidades, detestaba a los enemigos del nombre español, procuraba la alianza generosa de la nación inglesa y se prestaba a tomar parte en la felicidad y en la desgracia de la nación de quien pudo y debió separarse para siempre."

Los venezolanos, se dijo en el *Manifiesto*, reconocieron "los imaginarios derechos del hijo de María Luisa," y respetando la desgracia de la nación, dieron parte de la "resolución a la misma Regencia que desconocíamos," y ofrecieron no separarse:

"de la España siempre que hubiese en ella un gobierno legal, establecido por la voluntad de la nación y en el cual tuviese la América la parte que le da la justicia, la necesidad y la importancia política de su territorio."

Todo esto ocurría, en apenas seis meses después que se emitiera la Instrucción para la elección de los constituyentes de las Cortes de Cádiz en España (6 de octubre de 1809) y cinco meses antes de su instalación el 24 de septiembre de 1810. Es decir, en el momento en que la asamblea general de representantes en España iniciaba sus actividades, ya en una de las colonias estaba en curso una rebelión política en la cual el cuerpo municipal de la capital provincial había ignorado a las autoridades coloniales españolas, y ya había establecido una Junta de gobierno autónoma, siguiendo el mismo patrón que habían tenido las Juntas españolas que se crearon en casi todas las provincias de España durante la guerra de independencia.

No obstante, la Junta Suprema americana de Caracas tuvo una característica distintiva importante, y fue el hecho de que tenía una inspiración adicional, distinta a las Juntas españolas, y era que tenía como fundamento los nuevos principios republicanos montados en la idea de la soberanía del pueblo y de la representación política derivados de las Revoluciones norteamericana y francesa que habían tenido lugar sólo dos o tres décadas antes, pero que ya habían penetrado en la provincia.

En efecto, como se mencionó anteriormente, el Ayuntamiento de Caracas, en su sesión del 19 de abril de 1810 (el día después de la publicación de la correspondencia sobre la situación política en la Península) al deponer a la autoridad establecida, registró en sus actas de esa fecha lo que fue el primer acto constitutivo de un nuevo gobierno y el inicio de la formación jurídica de un nuevo Estado,[358] asumiendo el "mando supremo" o la "suprema autoridad" de la Provincia[359] "por consentimiento del mismo pueblo."[360]

En dicha fecha y mediante dicha Acta, se estableció así un "nuevo gobierno" que fue reconocido en la capital, al cual quedaron subordinados "todos los empleados del ramo militar, político y demás."[361] El Ayuntamiento, además, procedió a destituir las antiguas autoridades del país y a proveer a la seguridad pública y conservación de los derechos del Monarca cautivo, y ello lo hizo "reasumiendo en sí el poder soberano."[362]

La motivación de esta Revolución se expuso en el texto del Acta, en la cual se consideró que por la disolución de la Junta Suprema Gubernativa de España, que suplía la ausencia del Monarca, el pueblo había quedado en "total orfandad", razón por la cual se estimó que:

"El derecho natural y todos los demás dictan la necesidad de procurar los medios de conservación y defensa y de erigir en el seno mismo de estos países un sistema de gobierno que supla las enunciadas faltas,

---

358 Véase en general Tomás Polanco, "Interpretación jurídica de la Independencia," en *El Movimiento Emancipador de Hispanoamérica, Actas y Ponencias,* Caracas, 1961, Tomo IV, pp. 323 y ss.

359 Véase el texto de la minuta del Ayuntamiento de Caracas del 19 de abril de 1810 en Allan R. Brewer-Carias, *Las Constituciones de Venezuela,* Academia de Ciencias Políticas y Sociales, Caracas 2008, Tomo I, pp. 531-533.

360 Esto se indica en el "Boletín Informativo" enviado por el Ayuntamiento el 19 de abril de 1810 a las autoridades y las entidades empresariales de Venezuela. Véase J. F. Blanco y R. Azpúrua, *Documentos para la Historia de la Vida Pública del Libertador...,* op. cit., Tomo II, pp. 401–402. Véase también en *Textos Oficiales de la Primera República de Venezuela,* Biblioteca de la Academia Nacional de la Historia, 1959, Tomo I, p. 105.

361 *Idem.*

362 Tal como se especifica en la declaración de la Junta Suprema al Inspector General Fernando Toro el 20 de abril de 1810. Véase J.F. Blanco y R. Azpúrua, *Documentos para la Historia de la Vida Pública del Libertador...,* op. cit., Tomo II, p. 403 y Tomo I, p. 106, respectivamente.

ejerciendo los derechos de la soberanía, que por el mismo hecho ha recaído en el pueblo."

Para adoptar esa decisión, por supuesto, el Ayuntamiento tuvo que desconocer la autoridad del Consejo de Regencia,[363] considerando que:

"No puede ejercer ningún mando ni jurisdicción sobre estos países, porque ni ha sido constituido por el voto de estos fieles habitantes, cuando han sido ya declarados, no colonos, sino partes integrantes de la corona de España, y, como tales han sido llamados al ejercicio de la soberanía interna y a la reforma de la Constitución Nacional."

El Ayuntamiento de Caracas además estimó que aun cuando pudiera prescindirse de lo anterior, dicho Consejo de Regencia, por las circunstancias de la guerra y de la conquista y usurpación de las armas francesas en la Península, era impotente y sus miembros no podían valerse a sí mismos. De allí que en el Cabildo Extraordinario, al forzar al Presidente, Gobernador y Capitán General a renunciar al mando, consideró que el mismo quedó depositado en el Ayuntamiento, expresando en el Acta de otra sesión del mismo día

---

[363] Lo que se afirma una vez más, en una correspondencia enviada a la misma Junta de Regencia de España, explicando los hechos, razones y fundamentos para el establecimiento del nuevo gobierno J. F. Blanco y R. Azpúrua, *Documentos para la Historia de la Vida Pública del Libertador...*, *op. cit.*, Tomo II, p. 408; and *Textos oficiales...*, *op. cit.*, Tomo I, pp. 130 y ss. En particular, en una carta del 3 de mayo de 1810, que la Junta Suprema de Caracas envió a la Junta Suprema de Cádiz y a la Regencia, se cuestionó la asunción por parte de estas entidades indicando que "que sustituyéndose indefinidamente unas a otras, sólo se asemejan en atribuirse todas las delegaciones de la soberanía que, no habiendo sido hecha por el Monarca reconocido, ni por la gran comunidad de españoles de ambos hemisferios, no puede menos de ser absolutamente nula, ilegítima, y contraria a los principios sancionados por nuestra misma legislación" (*Textos oficiales...*, *op. cit.*, Tomo I, p. 130); y agregó que "de poco se necesitará para demostrar que la Junta Central carecía de una verdadera representación nacional; porque su autoridad no emanaba originalmente de otra cosa que de la aclamación tumultuaria de algunas capitales de provincias, y porque jamás han tenido en ella los habitantes del nuevo hemisferio la parte representativa que legítimamente le corresponde" (*Idem*, p. 132). La Junta Suprema de Caracas concluía su comunicación diciendo: "En una palabra, desconocemos el nuevo Consejo de Regencia..." (*Idem*, p. 134).

19 de abril de 1810, con motivo del "establecimiento del nuevo gobierno" los nuevos empleados debían prestar juramento ante el cuerpo municipal, prometiendo:

> "Guardar, cumplir y ejecutar, y hacer que se guarden, cumplan y ejecuten todas y cualesquiera ordenes que se den por esta Suprema Autoridad soberana de estas Provincias, a nombre de nuestro rey y señor don Fernando VII"[364]

Se estableció, así, en Caracas, "una Junta Gubernativa de estas Provincias, compuesta del Ayuntamiento de esta Capital y de los vocales nombrados por el voto del pueblo,"[365] y en un Manifiesto donde ya se hablaba de "la Revolución de Caracas" y se mencionaba "la independencia política de Caracas," la Junta Suprema Gubernativa prometió:

> "Dar al nuevo gobierno la forma provisional que debe tener, mientras una Constitución aprobada por la representación nacional legítimamente constituida, sanciona, consolida y presenta con dignidad política a la faz del universo la provincia de Venezuela organizada, y gobernada de un modo que haga felices a sus habitantes, que pueda servir de ejemplo útil y decoroso a la América."[366]

Esta Junta de Caracas fue organizada formalmente dos meses más tarde, en junio de 1810, y como se mencionó anteriormente, siguió el patrón general de Juntas similares de la Península, siendo, en ambos casos, la motivación inicial de estos actos constitutivos básicamente el mismo y entre otros factores, como ya se mencionó, la extrema inestabilidad política que desde 1808 había venido afectando al gobierno español, debido a la ausencia de Fernando VII de España, quien permanecía en cautiverio en Francia por parte del emperador Napoleón Bonaparte; la invasión de la Península por el ejército francés, y el nombramiento de José Bonaparte como Rey de

---

364 Véase el texto en *Idem,* J.F. Blanco y R. Azpúrua, *Documentos para la Historia de la Vida Pública del Libertador...*, *op. cit.,* Tomo I, p. 393.

365 Así se le llama en el Manifiesto del 1 de mayo de 1810. Véase, en *Textos Oficiales..., cit.,* Tomo I. p. 121.

366 Véase el texto en J. F. Blanco y R. Azpúrua, *Documentos para la Historia de la Vida Pública del Libertador...*, *op. cit.,* Tomo II, p. 406, y en *Textos Oficiales..., op. cit.,* Tomo I, p. 129.

España por el Emperador, después de la promulgación de una nueva Constitución para el Reino, en Bayona, en 1808.

En todo caso, lo que aparentemente era el inicio de una reacción local por parte de una entidad municipal de una de las más pobres provincias españolas en América contra la invasión napoleónica en la península ibérica, rápidamente se transformó en la primera expresión exitosa del proceso de independencia hispanoamericana respecto de España. Por ello, días después de los sucesos del 19 de abril de 1810, el 27 de abril de 1810, se ordenaría que los sucesos fueran informado a todos los Ayuntamientos de América, invitándolos a participar en "el gran trabajo de la Confederación Hispanoamericana,[367] promoviendo así la revolución entre las otras Provincias de América.

"El ejemplo que Caracas dio," fue seguido inmediatamente por casi todas las Provincias de la Capitanía General,[368] con excepción de Coro y Maracaibo;[369] habiendo ocurrido similares insurrecciones en otras jurisdicciones, como en Buenos Aires, el 25 de mayo de 1810, y en Bogotá, en la Nueva Granada el 20 de julio de 1810.[370]

En cuanto a las provincias de Venezuela, el 27 de abril de 1810, en Cumaná, el Ayuntamiento asumió la representación de Fernando VII, y "su legítima sucesión." En Barinas, el 5 de julio de 1810, el

---

367 Véase detalles de los acontecimientos y los escritos de Rafael Seijas, Arístides Rojas, L. Vallenilla Lanz, Christopher L. Mendoza y otros, en *El 19 de abril de 1810, op. cit.,* pp. 63 ss.

368 Véase en Ángel F. Brice (Ed.), *Las Constituciones Provinciales,* Academia Nacional de la Historia, Caracas, 1959, pp. 339 y ss.

369 Véase la correspondencia de la Junta Suprema en lo que respecta a la actitud del Ayuntamiento de la ciudad de Coro, y del Gobernador de Maracaibo, en el *Textos Oficiales..., cit.,* Tomo I, pp. 157 a 191. Véase además los textos publicados en J. F. Blanco y R. Azpúrua, *Documentos para la Historia de la Vida Pública del Libertador..., op. cit.,* Tomo II, p. 248 a 442, y 474 a 483.

370 Véase por ejemplo, *Actas de Independencia. Mérida, Trujillo y Táchira en 1810,* Halladas y publicadas por Tulio Febres Cordero, 450 Años de la Fundación de Mérida, 1558-2008, Mérida 2007; Ángel F. Brice (Ed.), *Las Constituciones Provinciales, cit.* 1959.

Ayuntamiento decidió proceder a formar "una Junta Superior que recibiese la autoridad de este pueblo que la constituye mediante ser una provincia separada". El 16 de septiembre de 1810, el Ayuntamiento de Mérida decidió, "en representación del pueblo," adherirse a la causa común que defendían las Juntas Supremas y Superiores que ya se habían constituido en "Santa Fe, Caracas, Barinas, Pamplona y Socorro," y resolvió, con representación del pueblo, erigiese en una Junta "que asumiese la autoridad soberana." El Ayuntamiento de Trujillo el 9 de octubre de 1810, convino en instalar "una Junta Superior conservadora de nuestra Santa Religión, de los derechos de nuestro amadísimo, legítimo, soberano Don Fernando VII y su Dinastía y de los derechos de la Patria." El 12 de octubre de 1811, en la Sala Consistorial de la Nueva Barcelona se reunieron "las personas visibles y honradas del pueblo de Barcelona," y resolvieron declarar la independencia con España de la Provincia y unirse con Caracas y Cumaná, creándose al día siguiente, una Junta Provincial para que representara los derechos del pueblo[371].

---

371 Véase las Actas de la Independencia de las diversas ciudades de la Capitanía General de Venezuela en *Las Constituciones Provinciales,* Academia Nacional de la Historia, 1959, pp. 339 y ss.

VIII
MIRANDA Y LA CONSTRUCCIÓN DE LA REPÚBLICA EN VENEZUELA 1810-1812 COMO OBRA DE CIVILES*

Francisco de Miranda, el 3 de agosto de 1810, se dirigió a la Junta Suprema de Caracas desde Londres dándoles "la enhorabuena por los gloriosos y memorables hechos del 19 de abril de 1810," época que calificó como "la más célebre de la historia de esa Pro-

---

*   El texto de esta es parte de la Ponencia sobre "La Independencia de Venezuela y el inicio del constitucionalismo hispanoamericano en 1810-1811, como obra de civiles, y el desarrollo del militarismo a partir de 1812, en ausencia de régimen constitucional," presentada ante el *VI Simposio Internacional sobre la Constitución de Cádiz, "Los hombres de Cádiz y de las Américas. Bases de la identidad social y política hispano-americana"*, Ayuntamiento de Cádiz, Cádiz 23 de noviembre de 2012. El historiador Guillermo Morón, Decano de la Academia Nacional de la Historia y de los historiadores del país, me honró en haber leído esta Ponencia, formulándome el siguiente comentario: *"Pero lo que deseo dejar aquí como testimonio es el agrado, y admiración, con que releí anoche su Ponencia. Si ya algunos historiadores jóvenes comienzan a darse cuenta de su tesis central, la Independencia fue obra de héroes civiles, la República fue creada con constitución por civiles, no se había, que yo sepa, razonado, explicitado, aclarado, tan lúcida y documentalmente, como Usted lo hace. / Tengo sus libros, los he leído. Y agradecido su honestidad como historiador al citar las fuentes y a quienes le precedieron en algunos puntos cardinales de nuestro pasado. / No me sorprende la claridad de sus conclusiones, el conocimiento de lo ocurrido (19 de abril, 5 de julio, primera Constitución) y la filosofía de la Historia que caracterizan toda su obra."* (email de 1 de noviembre de 2012).

vincia y para los anales del nuevo mundo."[372] Sobre ese acontecimiento, por otra parte, antes, en julio de 1810, el mismo Miranda había manifestado al Richard Wellesley Jr., entonces Embajador británico en España, que la Revolución que había estallado en Caracas, había sido una insurrección contra la casta "de españoles nativos a quienes ha sido siempre la política de la Madre Patria confiar todo el poder civil y militar" por parte de las otras cuatro clases: "de los criollos, de los negros, que representan una muy pequeña proporción con los blancos y de los indios aborígenes," y de "los llamados cuarterones, producto de un mulato y de un blanco, éstos están representados en la nueva Convención de gobierno."[373]

Con el golpe de Estado que venía de producirse deponiendo a las autoridades españolas, en efecto, la Junta Suprema de Venezuela, a pesar de su denominación inicial de "conservadora de los derechos de Fernando VII," en realidad comenzó a configurar un gobierno muy alejado de los principios monárquicos, y más bien bajo la inspiración de los principios del constitucionalismo moderno que en esos tiempos se estaban construyendo por la influencia de las Revoluciones Francesa y Norteamericana,[374] ocurridas en las décadas precedentes.

Por ello, al asumir el mando de la Provincia, la Junta procedió a retener en forma provisional las funciones legislativas y ejecutivas, definiendo en cambio ya en forma separada en el Bando del 25 de abril de 1810, a los siguientes órganos del Poder Judicial: "El Tribunal Superior de apelaciones, alzadas y recursos de agravios se establecerá en las casas que antes tenía la audiencia"; y el Tribunal de Policía "encargado del fluido vacuno y la administración de jus-

---

372 Véase el texto de la carta en Francisco de Miranda, *América Espera* [Ed. J.L. Salcedo Bastardo], Biblioteca Ayacucho, Caracas 1992, pp. 439-440.

373 Véase el texto de la carta en Francisco de Miranda, *América Espera* [Ed. J.L. Salcedo Bastardo], *cit.*, pp. 443-446.

374 Véase José Gil Fortoul, *Historia Constitucional de Venezuela,* Tomo primero, *Obras Completas,* Tomo. I, Caracas, 1953, p. 209.

ticia en todas las causas civiles y criminales estará a cargo de los corregidores"[375]

El proceso político que originó la rebelión civil, por otra parte, conforme a los moldes de la Revolución francesa, puede considerarse como el producto de una Revolución de la burguesía y de la nobleza u oligarquía criolla, las cuales, al igual que el tercer estado en Francia, constituía la única fuerza activa nacional,[376] que en definitiva asumieron el poder. Por ello, la revolución de independencia en Venezuela fue el instrumento de la aristocracia colonial, es decir, de los blancos o mantuanos, para reaccionar contra la autoridad colonial y asumir el gobierno de las tierras que habían sido descubiertas, conquistadas, colonizadas y cultivadas por sus antepasados.[377] No se trató, por tanto, inicialmente, de una revolución popular, pues los pardos, a pesar de constituir la mayoría de la población, apenas comenzaban a ser admitidos en los niveles civiles y sociales como consecuencia de la Cédula de "Gracias, al Sacar," vigente a partir de 1795, y que, con toda la protesta de los blancos, les permi-

---

375 Véase *Textos Oficiales de la Primera República de Venezuela,* Biblioteca de la Academia Nacional de la Historia, 1959, Tomo I, pp. 115–116.
376 Véase José Gil Fortoul, *Historia Constitucional de Venezuela, op. cit.,* Tomo primero, p. 200; Pablo Ruggeri Parra, *Historia Política y Constitucional de Venezuela,* Tomo I, Caracas, 1949, p. 31.
377 En este sentido, por ejemplo, L. Vallenilla Lanz fue categórico al considerar que "en todo proceso justificativo de la Revolución (de independencia) no debe verse sino la pugna de los nobles contra las autoridades españolas, la lucha de los propietarios territoriales contra el monopolio comercial, la brega por la denominación absoluta entablada de mucho tiempo atrás por aquella clase social poderosa y absorbente, que con razón se creía dueña exclusiva de esta tierra descubierta, conquistada, colonizada y cultivada por sus antepasados. En todas estas causas se fundaba no sólo el predominio y la influencia de que gozaba la nobleza criolla, sino el legítimo derecho al gobierno propio, sin la necesidad de apelar a principios exóticos tan en pugna con sus exclusividades y prejuicios de casta." Véase Vallenilla Laureano Lanz, *Cesarismo Democrático.* Estudio sobre las bases sociológicas de la Constitución efectiva en Venezuela, Caracas 1952, pp. 54 y 55.

tía a aquellos adquirir mediante el pago de una cantidad de dinero, los derechos reservados hasta entonces a los blancos notables.[378]

Por ello, teniendo en cuenta la situación social preindependentista, sin duda puede calificarse de "insólito" el hecho de que en el Ayuntamiento de Caracas, transformado en Junta Suprema, se le hubiera dado "representación" no sólo a estratos sociales extraños al Cabildo, como los representantes del clero y los denominados del pueblo, sino a un representante de los pardos.[379]

---

[378] Sobre el Decreto Real "*Gracias al Sacar*" del 10/02/1795. Véase J. F. Blanco y R. Azpúrua, *Documentos para la Historia de la Vida Pública del Libertador de Colombia, Perú y Bolivia. Puestos por orden cronológico y con adiciones y notas que la ilustran*, La Opinión Nacional, Vol. III, Caracas 1877, Edición facsimilar: Ediciones de la Presidencia de la República, Caracas 1977, 1983, Tomo I, pp. 263 a 275. *Cf.* Federico Brito Figueroa, *Historia Económica y Social de Venezuela. Una estructura para su estudio*, Tomo I, Caracas, 1966, p. 167; and L. Vallenilla Lanz, *Cesarismo Democrático, op. cit.*, pp. 13 y ss. En este sentido, cabe señalar que en la situación social existente en el período anterior a la independencia existían indicios de la lucha de clases entre los blancos o aristócratas que constituían el 20% de la población y los pardos y los negros constituían el 61% de la población. Ello se materializarían más adelante en la rebelión de 1814. Véase F. Brito Figueroa, *op. cit.*, tomo I, pp. 160 y 173. *Cf.* Ramón Díaz Sánchez, "Evolución social de Venezuela (hasta 1960)," en M. Picón Salas y otros, *Venezuela Independiente 1810–1960*, Caracas, 1962, p. 193.

[379] Véase José Gil Fortoul, *Historia Constitucional de Venezuela, op. cit.*, Tomo primero, pp. 203, 208 y 254. Es de tener en cuenta, como señala A. Grisanti, que "El Cabildo estaba representado por las oligarquías provincianas extremadamente celosas de sus prerrogativas políticas, administrativas y sociales, y que detentaban el Poder por el predominio de contadas familias nobles o ennoblecidas, acaparadoras de los cargos edilicios...". Véase Angel Grisanti, Prólogo al libro *Toma de Razón, 1810 a 1812*, Caracas, 1955. El cambio de actitud del Cabildo caraqueño, por tanto, indudablemente que se debe a la influencia que sus miembros ilustrados recibían del igualitarismo de la Revolución Francesa: *Cf.* L. Vallenilla Lanz, *Cesarismo Democrático, cit.*, p. 36. Este autor insiste en relación a esto de la manera siguiente: "Es en nombre de la Enciclopedia, en nombre de la filosofía racionalista, en nombre del optimismo humanitario de Condorcet y de Rousseau como los revolucionarios de 1810 y los constituyentes de 1811, surgidos en su totalidad de las altas clases sociales, decretan la igualdad política y civil de todos los hombres libres," *op. cit.*, p. 75.

Todos estos actos políticos fueron incluso criticados públicamente por el depuesto y antiguo Capitán General Emparan, mediante un *Manifiesto* que publicó en Filadelfia el 6 de julio de 1810,[380] cuyo contenido fue rebatido en la "Refutación á la Proclama del Excapitán General Emparan," publicada en Caracas como "contestación del Gobierno de Venezuela." Dicha Refutación fue redactada por Ramón García de Sena, hermano de Manuel García de Sena[381] el traductor de las obras de Thomas Paine, quien luego sería el redactor de *El Publicista Venezolano* (órgano del Congreso General de 1811), y después, destacado oficial del Ejercito de Venezuela, secretario de Guerra y Marina en 1812 y, además, uno de los firmantes de la extensa y completa "Constitución de la República de Barcelona Colombiana," de 12 de enero de 1812.[382]

El éxito inmediato que tuvo la difusión de las ideas revolucionarias originadas en Caracas, provocó que la nueva Junta de Gobierno debiera asumir el diseño de una segunda tarea, que fue la de establecer un poder central constituido, que requería la unión de todas las provincias de la antigua Capitanía General.

Esa tarea surgió del rápido proceso revolucionario de las Provincias de Venezuela, hacia donde se había expandido, de lo que surgió que para junio de 1810 ya se hablara oficialmente de la "Confederación de Venezuela."[383] La Junta de Caracas, además,

---

380 En la edición del *El Mercurio Venezolano* del 1 de enero de 1811 el Manifiesto de Emparan fue objeto de comentarios y una respuesta al mismo fue ofrecido en el siguiente número de la revista. Véase la edición facsimilar en<http://cic1.ucab.edu.ve/hmdg/bases/hmdg/textos/Mercurio/Mer_Enero 1811.pdf>.

381 Véase el texto en *El Mercurio Venezolano*, Nº II, Febrero 1811, pp. 1-21, edición facsimilar publicada en <http://cic1.ucab.edu.ve/hmdg/bases/hmdg/textos/Mercurio/Mer_Febrero1811.pdf>.

382 Véase *Las Constituciones Provinciales* (Estudio Preliminar por Ángel Francisco Brice), Biblioteca de la Academia Nacional de la Historia, Caracas 1959, p. 249.

383 Véase la "Refutación a los delirios políticos del Cabildo de Coro, de orden de la Junta Suprema de Caracas" de 1 de junio de 1810, en *Textos Oficiales..., op. cit.*, Tomo I, p. 180.

con representantes de Cumaná, Barcelona y Margarita ya había venido actuando como Junta Suprema pero, por supuesto, sin ejercer plenamente el gobierno en toda la extensión territorial de la antigua Capitanía General. De allí la necesidad que había de formar un "Poder Central bien constituido," es decir, un gobierno que uniera las Provincias, por lo que la Junta Suprema estimó que había "llegado el momento de organizarlo" a cuyo efecto, procedió a convocar:

> "A todas las clases de hombres libres al primero de los goces del ciudadano, que es el de concurrir con su voto a la delegación de los derechos personales y reales que existieron originariamente en la masa común."

En esta forma, la Junta llamó a elegir y reunir a los diputados que habían de formar "la Junta General de Diputación de las Provincias de Venezuela," para lo cual dictó, el 11 de junio de 1810, el Reglamento de Elecciones de dicho cuerpo,[384] en el cual se previó, además, la abdicación de los poderes de la Junta Suprema en la Junta o Congreso General, quedando sólo como Junta Provincial de Caracas (Cap. III, art. 4). Este Reglamento de Elecciones, sin duda, fue el primero de todos los dictados en materia electoral en el mundo hispanoamericano.

Paralelamente a la emisión del Reglamento sobre elecciones de la Junta Suprema, como antes se indicó, la Junta nombró a Simón Bolívar y a Luis López Méndez como comisionados para representar al nuevo gobierno ante el Reino Unido, quienes con Andrés Bello como secretario, viajarían a Londres, mientras la Junta continuaba con la política exterior que había comenzado desde su instalación. Los comisionados tenían la misión de fortalecer las relaciones con Inglaterra y solicitar ayuda inmediata para resistir a la amenaza de Francia. En ello tuvieron éxito, logrando obtener la ayuda expresada específicamente en el compromiso de Inglaterra de defender al

---

384 Véase el texto en *Textos Oficiales...*, *op. cit.*, Tomo II, pp. 61–84; y en Allan R. Brewer–Carías, *Las Constituciones de Venezuela,* Academia de Ciencias Políticas y Sociales, Caracas 2008, Tomo I, pp. 535-543.

gobierno de Caracas de los "contra los ataques o intrigas del tirano de Francia".[385]

Para Francisco de Miranda, los comisionados venezolanos habrían continuado las negociaciones que él había iniciado "desde veinte años a esta parte [...] en favor de nuestra emancipación o i, por independencia."[386] Sin embargo, los Comisionados tenían entre sus Instrucciones la de no entrar en contacto con Miranda, a quien se consideraba como un conspirador nato, quién además había recibido el repudio de toda la aristocracia colonial por su invasión de la Provincia cuatro años antes en 1806. En las instrucciones se decía:

> "Miranda, el general que fué de la Francia, maquinó contra los derechos de la Monarquía que tratamos de conservar, y el Gobierno de Caracas por las tentativas que practicó contra esta Provincia en el año 1806 por la costa de Ocumare y por Coro, ofreció 30.000 pesos por su cabeza. Nosotros consecuentes en nuestra conducta debemos mirarlo cmo rebelado contra Fernando VII, y baxo de esta inteligencia si estuviese en Londres, ó en otra parte de las escalas ó recaladas de los comisionados de este nuevo Gobierno, y si se acercase á ellos sabrán tratarle como corresponde á estos principios, y á la inmunidad del territorio donde se hallase; y si su actual situación pudiese contribuir de algún modo que sea decente á la comisión, no será menospreciado."[387]

Sin embargo, no era concebible que pudieran estar en Londres y no tener contacto con la persona que más relaciones tenía con el

---

385　Véase el boletín enviado el 7 de diciembre de 1810 por el Secretario de las Colonias de Gran Bretaña a los jefes de las Indias Occidentales Británicas, en el J. F. Blanco y R. Azpúrua, *Documentos para la Historia de la Vida Pública del Libertador...*, op. cit. Tomo II, p. 519. Véase igualmente, el artículo publicado en la *Gaceta de Caracas*, el Viernes, 26 de octubre 1810 sobre las negociaciones de los comisionados. Véase en J. F. Blanco y R. Azpúrua, *Documentos para la Historia de la Vida Pública del Libertador...*, op. cit., Tomo II, p. 514.

386　Véase la carta de Miranda a la Junta Suprema de 3 de agosto 1810, en J. F. Blanco y R. Azpúrua, *Documentos para la Historia de la Vida Pública del Libertador...*, op. cit., Tomo II, p. 580.

387　Véase el texto en Jules Mancini, *Bolívar y la emancipación de las colonias españolas desde los orígenes hasta 1815*, Librería de la Vda. De C. Bouret, Paris-México, 1914, p. 319.

mundo inglés a los efectos del propósito de la delegación, lo que ocurrió varios días después de su llegada a Londres. Por otra parte, las Instrucciones dadas a la Comisión eran básicamente para mediar entre la Metrópoli y las colonias, y no para abogar por la independencia. Bolívar sin embargo, en su exposición verbal ante el Marqués de Wellesley, Ministro de asuntos exteriores, no sólo hizo alusiones ofensivas a la Metrópoli sino abogó por una independencia absoluta. Lo extraño fue que copia de las Instrucciones oficiales a los Comisionados, fueron entregadas a las autoridades del gobierno inglés, junto con las credenciales de los comisionados.[388] Las autoridades inglesas, por tanto, desde el inicio, tomaron nota de la contradicción y además, de la opinión que las nuevas autoridades de la Provincia tenían sobre la persona que ante ellas tanto y durante tanto tiempo había abogado por la independencia.

Luego de la breve estancia londinense, Bolívar y Miranda regresaron a Caracas en diciembre de 1810. Bolívar actuó brevemente en la Junta Patriótica, junto con Miranda, pero este último, además, fue electo como diputado por el Pao para formar parte del Congreso General de Venezuela, el cual se instaló el 2 de marzo de 1811.[389]

Andrés Bello, por su parte, permanecería en Londres como Secretario de la Legación de Venezuela, correspondiéndole seguir desarrollando las relaciones establecidas por Miranda con la comunidad inglesa y con los españoles interesados en la suerte de América, y además, tomar a su cargo en 1812, la edición del libro londi-

---

388 Véase en Ricardo Becerra, *Vida de Don Francisco de Miranda*, Vol. 2, Editorial América, Madrid 1923, p. 156. Por ello se salvaron para la historia. Como lo reportó Jules Mancini en 1914, el documento contentivo de las "Instrucciones de Su Alteza la Junta Suprema de Venezuela a sus Comisionados delegados a la Corte de Londres" dadas en Caracas el 2 de junio de 1810, había permanecido inédito, y se encontraba en el Archivo inglés, *War Office* (Curazao) 1/105. Véase en su libro: *Bolívar y la emancipación de las colonias españolas desde los orígenes hasta 1815*, Librería de la Vda. De C. Bouret, Paris-México, 1914, nota 2, p. 30

389 Véase C. Parra Pérez, *Historia de la Primera República*, Biblioteca de la Academia Nacional de la Historia, Caracas, 1959, Tomo I, Caracas 1959, pp. 15 y 18.

nense sobre los *Documentos Oficiales Interesantes relacionados con las Provincias Unidas de Venezuela,* el cual, sin duda, debe haber respondido a la iniciativa de Miranda, una vez que los documentos constitucionales de la República se habían completado en diciembre de 1811, habiendo él dejado en Londres toda la red de difusión y publicación de ideas que tan tenazmente allí había construido.

Como se dijo, Francisco de Miranda regresó a Venezuela en diciembre de 1810, ocho meses después de que se había iniciado el proceso de independencia de las provincias de Venezuela a partir de los actos de rebelión del cabildo de Caracas del 19 de abril de 1810, y cuarenta años después de haberse alejado de su tierra natal, la cual dejó en 1771. Regresaba a Caracas, después de haber desarrollado una exitosa carrera militar en el ejército y la marina españolas (1772-1783) y en el ejército francés (1792-1793), y después de haber fracasado en su intento de invasión militar a las Provincias de Venezuela (1806-1807), cuando ya se había retirado a la vida civil; y precisamente como civil, para integrarse al proceso civil de construir un nuevo Estado en lo que habían sido las Provincias de Venezuela.

En su viaje de regreso a Venezuela llevó consigo, como su únicas "armas," las propuestas constitucionales que ya había venido formulado para la organización de Colombia, como llamaba a todo el Continente hispanoamericano, las cuales había comenzado a difundir; y además, los papeles que conformaban su extraordinario *Archivo,* específicamente los destinados a sembrar las ideas y conceptos que pudieran contribuir a la configuración institucional del nuevo Estado que estaba por constituirse; muchas de los cuales se difundirían regular y sistemáticamente en la *Gaceta de Caracas* entre 1810 y 1811 bajo el nombre de William Burke, y se debatirían en la Junta Patriótica, que presidió.

Miranda fue a Venezuela, por tanto, a integrarse al grupo de civiles que configuró constitucionalmente a la República, y solo asumió la posición militar desesperada de Generalísimo de la República que esta le exigió, dos años después, sustituyendo al Marqués del

Toro, para asumir la defensa militar del nuevo Estado independiente ante la invasión militar ordenada por la regencia en España con el apoyo de las Cortes de Cádiz a partir de marzo de 1812.

Lo importante en el proceso de independencia venezolano es que, a diferencia de lo que sucedió en los otros países del Continente, la independencia fue obra única y exclusivamente de civiles, no de militares. Es decir, en Venezuela no hubo una "guerra de Independencia" para lograrla de España; lo que hubo fue después de declarada la independencia y constituido el Estado, una "guerra de liberación" llevada a cabo a partir de 1813, con Simón Bolívar a la cabeza, para liberar a un país de la invasión española, que ya era independiente desde 1810.

Ese proceso civil de conformación de un nuevo Estado en el territorio de unas provincias españolas en América, que desde 1777 había conformado la Capitanía General de Venezuela, estuvo desde el inicio signado por la idea fuerza de estructuración de dicho Estado con la forma federal, la cual había sido recién "inventada" en los Estados Unidos de Norteamérica, y ello fue lo que se materializó entre 1810 y 1811, antes incluso de que las Cortes de Cádiz sancionaran la Constitución de la Monarquía española de marzo de 1812. Dicho nuevo Estado además, se organizó conforme a los principios del constitucionalismo moderno cuyas ideas como se dijo, ya se habían venido expandiendo en el mundo occidental luego de las revoluciones norteamericana y francesa de finales del siglo XVIII.[390]

Y el órgano responsable para todo ello, fue un cuerpo representativo de las provincias, integrado luego de que se efectuaron elecciones para elegir los diputados de las mismas conforme al Reglamento adoptado en julio de 1810, denominado Congreso General de las Provincias Unidas de Venezuela, el cual fue el que adoptó, el 1º

---

390   Véase Allan R. Brewer-Carías, *Reflexiones sobre la revolución norteamericana (1776), la revolución francesa (1789) y la revolución hispanoamericana (1810-1830) y sus aportes al constitucionalismo moderno*, 2ª Edición Ampliada, Universidad Externado de Colombia, Editorial Jurídica Venezolana, Bogotá 2008.

de julio de 1811, la Declaración de Derechos del Pueblo; el 5 de julio de 1811, la declaración formal de Independencia, y procedió a la creación formal del nuevo Estado de Venezuela con la sanción el 21 de diciembre de 1811, de la Constitución Federal de los Estados de Venezuela. Dicho proceso constituyente, además, se completó después de la aprobación de varias Constituciones provinciales, con la sanción el 31 de enero de 1812 de la Constitución para el Gobierno y Administración de la Provincia de Caracas, que era la Provincia más importante del nuevo Estado federal.[391]

En todo ese proceso constituyente, como se dijo, fueron civiles, la mayoría de ellos abogados y políticos quienes como hombres de ideas, la mayoría habían egresado del Colegio Santa Rosa, origen de la Universidad Central de Venezuela, y quienes fueron los que participaron en todos los actos políticos que siguieron a la rebelión de Caracas, concibiendo y redactando los actos y documentos constitutivos del nuevo Estado. Como ideólogos y, además, como hombres de acción, esos creadores estuvieron presentes y participaron en todos los acontecimientos políticos que ocurrieron en esas fechas, comprometiéndose personalmente con los mismos, habiendo suscrito todos ellos los actos constituyentes subsiguientes. Fueron, en fin, los hombres que en Venezuela tuvieron un rol histórico equivalente al que en la historia de los Estados Unidos de América se conocen como los "padres fundadores" (G. Washington, J. Adams, T. Jefferson, J. Madison, B. Franklin, S. Adams, T. Paine, P. Henry, A. Hamilton, G. Morris, entre otros).[392]

En Venezuela, esos próceres o padres fundadores de la República, todos civiles ilustrados, fueron entre otros, Juan Germán Roscio, Francisco Javier Ustáriz, Francisco Isnardi y Miguel José Sanz; y quienes, junto con Lino de Clemente, Isidoro Antonio López Méndez, Martín Tovar y Ponce, invariablemente participaron

---

391 Véase Allan R. Brewer-Carías, *Los inicios del proceso constituyente hispano y americano. Caracas 1811 – Cádiz 1812*, bid & co. Editor, Caracas 2011, pp. 75 ss.
392 Véase Joseph J. Ellis, *Founding Brothers. The Revolutionary Generation*, Vintage Books, New York, 2000.

en los más importantes actos de la independencia. La mayoría de ellos, en efecto, formaron parte de la Junta Conservadora de los Derechos de Fernando VII el 19 de abril de 1810, como funcionarios que eran del Cabildo o como diputados por el pueblo que se incorporaron al mismo (Roscio); fueron miembros como Vocales de a la Junta Suprema de gobierno que se organizó días después, por el bando del 23 de abril de 1810, y en la misma Roscio fue quien redactó del Reglamento para la elección de los diputados al Congreso General; fueron electos como diputados al Congreso General, conforme al Reglamento de Elecciones dictado por la Junta Suprema el 11 de junio de 1810; participaron en el acto de instalación del Congreso General de diputados el día 3 de marzo de 1811; suscribieron la Ley sobre los Derechos del Pueblo sancionada por el Congreso General en la Sección Legislativa para la Provincia de Caracas el 1 de julio de 1811; suscribieron el Acta de la Independencia del 5 de julio de 1811; suscribieron la Constitución Federal de los Estados de Venezuela de 21 de diciembre de 1811; y suscribieron la Constitución de la Provincia de Caracas del 31 de enero de 1812.

A ese grupo se unió Francisco de Miranda a partir de diciembre de 1810, habiendo pasado a promover la Junta Patriótica y a participar activamente en el Congreso donde fue electo como diputado por El Pao, participando en la emisión del Acta de la Independencia del 5 de julio de 1811; suscribiendo la Constitución Federal de los Estados de Venezuela de 21 de diciembre de 1811, en la cual consignó uno de los pocos votos salvados respecto de la misma. Miranda, sin embargo, aun cuando creía que todo el proceso de independencia ocurrido en Caracas se debía a su tesonera labor en Europa de difusión de las ideas libertarias del Continente, nada tuvo que ver con la gestación inicial del proceso en Venezuela, donde los líderes de la insurrección todos mucho menores que él, tenían otra visión de su persona, más lejana y distante.

En todo caso, por haber sido parte de ese grupo de fundadores del Estado, junto con todos ellos pasó a engrosar el grupo a quienes Domingo Monteverde, el jefe español invasor del territorio a comienzos de 1812, calificó como los "monstruos, origen y raíz primitiva de todos los males de América,"[393] grupo en el cual, después de que Miranda fue ignominiosamente entregado a Monteverde por algunos de sus subalternos, entre ellos Bolívar, Las Casas y Peña, estuvieron otros ilustres diputados que fueron apresados por Monteverde, estuvieron Juan Germán Roscio, Francisco Isnardi, Juan Paz del Castillo y Díaz, Juan Pablo Ayala, José Cortés de Madariaga, José Mires, Manuel Ruiz y Antonio Barona.

Entre todos ellos, sin embargo, hay un pequeño grupo que deben recordarse específicamente, al cual correspondió el peso de concebir la República. Entre ellos destaca, ante todo, Juan Germán Roscio (1763-1821), experimentado abogado, conocido en la Provincia por haber protagonizado una importante batalla legal para su aceptación en el Colegio de Abogados de Caracas, luego de haber sido rechazado por su condición de *pardo*. Roscio, además, había sido Fiscal en la Administración colonial, y en tal carácter incluso, perseguidor judicial de los miembros de la expedición de Francisco de Miranda en 1806, que fueron infortunadamente apresados en el intento de desembarco en las costas de Ocumare. Como abogado, sin embargo, Roscio fue uno de los que en abril de 1810 se rebeló contra la autoridad colonial, habiendo sido uno de los "representantes del pueblo" incorporados en la Junta Suprema el 19 de abril de 1810. En la Junta fue luego designado como Secretario de Relaciones Exteriores, por lo que se lo considera como el primer Ministro de Relaciones Exteriores del país; y en tal carácter designó a los Comisionados que fueron a Londres para buscar el apoyo inglés al proceso de independencia, cuyas Instrucciones sin duda elaboró directamente. En la misma Junta, como secretario de Estado, Roscio fue quien firmó el 14 de agosto de 1810 la orden de la Junta Suprema de constitución de la "Sociedad Patriótica de Agricultura y Economía"[394] o sea la Junta patriótica de la cual Miranda llegó a ser su

---

393 Véase la referencia en J. F. Blanco y R. Azpúrua, *Documentos para la Historia de la Vida Pública del Libertador...*, op. cit., Tomo II, p. 700.

394 Véase *Textos Oficiales de la Primera República de Venezuela,,* Biblioteca de la Academia de Ciencias Políticas y Sociales, Caracas 1982, Tomo I, pp. 215-216.

presidente. Posteriormente, en los momentos del funcionamiento del Congreso General, Roscio, además, fue nombrado como Ministro de Gracia, Justicia y Hacienda.[395]

Roscio, por otra parte, fue el redactor del muy importante *Reglamento para la elección y reunión de diputados que han de componer el Cuerpo Conservador de los derechos del Sr. D. Fernando VII en las Provincias de Venezuela* de 11 de junio de 1810, considerado como el primer Código Electoral de América Latina,[396] y conforme al mismo, fue electo diputado al Congreso General por el partido de la Villa de Calabozo. Roscio, por tanto, fue redactor de la importante *Alocución* que presidió a dicho Reglamento, donde se sentaron las bases del sistema republicano representativo.[397]

Junto con Francisco Isnardi, Secretario del Congreso, Roscio fue figura clave en la redacción del *Acta de la Independencia* del 5 de julio de 1811; así como en la redacción del *Manifiesto que hace al mundo la Confederación de Venezuela en la América Meridional*, que se adoptó en el Congreso General el 30 de julio de 1811, explicando "las razones en que se ha fundado su absoluta independencia de España, y de cualquiera otra dominación extranjera, formado y mandado publicar por acuerdo del Congreso General de sus Provincias Unidas."[398]

---

395 De ello se da cuenta en la sesión del Congreso del 17 de julio de 1811. Véase Ramón Díaz Sánchez, "Estudio Preliminar," *Libro de Actas del Segundo Congreso de Venezuela 1811-1812,* Academia nacional de la Historia, Caracas 1959, Tomo I, p. 220.

396 Véase sobre la primera manifestación de representatividad democrática en España e Hispanoamérica en 1810, es decir, la elección de diputados a las Cortes de Cádiz conforme a la *Instrucción* de la Junta Central Gubernativa del Reino de enero de 1810, y la elección de diputados al Congreso General de Venezuela conforme al *Reglamento* de la Junta Suprema de Venezuela de junio de 1810, en Allan R. Brewer-Carías, Los *inicios del proceso constituyente Hispano y Americano Caracas 1811- Cádiz 1812*, Bid & Co. Editor, Caracas 2011, pp. 9 ss.

397 Véase Ramón Díaz Sánchez, "Estudio Preliminar", *Libro de Actas del Segundo Congreso de Venezuela 1811-1812, op. cit,* Tomo I, p. 91.

398 Véase el texto en *Libro de Actas del Segundo Congreso de Venezuela 1811-1812,* Academia Nacional de la Historia, Caracas 1959, Tomo I, p.

Roscio fue también comisionado por el Congreso, junto con Gabriel de Ponte, Diputado de Caracas, y Francisco Javier Ustáriz, diputado por partido de San Sebastián, para colaborar en la redacción de la *Constitución Federal de las Provincias de Venezuela* de 21 de diciembre de 1811, y fue incluso miembro suplente del Ejecutivo Plural de la Confederación designado en 1812. Era fluente en inglés, e incluso fue el traductor de trabajos que Miranda había llevado a Caracas en su *Archivo*, preparados por sus colaboradores Campomanes y Antequera, y que bajo el nombre de William Burke fueron publicados en la *Gaceta de Caracas*, de la cual fue Redactor en sustitución de Andrés Bello. Roscio, además, fue uno de los pocos venezolanos que mantuvo a partir de 1810 directa correspondencia con Andrés Bello cuando ya este estaba en Londres, y con José M. Blanco White, el editor en Londres del periódico *El Español*.[399]

En agosto de 1812 fue apresado por Domingo Monteverde, y fue finalmente enviado junto con Francisco de Miranda a la prisión de La Carraca, en Cádiz, como uno de los mencionados monstruos origen "de todos los males de América." Después de ser liberado en 1815, gracias a la intervención del gobierno británico, llegó a Filadelfia donde publicó en 1817 su conocido libro *El triunfo de la libertad sobre el despotismo, En la confesión de un pecador arrepentido de sus errores políticos, y dedicado a desagraviar en esta parte a la religión ofendida con el sistema de la tiranía*, en la Imprenta de Thomas H. Palmer.[400]

---

82. Véanse los comentarios de Luis Ugalde s.j., *El pensamiento teológico-político de Juan Germán Roscio*, Universidad Católica Andrés Bello, Bid & Co. Editor, Caracas 2007, pp. 30, 39.

399 Andrés Bello y López Méndez entregaron a Blanco White la carta de Roscio de 28 de enero de 1811, la cual fue contestada por éste último el 11 de julio de 1811. Ambas cartas se publicaron en *El Español*, y reimpresas en José Félix Blanco and Ramón Azpúrua, *Documentos para la historia de la vida pública del Libertador*, Ediciones de la Presidencia de la República, Caracas 1978., Tomo III, pp. 14-19.

400 La segunda edición de 1821 fue hecha también en Filadelfia en la Imprenta de M. Carey e hijos.

Por todo ello, Juan Germán Roscio sin duda puede considerarse como "la figura más distinguida del movimiento de independencia desde 1810,"[401] y como "el más conspicuo de los ideólogos del movimiento" de independencia;[402] es decir, el más destacado de los próceres de la independencia, el cual como todos los otros fue olvidado como tal.

Otros de los destacados próceres civiles de la independencia, también olvidados, fue el mencionado Francisco Isnardi, de origen italiano (nació en Turín en 1750), quien después de haber vivido en Trinidad, pasó a las provincias de Venezuela donde por sus amplios conocimientos de física, astronomía y medicina, por encargo del entonces Gobernador del golfo de Cumaná, Vicente de Emparan, elaboró el mapa de la costa de dicho golfo. Ello produjo sospechas y acusado de trabajar para los ingleses, fue perseguido por las autoridades coloniales de Venezuela, confiscándoseles sus bienes. Luego de ser absuelto en Madrid, regresó a Margarita en 1809, donde ejerció la medicina, pasando luego a Caracas donde entabló amistad con Andrés Bello. Para 1810 trabajaba como cirujano del cuerpo de artillería, y junto con Bello se encargó de la redacción de la *Gaceta de Caracas*. Participó activamente en los eventos que siguieron a la revolución del 19 de abril de 1810, habiendo sido, entre 1811 y 1812, el editor de los más importantes periódicos republicanos como *El Mercurio Venezolano*, la propia *Gaceta de Caracas* y *El Publicista de Venezuela*. Si bien no fue diputado, tuvo la importantísima posición de secretario del Congreso General durante todo su funcionamiento, a quien el Congreso General encomendó, junto con Roscio, la redacción del *Acta de la Independencia* del 5 de julio de 1811.[403] Igualmente fue co-redactor de importante *Manifiesto* al

---

401 Véase Ramón Díaz Sánchez, "Estudio Preliminar", *Libro de Actas del Segundo Congreso de Venezuela 1811-1812*, op. cit. Tomo I, p. 61.

402 Véase Manuel Pérez Vila, "Estudio Preliminar," *El Congreso Nacional de 1811 y el Acta de la Independencia*, Edición del Senado, Caracas 1990, p. 6.

403 Véase *Libro de Actas del Segundo Congreso de Venezuela 1811-1812*, cit., Tomo I, p. 201; Luis Ugalde s.j., *El pensamiento teológico-político de Juan Germán Roscio*, Bid & Co. editor, Caracas 2007, p. 30.

Mundo del Congreso General. Isnardi fue también uno de los "ocho monstruos" patriotas encarcelados por Monteverde, habiendo sido también enviado a prisión a Cádiz.

Además, en ese proceso fundacional estuvo Francisco Javier Ustáriz, (1772-1814) también distinguido jurista, quien igualmente fue incorporado en 1810 a la *Junta Suprema* como "representante del pueblo." También fue electo diputado al Congreso General por el partido de San Sebastián, habiendo sido, junto con Roscio, uno de los principales redactores de la *Constitución Federal* de 1811, y de la Constitución de la Provincia de Caracas de enero de 1811.

El otro distinguido jurista prócer de la independencia fue Miguel José Sanz (1756-1814), quien también tuvo una destacada actuación en la capitanía General durante el periodo colonial. Fue relator de la Audiencia de Caracas, decano del Colegio de Abogados de Caracas, y uno de los promotores de la Academia de Derecho Público y Español que se instaló en 1790. En 1793, fue uno de los miembros del Real Consulado de Caracas, y asesor jurídico del mismo; y entre 1800 y 1802 redactó las Ordenanzas para el gobierno y policía de Santiago de León de Caracas. Por diferencias con miembros del Cabildo fue expulsado en 1809 a Puerto Rico, regresando meses después de la rebelión civil de abril de 1810. Junto con José Domingo Díaz, fue redactor entre 1810 y 1811 del *Semanario de Caracas*. Amigo de Francisco de Miranda, Sanz ocupó brevemente la Secretaría del Congreso de 1811, cargó que abandonó para ocupar la Secretaría de Estado, Guerra y Marina. Como tal, firmó la orden del Ejecutivo para la publicación del *Acta de la Independencia*. También actuó como presidente de la Sección Legislativa de la provincia de Caracas, y debió sin duda haber sido uno de los propulsores de la adopción de la *Declaración de Derechos del Pueblo* de 1811. Tras la Capitulación de 1812 fue encerrado en los calabozos de Puerto Cabello

A todos estos políticos y juristas, como se dijo, fue que se unió como también prócer fundamental de la Independencia, Francisco de Miranda (1750-1816), el hombre más universal de su tiempo, y quien una vez que regresó a Caracas a finales de 1810, no sólo se incorporó al Congreso como diputado, sino que participó activamente en las discusiones de la Junta Patriótica, habiendo sido el más importante suministrador de ideas y escritos, que eran parte de su *Archivo*, para la configuración del nuevo Estado. Tuvo un rol protagónico en todos los sentidos, habiendo sido llamado a hacerse cargo de la República como Generalísimo, luego de la invasión del territorio de la provincia por los ejércitos españoles al mando de Monteverde. La pérdida del Castillo de Puerto Cabello comandado por Simón Bolívar, a quien no sin cierta reticencia le había encomendado el mando, y con ello, la pérdida del arsenal de la República, lo obligó a negociar un armisticio con Monteverde en julio de 1812. Después de haber sorteado durante varias décadas, persecuciones, juicios y amenazas de prisión, terminó siendo vilmente apresado por sus subalternos y entregado a Monteverde a los pocos días de la firma de la capitulación de San Mateo, falleciendo prisionero en Cádiz en 1816.

En el grupo de los próceres se debe también mencionar a Andrés Bello, el más destacado humanista de América, quien al contrario de Miranda quién regresó a Venezuela, más bien abandonó Caracas formando parte como Secretario, de la delegación oficial de la Junta Suprema de Caracas ante el gobierno inglés, no regresando más a Venezuela. Bello había ocupado en la administración colonial la importante posición de Oficial Mayor de la Capitanía General y redactor de la *Gaceta de Caracas*, lo que explica su alejamiento de la nueva República. Por ello, después de coincidir unos meses con Miranda en Londres en 1810, no sólo fijó su residencia en su casa de Grafton Street, sino que heredó toda la red de contactos que éste había tejido en Inglaterra en pro de la independencia americana.

Todos esos próceres de la independencia, en una forma u otra, como se ha dicho, se habían nutrido de las ideas que derivaron del proceso revolucionario francés y de la revolución de independencia de los Estados Unidos de Norteamérica, las cuales penetraron por supuesto habían penetrado en la Capitanía General no sólo a partir de 1810 con los papeles del *Archivo* de Miranda, sino con anterioridad por el trabajo que venían realizado varios venezolanos en el exterior. Es así, por ejemplo, que ya en 1810, al comenzar la revolución en Venezuela, Joseph Manuel Villavicencio, natural de la Provincia de Caracas, publicó la primera traducción de la *Constitución de los Estrados Unidos de América*,[404] la cual circuló profusamente en América Hispana, a pesar de la prohibición que la Inquisición había impuesto a ese tipo de publicaciones.

Además, las obras de Thomas Paine,[405] conocidas por la elite venezolana, también fueron traducidas y publicadas numerosas veces desde 1810 distribuyéndose copiosamente por Hispano América, destacándose la traducción realizada por Manuel García de Sena, quien desde 1803 había fijado su residencia en Filadelfia. Esa traducción de denominó como: *La Independencia de la Costa Firme justificada por Thomas Paine treinta años ha. Extracto de sus obras,*[406] y fue publicada en 1811 en la imprenta que T. y J. Palmer. Este libro contenía la primera traducción al castellano del famoso panfleto de Paine: "*Common Sense*" (Philadelphia, 1776), de dos de sus principales disertaciones: *Dissertations on the Principles of Government*, y además, de la Declaración de Independencia (4 de julio de 1776), de los artículos de la Confederación (1778), del texto de la Constitución de los Estados Unidos y Perpetua Unión (8 de julio de 1778) y de sus primeras Doce Enmiendas (1791, 1798, 1804); del texto de las Constituciones de Massachusetts (1780), de New Jersey (1776), de Virginia (1776), y de Pennsylvania (1790); así como la relación de la Constitución de Connecticut.[407]

---

[404] *Constitución de los Estados Unidos de América*, editado en Filadelfia en la imprenta Smith & M'Kennie, 1810.

[405] Véase sobre el significado de la obra de Paine en la Independencia de los Estados Unidos, por ejemplo, Joseph Lewis, *Thomas Paine. Author of the declaration of Independence,* Freethouht Press, New York 1947.

[406] Una reimpresión de esta obra se realizó por el Ministerio de Relaciones Exteriores de Venezuela en 1987, como Edición conmemorativa del Bicentenario de la Constitución de los Estados Unidos de América, Caracas 1987.

[407] Una moderna edición de esta obra es *La Independencia de la Costa Firme, justificada por Thomas Paine treinta años ha.* Traducido del inglés al español por don Manuel García de Sena. Con prólogo de Pedro Grases, Co-

Posteriormente, García de la Sena también publicó en 1812, en la misma casa de T. and J. Palmer en Filadelfia, la traducción al castellano de la tercera edición (1808) del libro de John M'Culloch, *Concise History of the United States, from the Discovery of America, till 1807*, con el título *Historia Concisa de los Estados Unidos desde el descubrimiento de la América hasta el año 1807*.

En 1811, por tanto, todos esos trabajos y documentos eran piezas esenciales para explicar en la América hispana el significado y alcance de la revolución norteamericana, proceso en el cual los trabajos de Paine tuvieron una importancia destacada, moldeando e influenciando en la redacción de los documentos constitucionales de la independencia. Por ello, entre los primeros actos del gobierno de Domingo Monteverde en 1812, fue la incautación de los ejemplares de la referida traducción de Manuel García de Sena.

Esta traducción de García de Sena, como él mismo lo expresó, tenían el propósito de "ilustrar principalmente a sus conciudadanos sobre la legitimidad de la Independencia y sobre el beneficio que de ella debe desprenderse, tomando como base la situación social, política y económica de los Estados Unidos." Sus obras, como se dijo, tuvieron una enorme repercusión en los tiempos de la Independencia Venezuela y en América Latina en general,[408] circulando de mano en mano. Incluso, en la *Gaceta de Caracas,* que se inició en 1808 con la introducción de la imprenta en la Provincia, en los números de los días

---

mité de Orígenes de la Emancipación, núm. 5. Instituto Panamericano de Geografía e Historia, Caracas, 1949.

408   Véase en general, Pedro Grases, *Libros y Libertad,* Caracas 1974; y "Traducción de interés político cultural en la época de la Independencia de Venezuela," en *El Movimiento Emancipador de Hispano América, Actas y Ponencias,* Academia Nacional de la Historia, Caracas 1961, Tomo II, pp. 105 y ss.; Ernesto de la Torre Villas y Jorge Mario Laguardia, *Desarrollo Histórico del Constitucionalismo Hispanoamericano,* UNAM, México 1976, pp. 38–39.

14 y 17 de enero de 1812 se publicó parte del libro de García de Serna contentivo de la traducción de la obra de Paine.[409]

En la *Gaceta de Caracas*, además, a partir de noviembre de 1810 comenzaron a aparecer una serie de editoriales bajo el nombre de William Burke, nombre que en definitiva resultó ser un pseudónimo utilizado fundamentalmente bajo la dirección de Francisco de Miranda y sus colaboradores inmediatos Campomanes y Antepara, para difundir algunos los papeles y escritos que formaban parte de su *Archivo* personal, con escritos por ejemplo de James Mill que se referían a las ideas constitucionales de entonces, especialmente las originadas en el sistema norteamericano.[410] Todos esos editoriales, publicados entre noviembre de 1810 y marzo de 1812, fueron incluso recogidos en un libro de William Burke en dos tomos con el título de *Derechos de la América del Sur y México*,[411] publicados por la propia *Gaceta de Caracas* a finales de 1811.

Con todo ese arsenal de ideas, los próceres fundadores de la República que participaron en la rebelión independentista del 19 de abril de 1810; conformaron el nuevo gobierno de Caracas en sustitución de lo que había sido el gobierno de la Capitanía General y de la Provincia de Caracas; organizaron y participaron en la elección

---

409   Véase Pedro Grases "Manual García de Sena y la Independencia de Hispanoamérica" en la edición del libro de García de Sena que realizó el Ministerio de Relaciones Interiores, Caracas 1987, p. 39.

410   Véase los comentarios sobre los trabajos atribuidos a "William Burke," en Allan R. Brewer-Carías, "Introducción General" al libro *Documentos Constitucionales de la Independencia/ Constitucional Documents of the Independence 1811*, Colección Textos Legislativos N° 52, Editorial Jurídica Venezolana, Caracas 2012, pp. 59-299.

411   Véase en la edición de la Academia de la Historia, William Burke, *Derechos de la América del Sur y México*, 2 vols., Caracas 1959. Quizás por ello, José M. Portillo Valdés, señaló que "William Burke" más bien habría sido, al menos por los escritos publicados en Caracas, una "pluma colectiva" usada por James Mill, Francisco de Miranda y Juan Germán Roscio. Véase José M. Portillo Valdés, *Crisis Atlántica: Autonomía e Independencia en la crisis de la Monarquía Española*, Marcial Pons 2006, p 272, nota 60. En contra véase Karen Racine, *Francisco de Miranda: A Transatlantic Life in the Age of Revolution*, SRBooks, Wilmington, 2003, p 318.

de los diputados al Congreso General de las provincias de dicha Capitanía a partir de junio de 1810; declararon solemnemente la Independencia el 5 de julio de 1811; redactaron la Constitución Federal de los Estados de Venezuela de 21 de diciembre de 1811[412] y la Constitución de la Provincia de Caracas de 31 de enero de 1812;[413] estos últimos textos, modelos acabados de lo que podían ser textos constitucionales de un nuevo Estado republicano de comienzos del siglo XIX, influidos por todos los principios del constitucionalismo moderno. Esa fue la "república aérea" a la que un año después se refirió Simón Bolívar, quien no participó en forma alguna en ese proceso constituyente, calificando a los próceres civiles solo como sofistas y filántropos.

Esas Constituciones fueron sancionadas por el Congreso General de la Confederación de Venezuela, destacándose la *Constitución federal* de 21 de diciembre de 1811, con la cual se integró el nuevo Estado nacional con siete Estados provinciales (Caracas, Barcelona, Cumaná, Margarita, Barinas, Trujillo, Mérida) que habían resultado de la transformación de las antiguas Provincias que habían formado la antigua Capitanía General de Venezuela. A dicha Constitución le siguió la Constitución provincial de enero de 1812 sancionada por la "Sección Legislativa de la Provincia de Caracas del mismo Congreso General de Venezuela," es decir, por los diputados electos en la Provincia que integraban dicho Congreso General, en enero de 1812.

La elaboración de ambos textos constitucionales Federal y Provincial de Caracas, se realizó en paralelo en las sesiones del Congreso General, lo que se evidencia, por ejemplo, del encargo hecho en la sesión del 16 de marzo de 1811, recién instalado el propio Congreso, a los diputados Francisco Javier Uztáriz, Juan Germán

---

412   Véase en Allan R. Brewer-Carías, *Las Constituciones de Venezuela*, Academia de Ciencias Políticas y Sociales, Caracas 2008, Tomo I; *Historia Constitucional de Venezuela*, Editorial Alfa, Caracas 2008, Tomo I.

413   Véase sobre esta Constitución provincial, Allan R. Brewer-Carías, *La Constitución de la Provincia de Caracas de 31 de enero de 1812*, Academia de Ciencias Políticas y Sociales, Caracas 2012.

Roscio y Gabriel de Ponte, Diputados los tres por la Provincia de Caracas por los partidos capitulares de San Sebastián de los Reyes, Calabozo y la ciudad de Caracas, como comisionados para redactar la Constitución Federal de Venezuela[414]; y del anuncio efectuado en la sesión del Congreso General diez días después, el 28 de marzo de 1811, cuando se informó además, que se había encomendado a los mismos mencionados diputados Francisco Javier Uztáriz y Juan Germán Roscio la elaboración de "la Constitución provincial de Caracas, con el objeto de que sirviese de modelo a las demás provincias del Estado y se administrasen los negocios uniformemente."[415]

Por ello, en la sesión del Congreso General del 19 de julio de 1811 se dejó constancia de que era un mismo grupo de diputados los "encargados de trabajar la Constitución Federal y la Constitución particular de la provincia de Caracas."[416] Además, en la sesión del Congreso General del 20 de julio de 1811, el mismo Ustáriz decía que el Congreso le había encomendado junto con Roscio y de Ponte, "para que formase la Constitución federal de los Estados Unidos de Venezuela."[417]

En cumplimiento de tales encargos, Ustáriz comenzó a presentar pliegos del proyecto de Constitución en la sesión del Congreso General del 21 de agosto de 1811,[418] dejándose constancia en la sesión del Congreso del 26 de julio de 1811, por ejemplo, de la presentación de un importante "Proyecto para la Confederación y Go-

---

414   En la despedida de la Sección Legislativa de la Provincia de Caracas al concluir sus sesiones y presentar la Constitución provincial 19 de febrero de 1812. Véase *Textos Oficiales de la Primera República de Venezuela*, Biblioteca de la Academia de Ciencias Políticas y Sociales, Caracas 1982, Tomo II, p. 216.

415   *Idem*, Tomo II, p. 216.

416   *Idem,* Tomo II, p. 109.

417   Véase Ramón Díaz Sánchez, "Estudio Preliminar", *Libro de Actas del Segundo Congreso de Venezuela 1811-1812*, Academia Nacional de la Historia, Caracas 1959, Tomo I, p. 230.

418   *Idem*, Tomo I, p. 317.

biernos provinciales de Venezuela,"[419] donde se formulaba un ensayo de distribución de las competencias que debían corresponder al nivel del Estado federal, y al nivel de los Gobiernos provinciales. [420]

Se trató, por tanto, de un proceso constituyente tanto nacional como provincial que se desarrolló en paralelo en el seno del mismo cuerpo de diputados, por una parte, para la conformación de un Estado federal en todo el ámbito territorial de lo que había sido la antigua Capitanía General de Venezuela, con la participación de todos los diputados del Congreso de todas las provincias; y por la otra, para la conformación del marco constitucional de gobierno para una de las provincias de dicha Federación, la de Caracas, incluso, como se dijo, para que el texto sirviera de modelo para la elaboración de las otras Constituciones provinciales. De todas esas tareas, Simón Bolívar se había excluido completamente, retirado en buena parte, después de haber participado en las críticas al nuevo gobierno desde la Junta Patriótica, a sus propiedades en San Mateo.

Por otra parte, otro grupo de diputados que también debe mencionarse dentro de los próceres de la independencia, fueron aquellos que si bien no participaron en los hechos de la Revolución de 19 de abril de 1810, fundamentalmente porque no eran vecinos de Caracas, sin embargo sí estuvieron presentes en todos los hechos y actos políticos posteriores antes mencionados, como fueron además de Francisco de Miranda quien no estaba en ese entonces en Caracas, los siguientes diputados, todos por otros partidos de la Provincia de Caracas: Felipe Fermín Paúl, por San Sebastián de los Reyes; Fernando de Peñalver, Luis José de Cazorla y Juan Rodríguez del Toro, por Valencia; Juan José de Maya, por San Felipe; Gabriel Pérez de Págola, por Ospino; José Ángel Álamo, por Barquisimeto; y José Vicente de Unda, por Guanare. Otros distinguidos civiles y abogados, además, tuvieron participación activa en el gobierno, particu-

---

419 Véase el texto en *El pensamiento constitucional hispanoamericano hasta 1830*, Biblioteca de la Academia nacional de la Historia, Caracas 1961, Tomo V, pp. 41-44.

420 Véase *Textos Oficiales de la Primera República de Venezuela, cit.,* Tomo II, pp. 111-113.

larmente en el Poder Ejecutivo plural, donde estuvieron Juan de Escalona, Cristóbal Mendoza y Baltazar Padrón, o como Secretarios de Estado, como fue el caso del mismo Miguel José Sanz.

A todos les correspondió desarrollar un intenso trabajo para el diseño y construcción constitucional del nuevo Estado, inspirado en las mejores ideas constitucionales de la época; proceso que como se dijo terminó en la elaboración de la primera Constitución republicana del mundo moderno después de la Constitución de los Estados Unidos de América de 1787, y a la Constitución de la Monarquía Francesa de 1791,[421] como fue la Constitución Federal para las Provincias de Venezuela de 21 de diciembre de 1811.

Pero lamentablemente, todo ello fue destruido en pocos meses, por fuerza de la guerra y sobre todo, por fuerza de la incomprensión de los nuevos líderes producto de la misma, lo que produjo que Venezuela, muy pronto entrara en un proceso histórico que fue marcado por el síndrome del "olvido de los próceres,"[422] producto de la fuerza bruta del militarismo que a partir de 1812 se apoderó del país y de su historia, arraigándose en el suelo de la República.

---

421   El texto la declaración francesa de derechos del hombre y del ciudadano se conocía en Venezuela por la publicación que quedó de la Conspiración de Gual y España, *Derechos del Hombre y del Ciudadano con Varias Máximas Republicanas y un Discurso Preliminar dirigido a los Americanos*, con la traducción que Juan Bautista Picornell y Gomilla hizo de la declaración Francesa de 1793, texto que además, fue publicado de nuevo en Caracas en 1811, en la Imprenta de J. Baillio, libro considerado por Pedro Grases como "digno candidato a 'primer libro venezolano'." Véase en Pedro Grases, "Estudio sobre los 'Derechos del Hombre y del Ciudadano'," en el libro *Derechos del Hombre y del Ciudadano* (Estudio Preliminar por Pablo Ruggeri Parra y Estudio histórico-crítico por Pedro Grases), Academia Nacional de la Historia, Caracas 1959. Véase además, en Allan R. Brewer-Carías, *Las Declaraciones de Derechos Del Pueblo y del Hombre de 1811* (Bicentenario de la Declaración de "Derechos del Pueblo" de 1º de julio de 1811 y de la "Declaración de Derechos del Hombre" contenida en la Constitución Federal de los Estados de Venezuela de 21 de diciembre de 1811), con Prólogo de Román José Duque Corredor, Academia de Ciencias Políticas y Sociales, Caracas 2011.
422   Véase Giovanni Meza Dorta, *El olvido de los próceres*, Editorial Jurídica Venezolana, Caracas 2012.

El primer síntoma de ello fue la sustitución del régimen constitucional de 1811, sucesivamente, primero por la "ley de la conquista" impuesta por el invasor español Domingo Monteverde, y segundo, por la "ley marcial" impuesta por Simón Bolívar; proceso que comenzó a manifestarse, precisamente, a partir del momento en el cual el país que encontraba preparándose para celebrar el primer aniversario formal de la independencia, a comienzos de julio de 1812.

A partir de entonces, el país entró en una guerra que se prolongó por casi una década, en medio de la cual no sólo desapareció el constitucionalismo, habiendo legado al país la mayor expedición militar jamás enviada antes por España a América (al mando del general Pablo Morillo y Morillo, 1814) sino que al final de la misma, en 1821, incluso el país mismo llegó a desaparecer como Estado, quedando el territorio de lo que había sido la federación de Venezuela como un "departamento" más de otro nuevo Estado creado contra toda lógica histórica por Simón Bolívar, como fue la República de Colombia, establecida con la Constitución de Cúcuta de 1821, luego de que Simón Bolívar hubiera propuesto al Congreso de Angostura la sanción de la Ley de Unión de los Pueblos de Colombia en 1819.[423]

Ese entierro de la obra de los próceres de la independencia que construyeron la República mediante sus ejecutorias civiles entre el 19 de abril de 1810 con la constitución de la Junta Suprema de Caracas y marzo de 1812 con la instalación del Congreso en la ciudad federal de Valencia, en todo caso, como siempre acaece en la historia, se produjo por la conjunción de varios hechos, en este caso, sin embargo, todos ellos de carácter estrictamente militar. Esos hechos fueron: *primero*, la invasión del territorio nacional en febrero de 1812 por una fuerza militar extranjera comandada por Domingo Monteverde, dirigida desde Puerto Rico, donde la Regencia de España y luego, las propias Cortes de Cádiz, había situado el cuartel general español para la pacificación de las provincias de Venezuela;

---

423 Véase los textos en Allan R. Brewer-Carías, *Las Constituciones de Venezuela*, Academia de Ciencias Políticas y Sociales, Caracas 2008, Tomo I.

segundo, el fracaso militar ocurrido en el novel ejército venezolano, específicamente, como consecuencia de la pérdida del arsenal de la República, al caer el Castillo de Puerto Cabello en manos realistas, en los primeros días del mes de julio de 1812, el cual estaba al mando del coronel Simón Bolívar, quien hubo de abandonar la plaza con los pocos oficiales que le quedaron leales; *tercero*, la consecuente Capitulación del ejército republicano que estaba comandado por Francisco de Miranda, a quien el Congreso le había otorgado plenos poderes para enfrentar la invasión militar de la provincia, y que se materializó con la aprobación de todos los poderes públicos el 25 de julio de 1812 en la firma de un Armisticio entre los enviados de Miranda y Monteverde, mediante el cual se le aseguró la ocupación militar española de las provincias; *cuatro*, la decisión militar, injustificada, inicua y desleal, adoptada en la noche del 30 de julio de 1812 por un grupo de oficiales del ejército republicano al mando del mismo Simón Bolívar, e inducidos por oficiales traidores que ya habían negociado con Monteverde, de apresar a su superior, el general Francisco de Miranda, acusándolo a la vez de traidor, y quien luego de salvarse de ser fusilado *in situ* como pretendía Bolívar, fuera entregado inmisericordemente a Monteverde, para no recobrar más nunca su libertad; *quinto*, la violación sistemática del tratado militar que se había suscrito, por parte de Monteverde, quien persiguió a todos los que habían participado en la creación de la República, estableciendo en la provincia una dictadura militar y sometiendo al país, no a la Constitución de Cádiz recién sancionada, sino a la "ley de la conquista," lo que se prolongó hasta 1814 en medio de la más espantosas represión militar; *sexto*, por la nueva invasión del territorio venezolano en 1814 por la que sería históricamente la mayor fuerza militar que hubiese enviado jamás la Corona española a América al mando del general Pablo Morillo, con quien Bolívar llegaría a firmar un Armisticio para regularizar la guerra; *séptimo*, la también invasión militar del territorio de Venezuela desde la Nueva Granada en 1813, esta vez por un ejército autorizado por el Congreso de Nueva Granada, al mando de Simón Bolívar, y los contundentes triunfos del ejército republicano de liberación que llevaron a proclamar a Bolívar como El Libertador, quien por la fuerza militar ocupó intermitentemente los territorios de las provincias de Venezuela hasta 1819; y *octavo*, la ausencia de régimen constitucional alguno en los territorios de Venezuela desde 1813 hasta 1819, por el sometimiento efectivo de los mismos por los ejércitos republicanos, no a la Constitución de 1811, la cual lamentablemente nunca más se puso en vigencia como tal, sino que más bien fue estigmatizada, imponiéndose en su lugar la "ley marcial," lo que se extendió hasta 1819 cuando Bolívar buscó, aun cuando efímeramente, reconstituir el Estado venezolano con una nueva Constitución (Angostura).

En particular, de todos esos hechos deben destacarse los de orden "constitucional" que se produjeron, de entrada, como consecuencia de la ocupación militar de las Provincias por el ejército español, luego de la Capitulación de julio de 1812. Monteverde y sus nuevas autoridades, una vez que desconocieron la Constitución federal republicana de diciembre de 1811, de hecho obviaron poner en vigencia régimen constitucional alguno.

La pretendida publicación de la recién sancionada Constitución de Cádiz, que era a lo que debían proceder, en efecto, llevó al nuevo Capitán General de Venezuela, Fernando Mijares, quien recién había sido nombrado para un cargo que nunca llegó a ejercer efectivamente pues el mismo fue asumido y usurpado por Monteverde; a enviarle a éste, el 13 de agosto de 1812, unos días después de la detención de Miranda, unos ejemplares del texto constitucional monárquico con las correspondientes órdenes y disposiciones que habían dado las Cortes para su publicación y observancia.[424] Sin embargo, lo que ocurrió fue que Monteverde retrasó de hecho la jura de la Constitución, aclarándole incluso posteriormente a la Audiencia que si se había diferido su publicación no había sido por descuido, ni omisión ni capricho, sino por "circunstancias muy graves," que impedían su aplicación en Provincias como las de Venezuela, "humeando todavía el fuego de la rebelión más atroz y escandalosa," considerando a quienes la habitaban como "una socie-

---

424 Véase José de Austria, *Bosquejo de la Historia Militar de Venezuela*, Biblioteca de la Academia Nacional de la Historia, Tomo I, Caracas 1960, p. 364.

dad de bandoleros, alevosos y traidores," indicando que si publicaba la Constitución no respondería "por la seguridad y tranquilidad del país."[425]

Es decir, como Monteverde no estimaba a "la provincia de Venezuela merecedora todavía de que participase de los efectos de tan benigno código"[426] solo llegó a publicar y jurar la Constitución de Cádiz "a la manera militar," el 21 de noviembre de 1812, y luego, en Caracas, el 3 de diciembre de 1812, asumiendo sin embargo un poder omnímodo contrario al texto constitucional gaditano mismo.[427] Monteverde además, desconoció la exhortación que habían hecho las propias Cortes de Cádiz, en octubre de 1810, sobre la necesidad de que en las provincias de Ultramar donde se hubiesen manifestado conmociones (sólo era el caso de Caracas), si se producía el "reconocimiento a la legítima autoridad soberana" establecida en España, debía haber "un general olvido de cuanto hubiese ocurrido indebidamente"[428]. Nada de ello ocurrió en las Provincias de Venezuela, donde la situación con posterioridad a la firma de la Capitulación de julio de 1812 fue de orden fáctico, pues el derrumbamiento del gobierno constitucional fue seguido en paralelo, por el desmembramiento de las antiguas instituciones coloniales, bajo la autoridad militar.

---

425   Véase carta de Monteverde a la Audiencia de 29 de octubre de 1812. Citada en Alí Enrique López y Robinzon Meza, "Las Cortes españolas y la Constitución de Cádiz en la Independencia de Venezuela (1810-1823)," en José Antonio Escudero (Dir.), *Cortes y Constitución de Cádiz. 200 Años*, Espasa Libros, Madrid 2011, Tomo III, pp. 613, 623.

426   Véase José de Austria, *Bosquejo de la Historia militar...*, op. cit., Tomo I, p. 370.

427   Véase Manuel Hernández González, "La Fiesta Patriótica. La Jura de la Constitución de Cádiz en los territorios no ocupados (Canarias y América) 1812-1814," en Alberto Ramos Santana y Alberto Romero Ferrer (eds), *1808-1812: Los emblemas de la libertad*, Universidad de Cádiz, Cádiz 2009, pp. 104 ss.

428   Véase el Decreto V, 15-10-10, en Eduardo Roca Roca, *América en el Ordenamiento Jurídico de las Cortes de Cádiz*, Granada 1986, p. 199

A esa inundación militar inicial de la República, invadida por los ejércitos españoles, siguió la también invasión militar republicana de los territorios de las Provincias, desde la Nueva Granada, la cual tampoco restableció el orden constitucional republicano.

En efecto, desde que Simón Bolívar llegó a Cartagena de Indias a finales de diciembre de 1812, gracias al salvoconducto que le había suministrado Monteverde, en retribución "a los servicios prestados" a la Corona, entre sus primeras manifestaciones públicas que hizo por ejemplo en el llamado Manifiesto de Cartagena, calificó la construcción institucional de la República reflejada en la Constitución federal de diciembre de 1811, como propia de una "república aérea" atribuyéndole a dicha concepción y a sus autores la caída misma de la República, lo que, posteriormente originaría en la Nueva Granada el despectivo calificativo de la "patria boba" para referirse a ese período de nuestra historia.[429] Simón Bolívar, en efecto, diría a los seis meses de haber detenido y entregado a Miranda al invasor Monteverde, quizás cuando buscaba explicar su conducta, que:

"los códigos que consultaban nuestros magistrados no eran los que podían enseñarles la ciencia práctica del Gobierno, sino los que han formado ciertos buenos visionarios que, imaginándose *repúblicas aéreas*, han procurado alcanzar la perfección política, presuponiendo la perfectibilidad del linaje humano. Por manera que tuvimos filósofos por jefes, filantropía por legislación, dialéctica por táctica, y sofistas por soldados."[430]

---

429 Véase, por ejemplo, por lo que se refiere a la Nueva Granada, el empleo del término en el libro *La Patria Boba*, que contiene los trabajos de J.A. Vargas Jurado (*Tiempos Coloniales*), José María Caballero (*Días de la Independencia*), y J.A. de Torres y Peña (Santa Fé Cautiva), Bogotá 1902. El trabajo de Caballero fue publicado con los títulos *Diario de la Independencia*, Biblioteca de Historia Nacional, Bogotá 1946, y *Diario de la Patria Boba*, Ediciones Incunables, Bogotá 1986. Véase también, José María Espinosa, *Recuerdos de un Abanderado, Memorias de la Patria Boba 1810-1819*, Bogotá 1876.

430 Véase Simón Bolívar, "Manifiesto de Cartagena," en *Escritos Fundamentales,* Caracas, 1982 y en *Itinerario Documental de Simón Bolívar. Escri-*

No es de extrañar con semejante apreciación, que Bolívar pensase que como las circunstancias de los tiempos y los hombres que rodeaban al gobierno en ese momento eran "calamitosos y turbulentos, [el gobierno] debe mostrarse terrible, y armarse de una firmeza igual a los peligros, sin atender a leyes, y constituciones, ínterin no se restablece la felicidad y la paz."[431] Por ello concluía afirmando tajantemente que:

> "entre las causas que han producido la caída de Venezuela, debe colocarse en primer lugar la naturaleza de su constitución que, repito, era tan contraria a sus intereses, como favorable a los de sus contrarios."[432]

Debe mencionarse, sin embargo, que apenas iniciada su "Campaña Admirable" desde Nueva Granada para la recuperación del territorio de la República, una vez liberada la provincia de Mérida en mayo de 1813, Bolívar proclamó, desde allí, "el establecimiento de la Constitución venezolana, que regía los Estados antes de la irrupción de los bandidos que hemos expulsado;" y que al mes siguiente, desde Trujillo, al tomar conciencia del sesgo social de la guerra que se estaba ya librando, el 15 de junio de 1813, en su proclama de guerra a muerte, Bolívar también anunció que su misión era "restablecer los Gobiernos que formaban la Confederación de Venezuela" indicando que los Estados ya liberados (Mérida y Trujillo) se encontraban ya "regidos nuevamente por sus antiguas Constituciones y Magistrados."[433]

Sin embargo, esa intención duró poco, no sólo por el contenido del mismo decreto de Guerra a Muerte donde se ordenó pasar por las armas (*"contad con la muerte"*) a todo aquél, español o americano que "aun siendo indiferente" no obrara "activamente en obse-

---

tos selectos, Ediciones de la Presidencia de la República, Caracas 1970, pp. 30 ss. y 115 ss.
431 *Idem.*
432 *Idem.*
433 "Discurso a la Municipalidad de Mérida, 31 de mayo de 1813, en Hermánn Petzold Pernía, *Bolívar y la ordenación de los Poderes Públicos en los Estados Emancipados*, Caracas 1986, p. 32.

quio de la libertad de Venezuela,"[434] sino por su declaración y proclamación desde Caracas, al año siguiente, el 17 de junio de 1814, de la *ley marcial*, entendiendo por tal "la cesación de toda otra autoridad que no sea la militar," con orden de alistamiento general, anunciando para quienes contravinieran la orden que "serán juzgados y sentenciados como traidores a la patria, tres horas después de comprobarse el delito."

A partir de entonces, la ley militar rigió completamente en el bando republicano en los territorios de Venezuela, sumándose así a la "ley de la conquista" que ya había impuesto Monteverde en el bando realista desde que había ocupado el territorio de la República, violado la Capitulación que había suscrito con Miranda, y había recibido a éste preso entregado por sus propios subalternos. Ello le permitió a Monteverde, en representación que dirigió a la Audiencia de Caracas el 30 de diciembre de 1812, afirmar que si bien Coro, Maracaibo y Guayana, que habían sido las provincias de la Capitanía que no habían participado en la conformación del Estado federal de 1811, "merecen estar bajo la protección de la Constitución de la Monarquía," es decir, de la de Cádiz que había pretendido jurar en Caracas bajo rito militar, en cambio afirmaba que "Caracas y demás que componían su Capitanía General, no deben por ahora participar de su beneficio hasta dar pruebas de haber detestado su maldad, y bajo este concepto deben ser tratadas por la ley de la conquista; es decir, por la dureza y obras según las circunstancias; pues de otro modo, todo lo adquirido se perderá."[435]

Así quedaron los territorios del Estado de Venezuela sumidos bajo la ley militar, la ley marcial o la ley de la conquista, barriéndose con todo lo que fuera civilidad, contribuyendo desde entonces,

---

[434] "Decreto de guerra a muerte," de 13 de junio de 1813 (versión facsimilar) en Hermánn Petzold Pernía," *Bolívar y la ordenación de los Poderes Públicos en los Estados Emancipados*, Caracas 1986, p. 33.

[435] "Representación dirigida a la Regencia el 17 de enero de 1813", en J.F. Blanco y R. Azpúrua, *Documentos para la historia de la vida pública del Libertador*, Ediciones de la Presidencia de la República, Caracas 1978, Tomo IV, pp. 623–625.

con el militarismo resultante, con el desplazamiento, secuestro y sustitución de los próceres de la independencia, quienes fueron apresados y entregados a los españoles, como Francisco de Miranda, o fueron perseguidos y detenidos por ellos (Roscio, Isnardi, Ustáriz) a raíz de los acontecimientos de la noche del 30 de julio de 1812.

Con el abandono del constitucionalismo inicial de la República, primero por el invasor español, y luego por los republicanos que salieron en su defensa, pero que lamentablemente lo despreciaron por provenir de "filósofos" y "sofistas," se inició el proceso que condujo a que los verdaderos próceres de la independencia fueran olvidados, pero no por ingratitud de los venezolanos, sino porque históricamente, en definitiva, fueron secuestrados por el militarismo que en desdeño el civilismo republicano, culparon a los próceres de la independencia por el fracaso de la propia República de 1811-1812. De ello resultó que además, de hecho fueran posteriormente suplantados por los nuevos héroes militares, a quienes incluso la historia comenzó a atribuir la propia independencia de Venezuela, cuando lo que los militares hicieron con Bolívar a la cabeza fue, mediante una extraordinaria campaña militar, liberar a un país que ya era independiente y que estaba ocupado militarmente por fuerzas enemigas.

Ese proceso de secuestro y suplantación de los próceres y de los hacedores de la institucionalidad republicana, y el olvido subsiguiente en el cual cayeron, en todo caso, fue inducido, no tanto por los militares que liberaron el territorio, sino por quienes escribieron la historia, que fueron los que hicieron pensar que los próceres habían sido los héroes militares libertadores, atribuyéndoles el rol de "próceres de la independencia" que no tuvieron. Y a los secuestrados por la historia les ocurrió lo que por ejemplo le pasa, a medida que transcurre el tiempo, inexorablemente, a toda persona privada de su libertad por secuestro o prisión, o que ha sido extrañada de su país, y es que en el mediano plazo y a la larga, inevitablemente cae en el olvido.

Solo ese efecto del tiempo, combinado con la suplantación histórica, explica, por ejemplo, que una vez que Francisco de Miranda fuera apresado por sus subalternos, y fuera entregado al invasor español, al desaparecer en vida de la escena por su prisión en La Guaira, Puerto Cabello, Puerto Rico y Cádiz hasta 1816 cuando murió, hubiera caído rápidamente en el olvido al ser enterrado en vida por el pensamiento, la escritura y la acción de los héroes militares, incluyendo entre ellos a Bolívar quien después de tildarlo de cobarde (1812, 1813), de atribuir a su conducta el haber "sometido a la República venezolana a un puñado de bandidos" (1813), pasó 14 años sin siquiera nombrarlo.[436] En ello, sin duda, jugaron papel preponderante los apologistas de los nuevos líderes que salieron de las cenizas de las guerras posteriores.

Pero nunca es tarde para volver la mirada hacia el pasado y hacia nuestros orígenes como país, y así tratar de identificar realmente quienes fueron los verdaderos próceres de la independencia de Venezuela, lo que nos permite no sólo buscar rescatarlos del olvido, poniendo en su respectivo lugar en la historia a aquellos a quienes se los puso a suplantarlos indebidamente; sino para entender el origen mismo de nuestras instituciones constitucionales.

Para ello lo que debe quedar en claro, en todo caso, es que en Venezuela, contrariamente a lo que se piensa y se celebra, la independencia fue un proceso político y civil, obra del antes mencionado grupo de destacadísimos pensadores e intelectuales que la concibieron, diseñaron y ejecutaron durante un período de menos de dos años que se desarrolló entre abril de 1810 y enero de 1812, logrando la configuración de un nuevo Estado Constitucional en lo que antes habían sido antiguas colonias españolas, inspirado en los principios

---

436 Después de 1813, en sus escritos, Bolívar solo llegó a mencionar a Miranda, incidentalmente, en una carta dirigida a Sucre en 1826 donde lo califica como el "más ilustre colombiano," y luego en una nota de respuesta a una carta de presentación de Leandro Miranda que en 1828 le había enviado Pedro Antonio Leleux, Secretario que había sido de Miranda. Véase las referencias a los documentos en Tomás Polanco, *Simón Bolívar. Ensayo de interpretación biográfica a través de sus documentos*, morales i torres, editores, Barcelona 2004, pp. 209-210.

fundamentales del constitucionalismo moderno que recién se habían derivado de las Revoluciones Americana y Francesa de finales del Siglo XVIII, y que entonces estaban en proceso de consolidación. La independencia, por tanto, no fue obra de militares, quienes a partir de 1813 libraron importantes batallas para buscar la liberación del territorio de la nueva y recién nacida República, después de que había sido invadido por el ejército español en febrero de 1812.

Las importantes batallas militares desarrolladas a partir de 1813 al mando de Simón Bolívar, por tanto, no fueron realmente batallas por la independencia del país que ya antes se había consolidado, sino por la liberación de su territorio invadido. La República nació a partir del 19 de abril de 1810, y se consolidó constitucionalmente con la declaración de Independencia del 5 de julio de 1811 y la sanción de la Constitución Federal para los Estados de Venezuela de 21 de diciembre de 1811. La República, en consecuencia no nació ni con la Constitución de Angostura de 1819, ni mucho menos con la Constitución de Cúcuta de 1821 con la cual, más bien, desapareció como Estado al integrarse su territorio a la naciente República Colombia. Tampoco nació la República con la Constitución de 1830, con la cual en realidad, lo que ocurrió fue la reconfiguración del Estado de Venezuela al separarse de Colombia.

Entre todas esas Constituciones, sin duda, la Constitución Federal de los Estados de Venezuela de 21 de diciembre de 1811, en el marco de la cual se dictó la Constitución provincial de Caracas, obra ambos de aquellos destacados juristas próceres de la independencia, tuvo la importancia histórica de que fue la tercera Constitución de ámbito nacional que se sancionó en el mundo moderno, después de la Constitución Francesa y de la Constitución norteamericana.

La Constitución de la Provincia de Caracas de 31 de enero de 1812, tiene también la importancia de ser parte del segundo grupo de Constituciones provinciales que se sancionaban en la historia del constitucionalismo moderno, después de las que se habían adoptado a partir de 1776 en las trece antiguas Colonias inglesas en Norteamérica y que luego formaron los Estados Unidos de América, y que fueron las Constituciones o Formas de Gobierno de New Hampshire, Virginia, South Carolina, New Jersey Rhode Island, Connecticut, Maryland, Virginia, Delaware, New York y Massachusetts.[437] Venezuela fue, así, el segundo país en la historia del constitucionalismo moderno en haber adoptado la forma federal de gobierno a los efectos de unir como un nuevo Estado, lo que antes habían sido antiguas Provincias coloniales, y adoptar también Constituciones provinciales.

Esos textos como se dijo, fueron producto de la imbricación de Legislaturas en un mismo Cuerpo de representantes, la del Congreso General y la de la Sección Legislativa de la Provincia de Caracas, lo que explica que en la sesión del Congreso General del 31 de enero 1812 se diera cuenta formalmente de que la Constitución provincial de Caracas iba a firmarse ese mismo día;[438] hecho del cual además se dio anuncio en la sesión del mismo Congreso General del día siguiente, del 1 de febrero de 1812.[439]

---

437   El texto de casi todas estas Constituciones se conocía en Caracas a partir de 1810 por la traducción que hizo Manuel García de Sena, en la obra *La Independencia de la Costa Firme, justificada por Thomas Paine treinta años ha*, editada en Filadelfia en 1810. Véase la edición, con prólogo de Pedro Grases, del Comité de Orígenes de la Emancipación, núm. 5. Instituto Panamericano de Geografía e Historia, Caracas, 1949. El texto de la Constitución de los Estados Unidos de América también se conocía por la traducción contenida en dicho libro, y por la que hizo en Joseph Manuel Villavicencio, *Constitución de los Estados Unidos de América*, editado en Filadelfia en la imprenta Smith & M'Kennie, 1810. Además, amplios estudios sobre el sistema norteamericano americano, su constitución y la federación salieron publicados entre 1810 y 1811 bajo el nombre de William Burke en la *Gaceta de Caracas*, y recogidos todos y publicados en 1811, por la misma imprenta como William Burke, *Derechos de la América del Sur y México*, 2 vols., Caracas 1811.

438   Véase *Libro de Actas del Segundo Congreso de Venezuela 1811-1812*, Academia Nacional de la Historia, Caracas 1959, Tomo II, p. 307.

439   Véase *Libro de Actas del Segundo Congreso de Venezuela 1811-1812*, cit., Tomo II, p. 309. Como se dijo, con posterioridad, el 19 de febrero de 1812 luego de haberse promulgado la Constitución de la Provincia de Caracas, la Sección Legislativa para la Provincia del Congreso General dirigió una "despedida a los habitantes de Caracas al terminar sus sesiones y presentar la Constitución," (firmada por los diputados Felipe Fermín Paúl,

La concepción y conducción del proceso constituyente venezolano, que en ese momento era a la vez el inicio del proceso constituyente de toda la América hispana fue, por tanto, insistimos, obra, no de militares, sino de esos destacados e ilustrados diputados y funcionarios, juristas y políticos que lo integraban,[440] casi todos formados a finales del siglo XVIII en la Universidad de Caracas, y muchos de ellos con experiencia en funciones de gobierno, antes de la Revolución de abril de 1810, en las instancias de administración y gobierno coloniales de la Capitanía General de Venezuela.

Es lamentable, por ello, que todos esos próceres de nuestra independencia hayan caído en el olvido, lo que se debió, sin embargo, lamentablemente a la necesidad de buscar un culpable en los acontecimientos políticos, tan arraigado en la idiosincrasia venezolana.

Para ello, aquellos próceres, fueron estigmatizados de todos los males por ser los culpable o responsables de la caída de la primera República, por haberla diseñado como una "República aérea," cuando dicha caída sólo se debió a una conjunción de factores devastadores, entre otros, la invasión del territorio por Monteverde en febrero de 1812; los efectos del terremoto del 23 de marzo de 1812 que destruyó físicamente la provincia de Caracas hasta los Andes; las deserciones políticas y militares que afectaron las filas republicana tempranamente, y la pérdida del Castillo de Puerto cabello, donde estaba el arsenal de la nueva República, a manos de Simón Bolívar.

Además, al ser dichos próceres, los "responsables" de todos los males de la naciente República, ello fue así tanto para los mismos republicanos según lo comenzó a difundir Simón Bolívar a fines del

---

Martín Tovar, Lino de Clemente, Francisco Xavier Ustáriz, José Ángel Alamo, Nicolás de Castro, Juan Toro, Tomás Millano." Véase en *Textos Oficiales de la Primera República de Venezuela, cit.,* Tomo II, p. 216.

440 Véase la lista y nombres de todos los diputados en Manuel Pérez Vila "Estudio Preliminar," *El Congreso Nacional de 1811 y el Acta de la Independencia,* Edición del Senado, caracas 1990, pp. 7-8; Juan Garrido, *El Congreso Constituyente de Venezuela,* Universidad Monteávila, Caracas 2010, pp. 76-79.

mismo año 1812, como para los españoles, para quienes además fueron "los monstruos, origen y raíz primitiva de todos los males de América." De todo ello, era obvio que terminarían rápidamente secuestrados por quienes desde las trincheras militares hicieron la guerra para la recuperación del territorio de la República, y por quienes desde ese ángulo contaron la historia.

Por eso, incluso, la celebración del día de la independencia en Venezuela aún en nuestros días no es un acto que sea puramente civil, como en cambio lo fue la sanción misma y firma del Acta en el seno del Congreso General el 5 de julio de 1811; sino que es un acto esencialmente militar; y la independencia en sí misma, lejos de identificarse con los actos civiles desarrollados en los orígenes de la República entre 1810 y 1812, se confunde con las guerras de liberación del territorio, ya independiente, de la ocupación española que culminaron con la batalla de Carabobo en 1821, que se engloban bajo la denominación de las guerras de independencia.

Ciertamente, en esos años efectivamente se libraron verdaderas "guerras de independencia" incluso por el mismo Ejército y bajo el mismo liderazgo de Bolívar, pero ello fue en la Nueva Granada, en Ecuador, en el Perú y en Bolivia. No en Venezuela, que era territorio independiente desde 1810-1811, donde las guerras que a partir de 1813 lideró Bolívar fueron guerras de liberación de un Estado ya independiente, invadido por los españoles. Estado independiente en el cual, precisamente se inició el constitucionalismo moderno o liberal de la América Hispana en 1810-1811.

IX

LAS CONSECUENCIAS DE UN DESENCUENTRO: LA REACCIÓN DE LA MONARQUÍA CONTRA LA CREACIÓN CONSTITUCIONAL DE LOS PRÓCERES CIVILES EN VENEZUELA, Y SU DESENLACE MILITAR (1810-1812)[*]

A partir de 1810, como consecuencia de las nuevas autoridades que en paralelo se comenzaron a conformar en ambas partes del Atlántico, puede decirse que se inició la gestación de un gran desencuentro que se reflejó en los procesos constituyentes que se desarrollaron en Caracas y en Cádiz.

El tiempo hizo que en ambas partes coincidieran, por un lado, el inicio del proceso de independencia de las Provincias Americanas respecto del Imperio Español, lo que condujo a la lucha de las autoridades españolas contra las nuevas autoridades constituidas en América que proclamaban su independencia; y por el otro, la lucha que las precarias autoridades de la Península, sin Rey presente e invadida por los franceses, que también llevaban a cabo para lograr su propia independencia del Imperio francés. Esos dos hechos produjeron al desarrollo de sendos procesos constituyentes, que en

---

[*] Texto de la Ponencia sobre "Crónica de un desencuentro: las Provincias de Venezuela y las Cortes de Cádiz (1811-1812)," presentada en el *Congreso sobre La Constitución de 1812: La participación de los Diputados de América,* organizado por la Universidad Interamericana de Puerto Rico y el Consulado General de España en Puerto Rico, San Juan 18 al 22 de octubre de 2011.

América desembocó en el establecimiento de nuevos Estados republicanos independientes, y en España, en el establecimiento de una Monarquía constitucional, aun cuando en ambos casos con vicisitudes y rupturas; derivando en sendos procesos constituyentes, y en ambos casos, en la sanción de Constituciones en el sentido del constitucionalismo moderno.[441]

Ello produjo, al contrario de lo que sucedió en el resto de la América Hispana, que en el proceso constituyente inicial desarrollado en las antiguas Provincias de Venezuela se hubiese sancionado la Constitución Federal para los Estados de Venezuela de 21 de diciembre de 1811, así como de otras diversas Constituciones provinciales en dichas Provincias de Venezuela y en las de la Nueva Granada entre 1810-1812; y que en el proceso constituyente de Cádiz se hubiese sancionado la Constitución de la Monarquía Española de 19 de marzo de 1812, sin influencia alguna de ésta en la primera.

El desencuentro, en todo caso, estuvo precedido de un punto de convergencia que fue la crisis del Antiguo Régimen español, lo que produjo en 1808 y en 1810, tanto en España como en Caracas el inicio de la ruptura del orden político gubernativo existente, lo que se materializó en el hecho político de que el poder de gobernar tanto el Reino de España como las provincias de la América meridional, lo asumieron órganos que se formaron *ex novo* para tales efectos, y que no estaban previstos en el ordenamiento constitucional del Antiguo Régimen ni del régimen colonial. Técnicamente, en esos años y en ambos confines de la península y americanos, se produjo un golpe de Estado, que sería el inicio de sendos procesos constituyentes.

En 25 de septiembre de 1808, en efecto, luego de los sucesos de Aranjuez y de las abdicaciones de Bayona, en Aranjuez se instaló una *Junta Suprema Central y Gubernativa del Reino*, también lla-

---

[441] Véase en general Allan R. Brewer-Carías, *Los inicios del proceso constituyente Hispano y Americano: Caracas 1811- Cádiz 1812*, Ed. Bid & co. Editor, Caracas 2011.

mada Junta Suprema o Junta Central Suprema, que fue el órgano que asumió el poder del Estado en ausencia del Rey Fernando VII y durante la ocupación por los ejércitos napoleónicos de España lo que se había iniciado desde marzo de 1808. Su constitución se produjo tras la victoria lograda por los ejércitos españoles en la batalla de Bailén en 19 de julio de 1808, en lo que sería la primera derrota en la historia que tuvo el ejército napoleónico, y después de que el Consejo de Castilla hubiese declarado nulas las abdicaciones a la Corona de España a favor de Napoleón que se habían efectuado en Bayona, en mayo de ese mismo año, tanto de parte del Rey Carlos IV como de su hijo el Rey Fernando VII. Esa Junta Central, formada inicialmente por representantes de las Juntas Provinciales, también constituidas durante la guerra de independencia, ejerció el poder político del reino hasta el 30 de enero de 1810, cuando la Junta Central al disolverse y convocar a la elección de las Cortes, decidió trasladarlo a un Consejo de Regencia.

Ante las noticias de los acontecimientos de Bayona, cuando unos meses después las mismas llegaron a Caracas, el Capitán General de Venezuela formuló una declaración solemne, el 18 de julio de 1808, expresando que en virtud de que "ningún gobierno intruso e ilegítimo puede aniquilar la potestad legítima y verdadera" por los hechos acaecidos en la Península "en nada se altera la forma de gobierno ni el Reinado del Señor Don Fernando VII en este Distrito."[442] A ello se sumó, el 27 de julio, el Ayuntamiento de Caracas, al expresar que "no reconocen ni reconocerán otra Soberanía que la suya (Fernando VII), y la de los legítimos sucesores de la Casa de Borbón."[443]

En esa misma fecha, incluso, el Capitán General se dirigió al Ayuntamiento exhortándolo a que se erigiese en esta Ciudad "una

---

442   Véase en José Félix Blanco y Ramón Azpúrua, *Documentos para la Historia de la Vida Pública del Libertador de Colombia, Perú y Bolivia. Puestos por orden cronológico y con adiciones y notas que la ilustran*, La Opinión Nacional, Vol. III, Caracas 1877, Edición facsimilar: Ediciones de la Presidencia de la República, Caracas 1977, 1983, Tomo II, p. 169.

443   *Idem.*, p. 169.

Junta a ejemplo de la de Sevilla,"[444] para cuyo efecto, el Ayuntamiento tomó conocimiento del acto del establecimiento de aquélla[445] y acordó estudiar un "Prospecto" cuya redacción encomendó a dos de sus miembros, el cual llegó a ser aprobado el 29 de julio de 1808, pasándolo para su aprobación al "Presidente, Gobernador y Capitán General."[446] Este, sin embargo, nunca llegó a considerar la propuesta, a pesar de la representación que el 22 de noviembre de 1808 le habían enviado las primeras notabilidades de Caracas designadas para tratar con él sobre "la formación y organización de la Junta Suprema."

Con fecha 20 de julio de 1808, por otra parte, Francisco de Miranda se dirigía desde Londres al Cabildo de Caracas, a través del Marqués del Toro, en la cual ante "la España, ahora sin soberano," le proponía que el Ayuntamiento asumiera el gobierno de la provincia, suplicándoles que "reuniéndose en un cuerpo municipal representativo, tomen a su cargo el Gobierno de esa provincia, y que enviando sin dilación a esta capital personas autorizadas, y capaces de manejar asuntos de tanta entidad, veamos con este gobierno lo que convenga hacerse para la seguridad y suerte futura del Nuevo Mundo,"[447]

En todo caso, y siempre en medio de la incertidumbre acrecentada por la distancia, el 12 de enero de 1809, el Ayuntamiento de

---

444   *Idem.*, pp. 170-174. Véase Caracciolo Parra-Pérez, *Historia de la Primera República de Venezuela,* Biblioteca de la Academia Nacional de la Historia, Caracas, 1959, Tomo I. pp. 311 y ss., y 318.

445   Véase el acta del Ayuntamiento del 28-7-1808 en J.F. Blanco y R. Azpúrua, *Documentos para la Historia....,* Tomo II, p. 171. Debe señalarse que en la misma línea de acción, Francisco de Miranda en carta enviada al Marqués del Toro el 20 de julio de 1808 expresaba la necesidad de que en Caracas, "reuniéndose en un cuerpo municipal representativo, tomen a su cargo el gobierno de esa provincia." Véase Giovanni Meza Dorta, Miranda y Bolívar, Bid&Co. Editor, Caracas 2007 p. 43.

446   Véase el texto del prospecto y su aprobación de 29-7-1809, en .F. Blanco y R. Azpúrua, *Documentos para la Historia....,* Tomo II, pp. 172-174. Véase C. Parra Pérez, *Historia de la Primera República....,* p. 318.

447   Véase el texto de la carta en Francisco de Miranda, *América Espera* [Ed. J.L. Salcedo Bastardo], Biblioteca Ayacucho, Caracas 1992, pp. 378-379.

Caracas reconoció en Venezuela a la Junta Central, como el gobierno supremo del Imperio.[448]

Días después, fue que la Junta Suprema Central de España por Real Orden de 22 de enero de 1809, dispondría que:

"Los vastos y preciosos dominios que la España posee en las Indias no son propiamente colonias o factorías, como los de otras naciones, sino una parte esencial e integrante de la monarquía española."[449]

Posteriormente, el 19 de abril de 1810, ante la noticia recibida el día anterior en el Ayuntamiento de Caracas sobre la material desaparición del Gobierno Supremo en España y el confinamiento en la ciudad de Cádiz, del para ese momento recién constituido Consejo de Regencia por la disolución de la Junta Central, por la invasión napoleónica; en Caracas se consideró necesario constituir un gobierno que se hiciese cargo de las Provincias de Venezuela para asegurarlas contra los designios del Emperador francés. Fue así que el propio Cabildo de Caracas, contra la voluntad del Gobernador, al fin se erigió en *Junta Suprema de Venezuela Conservadora de los Derechos de Fernando VII*, la cual, asumiendo el "mando supremo" o "suprema autoridad" de la Provincia, procedió a constituir "un nuevo gobierno," deponiendo al Gobernador y Capitán General del mando. La motivación inmediata de este hecho político había sido la "total orfandad" en la cual se consideró había quedado el pueblo después de la abdicación de los reyes y luego por la disolución de la Junta Suprema Gubernativa de España, que suplía la ausencia del Monarca, ya que la Junta Suprema que se había establecido en Caracas había desconocido la autoridad misma del Con-

---

448 *Idem.*, Tomo II, p. 305.
449 Véase el texto en J.F. Blanco y R. Azpúrua, *Documentos para la Historia...*, Tomo II, pp. 230-231. Véase O. C. Stoetzer, *Las Raíces Escolásticas de la Emancipación de la América Española*, Madrid, 1982., p. 271. En esa disposición se encargaba a los Ayuntamientos a designar representantes ante la Junta central, y en Venezuela, el Ayuntamiento designó a Joaquín Mosquera y Figueroa, regente de la Audiencia de caracas; nombramiento que luego fue anulado por no ser nativo de la provincia e incompatibilidad de cargos. Véase Juan Garrido Rovira, *La Revolución de 1810*, Universidad Monteávila, Caracas 2009, p. 79.

sejo de Regencia, considerando que el mismo no había "*sido* constituido *por el voto de estos fieles habitantes,* cuando han sido ya declarados, no colonos, sino partes integrantes de la corona de España, y, como tales han sido llamados al ejercicio de la *soberanía* interna y a la reforma de la Constitución Nacional."[450] Ello lo reiteraría la Junta Suprema el 5 de mayo de 1810 al dirigirse a la Regencia cuestionándole su autoridad y representatividad, así como la de los eventuales diputados que pudieran elegirse para las Cortes por los cabildos americanos, señalándole "en una palabra, desconocemos el nuevo Consejo de Regencia"[451]

Con esos hechos, por tanto, en 1808 y 1810, tanto en España como en Hispanoamérica, se dio inicio a sendos procesos constituyentes que como se dijo, desembocaron en la sanción en Caracas, de la "Constitución Federal para los Estados de Venezuela" en 21 de diciembre de 1811, y unos meses después, el 19 de marzo de 1812 en la sanción en Cádiz, de la "Constitución de la Monarquía Española"; ambas producto de lo que puede denominarse como la Revolución Hispano-Americana, iniciada veintidós años después de la Revolución Francesa y treinta y cinco años después de la Revolución Norteamericana. Junto con estas, esa Revolución pasó a formar parte de los procesos políticos más importantes del mundo moderno en materia constitucional, con los cuales se inició la transformación radical del orden político constitucional que hasta entonces era el imperante en el Antiguo Régimen español y en las Colonias españolas de América.

Puede decirse entonces que Venezuela y España, a comienzos del Siglo XIX, fueron los primeros países en el mundo que recibieron directamente las influencias del constitucionalismo moderno

---

450 Véase el texto del Acta del 19-04-1810 en Allan R. Brewer-Carías, *Las Constituciones de Venezuela*, Academia de Ciencias Políticas y Sociales, Caracas 2008, Tomo I, pp. 531-533.

451 Véase *Textos Oficiales de la primera República de Venezuela,* Biblioteca de la Academia de Ciencias Políticas y Sociales, Caracas 1982, Tomo I, p. 134.

derivadas de las mencionadas Revoluciones del Siglo XVIII,[452] lo que ocurrió en forma paralela, precisamente cuando los próceres del proceso de Independencia de Venezuela, después del 19 de abril de 1810 se encontraban en la tarea de elaborar las bases del sistema jurídico-estatal que habría de regir un nuevo Estado independiente, que era el segundo en su género en la historia política del mundo moderno después de los Estados Unidos de Norte América; y cuando los constituyentes de Cádiz, después del proceso de recomposición del régimen monárquico que se había iniciado con los sucesos de Aranjuez y Bayona en 1808, llevaban a cabo la tarea de transformar una Monarquía absoluta en una Monarquía constitucional, lo que antes había ocurrido precisamente en Francia, como consecuencia de la Revolución. Por ello fue que la Constitución de Cádiz de 1812, no tuvo influencia en el proceso constituyente venezolano y neogranadino; lo que ciertamente, fue un hecho único en la América Hispana, pues al contrario, en la mayoría de las otras antiguas Colonias americanas españolas que lograron su independencia particularmente después de 1820, las mismas recibieron las influencias del naciente constitucionalismo español plasmado en la Constitución de Cádiz de 1812, con motivo de su puesta en vigencia, de nuevo en 1820.[453]

452　Véase en general Allan R. Brewer-Carías, *Reflexiones sobre la Revolución Americana (1776) y la Revolución Francesa (1789) y sus aportes al constitucionalismo moderno,* Caracas, 1991. Una segunda edición ampliada de este libro se publicó como *Reflexiones sobre la Revolución Norteamericana (1776), la Revolución Francesa (1789) y la Revolución Hispanoamericana (1810-1830) y sus aportes al Constitucionalismo Moderno*, Serie Derecho Administrativo N° 2, Universidad Externado de Colombia, Editorial Jurídica Venezolana, Bogotá 2008.

453　Véase por ejemplo, Jorge Mario García Laguardia, Carlos Meléndez Chaverri, Marina Volio, *La Constitución de Cádiz y su influencia en América (175 años 1812-1987),* San José, 1987; Manuel Ferrer Muñoz, *La Constitución de Cádiz y su aplicación en la Nueva España,* UNAM México, 1993; Ernesto de la Torre Villas y Jorge Mario García Laguardia, *Desarrollo histórico del constitucionalismo hispanoamericano,* UNAM, México 1976.

Esos procesos constituyentes que originaron la sanción de las Constituciones de Venezuela y de Cádiz, en todo caso, estuvieron a cargo de Asambleas Constituyentes que se concibieron y constituyeron al efecto, como instituciones representativas de la soberanía nacional, la cual ya se consideraba había sido trasladada al pueblo, integradas por diputados electos en elecciones indirectas en las diversas demarcaciones territoriales de las provincias tanto del reino de España como de la antigua Capitanía General de Venezuela. Esas fueron, por un lado, las Cortes de Cádiz en España, y por la otra, la Junta o Congreso General de Diputación de las Provincias en Venezuela.

Con ello, en ambos casos, se buscó salir de la crisis política en la cual se encontraban los países: en España, como hemos dicho, provocada, desde 1808, por el secuestro del Rey y la invasión de la Península Ibérica por las tropas de Napoleón, lo cual en medio de la dura guerra de independencia desarrollada por las diversas provincias, había originado la constitución de Juntas Supremas conservadoras de los derechos de Fernando VII en las Provincias más importantes, que luego formarían, entre ellas, la Junta Central de Gobierno para atender los asuntos del Reino. Fue esa Suprema Junta Central de España, precisamente, la que el 30 de enero de 1810 pondría término a su función, delegándola en un Consejo de Regencia nombrado por la misma, no sin antes disponer la convocatoria a Cortes para recomponer el Estado, estableciendo la forma de elección de los diputados.

En Caracas, como también se dijo, la crisis fue provocada igualmente desde 1808, por el sentimiento sostenido de orfandad política que acusaban las Provincias debido al secuestro del Monarca español en manos de un invasor extranjero que no era querido, y la constitución en 1810 de una Junta Suprema que había sustituido al cabildo de Caracas, convocando a su vez a elecciones de una Junta o Congreso General de diputados. Por ello, Roscio diría en alguna ocasión que "La abdicación fue el principio de nuestra independencia."[454]

En ese contexto, ambos procesos constituyentes tenían objetivos precisos: En España, se trataba de la reconstitución política de un Estado preexistente como era el Estado Monárquico, y lograr su transformación en un Estado Monárquico constitucional; y en Venezuela, se trataba de la constitución de un nuevo Estado sobre la que habían sido antiguas Colonias españolas americanas que se habían declarado independientes. En ambos caso, el proceso constituyente tuvo, como común denominador inicial, la adopción del principio de la soberanía popular y la necesidad de reconstituir o constituir los gobiernos de los Estado sobre la base de la representación de sus habitantes, a cuyo efecto, tanto en la Península como en las Provincias de Venezuela, se procedió a dictar en el mismo año 1810, sendos cuerpos normativos o reglamentos para convocar al pueblo para la elección de los diputados a Cortes, en España, y de los diputados a un Congreso o Junta General, en Venezuela.

Se dio inicio así, en cada extremo del Imperio Español, de uno y otro lado del Atlántico, a sendos procesos constituyentes que en rutas democráticas partieron de similares principios: primero, la ubicación de la soberanía en el pueblo, y segundo, el principio democrático representativo a los efectos de elegir un cuerpo político que redefiniera, o definiera, el régimen político a raíz de la crisis política existente. Para ello, en ambos casos, el primer acto político que se adoptó para culminar esos procesos constituyentes fue la emisión de sendos cuerpos normativos destinados a establecer el sistema y procedimiento para la elección de los diputados, lo que en España hizo la Suprema Junta Gubernativa del Reino el 1 de enero de 1810, y en Venezuela, seis meses más tarde, la Junta Suprema Conservadora de los derechos de Fernando VII, el 11 de junio del mismo año 1810.

---

454 En la sesión del Congreso General del 25 de junio de 1811. Véase *Libro de Actas del Segundo Congreso de Venezuela 1811-1812*, Academia Nacional de la Historia, Caracas 1959, Tomo I, p. 82.

Ello condujo, en España, a la convocatoria a Cortes para darle legitimación a la representación nacional, lo que la Junta Central hizo por Decretos de 22 de mayo y 15 de junio de 1809, fijándose la reunión de las Cortes para el 1° de marzo de 1810, en la Isla de León.[455] A tal efecto, como se dijo, la Suprema Junta Gubernativa dictó, el 1° de enero de 1810 una Instrucción que deberá observarse para la elección de Diputados a Cortes,[456] en la cual se convocaba a la integración de las Cortes como cuerpo representativo del Reino, a los efectos de que fuera el órgano que tomase "las resoluciones y medidas para salvar la Patria, para restituir al Trono a nuestro deseado Monarca, y para restablecer y mejorar una Constitución que sea digna de la Nación española." Para ello se estableció un sistema electoral indirecto a ser desarrollado en las Provincias de la Península, sin que se previera nada sobre la posible elección de diputados por las Provincias americanas. Fue posteriormente, en la Instrucción del Consejo de Regencia de España e Indias de 14 de febrero de 1810, cuando se declaró que las mismas habrían dejado de ser Colonias y que "eran parte integrante y esencial de la Monarquía española." Con base en ello, el Consejo de Regencia en la misma fecha 14 de febrero de 1810, dirigió a los "españoles americanos" una "alocución" acompañada de un Real Decreto, disponiendo la concurrencia a las Cortes Extraordinarias, al mismo tiempo que de diputados de la Península, de diputados de los dominios españoles de América y de Asia.[457]

La implementación de ese Real Decreto de la misma Junta Suprema Central, sin embargo, sólo se logró de manera parcial e insuficiente y después de mucho debate, mediante el acuerdo del Conse-

---

455 Véase el texto en J.F. Blanco y R. Azpúrua, *Documentos para la Historia....*, Tomo II, pp. 234-235.

456 Véase *además la* "Comunicación que acompañó la Comisión de Cortes a la Instrucción que debía observarse para la elección de Diputados a Cortes al someterla a la aprobación de la Junta Central" de 08-09-1809, en Biblioteca Virtual Miguel de Cervantes, en http://www.cervantesvirtual.com/serv-let/SirveObras/34695175432370 530854679/p0000001.htm

457 Véase el texto en J. F. Blanco R. Azpúrua, *Documentos para la Historia...,* Tomo II, pp. 272-275.

jo de Regencia adoptado sólo 15 días antes de la instalación de las Cortes, el día 8 de septiembre de 1810, en el cual se regularon unas normas para la designación de diputados "suplentes" tanto de las provincias peninsulares ocupadas por los franceses como de las provincias americanas, lo que, en estas últimas, provocó protestas, entre ellas, precisamente de Caracas.

En todo caso, conforme a la Instrucción, y a pesar del complejo proceso electoral que se preveía y de la situación política general del Reino, se eligieron los diputados a las Cortes y se designaron los 30 diputados suplentes americanos, con americanos residentes en Cádiz, así: 7 por el Virreinato de México, 2 por la Capitanía General de Guatemala, 1 por la Isla de Santo Domingo, 1 por la Isla de Cuba, 1 por la Isla de Puerto Rico, 2 por Filipinas, 5 por el Virreinato de Lima, 2 por la Capitanía General de Chile, 3 por el Virreinato de Buenos Aires, 3 por el Virreinato de Santafé, y 2 por la Capitanía General de Caracas.[458]

Con posterioridad, en los días antes de la instalación de las Cortes, el 20 de septiembre de 1810, el Consejo de Regencia cambió las reglas históricas de su constitución, eliminando los "brazos de nobleza y clero," tal como las había convocado el Decreto inicial de la Junta Central. De ello resultó que el 24 de septiembre de 1811, las Cortes se instalaron en la Isla de León formando un solo cuerpo,[459] prescindiendo de la antigua división en estamentos, con 207 diputados. El primero de sus decretos (Decreto Nº 1) fue para declarar "nula, de ningún valor ni efecto la cesión de la Corona que se dice hecha en favor de Napoleón," reconociendo a Fernando VII como Rey.[460] Además, "no conviniendo queden reunidos el Poder Legislativo, el Ejecutivo y el Judiciario," las Cortes Generales se reserva-

---

458 Véase en Rafael M. de Labra y Martínez, *Los presidentes americanos de las Cortes de Cádiz*, Madrid 1912 (Reedición Congreso de Diputados), Madrid, pp. 30-33.
459 *Idem*, p. 31.
460 Véase J. F. Blanco y R. Azpúrua, *Documentos para la Historia ..., op. cit.*, Tomo II, pp. 657.

ron el Poder Legislativo, y atribuyeron al Consejo de Regencia el ejercicio del Poder ejecutivo.[461]

Pero, como se dijo, la designación de "suplentes americanos" a las Cortes, al contrario de lo que ocurrió en muchas otras provincias americanas, no fue aceptada en las Provincias de Venezuela, las cuales ya se habían declarado independientes de España y desconocían la Regencia. Por ello, si bien en la sesión de instalación de las Cortes en la Isla de León habían concurrido dos diputados supuestamente suplentes por la Provincia de Caracas, los señores Esteban Palacios y Fermín de Clemente que habían sido también reclutados en la Península,[462] lo cierto es que los mismos no habían sido designados por Venezuela. Por ello, dado que ya en Venezuela se había declarado la independencia, los diputados pidieron instrucciones a la Junta Suprema de Caracas, siendo la respuesta de ésta, el 1º de febrero de 1811, que la reunión de las Cortes "tan ilegal como la formación del Consejo de Regencia" y, por tanto, que "los señores Palacios y Clemente carecían de mandato alguno para representar las Provincias de Venezuela," por lo que "sus actos como diputados eran y serían considerados nulos."[463] Ya el 23 de enero de 1811, además, la Junta Suprema se había dirigido a los ciudadanos de la Provincia rechazando el nombramiento de tales diputados suplentes, calificando a las Cortes como "las Cortes cómicas de España."[464]

---

461 Véase en Eduardo Roca Roca, *América en el Ordenamiento Jurídico de las Cortes de Cádiz,* Granada, 1986, p. 193.

462 Véase J. F. Blanco y R. Azpúrua, *Documentos para la Historia... op. cit.,* Tomo II, pp. 656. Véase además, Eduardo Roca Roca, *América en el Ordenamiento Jurídico ..., op. cit.,* pp. 22 y 136.

463 Véase el texto en *Gaceta de Caracas,* martes 05-02-1811, Caracas, 1959, Tomo II, p. 17. Véase además, C. Parra Pérez, *Historia de la Primera República ..., op. cit.,* Tomo I, p. 484.

464 "Nuestros antiguos tiranos tienden nuevos lazos para prendernos. Una misión vergonzosa y despreciable nos manda que ratifiquemos el nombramiento de los diputados suplentes que ellos aplicaron a Venezuela. Las Cortes cómicas de España siguen los mismos pasos que su madre la Regencia: ellas, más bien en estado de solicitar nuestro perdón por los innumerables ultrajes y vilipendios con que nos han perseguido, y reducidas a

Con posterioridad a esa fecha, sin embargo, con la excepción de las Provincias de la antigua Capitanía General de Venezuela y de las de la Nueva Granada, lo cierto fue que en el resto de las Provincias americanas fueron electos "diputados propietarios" a las Cortes. En ese proceso, sin embargo, en 1810 sólo habían sido electos tres diputados propietarios por las provincias americanas, por Tlaxcala, Puebla de los Ángeles y Puerto Rico. Además, por lo que respecta a las antiguas provincias de la Capitanía General de Venezuela, se destaca que el 5 de mayo de 1812 se llegó a elegir un diputado por la Provincia de Maracaibo, la cual había sido de las pocas que había permanecido leal al lado realista.[465]

Ahora bien, sólo cinco meses después de la convocatoria a las Cortes en España, el día 11 de junio de 1810, y apenas transcurridos dos meses desde que se constituyera en Caracas la Junta Suprema Conservadora de los derechos de Fernando VII (19 de abril de 1810), la misma, en virtud del carácter poco representativo que tenía en relación con las otras Provincias de la Capitanía General de Venezuela, también procedió a dictar un "Reglamento para elección y reunión de diputados que han de componer el Cuerpo Conservador de los Derechos del Sr. D. Fernando VII en las Provincias de Venezuela"[466] que se configuró como un Congreso General de diputados de las Provincias de Venezuela, para lo cual también se estableció un sistema de elección indirecta. Este reglamento, sin duda, debe haberse inspirado en la Instrucción para la elección de los diputados a las Cortes de 1810.[467]

---

implorar nuestra protección generosa por la situación impotente y débil en que se encuentran, sostienen, por el contrario, las hostilidades contra la América y apuran, impía y bárbaramente, todos los medios para esclavizarnos." Véase *Textos oficiales de la Primera República de Venezuela*, Biblioteca de la Academia Nacional de la Historia, 1959, Tomo II, p. 17.

465 Véase en Rafael M de Labra y Martínez, *Los presidentes americanos de las Cortes de Cádiz, cit.*, p. 34.

466 Véase en *Textos Oficiales ...*, tomo II, pp. 61 a 84; y en Allan R. Brewer-Carías, *Las Constituciones de Venezuela, cit.*, Tomo I, pp. 535-543.

467 Véase en igual sentido Juan Garrido Rovira, *La revolución de 1810*, Universidad Monteávila, Caracas 2009, p. 218-219.

Mediante este Reglamento se procedió a convocar al pueblo de todas las Provincias "para consultar su voto" y para que se escogiese "inmediatamente las personas que por su probidad, luces y patriotismo os parecieran dignas de vuestra confianza" para constituir un cuerpo representativo que "evitase los defectos inculpables del actual" y además evitase "la nulidad de carácter público de la Junta Central de España" que adolecía de la misma falta de representatividad. La convocatoria tenía entonces por objeto la necesidad de establecer "un poder Central bien constituido," considerándose que había llegado "el momento de organizarlo," formando "una confederación sólida," con "una representación común." A tal efecto, la Junta llamó al "ejercicio más importante de los derechos del pueblo" que era "aquel en que los transmite a un corto número de individuos, haciéndolos árbitros de la suerte de todos," convocando a "todas las clases de hombres libres ... al primero de los goces de ciudadano, que es el concurrir con su voto a la delegación de los derechos personales y reales que existieron originariamente en la masa común y que la ha restituido el actual interregno de la monarquía."[468]

Esta convocatoria a elecciones en las Provincias de Venezuela, en ese momento, por supuesto se realizó contra de las autoridades que existían en España. Si bien, como se dijo, el 12 de enero de 1809, el Ayuntamiento de Caracas había reconocido a la Junta Central como el gobierno supremo del Imperio, ello cambió después de la Revolución de 19 de abril de 1810, de manera que establecida la

---

468 Véase en *Textos Oficiales* ..., tomo II, pp. 61 a 84; y en Allan R. Brewer-Carías, *Las Constituciones de Venezuela, cit.,* Tomo I, pp. 535-543. Véase igualmente Allan R. Brewer-Carías, "La primera manifestación de representatividad democrática y las primeras leyes electorales en España e Hispanoamérica en 1810 (La elección de diputados a las Cortes de Cádiz conforme a la Instrucción de la Junta Central Gubernativa del Reino de enero de 1810, y la elección de diputados al Congreso General de Venezuela conforme al Reglamento de la Junta Suprema de Venezuela de junio de 1810), Trabajo elaborado para la obra colectiva coordinada por José Guillermo Vallarta Plata, *Libro Homenaje a la Constitución española de Cádiz de 1812*, Instituto Iberoamericano de Derecho Local Municipal, Guadalajara, 2012.

Junta Suprema de Venezuela, al convocarse la elección de diputados al Congreso General de Diputados en junio de 1810, la misma ya declaraba que era "demasiado evidente que la Junta Central de España no representaba otra parte de la nación que el vecindario de las capitales en que se formaban las Juntas provinciales, que enviaron sus diputados a componerla," y además, que "la Junta Central no pudo transmitir al Consejo de Regencia un carácter de que ella misma carecía," resultando, lo que se denunciaba, como "la concentración del poder en menor número de individuos escogidos, no por el voto general de los españoles de uno y otro mundo, sino por los mismos que habían sido vocales de la Central."[469]

Conforme al mencionado Reglamento, en todo caso, se realizaron elecciones en siete de las nueve Provincias de la Capitanía General de Venezuela,[470] habiéndose elegido 44 diputados en las Provincias así: 24 por Caracas; 9 por Barinas; 4 por Cumaná; 3 por Barcelona; 2 por Mérida; uno por Trujillo; y uno por Margarita.[471] Las provincias de Guayana y Maracaibo, sin embargo, no participaron en dicho proceso y permanecieron controladas por las autoridades coloniales, y más bien, como se dijo, en 1812, en la provincia de Maracaibo se llegó a elegir un diputado propietario pero para las Cortes de Cádiz.

En todo caso, aquellos 44 diputados electos en las provincias independientes fueron los que conformaron la Junta o Congreso General que se instaló el 2 de marzo de 1811, momento a partir del cual la Junta Suprema de Caracas cesó en sus funciones. El Congreso había adoptado el principio de la separación de poderes para organizar el nuevo gobierno, reservándose el Poder Legislativo nacio-

---

469   *Idem.*
470   Participaron las provincias de Caracas, Barinas, Cumaná, Barcelona, Mérida, Trujillo y Margarita. Véase José Gil Fortoul, *Historia Constitucional de Venezuela*, Tomo primero, Berlín 1908, p. 223. Véase J. F. Blanco y R. Azpúrua, J.F. Blanco y R. Azpúrua, *Documentos para la historia ...*, Tomo II, pp. 413 y 489.
471   Véase C. Parra Pérez, *Historia de la Primera República ..., cit.*, Tomo I, p. 477.

nal, designando el 5 de marzo de 1811, a tres ciudadanos para ejercer el Poder Ejecutivo Nacional, turnándose en la presidencia por períodos semanales, y constituyendo, además, una Alta Corte de Justicia.

El 20 de junio de 1811, Francisco de Miranda se incorporó al Congreso general como representante por el Pao, siendo una de sus primeras intervenciones en el mismo, al instalarse el 25 de junio de 1811, plantear la necesidad de que fuera declarada la independencia. En esa fecha, en todo caso, comenzaron las sesiones del Congreso, quedando además claro que el objetivo del mismo era la redacción de una Constitución democrática, republicana y representativa, la cual en definitiva se sancionó el 21 de diciembre de 1811. La misma fue precedida, además, por la formal declaración de los Derechos del Pueblo el 1° de julio de 1811 y de la también formal declaración de la Independencia el 5 de julio de 1811.[472]

Seguidamente, además, se sancionaron textos constitucionales en las diversas Provincias (Constituciones Provinciales), en algunos casos antes de la sanción de la Constitución Federal de diciembre de 1811, como el Plan de Gobierno Provisional de la Provincia de Barinas de 26 de marzo de 1811, la Constitución Provisional de la Provincia de Mérida de 31 de julio de 1811 y el Plan de Constitución Provisional Gubernativo de la Provincia de Trujillo de 2 de septiembre de 1811; y en otros casos, después de sancionarse la Constitución Federal, como la Constitución Fundamental de la República de Barcelona Colombiana de 12 de enero de 1812 y la Constitución para el gobierno y administración interior de la Provincia de Caracas del 31 de enero de 1812.[473]

Todo lo anterior ocurría antes de que incluso se hubiese promulgado la Constitución de Cádiz el 19 de marzo de 1812, y en paralelo a las reuniones de las Cortes de Cádiz que como se dijo, se

---

472 Véase los textos en Allan R. Brewer-Carías, *Las Constituciones de Venezuela cit.*, Tomo I, pp. 545 ss.

473 Véase los textos en *Las Constituciones Provinciales* ("Estudio Preliminar" por Ángel Bernardo Brices), Academia Nacional de la Historia, Caracas 1959, pp. 334 ss.

habían instalado el 24 de septiembre de 1810, y en las cuales también se había comenzado a delinear una Constitución Monárquica de democracia representativa. Ello consolidó el desencuentro, materializado con la guerra decretada por la Regencia y continuada por las Cortes de Cádiz, contra las Provincias de Venezuela

Como se dijo, la Constitución Federal para los Estados de Venezuela se sancionó el 21 de diciembre 1811 con la cual se constituyó definitivamente en lo que fueron las Provincias de la Capitanía General de Venezuela, un Estado nuevo e independiente de España, donde se había desconocido a las propias Cortes de Cádiz muchos meses antes de la sanción de la Constitución gaditana de 1812. Con la nueva constitución del Estado, en todo caso, las antiguas formas institucionales de la Colonia comenzaron a ser sustituidas por las nuevas instituciones republicanas establecidas en cada una de las Provincias, que se fueron incluso regulando en las Constituciones Provinciales y, todas, bajo una organización nacional conforme a la Constitución Federal de diciembre de 1811.

Pero aún antes de sancionarse la Constitución Federal, ante la Orden de bloqueo de las costas de Venezuela decidido el 1 de agosto de 1810,[474] y la guerra declarada por España contra las Provincias, el Congreso General no sólo ya había denunciado al Consejo de Regencia, sino a las propias Cortes de Cádiz.

Es decir, la ruptura constitucional derivada de la declaración de Independencia de las provincias de Venezuela no sólo se había operado de parte de la Junta Suprema de Caracas en relación con el Consejo de Regencia, sino que continuó con respecto de las Cortes de Cádiz, las cuales, integradas como ya estaban con diputados suplentes y luego principales americanos, además, se involucraron directamente en el conflicto contra Venezuela. Por ello, en Vene-

---

[474] La Orden de Bloqueo de 1 de agosto de 1810 decía: "declarar como declara en estado de rigoroso bloqueo la Provincia de Caracas: mandando que ningún buque nacional ni extranjero pueda arribar a sus puertos, so pena de ser detenido por los cruceros y buques de S.M.". Véase en Garrido Rovira, *La Revolución de 1810*, Universidad Monteávila, Caracas 2009, p. 199-200.

zuela se las consideraron, como se dijo, como "ilegítimas y cómicas," rechazándose en ellas toda representación de las Provincias de Venezuela que se pudiera atribuir a cualquiera, comenzando por los dos "suplentes" que habían sido designados en Cádiz.

El Congreso General, en efecto, dejó muy clara su posición en un excepcional documento titulado "Manifiesto que hizo al mundo la Confederación de Venezuela en la América Meridional" de fecha 30 de julio de 1811 (en lo adelante, el *Manifiesto que hizo al mundo de 1811*),[475] al expresar que irritaba "ver tanta liberalidad, tanto civismo y tanto desprendimiento en las Cortes con respecto a la España desorganizada, exhausta y casi conquistada; y tanta mezquindad, tanta suspicacia, tanta preocupación y tanto orgullo con América, pacífica, fiel, generosa, decidida a auxiliar a sus hermanos y la única que puede no dejar ilusorios, en lo esencial, los planes teóricos y brillantes que tanto valor dan el Congreso español;" denunciando que "a ninguna de las provincias rendidas o contentas con la dominación francesa se le ha tratado como a Venezuela;" "ninguna de ellas ha sido hasta ahora declarada traidora, rebelde y desnaturalizada como Venezuela, y para ninguna de ellas se ha creado una comisión pública de amotinadores diplomáticos para armar españoles contra españoles, encender la guerra civil e incendiar todo lo que no se puede poseer o dilapidar a nombre de Fernando VII."[476]

---

475 Publicado en 1812 en el libro (edición bilingue), *Interesting Official Documents Relating to the United Provinces of Venezuela*, W. Glidon, Rupert-Street, Haymarket, para Longman and Co. Paternoster-Row; Dulau, Soho-Square; Harding, St. James's Street; y W. Mason, N° 6, Holywell Street, Strand, &c. &c, London 1812. Véase el texto en español, en el libro *La Constitución Federal de Venezuela de 1811 y Documentos Afines* ("Estudio Preliminar" por Caracciolo Parra-Pérez), Biblioteca de la Academia Nacional de la Historia, Sesquicentenario de la Independencia, Caracas 1952, pp. 105-148. Véase los comentarios al *Manifiesto que hizo al mundo* en Ángel Francisco Brice, *El Constituyente de Venezuela durante el año 1812*, Ediciones de la Presidencia, Caracas 1970, pp. 17-30.

476 Véase en *La Constitución Federal de Venezuela de 1811..., cit.*, pp. 105-148.

En el conflicto abierto, por ejemplo, las Cortes llegaron incluso, a comienzos de 1812, a "premiar" formalmente a las Provincias de la antigua Capitanía General de Venezuela que no se habían sumado al movimiento independentista (Maracaibo, Guayana y la ciudad de Coro), ni habían elegido diputados al Congreso General de Venezuela de 1811. Así fue que por ejemplo, las Cortes ya integradas incluso con "diputados principales" americanos, mediante el Decreto CXXXIII de 6 de febrero de 1812, concedieron a la ciudad de Guayana el adorno de su escudo de armas con trofeos de cañones, balas, fusiles, bandera y demás insignias militares, como premio por haber apresado a los rebeldes de Nueva Barcelona en la acción del 5 de septiembre de 1811 y por Decreto CCXII de 8 de diciembre de 1812, le concedieron el título de "muy noble y muy leal, con motivo de los sucesos de Venezuela ocurridos del 15 al 16 de marzo de 1812; mediante Decreto CCXXXVVII de 21 de marzo de 1813, distinguieron a la ciudad de Coro con el título de "muy noble y leal" y escudo alusivo, otorgándose la distinción de "Constancia de Coro" a favor de los Capitulares por el comportamiento de la ciudad en las turbulencias que habían "infligido a varias provincias de Venezuela" y su defensa frente a los insurgentes de Caracas en 28 de noviembre de 1812; y que mediante Decreto CCXXXVIII de 21 de marzo de 1813 la ciudad de Maracaibo recibiera el título de "muy noble y leal" por las mismas razones de Coro, otorgándose a los miembros del Ayuntamiento la "Constancia de Maracaibo."[477]

Sobre esas Cortes de Cádiz, el *Manifiesto que hizo al mundo* del Congreso General de 1811 explicó que luego de los "rápidos y raros gobiernos" que se habían sucedido en España desde la Junta de Sevilla, "se apeló a una aparente liberalidad," y "se aceleraron y congregaron tumultuariamente las Cortes que deseaba la nación, que resistía el gobierno comercial de Cádiz y que se creyeron al fin necesarias para contener el torrente de la libertad y la justicia, que rompía por todas partes los diques de la opresión y la iniquidad en

---

477 Véase el texto de los Decretos en Eduardo Roca Roca, *América en el Ordenamiento Jurídico ...*, op. cit., pp. 79–80.

el nuevo mundo."[478] Sin embargo, al analizar su composición, el Congreso General, en el *Manifiesto que hizo al mundo*, se preguntó incrédulo sobre "por qué especie de prestigio funesto para España se cree que la parte de la nación que pasa el océano o nace entre los trópicos adquiere una constitución para la servidumbre, incapaz de ceder a los conatos de la libertad;" afirmando como harto estaban demostrados en los papeles públicos de la Provincia de Venezuela, todos:

> "los vicios de que adolecen las Cortes con respecto a la América y el ilegítimo e insultante arbitrio adoptado por ellas para darnos una representación que resistiríamos, aunque fuésemos, como vociferó la Regencia, partes integrantes de la nación y no tuviésemos otra queja que alegar contra su gobierno sino la escandalosa usurpación que hace de nuestros derechos, cuando más necesita de nuestros auxilios."[479]

El Congreso General destacó en el *Manifiesto que hizo al mundo* que a las Cortes habría llegado la noticia de las razones que había dado la Junta de Caracas "a su pérfido enviado,"[480] cuando "frustradas las misiones anteriores, inutilizadas las cuantiosas remesas de gacetas llenas de triunfos, reformas, heroicidades y lamentos, y conocida la ineficacia de los bloqueos, pacificadores, escuadras y expediciones," en la Península:

> "se creyó que era necesario deslumbrar el amor propio de los americanos, sentando bajo el solio de las Cortes a los que ellos no habían nombrado, ni podían nombrar los que crearon suplentes con los de las provincias ocupadas, sometidas y contentas con la dominación francesa."[481]

---

478 Véase en *La Constitución Federal de Venezuela de 1811...*, cit., pp. 105-148.
479 *Idem*, pp. 105-148.
480 Se refirió al Congreso General en el *Manifiesto que hizo al mundo* a la "conducta execrable y notoria de Montenegro, desnaturalizado por el Gobierno Español." En *Idem*, pp. 105-148.
481 Véase en *La Constitución Federal de Venezuela de 1811...*, cit., pp. 105-148.

Así, denunció el *Manifiesto que hizo al mundo* del Congreso General de 1811, que:

"se escribió el elocuente manifiesto que asestaron las Cortes en 9 de enero de este año [1811] a la América,[482] con una locución digna de mejor objeto; bajo la brillantez del discurso, se descubría el fondo de la perspectiva presentada para alucinarnos. Temiendo que nos anticipásemos a protestar todas estas nulidades, se empezó a calcular sobre lo que se sabía, para no aventurar lo que se ocultaba. Fernando, desgraciado, fue el pretexto que atrajo a sus pseudo-representantes los tesoros, la sumisión y la esclavitud de la América, después de la jornada de Bayona; y Fernando, seducido, engañado y prostituido a los designios del Emperador de los franceses, es ya lo último a que ape-

---

482 Se refería al "Manifiesto de las Cortes generales y extraordinarias a la Nación" de 09-01-1811, donde se daban las razones para la independencia de España frente a las pretensiones de Napoleón. Véase el texto publicado en *El Mercurio Venezolano*, Vol. I, Caracas, febrero 1811. Véase el texto del periódico en versión facsimilar en http://cic1.ucab.edu.ve/hmdg/bases/hmdg/-textos/Mercurio/Mer_Febrero 1811.pdf. Debe destacarse que el redactor de *El Mercurio* en 1811 era precisamente Francisco Isnardy, Secretario del Congreso General, quien como tal firmó el *Manifiesto* del Congreso de 1811. En la nota que precede el texto del Manifiesto de las Cortes generales, sin duda de la pluma de Isnardy, se redactó el siguiente texto parodiando lo que podría haber dicho Napoleón, y cuyo texto se recoge en el *Manifiesto* del Congreso General, al decirse que: "En uno de nuestros periódicos ("*Mercurio Venezolano*", de febrero de 1811), hemos descubierto el verdadero espíritu del Manifiesto en cuestión, reducido al siguiente raciocinio que puede mirarse como su exacto comentario "La América se ve amenazada de ser víctima de una nación extraña o de continuar esclava nuestra; para recobrar sus derechos y no depender de nadie, ha creído necesario no romper violentamente los vínculos que la ligaban a estos pueblos; Fernando ha sido la señal de reunión que ha adoptado el Nuevo Mundo, y hemos seguido nosotros; él está sospechado de connivencia con el Emperador de los franceses y si nos abandonamos ciegamente a reconocerlo demos un pretexto a los americanos que nos crean aún sus representantes para negarnos abiertamente esta representación; puesto que ya empiezan a traslucirse en algunos puntos de América estos designios, manifestemos de antemano nuestra intención de no reconocer a Fernando sino con ciertas condiciones; éstas no se verificarán jamás y mientras que Fernando, ni de hecho ni de derecho, es nuestro Rey, lo seremos nosotros de la América, y este país tan codiciado de nosotros y tan difícil de mantener en la esclavitud, no se nos irá tan pronto de las manos."

lan para apagar la llama de la libertad que Venezuela ha prendido en el continente meridional."[483]

Pero a pesar de tal manifestación de las Cortes "destinada a conmover la América," el Congreso General indicó en el *Manifiesto que hizo al mundo* que era del convencimiento "que entre las cuatro paredes de las Cortes se desatienden de nuestra justicia, se eluden nuestros esfuerzos, se desprecian nuestras resoluciones, se sostienen a nuestros enemigos, se sofoca la voz de nuestros imaginarios representantes, se renueva para ellos la Inquisición,[484] al paso que se publica la libertad de imprenta y se controvierte si la Regencia pudo declararnos libres y parte integrante de la nación."[485]

El conflicto, en todo caso, fue mutuo, y era evidente que en el mismo, las autoridades españolas no renunciaron junto con los realistas locales, al control político de la antigua Capitanía General de Venezuela, por lo que como se dijo, para agosto de 1810, el Consejo de Regencia había decretado el bloqueo de las costas de Venezuela, y en enero de 1811, el mismo Consejo había designado a Antonio Ignacio de Cortabarría como Comisionado Real para "pacificar" a los venezolanos, estableciéndose en Puerto Rico, lo que la Junta Suprema denunciaba en una Proclama del 25 de enero de 1811, como un "Club de la tiranía y del despotismo."[486] Antes, incluso, la Suprema Junta de Caracas el 25 de diciembre de 1811, ya había contestado al mismo Comisionado regio Cortabarría, la nota que este había enviado desde Puerto Arico el 7 de diciembre de 1810, cuestionando su misión de "pacificación de las provincias de Venezuela y restablecimiento del orden," indicándole que:

---

483   Véase en *La Constitución Federal de Venezuela de 1811...*, cit., pp. 105-148.

484   En el *Manifiesto que hizo al mundo* se indicó que había "noticias positivas de que el Sr. Mejía, Suplente de Santa Fe, ha sido encerrado en la Inquisición por su liberalidad de ideas." *Idem.*

485   *Idem.*

486   Véase *Textos Oficiales de la primera República de Venezuela,* Biblioteca de la Academia de Ciencias Políticas y Sociales, Caracas 1982, Tomo II, p. 18.

"los mismos fundamentos que hemos tenido para desconocer a la Regencia de Cádiz como reina o emperatriz de estas provincias, nos obligan ahora a desconocer la comisión de V.S, sus cédulas, sus despachos, sus proclamas y demás papeles que está expidiendo en esa isla, como si fuese Fernando VII, pero contra la voluntad de este desgraciado Monarca,"[487]

La Junta denunciaba, además "el indigno tratamiento de insurgentes o rebeldes, la fuerza, las amenazas, el decreto de bloqueo" como respuesta a los partes oficiales dirigidos sobre las ocurrencias del 19 de abril; que "la Regencia, estimulada con los sucesos de Venezuela forma Cortes Extraordinarias en la Isla de león, semejantes a las de Bayona, nombra diputados a su arbitrio, escoge dos suplentes por estas provincias cuando ya tenía declarados a sus puertos en estado de bloqueo;" y que se pretendiera que las Provincias dependieran de Fernando Miyares y Gonzáles "que se dice Capitán General de Venezuela" y cuyo nombramiento se denunciaba como nulo "hechura del favorito de Carlos IV."[488]

Sobre la persecución contra la Provincia que se desató "desde la isla de Puerto Rico" y que no cesó con la integración de las Cortes, en el *Manifiesto que hizo al mundo* del Congreso General de 1811 se dio cuenta de que "Meléndez, nombrado Rey de Puerto Rico por la Regencia," quedó:

"por un decreto de las Cortes con la investidura equivalente de gobernador, nombres sinónimos en América, porque ya parecía demasiado monstruoso que hubiese dos reyes en una pequeña isla de las Antillas españolas. Cortabarría solo bastaba para eludir los efectos del decreto, dictado sólo por un involuntario sentimiento de decencia. Así fue que cuando se declaraba inicua, arbitraria y tiránica la investidura concedida por la Regencia a Meléndez y se ampliaba la revocación a todos los países de América que se hallasen en el mismo caso que Puerto Rico, nada se decía del plenipotenciario Cortabarría, autorizado por la misma Regencia contra Venezuela, con las facultades más

---

487 *Idem*, Tomo I, pp. 259-269.

488 Véase *Textos Oficiales de la primera República de Venezuela*, Biblioteca de la Academia de Ciencias Políticas y Sociales, Caracas 1982, Tomo I, pp. 259-269.

raras y escandalosas de que hay memoria en los fastos del despotismo orgánico."[489]

Y precisamente, después del decreto de las Cortes, como se denunció en el *Manifiesto que hizo al mundo* del Congreso General de 1811, fue que se sintieron "más los efectos de la discordia, promovida, sostenida y calculada desde el fatal observatorio de Puerto Rico;" denunciándose que habían sido "asesinados inhumanamente los pescadores y costaneros en Ocumare por los piratas de Cortabarría"; que habían "sido bloqueadas, amenazadas e intimadas Cumaná y Barcelona"; que se habían "organizado y tramado una nueva y sanguinaria conjuración contra Venezuela, por el vil emisario introducido pérfidamente en el seno pacífico de su patria para devorarla"; que se había "alucinado a la clase más sencilla y laboriosa de los alienígenas de Venezuela"; y que "por las sugestiones del pacificador de las Cortes, después del decreto de éstas," se había turbado e interrumpido "la unidad política de nuestra Constitución," promoviéndose la discordia entre las Provincias:

> "para que en un mismo día quedase sumergida Venezuela en la sangre, el llanto y la desolación, asaltada hostilmente por cuantos puntos han estado al alcance de los agitadores, que tiene esparcidos contra nosotros el mismo Gobierno que expidió el decreto a favor de Puerto Rico y de toda la América. El nombre de Fernando VII es el pretexto con que va a devorarse el Nuevo Mundo; si el ejemplo de Venezuela no hace que se distingan, de hoy más, las banderas de la libertad clara y decidida, de las de la fidelidad maliciosa y simulada."[490]

En todo caso, la invasión de Venezuela desde el Cuartel General colonial que se había instalado en Puerto Rico, se materializó en febrero de 1812, cuando dos meses después de sancionada la Constitución Federal de diciembre 1811, Domingo de Monteverde, designado Comandante General del Ejercito de Su Majestad Católica y quien luego asumiría de hecho el título de Capitán General de las Provincias de Venezuela, desembarcó en Coro e inició la campaña de recuperación realista de la República; desembarco que se produ-

---

489   *Idem.*
490   *Idem*

jo en las mismas costas donde seis años antes habría tocado tierra brevemente Francisco de Miranda (1806).

Con ello, todo el proceso de estructuración del nuevo orden constitucional republicano quedó a medio hacer, pues apenas se había instalado el nuevo gobierno de la Federación en la capital Valencia, el 1 de marzo de 1812, la reacción realista se comenzó a sentir con Monteverde a la cabeza, lo que fue facilitado por los efectos devastadores del terremoto que desoló a Caracas el 24 del mismo mes de marzo de 1812, que los Frailes y el Arzobispo de Caracas atribuyeron a un castigo de Dios por los hechos de la Revolución de Caracas.[491] En todo caso, lo cierto fue que a la devastación física y moral de las Provincias, con la invasión de las tropas españolas se le agregó la total devastación institucional de las mismas.

La amenaza de Monteverde y la necesidad de defender la República, en efecto, llevaron al Congreso el 4 de abril de 1812, a delegar en el Poder Ejecutivo todas las facultades necesarias,[492] y éste, el 23 de abril de 1812, nombró como Generalísimo a Francisco de Miranda, con poderes dictatoriales.

En esta forma, la guerra de independencia obligó, con razón, a dejar de un lado la Constitución, y fue el Secretario de Guerra José de Sata y Bussy, quien le comunicó al Teniente General Francisco de Miranda, en correspondencia dirigida ese mismo día 23 de abril de 1812, que:

"Acaba de nombraros el Poder Ejecutivo de la Unión, General en Jefe de las armas de toda la Confederación Venezolana, con absolutas facultades para tomar cuantas providencias juzguéis necesarias a salvar nuestro territorio invadido por los enemigos de la libertad colombiana; y bajo este concepto, no os sujeta ley alguna ni reglamento de los que hasta ahora rigen estas Repúblicas, sino que al contrario, no con-

---

491 Véase J.F. Blanco y R. Azpúrua, *Documentos para la Historia....*, Tomo III, pp. 614 y ss.
492 Véase *Libro de Actas del Congreso de Venezuela 1811-1812,* Biblioteca de la Academia Nacional dé la Historia, Tomo II, Caracas, 1959, pp. 397 a 399.

sultaréis más que la Ley suprema de salvar la patria; y a este efecto os delega el Poder de la Unión sus facultades naturales y las extraordinarias que le confirió la representación nacional por decreto de 4 de este mes, bajo vuestra responsabilidad."[493]

En la sesión del Congreso del 4 de abril de 1812, se había acordado que "la medida y regla" de las facultades concedidas al Poder Ejecutivo fuera la salud de la Patria; y que siendo esa la suprema ley, "debe hacer callar las demás"[494]; pero a la vez, se acordó participar a las "Legislaturas Provinciales" la vigencia de la Constitución Federal sin perjuicio de las facultades extraordinarias al Poder Ejecutivo[495].

El Congreso, el mismo 4 de abril de 1812, además, había exhortado a las mismas "Legislaturas provinciales" que obligaran y apremiasen a los diputados de sus provincias a que sin excusa ni tardanza alguna se hallaren en la ciudad de Valencia para el 5 de julio de 1812, para determinar lo que fuera más conveniente a la causa pública[496]. Esta reunión nunca se pudo realizar.

En esta forma, a los pocos meses de sancionada la Constitución Federal de 1811, por la necesidad de salvar la República, se produjo la primera ruptura del hilo constitucional. La dictadura duró poco, pues el 25 de julio de 1812 se firmó la Capitulación de Miranda y la aceptación por parte del Gobierno y todos los poderes del Estado, mediante un Armisticio, de la ocupación del territorio de la provincia de Caracas por Monteverde.[497] El coronel Simón Bolívar, quien

---

493 Ver *Archivo del General Miranda,* Tomo XXIX, La Habana, 1950, pp. 396 y 397. Véase el texto en Allan R. Brewer-Carías, *Las Constituciones de Venezuela, cit.,* Tomo I, p. 581.
494 Véase *Libro de Actas del Congreso de Venezuela..., op. cit.,* pág. 398.
495 *Idem,* p. 400.
496 *Ibídem,* pp. 398-399.
497 Véase los documentos en J.F. Blanco y R. Azpúrua, *Documentos para la Historia....,* pp. 679 y ss. Además, en José de Austria, *Bosquejo de la Historia Militar de Venezuela,* Biblioteca de la Academia Nacional de la Historia, Tomo I, Caracas 1960, pp. 340 y ss. (José de Austria fue contemporáneo del proceso de Independencia; había nacido en Caracas en 1791).

había tenido a su cargo la plaza militar de Puerto Cabello, la perdió y, a mediados de julio, antes de la Capitulación, comunicó los sucesos a Miranda. Entre las múltiples causas de la caída de la Primera República estuvo, sin duda, la pérdida de Puerto Cabello.[498]

Monteverde, en todo caso, desconoció los términos del Armisticio, y aún antes de que tomara alguna acción en tal sentido, se produjo la detención de Miranda en La Guaira y su entrega por sus subalternos, entre ellos Bolívar, la noche del 30 de julio de 1812, en la víspera de su salida de la Provincia, habiendo sido enviado a la prisión, en La Guaira, Puerto Cabello, Puerto Rico y luego en La Carraca en San Fernando, Cádiz, donde falleció en 1816. Bolívar, por su parte, a fines de agosto, logró salir de La Guaira con un salvoconducto emitido por las nuevas autoridades, hacia Curazao y luego a Cartagena.[499]

La caída de la primera República de Venezuela se materializó, sin duda, con la Capitulación del General Francisco de Miranda el 25 de julio de 1812, con lo que el orden republicano que se había comenzado a construir fue totalmente demolido, abrogándose por supuesto la Constitución Federal de 1811, e ignorándose además incluso el texto de la misma Constitución de Cádiz que debía jurarse en las provincias ocupadas. Había recomenzado así, en la Provincia, trescientos años después del Descubrimiento, la aplicación de la "ley de la conquista," destruyéndose además, la memoria histórica del país con el saqueo de los Archivos de la Provincia, y la

---

498 El historiador Caracciolo Parra-Pérez expresó, que "La caída de Puerto Cabello, cuya tropa reforzó a Monteverde, cuyos almacenes le dieron armas y municiones, fue la causa inmediata y determinante de la pérdida de la República." En Caracciolo Parra-Pérez, *Historia de la Primera República de Venezuela*, Academia Nacional de la Historia, Caracas 1959, Tomo II, p. 353.

499 Véase en *Correspondencia General del Libertador Simón Bolívar: enriquecida con la inserción de los manifiestos, mensajes exposiciones, proclamas, & publicados por el héroe colombiano desde 1810 hasta 1830*, Tomo Primero, en la imprenta de Eduardo J. Jenkins, New York, 1875, p. 137.

destrucción y desaparición de los propios documentos de la independencia.

Una vez abrogada la Constitución de 1811 por la fuerza militar, las autoridades invasoras debían en cambio procurar que en Venezuela se publicase la recién sancionada Constitución de Cádiz, para lo cual el Capitán General Fernando Mijares, quién había sido recién nombrado Gobernador de la antigua Provincia de Venezuela, cargo que no llegó a ejercer efectiva y materialmente jamás, el 13 de agosto de 1812 le remitió a Monteverde desde Puerto Cabello, veinte ejemplares del texto constitucional monárquico, con las correspondientes órdenes y disposiciones que habían dado las Cortes para su publicación y observancia.[500] Monteverde diría a la Audiencia que si se había diferido la publicación de la Constitución ello no había sido por descuido, ni omisión ni capricho, sino por circunstancias muy graves, considerando que la Constitución de Cádiz era una "ley savia, liberal" concebida para "lugares pacificados, súbditos leales, poblaciones quietas" siendo muy distinto el caso en el cual se hallaban las provincias de Venezuela: "humeando todavía el fuego de la rebelión más atroz y escandalosa", concluyendo:

> "Querer gobernar una sociedad de bandoleros, alevosos y traidores, por las reglas en que se manda una compuesta por fieles vasallos de honor y de bien es un error, es un delirio…Si publico la Constitución y le doy todo su cumplimiento no respondo por la seguridad y tranquilidad del país; y si lo hago y solo cumplo con aquellos capítulos que son adaptables a las circunstancias me expongo a que se levante por segunda vez el grito o que por lo menos difundan descontento con el dichete que tienen siempre en la boca que son unos déspotas los que gobiernan que cumplen lo que les tiene en cuenta y dejan sin observancia lo que les agrada."[501]

---

500   Véase José de Austria, *Bosquejo de la Historia militar…*, *op. cit.*, Tomo I, p. 364.
501   Véase carta de Monteverde a la Audiencia de 29 de octubre de 1812. Citada en Alí Enrique López y Robinzon Meza, "Las Cortes españolas y la Constitución de Cádiz en la Independencia de Venezuela (1810-1823)," en José Antonio Escudero (Dir.), *Cortes y Constitución de Cádiz. 200 Años*, Espasa Libros, Madrid 2011, Tomo III, pp. 613, 623.

De manera que Monteverde solo publicó y juró la Constitución de Cádiz "a la manera militar" el 21 de noviembre de 1812, y luego, en Caracas, el 3 de diciembre de 1812, asumiendo sin embargo un poder omnímodo contrario al texto constitucional gaditano.[502] Sobre la Constitución de Cádiz, o más bien, sobre su no aplicación en Venezuela, el mismo Monteverde informaría con toda hostilidad al gobierno de la Metrópoli, diciéndole que si había llegado a publicar la Constitución de Cádiz, ello había sido "por un efecto de respeto y obediencia, no porque consideré a la provincia de Venezuela merecedora todavía de que participase de los efectos de tan benigno código."[503]

Por ello, durante toda su campaña en Venezuela entre 1812 y 1813, Monteverde desconoció la exhortación de amnistía que habían hecho las propias Cortes de Cádiz en octubre de 1810; desconoció, como se dijo, los términos de la Capitulación que había firmado con Francisco de Miranda el 25 de julio de 1812; desconoció las previsiones de la propia Constitución de 1812; y desconoció las decisiones judiciales adoptadas por la Audiencia de Caracas con motivo de la persecución política que aquél desarrolló. Monteverde aplicó, en fin, "la ley de la conquista,"[504] y ello fue lo que en definitiva premiaron las Cortes de Cádiz al haberlo felicitado mediante Orden de 21 de octubre de 1812, a él y a las tropas bajo su mando, "por los importantes y distinguidos servicios prestados en la pacificación de la Provincia de Caracas."[505]

De estos acontecimientos, por lo demás, dio cuenta Simón Bolívar en su "Exposición sucinta de los hechos del Comandante

---

502 Véase Manuel Hernández González, "La Fiesta Patriótica. La Jura de la Constitución de Cádiz en los territorios no ocupados (Canarias y América) 1812-1814," en Alberto Ramos Santana y Alberto Romero Ferrer (eds), *1808-1812: Los emblemas de la libertad*, Universidad de Cádiz, Cádiz 2009, pp. 104 ss.

503 Véase José de Austria, *Bosquejo de la Historia militar...*, *op. cit.*, Tomo I, p. 370.

504 *Idem.*

505 Véase en Eduardo Roca Roca, *América en el Ordenamiento Jurídico...*, *op. cit.*, p. 81.

español Monteverde, durante el año de su dominación en las Provincias de Venezuela" de fecha 20 de septiembre de 1813:

> "Pero hay un hecho, que comprueba mejor que ninguno la complicidad del Gobierno de Cádiz. Forman las Cortes la constitución del Reino, obra por cierto de la ilustración, conocimiento y experiencia de los que la compusieron. La tuvo guardada Monteverde como cosa que no importaba, o como opuesta a sus ideas y las de sus consejeros. Al fin resuelve publicarla en Caracas. La publica ¿y para qué? No sólo para burlarse de ella, sino para insultarla y contradecirla con hechos enteramente contrarios. Convida a todos, les anuncia tranquilidad, les indica que se ha presentado el arca de paz, concurren los inocentes vecinos, saliendo muchos de las cavernas en que se ocultaban, le creen de buena fe y, como el fin era sorprender a los que se le habían escapado, por una parte se publicaba la Constitución española, fundada en los santos derechos de libertad, propiedad y seguridad, y por otra, el mismo día, andaban partidas de españoles y canarios, prendiendo y conduciendo ignominiosamente a las bóvedas, a los incautos que habían concurrido a presenciar y celebrar la publicación.
>
> Es esto un hecho tan notorio, como lo son todos los que se han indicado en este papel, y se explanarán en el manifiesto que se ofrece. En la provincia de Caracas, de nada vale la Constitución española; los mismos españoles se burlan de ella y la insultan. Después de ella, se hacen prisiones sin sumaria información; se ponen grillos y cadenas al arbitrio de los comandantes y Jueces; se quita la vida sin formalidad, sin proceso..."[506]

En Venezuela, por tanto, la situación era de orden fáctico pues el derrumbamiento del gobierno constitucional fue seguido en paralelo, por el desmembramiento de las instituciones coloniales. Por ello, durante toda su campaña en Venezuela en 1812 y 1813, Monteverde desconoció la exhortación que habían hecho las Cortes de Cádiz, en octubre de 1810, sobre la necesidad de que en las provincias de Ultramar donde se hubiesen manifestado conmociones (sólo era el caso de Caracas), si se producía el "reconocimiento a la legítima autoridad soberana" establecida en España, debía haber "un

---

[506] Véase José de Austria, *Bosquejo de la Historia militar...*, Tomo II, pp. 111 a 113.

general olvido de cuanto hubiese ocurrido indebidamente"[507]. La reacción de los patriotas contra la violación por Monteverde de la Capitulación de Miranda, llevó al mismo Monteverde a constatar, en representación dirigida a la Regencia el 17 de enero de 1813, que:

> "desde que entré en esta Capital y me fui imponiendo del carácter de sus habitantes, conocí que la indulgencia era un delito y que la tolerancia y el disimulo hacían insolentes y audaces a los hombres criminales."[508]

Agregaba su apreciación sobre "la frialdad que advertí el día de publicación de la Constitución y la falta de concurrencia a actos públicos de alegría", lo que lo apartaron de sus intentos de gobernar con dulzura y afabilidad. Convocó a una Junta que, en consecuencia, ordenó "la prisión de los que se conocían adictos a la revolución de 1810," rebelándose contra la propia Real Audiencia que "había puesto en libertad algunos mal vistos del pueblo que irritaban demasiado mi fueros", ordenando a los Comandantes militares que no liberaran los reos a la justicia.[509]

Por ello, el 30 de diciembre de 1812, en oficio dirigido al Comandante Militar de Puerto Cabello, Monteverde, en desprecio del Tribunal, le ordenaba:

> "Por ningún motivo pondrá usted en libertad hombre alguno de los que estén presos en esa plaza por resulta de la causa de infidencia, sin que preceda orden mía, aún cuando la Real Audiencia determine la soltura, en cuyo caso me lo participará Ud. para la resolución que corresponde."[510]

---

[507] Véase el Decreto V, 15-10-10, en Eduardo Roca Roca, *América en el Ordenamiento Jurídico...*, p. 199.
[508] Véase el texto en J.F. Blanco y R. Azpúrua, *Documentos para la Historia....*, Tomo IV, pp. 623-625.
[509] *Idem.*
[510] Véase el texto en J.F. Blanco y R. Azpúrua, *Documentos para la Historia....*, Tomo I, pp. 365 y 366.

La Real Audiencia acusó a Monteverde de infractor de las leyes, por lo que decía en una representación, que "se me imputa que perturbo estos territorios, los inquieto y pongo en conmoción, violando las leyes que establecen su quietud."[511]

Monteverde concluyó su representación declarando su incapacidad de gobernar la Provincia, señalando que:

> "así como Coro, Maracaibo y Guayana merecen estar bajo la protección de la Constitución de la Monarquía, Caracas y demás que componían su Capitanía General, no deben por ahora participar de su beneficio hasta dar pruebas de haber detestado su maldad, y bajo este concepto deben ser tratadas por la ley de la conquista; es decir, por la dureza y obras según las circunstancias; pues de otro modo, todo lo adquirido se perderá."[512]

En Venezuela, por tanto, los años de 1813 y 1814, fueron de guerra total, de guerra a muerte, durante los cuales Monteverde comandó una dictadura militar[513] represiva y despiadada contra los que habían tomado partido por la Revolución de 1810. Eso explica las palabras de Bolívar, desde Mérida, el 8 de julio de 1813:

> "Las víctimas serán vengadas: los verdugos exterminados. Nuestra bondad se agotó ya, y puesto que nuestros opresores nos fuerzan a una guerra mortal, ellos desaparecerán de América, y nuestra tierra será purgada de los monstruos que la infestan. Nuestro odio será implacable, y la guerra será a muerte."[514]

En las Provincias de Venezuela, en consecuencia, instalado Monteverde en el poder, dejó de aplicarse la Constitución Federal de 1811 y no tuvo aplicación la Constitución de Cádiz; es decir, no había Constitución alguna que no fuera el mando militar de realistas y patriotas. Conforme la guerra corría por todo el territorio, Monteverde, Boves y sus seguidores gobernaron con la más brutal *ley de*

---

511 Véase en J.F. Blanco y R. Azpúrua, *Documentos para la Historia...*, Tomo IV, pp. 623-625.

512 *Idem.*

513 Véase J. Gil Fortoul, *Historia Constitucional...*, Tomo I, p. 214.

514 *Idem*, Tomo I, p. 216.

la conquista; y Bolívar y los patriotas, por su parte, gobernaron con la ley dictatorial del "plan enérgico" del "poder soberano" de quien había sido proclamado Libertador, y que, como decía el propio Bolívar, "tan buenos sucesos me ha proporcionado."[515]

Coincidiendo con la llegada de Miranda a la prisión de La Carraca y con la brutal guerra que se sucedió en Venezuela en 1813 y 1814, Fernando VII en cuyo nombre se había adoptado la Constitución de Cádiz de 1812, una vez que el 22 de marzo de 1814 entró a España luego de la firma del Tratado de Valençay de 1813 mediante el cual Napoleón lo reconoció como Rey, por Real Decreto de 4 de mayo de 1814 expedido en Valencia, restauró la Monarquía Absoluta, negándose a jurar la Constitución de Cádiz que durante dos años le había mantenido su Monarquía, anulándola junto con los demás actos constitucionales que las Cortes habían dictado a su amparo, diciendo que quedaban "nulos y de ningún valor ni efecto, ahora ni en tiempo alguno, como si no hubiesen pasado jamás tales actos, y se quitasen de en medio del tiempo."

Para hacer esto, Fernando VII reaccionó contra las propias Cortes, denunciando que se habían constituido "de un modo jamás usado en España aun en los tiempos más arduos" al no haber participado en la misma "los Estados de la Nobleza y Clero, aunque la Junta Central lo había mandado," y además, considerando que los diputados a las Cortes, desde el mismo día de su instalación, lo habían "despojado de su soberanía" al haberla atribuido "nominalmente a la Nación, para apropiársela así ellos mismos, y dar a ésta después, sobre tal usurpación, las Leyes que quisieron."[516]

En esta forma, habiéndose sentado las bases del constitucionalismo venezolano antes de la sanción de la Constitución de Cádiz, la cual no tuvo efectiva aplicación en Venezuela, salvo formalmente por imposición en medio de la guerra, la misma no tuvo ni pudo tener influencia alguna, ni siquiera en constitucionalismo posterior.

---

515 *Idem,* Tomo I, p. 221.
516 Véase el texto en: http://www.historiasiglo20.org/HE/texto-decretovalenciafernandoVII.htm.

Era demasiado española, y Venezuela había declarado la guerra a todo lo español; y por su parte, España le había declarado la guerra a los venezolanos, comandada por la Regencia y las propias Cortes, guerra que, además, una vez reinstaurada la Monarquía, se materializó físicamente en 1815 con el envío de la mayor expedición armada jamás antes enviada a América desde España, la compuesta por más de 15.000 hombres al mando del general Pablo Morillo, precisamente para pacificar a las Provincias de Venezuela y Nueva Granada.[517]

Pero a pesar de todo el desencuentro que acompañó el proceso constituyente venezolano y gaditano, lo cierto es que a pesar del mismo, el resultado fue la convergencia constitucional entre Caracas (1811) y Cádiz (1812), por la recepción de los mismos principios del constitucionalismo moderno, que habían derivado de las Revoluciones francesa y americana, y fueron incorporados en la Constitución Federal de los Estados de Venezuela de 1811 y en la Constitución de Cádiz de 1812.

Y ello, por supuesto, a pesar de que para cuando se iniciaron dichos procesos constituyentes en Cádiz y en Venezuela, a partir de 1810, ya la República francesa había dejado de existir, pues había sido suprimida en 1808; la Declaración de Derechos no tenía rango constitucional, que había perdido en 1799; y la propia Revolución había cesado en 1795. Del caos institucional que surgió de la misma, vino la dictadura napoleónica, primero a través del Consulado provisorio (1799) y vitalicio (1802), y luego como Emperador (1804); y posteriormente, cuando fue encarcelado, a partir de 1814, ocurrió la restauración de la Monarquía habiendo perdurado el régimen monárquico durante buena parte del siglo XIX.

Sin embargo, aquellos principios del constitucionalismo moderno que de ella derivaron, y que junto con los que aportó la Revolución Norteamericana entre 1810 y 1812 moldearon los procesos

---

517 Véase José Gil Fortoul, *Historia Constitucional...*, Tomo I, p. 237.

constituyentes de Venezuela y de España, en resumen, fueron los siguientes:[518]

En *primer lugar*, la idea de la existencia de una Constitución como carta política escrita, emanación de la soberanía popular, de carácter rígida, permanente, contentiva de normas de rango superior, inmutable en ciertos aspectos y que no sólo organiza al Estado, es decir, no sólo tiene una parte orgánica, sino que también tiene una parte dogmática, donde se declaran los valores fundamentales de la sociedad y los derechos y garantías de los ciudadanos. Hasta el tiempo de las Revoluciones, esta idea de Constitución no existía, y las Constituciones, a lo sumo, era cartas otorgadas por los Monarcas a sus súbditos. La primera Constitución del mundo moderno, por tanto, después de las que adoptaron las antiguas colonias norteamericanas en 1776 fue la de los Estados Unidos de América de 1787, seguida de la de Francia de 1791. La tercera Constitución moderna, republicana, fue la de Venezuela de 1811; y la cuarta, la de la Monarquía parlamentaria de Cádiz de 1812.

En *segundo lugar*, de esos dos acontecimientos surgió también la idea política derivada del nuevo papel que a partir de esos momentos históricos se confirió al pueblo, es decir, el papel protagónico del pueblo en la constitucionalización de la organización del Estado. Con esas Revoluciones la Constitución comenzó a ser producto del pueblo, dejando de ser una mera emanación de un Monarca. Por ello, en los Estados Unidos de América, las Asambleas coloniales asumieron la soberanía, y en Francia, la soberanía se trasladó del Monarca al pueblo y a la Nación; y a través de la idea de la soberanía del pueblo, surgieron todas las bases de la democracia y el republicanismo.

Por ello, en España, la Junta Central Gubernativa del Reino estableció un régimen de elecciones para la formación de las Cortes

---

518 Véase Allan R. Brewer-Carías, *Reflexiones sobre la Revolución Norteamericana (1776), la Revolución Francesa (1789) y la Revolución Hispanoamericana (1810-1830) y sus aportes al Constitucionalismo Moderno*, Serie Derecho Administrativo N° 2, Universidad Externado de Colombia, Editorial Jurídica Venezolana, Bogotá 2008.

de Cádiz en 1810 las cuales sancionaron la Constitución de 18 de marzo de 1812; y en Venezuela, la Junta Suprema conservadora de los derechos de Fernando VII constituida en 1810, entre los primeros actos constitucionales que adoptó, también estuvo la convocatoria a elecciones de un Congreso General con representantes de las Provincias que conformaban la antigua Capitanía General de Venezuela, cuyos diputados (de siete de las nueve Provincias), en representación del pueblo, sancionaron la Constitución de 21 de diciembre de 1811, luego de haber declarado solemnemente la Independencia el 5 de Julio del mismo año.

En *tercer lugar*, de esos dos acontecimientos políticos resultó el reconocimiento y declaración formal de la existencia de derechos naturales del hombre y de los ciudadanos, con rango constitucional, y por tanto, que debían ser respetados por el Estado. La libertad se constituyó, con esos derechos como un freno al Estado y a sus poderes, produciéndose, así, el fin del Estado absoluto e irresponsable. En esta forma, a las Declaraciones de Derechos que precedieron a las Constituciones de las Colonias norteamericanas al independizarse en 1776, siguieron la Declaración de Derechos del Hombre y del Ciudadano de Francia de 1789, y las Enmiendas a la Constitución de los Estados Unidos del mismo año.

La tercera de las declaraciones de derechos fundamentales en la historia del constitucionalismo moderno, fue la Declaración de Derechos del Pueblo adoptada el 1º de julio de 1811 por la sección de Caracas del Congreso General de Venezuela, texto que meses después se recogió ampliado, en el Capítulo VII de la Constitución de diciembre de 1811.

En *cuarto lugar*, además, dentro de la misma línea de limitación al Poder Público para garantizar la libertad de los ciudadanos, las Revoluciones francesa y americana aportaron al constitucionalismo la idea fundamental de la separación de poderes. Esta se formuló, en primer lugar, en la Revolución americana, razón por la cual la estructura constitucional de los Estados Unidos se montó, en 1787 sobre la base de la separación orgánica de poderes. El principio, por supuesto, se recogió aún con mayor fuerza en el sistema constitucional que resultó del proceso revolucionario francés, donde se le agregaron como elementos adicionales, el principio de la supremacía del Legislador resultado de la consideración de la ley como expresión de voluntad general; y el de la prohibición a los jueces de interferir en cualquier forma en el ejercicio de las funciones legislativas y administrativas.

La Constitución venezolana de diciembre de 1811, en esta forma, fue el tercer texto constitucional del mundo moderno, en establecer expresa y precisamente el principio de la separación de poderes, aun cuando más dentro de la línea del balance norteamericano que de la concepción extrema francesa; siendo la Constitución de Cádiz de 1812, la cuarta Constitución que adoptó el principio de separación de poderes, siguiendo más el esquema francés de la Monarquía parlamentaria.

En *quinto lugar,* de esos dos acontecimientos políticos puede decirse que resultaron los sistemas de gobierno que han dominado en el mundo moderno: el presidencialismo, producto de la Revolución americana; y el parlamentarismo, como sistema de gobierno que dominó en Europa después de la Revolución francesa, aplicado en las Monarquías parlamentarias.

El presidencialismo se instaló en Venezuela a partir de 1811, inicialmente como un ejecutivo triunviral, y luego unipersonal a partir de 1819; y el parlamentarismo se instauró en España en 1812.

En *sexto lugar*, las Revoluciones americana y francesa trastocaron la idea misma de la función de impartir justicia, la cual dejaría de ser administrada por el Monarca y comenzaría a ser impartida en nombre de la Nación por funcionarios independientes. Además, con motivo de los aportes de la Revolución americana, los jueces asumieron la función fundamental en el constitucionalismo moderno, de controlar la constitucionalidad de las leyes; es decir, la idea de que la Constitución, como norma suprema, tenía que tener algún control, como garantía de su supremacía, y ese control se atribuyó al Poder Judicial. De allí, incluso, el papel político que en los Estados Unidos de Norteamérica, adquirió la Corte Suprema de Justicia. En Francia, sin embargo, dada la desconfianza revolucionaria respecto de los jueces, frente a la separación absoluta de poderes, sólo sería cien años después que se originaría la consolidación de la justicia administrativa, que aun cuando separada del Poder Judicial, controlaría a la Administración; y sería doscientos años después que se establecería un control de constitucionalidad de las leyes a cargo del Consejo Constitucional, creado también fuera del Poder Judicial. Tanto en la Constitución de Venezuela de 1811 como en la Constitución de Cádiz de 1812 se reguló un Poder Judicial autónomo e independiente, habiéndose desarrollado en Venezuela a partir de 1858 un control judicial de la constitucionalidad de las leyes que sólo se instauró en España, efectivamente, a partir de 1978.

En *séptimo lugar*, de esos dos acontecimientos revolucionarios surgió una nueva organización territorial del Estado, antes desconocida. En efecto, frente a las Monarquías absolutas organizadas conforme al principio del centralismo político y a la falta de uniformismo político y administrativo, esas Revoluciones dieron origen a nuevas formas de organización territorial del Estado, antes desconocidas, que originaron, por una parte, el federalismo, particularmente derivado de la Revolución americana con sus bases esenciales de gobierno local, y por la otra, el municipalismo, originado particularmente como consecuencia de la Revolución francesa.

Venezuela, así, fue el primer país del mundo, 1811, en seguir el esquema norteamericano y adoptar la forma federal en la organización del Estado, sobre la base de la división provincial colonial; y a la vez, fue el primer país del mundo, en 1812, en haber adoptado la organización territorial municipal que legó la Revolución francesa. En España, la división provincial siguió en parte la influencia de la división territorial departamental de la post Revolución francesa; y se adoptaron los principios del municipalismo que también derivaron de la Revolución francesa.

Estos siete principios o aportes que resultan de la Revolución americana y de la Revolución francesa significaron, por supuesto, un cambio radical en el constitucionalismo, producto de una transición que no fue lenta sino violenta, aun cuando desarrollada en circunstancias y situaciones distintas. De allí que, por supuesto, la contribución de la Revolución americana y de la Revolución francesa al derecho constitucional, aún en estas siete ideas comunes, hayan tenido raíces diferentes: en los Estados Unidos de Norte América se trataba de construir un Estado nuevo sobre la base de lo que eran antiguas Colonias inglesas, situadas muy lejos de la Metrópoli y de su Parlamento soberano, y que durante más de un siglo se habían desarrollado independientes entre sí, por sus propios medios y gozando de cierta autonomía. En el caso de Francia, en cambio, no se trataba de construir un nuevo Estado, sino dentro del mismo Estado unitario y centralizado, sustituir un sistema político constitucional monárquico, propio de una Monarquía absoluta, por un régimen totalmente distinto, de carácter constitucional y parlamentario, e incluso luego, republicano. Puede decirse que, *mutatis mutandis,* en Venezuela ocurrió un fenómeno político similar al de Norteamérica; y en España ocurrió también un fenómeno político similar al de Francia.

En todo caso, seis años después de la restauración de la Monarquía y de la anulación de la Constitución de Cádiz, es decir, a partir de 1820, puede decirse que fue cuando su texto efectivamente comenzaría a tener repercusión en el constitucionalismo moderno. Ello ocurrió como consecuencia de una Revolución de origen militar, y que esa ocasión impuso al rey Fernando VII el juramento de Constitución de Cádiz, la cual entonces volvió a entrar en vigencia, aun cuando por otro corto período de tres años y medio, desde el 10 de marzo de 1820 al primero de octubre de 1823.[519]

En efecto, el 1 de enero de 1820 estalló en el pueblo de Cabezas de San Juan, una rebelión militar del cuerpo de expedicionarios que se había conformado y que debía partir para América para sofocar las rebeliones que ya para esa fecha se habían generalizado en todo el Continente. La voz de la Revolución se expresó con el pronunciamiento de coronel Rafael del Riego, quien, como se ha dicho, consideró "más importante proclamar la Constitución de 1812 que

---

519 Véase José F. Merino Merchán, *Regímenes históricos españoles*, Tecnos, Madrid 1988, pp. 60 y 61.

conservar el imperio español."[520] Para ese momento en Europa, la Constitución de Cádiz era el símbolo de las ideas liberales, más que las que habían derivado de la Revolución Francesa cuyas secuelas habían sumido a toda Europa en unas guerras sucesivas de varias décadas.

Por tanto, entre embarcarse para América para luchar contra un proceso independentista ya bastante generalizado donde las nuevas naciones con sus ejércitos ya habían derrotado a las fuerzas españolas, tal y como por ejemplo, había ocurrido en Venezuela y Nueva Granada respecto de la expedición de Morillo en 1815; y realizar una sublevación militar en la propia España, el Ejercito, con la connivencia de sociedades secretas como la masonería, optó por lo segundo[521] e hizo la Revolución, imponiendo al Rey la Constitución de 1812, quien la juró el 2 de marzo de 1820.

En este nuevo período de vigencia, a partir de 1820, fue entonces que la influencia de la Constitución se manifestó incluso en América, en algunas provisiones de los textos Constitucionales de los países en los cuales, para esa fecha, aún no se había proclamado la independencia, que eran la mayoría.[522]

Sin embargo, la mayor repercusión de la Constitución española ocurrió en Europa, donde puede decirse que su influencia derivó, más que del texto estricto de las previsiones contenidas en la Constitución, del hecho de que en su nombre se había realizado una revolución que había impuso por la fuerza la Constitución al Monarca en 1820. Así, la decisión del Rey de jurar la Constitución como consecuencia de esa Revolución, fue realmente lo que consolidó al movimiento como la primera Revolución liberal europea. La consecuencia de ello fue, entonces, que los movimientos revolucionarios

---

520 Véase Juan Ferrando Badía, "Proyección exterior de la Constitución de Cádiz" en M. Artola (ed), *Las Cortes de Cádiz, Ayer, 1-1991*, Marcial Pons, Madrid 1991, p. 207.

521 Véase F. Suárez, *La crisis política del Antiguo Régimen en España (1800-1840)*, Madrid, 1950, p. 38. Citado por Juan Ferrando Badía, *Idem*, p. 177.

522 Véase por ejemplo, Manuel Ferrer Muñoz, *La Constitución de Cádiz y su aplicación en la Nueva España*, UNAM, México 1993.

que en esas mismas fechas se iniciaron tanto en Portugal como en Nápoles y en el Piamonte italiano, vieron en la Revolución española el ejemplo a seguir, imponiendo también a los Monarcas su producto, que había sido, precisamente, la Constitución de Cádiz.

En los Estados de Venezuela, en cambio, el desencuentro continuó, y aún antes de haber concluido las guerras de independencia con la Batalla de Carabobo de 1821, y antes de que se hubiese vuelto a poner en vigencia la Constitución de Cádiz en 1820, luego de efectuadas las elecciones para la conformación del Congreso de Venezuela,[523] el 15 de agosto de 1819 se sancionó en Angostura, capital de la provincia de Guayana, la segunda Constitución política de Venezuela,[524] la cual por supuesto, tuvo como antecedente inmediato el texto de la Constitución Federal de los Estados de Venezuela de 1811, de la cual tomó muchas disposiciones, entre ellas, la declaración de derechos, los principios democráticos representativos y la separación de poderes. Esta Constitución tuvo, además, la influencia directa de las ideas de Simón Bolívar, para entonces jefe supremo de la República, quien las había expresado tanto en el Proyecto de texto constitucional que elaboró para el Congreso, como en su Discurso de presentación del mismo[525]; los cuales además, seguían la línea de pensamiento que había delineado en el Manifiesto de Cartagena (1812) y en la Carta de Jamaica (1815)[526]. La Consti-

---

[523] Véase el texto del Reglamento para elecciones de representantes al Congreso de Venezuela de 17-10-1818 aprobado por el Consejo de Estado constituido por el Libertador como jefe Supremo, en Allan R. Brewer-Carías, *Las Constituciones de Venezuela, cit.,* Tomo I, pp. 603-611. El Consejo de Estado lo había creado el Libertador el 5 de noviembre de 1817. Véase en *Idem,* p. 599.

[524] *Idem,* Tomo I, p. 599.

[525] Véase los textos en *El Libertador y la Constitución de Angostura,* (ed. Pedro Grases), Publicaciones del Congreso de la República, Caracas, 1969.

[526] El Manifiesto de Cartagena (1812) y la Carta de Jamaica (1815) pueden consultarse, entre otros, en Simón Bolívar, *Escritos Fundamentales,* Caracas, 1982 y en *Itinerario Documental de Simón Bolívar. Escritos selectos,* Ediciones de la Presidencia de la República, Caracas 1970, pp. 30 y ss. y 115 y ss. Véase además, Simón Bolívar, *Carta de Jamaica,* Ediciones del

tución de 1819, sin embargo, tuvo una importante disidencia respecto del texto de la Constitución de 1811, al establecer, conforme a la orientación de Bolívar, un Estado unitario en contraste con la forma federal inicial.

Esta organización constitucional del Estado de Venezuela en la Constitución de Angostura, como la guerra de independencia no había concluido, y la mira del Libertador apuntaba además, hacia la Nueva Granada, a finales el 17 de diciembre de ese año 1819, el propio Congreso de Venezuela, en virtud de que a su autoridad habían querido sujetarse los pueblos de la nueva Granada recientemente liberados, sancionó la Ley Fundamental de la República de Colombia en 1819,[527] reuniendo "las Repúblicas de Venezuela y la Nueva Granada"... en una sola bajo el título glorioso de república de Colombia" (art. 1), cuyo territorio comprendía al antiguo reino de Quito (art. 2).[528] Por ello, a comienzos de 1820 Bolívar regresó a la Nueva Granada y luego de volver a Venezuela en marzo de ese año –cuando los rebeles militares en España imponían a Fernando VII la Constitución de Cádiz- , en la continuación de la guerra a la cual los militares españoles se habían negado participar, derrotando los ejércitos españoles los días 25 y 26 de noviembre de 1820, Bolívar y Morillo suscribieron un Armisticio y un Tratado de Regularización de la Guerra, entrevistándose en Santa Ana, Trujillo, el 27 de noviembre de 1820.[529]

Ministerio de Educación, Caracas 1965 y Ediciones de la Presidencia de la República, Caracas 1972.

527 Véase el texto en Allan R. Brewer-Carías, *Las Constituciones de Venezuela, cit.,* Tomo I, pp. 645-646; y en Pedro Grases (ed), *Actas del Congreso de Angostura, cit.,* pp. 356 y ss.

528 Véase la Ley Fundamental de la República de Colombia de 17-12-1819 en Allan R. Brewer-Carías, *Las Constituciones de Venezuela, cit.,* Tomo I, pp. 643-644.

529 Para celebrar el centenario de la firma del Tratado, el diario *El Universal* de Caracas convocó en 1919 un concurso literario de sonetos, que ganó Alejandro Carías, mi tío abuelo, con el siguiente texto que quedó inscrito en el Monumento erigido en Santa Ana de Trujillo: "Este que ves, lector, mármol sencillo, / te recuerda que en época lejana, / ante la furia de contienda insana, / se abrazaron Bolívar y Morillo. / Piedra monumental de

Todo esto, como se dijo, ocurría en las provincias americanas mientras en España se producía y se comenzaba a consolidar la revolución de Riego. Luego del armisticio, Morillo encargó del ejército español a Miguel de la Torre y se embarcó para España, pero al poco tiempo, el Armisticio se rompió por el pronunciamiento del gobierno de la Provincia de Maracaibo, que había permanecido leal a la Monarquía, a favor de una República democrática, incorporándose a Colombia. Finalmente, el 24 de junio de 1821 se libró la Batalla de Carabobo, y con ello se selló definitivamente la independencia de Venezuela.

La independencia, constitucionalmente se materializó en la Constitución de la República de Colombia sancionada por el Congreso General de Colombia reunido en la Villa del Rosario de Cúcuta el 30 de agosto de 1821,[530] una vez que el mismo Congreso había sancionado la Ley Fundamental de la Unión de los Pueblos de Colombia del 15 de agosto de 1821,[531] estuvo signada igualmente por el centralismo de Estado que continuó y se acentuó, al integrarse en un solo Estado todas las provincias de Cundinamarca, Venezuela y Ecuador.

Esa República, obra de Bolívar, sin embargo, desapareció tres meses antes de su muerte, con el desmembramiento de la llamada Gran Colombia y por lo que respecta a Venezuela, con la sanción de la Constitución del 24 de septiembre de 1830 mediante la cual se restableció la República de Venezuela.[532] Su texto fue uno de los que más influencia tuvo en el proceso constitucional venezolano, dado los largos años de vigencia de los que gozó hasta 1857. Fue un

---

   ilustre brillo, / da fe de aquel abrazo en Santa Ana: / Sepulcro alzado a la fiereza / y al decreto de muerte de Trujillo. / Juntos desagraviaron los guerreros, / al declinar su indómita bravura / con los de Cristo los hidalgos fueros; / y nos legaron como herencia pura / de españoles de Indias y de iberos, / timbre de unión que en las edades dura."

530 *Idem*, Tomo I, pp. 647-665.
531 Que se sancionó ratificando la Ley Fundamental de la República de Colombia de 17-12-1819. Véase en *Idem*, Tomo I, pp. 645-646.
532 *Idem*, Tomo I, pp. 707 ss.

texto que siguió la misma línea constitucional que se había iniciado en Venezuela con la Constitución Federal de 1811, de cuyo texto recibió la influencia fundamental, así como de las Constituciones de 1819 y 1821, aun cuando mitigando el centralismo que Bolívar le había propugnada en ellas.

Así, de la divergencia política inicial entre Caracas y Cádiz durante los cruciales años de 1810 a 1812, sin duda derivaron procesos constituyentes propios y distintos que se desarrollaron en paralelo en ambas partes del Atlántico, pero que, con todas sus vicisitudes políticas, encontraron puntos de convergencia por el hecho de haber recibido, en ambas partes del Atlántico, la influencia de los mismos principios del constitucionalismo moderno provenientes de las Revoluciones Francesa y Norteamericana del siglo XVIII.

X
MIRANDA, EXPERTO EN CAPITULACIONES: EL SIGNIFICADO DE LA CAPITULACIÓN FIRMADA CON MONTEVERDE EN 1812 Y LA IMPORTANCIA DE LA CONSTITUCIÓN DE CÁDIZ DE 1812

Miranda, como militar que había sido, y hasta cierto punto experto en Capitulaciones, pues las había negociado en tres oportunidades en dos Continentes, era hombre respetuoso del código militar que imponía el cumplimiento de las mismas como tratados de paz.[533] Además, como civil, experto en Constituciones, era fiel creyente en el valor de las mismas como ley suprema.

---

533   Por ello, en varias oportunidades se refirió a las Capitulaciones de Sipaquirá de 8 de junio de 1781, suscritas luego de una rebelión en Santa Fe. Dijo, en efecto, en la propuesta que le formuló a William Pitt luego de la conferencia de Hollywood que tuvo con él en febrero de 1790 solicitando ayuda para liberar a América, que cuando se "expulsó al Virrey y a las tropas europeas, quedándose el pueblo dueño del país," firmaron "una capitulación después en que el rey se sometió a todo, ofreciéndole cuanto deseaban; y luego que recobró el poder, rompió dicha estipulación, faltó a su palabra, y les ha traído la mayor crueldad, propasándose aún a hacer aprisionar otros sujetos de primera distinción... sin que estas personas hubiesen dado el menor motivo para ello." En el Manifiesto "para Gensone" firmado en Paris 10 octubre 1792, se refirió de nuevo a dichas Capitulaciones de Sipaquirá 8 de junio de 1781 como "testimonio de la sencillez e inexperiencia de los americanos, por una parte, de la astucia y perfidia de los agentes españoles por la otra." Véase en Francisco de Miranda, *Améri-*

Por ello, en lo que pudo escribir durante su prisión entre 1812 y 1816, se refirió una y otra vez a la violación de la Capitulación firmada en San Mateo el 25 de julio de 1812, y clamó repetidamente por la vigencia de la Constitución de Cádiz, con todas sus garantías, que consideraba se había violado.

En cuanto a la Capitulación, unos meses después de haber sido hecho prisionero, en la primera oportunidad que se le permitió escribir, el 8 de marzo de 1813, Miranda redactó en las Bóvedas del Castillo de Puerto Cabello, donde había sido trasladado desde La Guaira, un *Memorial* dirigido "ante la superior judicatura del país,"[534] que no era otra que la Real Audiencia, para reclamar "sagrados e incontestables derechos" que clamaba derivaban del Tratado de Capitulación que negoció con "el comandante general de las tropas españolas" Domingo Monteverde, y que se había firmado "con cuantos ritos y formalidades prescribe el derecho general de la guerra" y el "derecho de gentes," conforme al cual "en exacto cumplimiento" del mismo "se entregaron los pueblos al jefe español" Domingo Monteverde, deponiendo los republicanos "las armas con prontitud y lealtad."

Allí dejo explicitadas Miranda, entre las razones que lo llevaron a negociar el Armisticio, las pérdidas militares sufridas por la República, que comenzaron por la pérdida del Castillo de Puerto Cabello que comandaba Bolívar, agravadas por la destrucción general de las Provincias provocadas por el terremoto de marzo de 2012, y su determinación de preferir "una honrosa reconciliación a los azarosos movimientos de una guerra civil y desoladora" que vislumbraba se produciría si las hostilidades seguían en esas condiciones.

Sobre el Tratado, en lugar de haber sido respetado, Miranda denunció en su Memorial que a los dos días de haberse restablecido el gobierno español en Caracas, coincidente con su prisión, se violó

---

      ca Espera [Ed. J.L. Salcedo Bastardo], Biblioteca Ayacucho, Caracas 1982, pp. 104-107; y pp. 119-121.

534 Véase en Francisco de Miranda, *América Espera* [Ed. J.L. Salcedo Bastardo], Biblioteca Ayacucho, Caracas 1982, pp. 474-380.

repetidamente persiguiéndose y encarcelándose a todos los que tenían opinión disidente, llegando a calificarse incluso como "delitos de Estado, opiniones políticas sostenidas antes y olvidadas por virtud del aquél contrato," expresando que vio "entonces con espanto repetirse en Venezuela las mismas escenas" de tropelías, violaciones y vejaciones contra ciudadanos distinguidos de las que sus ojos fueron testigos en Francia. En definitiva, Miranda con su *Memorial* recamaba ante la Audiencia de Caracas, en cuyas manos – decía – "reside exclusiva y constitucionalmente el superior poder judicial de este distrito," que se restituyera "el imperio de la ley" y se liberara a los detenidos que no hubiesen dado motivo para ello "posteriormente a la capitulación celebrada por mí y por el comandante general de las tropas españolas."

De nuevo, desde la prisión, pero desde el Castillo El Morro en San Juan de Puerto Rico, Miranda escribió otro *Memorial* con fecha 30 de julio de 1813, esta vez dirigido al presidente de las Cortes Generales y Extraordinarias de España en Cádiz,[535] en la cual, de entrada, como "agente principal" que había sido de "la pacificación de Venezuela," le planteó el tema de la Capitulación solemne que había firmado con Domingo de Monteverde, y de su infracción de la misma "del modo más sorprendente y ultrajoso" por parte de Monteverde, contrariando incluso todo lo que éste había expresado al hacérsele entrega de la capital Caracas, en una Proclama en la cual expresó, entre otras cosas, que habría un "olvido eterno" y que los acontecimientos olvidados "ya estaban borrados de su memoria" ofreciendo a los habitantes de Caracas, que sus promesas "serían "literalmente cumplidas."

Al contrario, no hubo olvido alguno y lo que siguió fue un odio eterno, de manera que Miranda expresó en su *Memorial*, que el "resultado fue absolutamente la inversa," destruyendo "las miras saludables y benéficas" que se buscaron con la Capitulación, estando Venezuela en "una guerra civil desoladora" cuyos responsables sólo eran "los infractores de aquellos tan sagrados como benéficos pac-

---

535 Véase en Francisco de Miranda, *América Espera* [Ed. J.L. Salcedo Bastardo], *cit.*, pp. pp. 480-484.

tos de la capitulación." Denunciaba así Miranda ante las Cortes al capitán general Monteverde y a los magistrados de la Audiencia, ante quienes había llegado una Real Orden de que se cumplieran "exacta y en todas sus partes" dichas capitulaciones," pero respecto de lo cual ellos habían resuelto, al contrario, que "una capitulación no debía cumplirse con insurgentes, aún por aquellos mismos que la habían firmado y jurado su cumplimiento." Miranda, finalmente, le exigía a las Cortes que "se nos cumplan las capitulaciones" como las mismas Cortes lo tenían mandado hacer.

Más dramática fue aún la carta que Miranda remitió al Rey Fernando VII el 30 de junio de 1814, [536] solo meses después de restaurada la Monarquía y de que el 4 de mayo de 1814 fuera anulada por dicho Monarca la Constitución de Cádiz. En la misma, cuya copia envió Miranda a Lord Wellington con otra que le envió de la misma fecha, Miranda, confiado en que se impondría el imperio de la ley y obtendría "prontamente aquella justicia que en vano" había solicitado, le suplicaba finalmente al Rey que dispusiera que fuera puesto en libertad. El argumento de la carta fue esencialmente la denuncia de las "violación e infracciones" cometidas contra la Capitulación que habían hecho sus agentes, y se habían suscrito en "beneficio de la paz, unión y concordia entre los naturales y criollos de aquellos países y los Europeos españoles que se hallaban en ellos, y la Madre Patria," habiendo sido el objeto de las mismas, poner "en perpetuo olvido todo lo ocurrido anteriormente con cualquier motivo que fuese y prohibiendo expresamente el que ninguno de sus habitantes fuese inquietado ni preso sino por hechos posteriores a dicha Estipulación." Para ello la Capitulación se había firmado "con todas las formas prescritas por el derecho de gentes y leyes de la Guerra", habiéndose entregado "plazas, armas, pertrechos y demás depósitos, conforme a lo estipulado y firmado."

Pero en lugar de haberse cumplido religiosamente el tratado por parte de Monteverde, Miranda denunció ante el Rey que, al contrario, Monteverde se olvidó "de tan sagrado deber, lo quebrantó" en-

---

536 Véase en Francisco de Miranda, *América Espera* [Ed. J.L. Salcedo Bastardo], *cit.*, pp. 487-489.

carcelando a todos los magistrados y hombres distinguidos que junto con él había concurrido "en la formación de este importante y solemne pacto."

La misma queja la formuló Miranda a Nicholas Vansittart, el ministro del tesoro británico, en carta del 15 de agosto de 1815 que le remitió desde la Carraca, [537] en la cual le expresó que

> "España ha incurrido en una abominable infracción respecto del Tratado de Pacificación celebrado bajo mi autoridad con la Confederación de Venezuela y tal vez algún día pagará un precio más alto que Francia por este aborrecible atropello. Soporto pacientemente esta execrable injusticia, porque ella debe siempre revertir en honor y en beneficio de mi patria", cuyos intereses siempre fueron altamente apreciados por mí, dejando de lado las fechorías de algunos individuos que no han de desvirtuar el fondo de la cuestión, ni confundirse con la masa general de la gente."

De toda esta correspondencia, resulta evidente la importancia que Miranda le daba a un Tratado de guerra, como el que había suscrito respaldo de los poderes del Estado, que era inviolable. Miranda, además de su experiencia militar de sobra mostrada en el ejército español en Melilla y en El Caribe y en el ejercicio francés como comandante de los Ejércitos del Norte en las guerras de la Revolución francesa, tenía una probada experiencia precisamente en la negociación de acuerdos militares, armisticios y capitulaciones, particularmente con motivo de la toma de Pensacola, en La Florida, y de la isla providencia en las Bahamas, en 1779 y 1782, por las fuerzas españolas contra los ingleses; y de la toma Amberes en 1792.

Para Miranda, por tanto, como militar, le resultaba inconcebible la violación de un tratado de guerra. No tenía otra forma de pensar, sobre todo cuando él mismo había suscrito el Tratado en una situación extrema.

---

537 Véase el texto en Francisco de Miranda, *América Espera* [Ed. J.L. Salcedo Bastardo], *cit.*, p. 494.

La situación de la guerra entre las fuerzas invasoras de Monteverde y las fuerzas de la República, para el 12 de julio ya era insostenible. El Cuartel general de Miranda después de sucesivas retiradas ya estaba en La Victoria, y el Cuartel General de Monteverde si bien estaba en Valencia, también lo tenía en San Mateo. Esa era la situación cuando el 1 de julio de 1812, se produjo la pérdida del Castillo de Puerto Cabello.

En las semanas anteriores, los acontecimientos militares en el centro de la República, en resumen, fueron los siguientes respecto de la" reconquista" de las provincias de Venezuela por las fuerzas militares españolas con el capitán de Fragata Domingo de Monteverde a la cabeza, desde Coro, que había permanecido fiel a la Corona. El salió de Coro el 10 de marzo de 1812, en un acto de insubordinación y desobedeciendo las órdenes del Comandante y Gobernador español de la ciudad de Coro, José Ceballos,[538] internándose en campaña de guerra para apoyar los movimientos insurreccionales contra las autoridades de la República, dirigiéndose hacia Carora donde llegó el 23 de marzo, habiendo tomado previamente el 17 de marzo la población de Siquisique, todo sin encontrar mayor resistencia.

Dos días después el 26 de marzo de 1812, se produjo el terrible terremoto con efectos devastadores en toda la República,[539] y aprovechando los desastres y destrucción que el mismo dejó, Monteverde llegó a Barquisimeto el 7 de abril de 1812, igualmente sin encontrar resistencia alguna, continuando hacia San Carlos donde llegó el 25 de abril. Por ello, el propio Capitán General de Venezuela, Miyares consideró que: "no puede ni debe llamarse conquista la pose-

---

[538] Véase el recuento documental de la campaña, alzado respecto de la autoridad de su superior Ceballos, en Pedro de Urquinaona y Pardo, *Relación documentada del origen y progresos del trastorno de las provincias de Venezuela hasta la exoneración del Capitán General Don Domingo Monteverde, hecha en el mes de Diciembre por la guarnición de la plaza de Puerto Cabello*, Madrid 1820, pp. 61 ss.; y en Juan de Austria.

[539] Sobre los efectos de este acontecimiento véase: Rogelio Altez, *El desastre de 1812 en Venezuela: sismos, vulnerabilidades y una patria no tan boba*, Universidad Católica Andrés Bello, Caracas 2006.

sión de unos pueblos entregados, ni batallas contra ejército enemigo una presentación de fuerza."[540]

En todo caso, ante el avance de las fuerzas realistas hacia Valencia, que había sido designada como Capital Federal de Venezuela conforme se dispuso en la Constitución de 1811, y donde estaban funcionando los Poderes Públicos de la República, el 26 de abril de 1812 el Poder Ejecutivo designó a Francisco de Miranda para la defensa de la República, como general en jefe de Tierra y Mar de la Confederación.

El Poder Ejecutivo se trasladó hacia La Victoria, y Miranda salió hacia Caracas para agenciar recursos para la guerra. Como lo narró en 1855 José de Austria, oficial que acompañó en esa campaña a Miranda, en el tránsito hacia la capital de la provincia, Miranda adelantó al propio Austria:

> "para que anunciara al coronel Simón Bolívar, que se hallaba retirado en su casa de campo cerca de San Mateo, que debía prepararse para incorporarse con él y ser empleado en servicio a la patria: y así sucedió, y pocas horas después llegó el Generalísimo a la misma casa y le comunicó que debía marchar a tomar el mando de la plaza de Puerto Cabello. Aceptó Bolívar, no sin repugnancia, un mando a la verdad el menos aparente a sus circunstancias e intrepidez característica: acompañó al Jefe hasta la capital y marchó luego a tomar posesión de su destino."[541]

Para principios de mayo, entonces ya Bolívar estaba al comando de Puerto Cabello, separado en cierta forma por Bolívar del frente de batalla que estaba en los valles de Aragua, regresando Miranda el 1º de mayo de Caracas, hacia los mismos, despachando al coronel Manuel María de Las Casas hacia Valencia, autorizándolo para asumir el mando de la ciudad. Sin embargo, para cuando el despacho se estaba escribiendo, ya la ciudad había sido evacuada por los republicanos, y ocupada por Monteverde el 3 de mayo de

---

540 Véase Pedro de Urquinaona y Pardo, *Relación documentada ..... cit,* p. 93.
541 Véase, José de Austria, *Bosquejo de la Historia Militar de Venezuela en la Guerra de Independencia,* y Librería de Carreño Hermanos, 1855, p.

1812. Por ello, las Casas encontró a las fuerzas republicanas en el estrecho de La Cabrera. Por ello, de allí, Ustáriz quien las comandaba marchó de regreso hacia Valencia, y Las Casas regresó hacia Maracay donde se encontró a Miranda. Comisionado de nuevo por éste para marchar hacia Valencia para su recuperación, nada pudo hacer al respecto, habiendo Monteverde, derrotado a las fuerzas militares que la pretendían recuperar.

El Cuartel general de Monteverde, en consecuencia, quedó instalado en Valencia; y el de Miranda, en Maracay, donde el 19 de mayo los representantes del Poder Legislativo y Ejecutivo, ratificación las facultades a Miranda, para la defensa de la patria, y encargaron a Antonio Fernández de León de atender las finanzas de la Confederación. Se decretó la ley marcial, y Miranda ofreció la libertad a los esclavos que tomaran servicio en el ejército por diez años. Miranda no quiso atacar y definió una táctica militar de retirada que originó protestas de sus subalternos. Por ello, ya para el 18 de junio de 1812, las tropas republicanas se habían retirado hacia La Victoria, donde se situó entonces el Cuartel General de Miranda. Monteverde llegó hasta a atacar La Victoria el 20 de junio de 1812, pero sus avances fueron derrotados por las tropas republicanas, retirándose entonces a San Mateo,[542] pueblo que desde entonces quedó en manos de los realistas.

La situación de las tropas de Monteverde era precaria, y cuando ya se planeaba la necesidad de retirarse a Valencia, se supo la noticia de la caída del fuerte de Puerto Cabello en manos de los españoles el 29 de junio de 1812, lo que supo Monteverde el mismo día 1º de julio de 1812,[543] es decir, cuatro días antes de que la noticia le llegara a Miranda en La Victoria, que fue el 5 de julio estando pres-

---

542 Véase Pedro de Urquinaona y Pardo, *Relación documentada ....*, cit, p. 115. Véase igualmente, Jules Mancini, *Bolívar y la emancipación de las colonias españolas desde los orígenes hasta 1815*, Librería de la Vda. De C. Bouret, Paris-México, 1914, p. 382-383; y Caracciolo Parra-Pérez, *Historia de la Primera República de Venezuela*, Academia Nacional de la Historia, Caracas 1959, Tomo II, p. 340.

543 Véase Pedro de Urquinaona y Pardo, *Relación documentada .....* cit, p. 117.

ta la oficialidad para celebrar el primer aniversario de la Independencia.[544] Para esa fecha ya Monteverde había llegado a Puerto Cabello a tomar posición de la plaza, de la cual saldría Bolívar por mar en el bergantín *Zelozo,* al día siguiente, 6 de julio.[545]

Para ese momento, como dijo Miranda, la República había sido "herida en el corazón," (*Venezuela est blessé au coeur*) siendo la situación de colapso tan grave y general, que en la misma fecha del 12 de julio de 1812 cuando Bolívar le escribió a Miranda sobre la pérdida del Castillo de Puerto Cabello, en el cuartel general de La Victoria, luego de que Pedro Gual había salido hacia Caracas y La Guaira, se efectuó una reunión entre el general Miranda, dos miembros del Poder Ejecutivo Federal, los señores Juan Germán Roscio y Francisco Espejo, el diputado al Congreso y mayor general del ejército José Sata y Bussy, el representante del Poder Judicial de la República, Francisco Paúl, y el Director general de las rentas de la Confederación y de la provincia de Caracas, Antonio Fernández de León, el marqués de Casa León, en la cual se analizó la situación crítica de la República como consecuencia de la pérdida de la Plaza de Puerto Cabello,[546] teniendo en cuenta que apenas en ese momento sólo quedaba libre de ocupación española el partido de la capital, Caracas y el puerto de La Guaira.

Sobre ello argumentó Pedro de Urquinaona y Pedro, en su *Relación documentada* sobre los acontecimientos de Venezuela, publicada en 1820, lo siguiente:

"En esas circunstancias fue que Miranda, ó temeroso de la conmoción de los negros de Curiepe, Capaya, Guapo y costas orientales sublevadas por Quintero y Elzaburu contra el Gobierno de Caracas; ó desengañado con la extraordinaria deserción que empezó á ver en sus tro-

---

544 Véase Jules Mancini, *Bolívar y la emancipación de las colonias* ..., p. 384.
545 Véase Jules Mancini, *Bolívar y la emancipación de las colonias* ..., p. 385.
546 Como lo señaló Caracciolo Parra-Pérez: "El generalísimo expuso la situación militar y política, que calificó de crítica después de la pérdida de Puerto cabello." En Caracciolo Parra Pérez, *Historia de la Primera República de Venezuela*, Academia Nacional de la Historia, Caracas 1959, Tomo II, p. 419.

pas forzadas que en pelotones, y hasta con cañones montados empezaron a pasarse á las nacionales; ó por los desaires que había recibido de la facción de Caracas, celosa de su autoridad y enemiga declarada de su orgulloso predominio; ó penetrado por la opinión pública, nada favorable a sus intentos; o por otra causa desconocida, lo cierto es que se decidió á capitular, comunicando el proyecto al Marqués de Casa León, indicándole la imposibilidad de adelantar el plan a de independencia, y diciéndole que no podía hacer mejor servicio a su patria que el de restituirla el sosiego y la paz."[547]

El general Miranda informó a los reunidos en La Victoria que había consultado "el medio de negociación" con el comandante de las fuerzas enemigas, como necesario en las peligrosas circunstancias en que se hallaba la libertad de Venezuela y la seguridad de personas y propiedades, "proponiéndole un armisticio y la correspondiente estipulación que hiciese cesar el derramamiento de sangre, y trajese la paz conforme a la mediación ofrecida y publicada por la generosa nación inglesa, o su gobierno." A la propuesta contestaron todos "adhiriéndose a la proposición del generalísimo, y dejando a su prudencia y pericia militar y política la ejecución y cumplimiento." La decisión, por tanto, estaba tomada, pues militarmente no había otra cosa que hacer, salvo desangrar las provincias; y su experiencia militar se lo confirmaba.

Se sabía que Miranda tenía amplia experiencia en la negociación de tratados militares. La primera había sido con motivo de la misión en la cual participó en 1781, reforzando la campaña del gobernador de Lousiana, general Bernardo de Gálvez, en el sitio de Pensacola. Con la rendición del General inglés John Campbell, Miranda participó en la elaboración de los artículos de una capitulación, entrando a la ciudad con los ejércitos victoriosos. Esta acción no sólo fue la primera de sus actuaciones a favor de la independencia norteamericana, sido que sería su primera experiencia en la negociación de capitulaciones militares. Su éxito en la campaña de Pensacola le valió la promoción al grado de teniente coronel

---

547 Véase Pedro de Urquinaona y Pardo, *Relación documentada* .... *cit.,* p. 117.

Como tal, en 1781, fue encargado por el gobernador de una misión de negociación con las fuerzas británicas en Jamaica, para un intercambio de prisioneros españoles e ingleses. Fue así Miranda a Kingston, correspondiéndole llevar adelante la negociación como agente del gobernador Cajigal, con el gobernador John Dalling y el Almirante Peter Parker sobre un convenio de intercambio de soldados y marinos españoles prisioneros de guerra que tenían los ingleses, por prisioneros ingleses del mismo rango detenidos por los españoles. Entre las estipulaciones estaba que los tripulantes capturados en barcos ingleses o españoles que no tenían una comisión regular de los respectivos gobiernos, serían tratados como piratas. El resultado fue que Miranda regresó a Cuba con más de cien soldados españoles que habían estado cautivos en Jamaica, habiendo además recolectado información secreta sobre las posiciones e instalaciones inglesas en la Isla.

Luego, en marzo de 1782, vino el ataque combinado de fuerzas francesas y españolas, bajo el mando de Cajigal, a la guarnición británica en las Bahamas y que había sido ordenada por la Corona española. Miranda participó activamente en la campaña en mayo de 1782, apoyado por insurgentes de Carolina del Norte. Luego de la rendición del Coronel Maxwell, fue comisionado por Cajigal para negociar en Nueva Providencia, la capital de las Bahamas, la Capitulación correspondiente, conforme a la cual las Bahamas pasaron a ser posesión española.

Posteriormente, en la guerra del Norte de Francia, luego de vencer en Amberes, el general Miranda, comandante en jefe del ejército del norte de Bélgica, sería quien "en el nombre de la república Francesa," emitiría la orden del 29 al 30 de noviembre de 1792, con las instrucciones precisas acerca de cómo tendría lugar la entrega de armas por parte de los defensores austriacos rendidos y cómo se realizaría la entrada de sus tropas en la ciudad recién conquistada.

Sabía por tanto muy bien Miranda, en 1812, cuáles eran las normas del derecho de la guerra, establecidas en los códigos militares, que regía en las capitulaciones militares, y cuáles eran los términos y significado de los convenios y armisticios de guerra. Nadie más en la República había nunca participado en alguna otra guerra ni había negociado una capitulación y un tratado de armisticio. Por ello, por su experiencia y conocimientos, Miranda emprendió las negociaciones con Monteverde, proponiéndole el mismo día 12 de julio desde el Cuartel general de La Victoria, "un armisticio o suspensión de armas, para conferenciar sobre estos asuntos importantes," mediante la designación de conferenciantes y rehenes, "conforme a los usos establecidos por el derecho de la guerra." El historiador Caracciolo Parra-Pérez, sin embargo, 127 años después, expresó que no se explicaba "cómo llegó Miranda a imaginar que su adversario pudiera tratar sobre tales bases," agregando:

> "La ingenuidad de las proposiciones del generalísimo es inconcebible y revela desconocimiento absoluto de la situación del país y de la naturaleza de la revolución, o idea exagerada de la estupidez de Monteverde."[548]

La consecuencia fue que durante trece días, entre el 12 de julio y el 25 de julio, se produjeron sucesivos intercambios de notas entre Miranda y Monteverde. El 15 de julio Miranda comenzó por rechazar las condiciones que Monteverde ponía para conferenciar y llegar a un armisticio, las cuales consideraba que eran "contrarias a los principios de la guerra" y a ese propósito, pues Monteverde pretendía que no se produjese suspensión de las armas en relación con Caracas. Monteverde, por supuesto, de entrada, rechazó toda mediación de potencia extranjera alguna y particularmente británica como lo propuso Miranda.

Apenas el Congreso había designado a Miranda como generalísimo, éste había comenzado a enviar mensajes oficiales al gobierno británico en uso del poder para la conducción del Estado que se le había sido conferido. El 2 de junio, en efecto, envió una correspondencia a Lord Castlereagh,[549] quien era el Ministro de asuntos exte-

---

548 Véase Caracciolo Parra-Pérez, *Historia de la Primera República de Venezuela*, Academia Nacional de la Historia, Caracas 1959, Tomo II, p. 422.
549 Véase el texto en Francisco de Miranda, *América Espera* [Ed. J.L. Salcedo Bastardo], *cit.*, pp. 363-364.

riores del gobierno de su Majestad Británica, informándole sobre su nombramiento como "generalísimo de Venezuela," y ratificándole su deseo de establecer una estrecha e íntima conexión con Gran Bretaña para el mutuo interés y prosperidad de ambas naciones; expresándole que no tenía dudas que encontraría una similar disposición de parte del gobierno de Su Majestad, a los efectos de formar, de ser posible, "una indisoluble unión entre ambos países."

Esta carta la envió con Thomas Molini, quien era uno de sus estrechos secretarios que también había viajado de Inglaterra a La Guaira a fines de 1810, diciéndole al Ministro que él le podría dar todas las informaciones que requiriera sobre el estado actual de las provincias. Molini llevó consigo, además, otra carta de la misma fecha 2 de junio, dirigida a Jeremy Bentham, el gran amigo de Miranda, en la cual le decía que esperaba el día, no muy distante, en el cual vería la libertad y felicidad de Venezuela establecidas sobre fundaciones sólidas y permanentes. Le explicaba que había recién recibido el título de "Generalísimo de la Confederación de Venezuela," con plenos poderes para tratar con naciones extranjeras, lo que "quizás facilitaría los medios para promover el objeto que había tenido como mira durante tantos años.".

Ahora bien, ante la situación desesperada de la guerra a la semana de la pérdida del Castillo de Puerto Cabello, mediante carta de 12 de julio de 1812 firmada en el Cuartel General de la Victoria, Miranda se dirigió a Monteverde, "deseando evitar la efusión de sangre, y otras calamidades que son consiguientes á una guerra obstinada y sangrienta, como es y debe ser" la que se mantenía entre los Ejércitos republicano y realista, le propuso a Monteverde "un armisticio o suspensión de armas para conferenciar sobre estos importantes asuntos," requiriéndole los pasaportes para sus enviados, dando así inicio a las negociaciones que se sucedieron durante dos largas semanas hasta el 25 de julio de 1812.[550] Monteverde accedió

---

550 Véase el texto en *Copia de los oficios y proposiciones que se han hecho por parte del Comandante de las Tropas Caraqueñas, Francisco de Miranda, y sus Comisionados; al Comandante General del Exercito de S.M.C. D. Domingo Monteverde, y de las contestaciones dadas por este*, p.

al día siguiente 13 de julio desde su Cuartel General de Valencia, a la petición de Miranda, conviniendo "en la conferencia que se le propone" anunciando el envío de dos oficiales con los pasaportes requeridos, para efectuar la misión que debía verificarse "cuando esté de regreso en el Cuartel General de San Mateo," quedando suspendidas "por una y otra parte, todo acontecimiento militar," excepto la movilización de Tropas por mar y tierra para situarse frente a Caracas.[551] Esta carta de Monteverde es muy importante históricamente, pues confirma que ya desde antes del 12 de julio de 1812, las tropas españolas de invasión ya tenían un Cuartel General en San Mateo, que allí habían situado desde el 20 de junio de 1812.

Miranda le respondió a Monteverde el 15 de julio de 1812, rechazando su respuesta, al considerar que solo admitía "vagamente el armisticio y conferencia," al sujetar el cese de hostilidades a dos condiciones que lo anulaban: primero, que se reservaba al arbitrio de Monteverde "el tiempo en que debe empezarse la conferencia pues será cuando a él le parezca venir a su Cuartel General en San Mateo, dando así "a la suspensión de armas un tiempo indefinido y arbitrario." Y segundo, que se excluía de la suspensión de armas el traslado de tropas para sitiar a Caracas, lo que Miranda consideró contrario a los principios de la guerra, destructora del mismo armisticio." De ello consideró Miranda que la respuesta de Monteverde hacía ilusoria la negociación, considerándola como una negativa.[552]

Monteverde en carta de la misma fecha 15 de julio dirigida a Miranda desde Valencia formuló explicaciones sobre los dos asuntos alegados por Miranda, indicando en definitiva que "reitera que admite la conferencia sin que sirvan de obstáculo las circunstancias

---

1, consultado en https://books.google.com/books?id=-mcobC8-YbQYC&pg=PA9&dq#v=- onepage&q&f=false. Véase además el texto en Francisco de Miranda, *América Espera* [Ed. J.L. Salcedo Bastardo], *cit.*, p. 462; y en Véase Pedro de Urquinaona y Pardo, *Relación documentada ... cit.*, pp. 118 ss.

551 *Idem*, p. 1.
552 *Idem*, pp. 2, 3. Véase además el texto en Francisco de Miranda, *América Espera* [Ed. J.L. Salcedo Bastardo], *cit.*, pp. 462-463.

referidas."[553] Con motivo del intercambio de cartas en la misma fecha, Miranda respondió a Monteverde desde La Victoria el 16 de julio pidiendo explicaciones por la confusión generada, enviando al Teniente General de Ingenieros Manuel Aldao para aclarar la situación.[554] Hechas las aclaratorias, al día siguiente, el 17 de julio de 1812 Miranda envió a Monteverde desde el Cuartel General de La Victoria, un nuevo oficio indicando que en virtud de que el Comandante General de las tropas de la Regencia Española se había prestado a realizar una conferencia con dos comisionados que enviaría el ejército de la Confederación de Venezuela, y en virtud de que ya se había recibido el pasaporte que debía servirles de salvoconducto para su tránsito desde la Victoria hasta la ciudad de Valencia, portaban ese documento: José de Sata y Bussy, teniente coronel de artillería, secretario de Guerra de la Confederación y mayor general del ejército, y Manuel Aldao, teniente coronel de ingeniería.[555] Ambos habían sido nombrados para esa misión, acompañados de sus respectivos edecanes, habiendo sido "autorizados para tratar y estipular con el señor don Domingo de Monteverde medidas de conciliación entre ambos partidos, reservando su aprobación y ratificación al Generalísimo de los Ejércitos de Venezuela que por su parte los ha nombrado."[556]

Ese documento que portaban los emisarios, iba acompañado de otro también fechado en la Victoria el mismo 17 de julio de 1812,[557] que contenía las Instrucciones que se daban a los mencionados emisarios "que por nombramiento del Generalísimo de las tropas de Venezuela han de estipular con el Comandante en Jefe de las de la Regencia, el armisticio y demás propuesto en la nota del día 12 del corriente para que cese la presente guerra."

---

553 *Idem*, p. 1.
554 *Idem*, p. 3.
555 *Idem*, p. 3.
556 Véase el texto en José de Austria, *Bosquejo de la Historia Militar de Venezuela,* Biblioteca de la Academia Nacional de la Historia, Tomo I, Caracas 1960, p. 152.
557 *Idem*, p. 152-153.

En estas instrucciones se formulaban las siguientes propuestas al Comandante General de las tropas de la Regencia Española:

Primero, que una vez que estuviese efectiva "la suspensión de hostilidades," los emisarios debían proponer "en primer lugar, que la decisión de esta contienda se remita a los mediadores que ha nombrado la Corte de Inglaterra, conocidos ya auténticamente y esperados de un momento a otro." Se partía entonces del supuesto de que habría una mediación de parte de Gran Bretaña para poner fin al conflicto. La mediación británica la consideraba Miranda prioritaria indicando que sin ella "cualquier tratado que ahora se celebre, puede resultar desconforme o contrario a las instrucciones que traigan los mediadores."

Segundo, una vez que Monteverde concediera en la mediación británica, conforme a las instrucciones, se debía proponer que se permitiera "a nuestro ejército volver a ocupar los puntos que ocupaba cuando estaba en Maracay, exceptuando a Puerto Cabello y la costa de Ocumare y Choroní." Se trataba, por tanto, de una propuesta de armisticio a ser resuelta mediante mediación, de manera que los ejércitos quedasen ubicados donde estaban al iniciarse las negociaciones.

Tercero, se preveía en las instrucciones, sin embargo, que si no se obtenía ese acuerdo de ubicación del ejército, se debía pasar entonces a "una capitulación decorosa que salve las personas y propiedades de todos los que han promovido y seguido la justa causa de Caracas en estas provincias, quedando en libertad para permanecer o salir de ellas, y disponer de sus bienes en el término de tres meses." Es decir, en las instrucciones se planteaba que de no aceptarse el armisticio propuesto, se pasaría a una capitulación pero con garantías de personas y bienes de los que habían seguido la causa de la independencia.

Se proponía, además, que debían ser "puestos inmediatamente en libertad todos los prisioneros hechos por una y otra parte," agregándose como garantía general, que "ninguno de los comprendidos en este y en el anterior artículo podrá ser perseguido ni molestado por sus opiniones políticas, ni por su conducta ni procedimientos consecuentes." Se aclaraba además que "en estos mismos artículos son comprendidos los extranjeros."

Cuarto, se proponía que "para mayor seguridad de los que deliberaren dejar el país en el caso de la capitulación, se estipulará que en el término de treinta días queden los ejércitos en las líneas en que se hallan."

Quinto, se proponía, que continuara "el valor del papel y moneda nacional."

Sexto, se proponía en las Instrucciones, que debía procurarse que se eximiera "de la capitulación a la isla de Margarita, para que continuando allí el mismo orden de cosas establecido actualmente, puedan emigrar a ella los extranjeros y nacionales que no quieran tomar otro destino." Así, en definitiva, se proponía procurar que en la Isla continuase funcionando la Confederación.

Y por último, se especificó que el mismo término de treinta días sería "suficiente para que el Generalísimo consulte la capitulación con los gobiernos de las provincias que se hallasen en este caso."

Los emisarios de la Confederación José de Sata y Bussy y Manuel Aldao, elaboraron un documento firmado en Valencia el 19 de julio de 1812, con las "proposiciones" que hicieron a Monteverde; que este rechazó el mismo día exigiendo una respuesta en dos horas, que los mismos Comisionados contestaron airadamente el mismo día indicándole que ellos habían ido a establecer la paz y armonía entre Pueblos que jamás deben ser enemigos" y que no había ido "a entregar como un rebaño de cabras millares de habitantes virtuosos y dignos."[558]

---

558   Véase el texto en *Copia de los oficios y proposiciones que se han hecho por parte del Comandante de las Tropas Caraqueñas, Francisco de Miranda, y sus Comisionados; al Comandante General del Exercito de S.M.C. D. Domingo Monteverde, y de las contestaciones dadas por este*, p. 1, consultado en https://books.google.com/books?id=-mcobC8YbQYC&pg=PA9&dq#v=-onepage&q&f=false. Véase además el texto en Francisco de Miranda, *América Espera* [Ed. J.L. Salcedo Bastardo], *cit*., p. 462, p. 4,5.

Luego de unas "últimas proposiciones" de los Comisionados republicanos formuladas el 20 de julio se produjo la "Respuesta definitiva" de Monteverde de la misma fecha, la "Respuesta definitiva del Comandante General del Ejército de S. M. Católica, don Domingo de Monteverde a las últimas proposiciones que le han hecho los comisionados por parte de las tropas caraqueñas, don José de Sata y Bussy y don Manuel Aldao, en la conferencia acerca de los medios de evitar la efusión de sangre y demás calamidades en la presente guerra," [559] firmada en la misma fecha por el Comandante del ejército español Domingo de Monteverde, y por emisarios de la Confederación José de Sata y Bussy y Manuel Aldao. En el documento se plasmaron tanto las propuestas específicas que hicieron los emisarios de la Confederación conforme a las instrucciones recibidas, seguidas en cada caso por las respuestas que a las mismas daba el jefe militar español. De ello, resultó lo siguiente:

A la primera propuesta, de que "El territorio aun no conquistado de las Provincias Unidas de Venezuela se entregará al ejército de la Regencia Española," la respuesta fue que la entrega sería "del territorio no reconquistado y las armas y municiones de guerra y demás existencias, a disposición del ejército de S. M. Católica."

A la segunda propuesta de que "Sus habitantes serán gobernados según el sistema que han establecido las Cortes españolas para todas las Américas," la respuesta de Monteverde fue que "entretanto que se promulgue la Constitución de las Españas, las leyes del Reino y las disposiciones de las Cortes serán la regla del gobierno."

A la tercera propuesta de que "No podrán ser aprehendidos, juzgados ni sentenciados a ninguna pena corporal ni pecuniaria, las personas que se crea o juzgue que han promovido y seguido la causa de Caracas en estas provincias, de cualquier clase, estado o condición que sean; estas personas quedarán en libertad para permanecer o salir del país y disponer de sus bienes en el término de tres meses," la respuesta fue "Las personas y bienes que se hallen en el

---

559 *Idem*, p. 6, 7. Véase también en José de Austria, *Bosquejo de la Historia Militar de Venezuela*, cit., p. 153-154.

territorio no reconquistado serán salvas y resguardadas; dichas personas no serán presas ni juzgadas, como tampoco extorsionados los enunciados sus bienes, por las opiniones que han seguido hasta ahora, y se darán los pasaportes para que salgan de dicho territorio los que quieran, en el término que se señala." Excluía así Monteverde de esta garantía, a las personas de los territorios que había conquistado el ejército español.

A la cuarta propuesta de que "Serán puestos inmediatamente en libertad los prisioneros hechos por una y otra parte, y ninguno de los comprendidos en este y en el anterior artículo podrá ser perseguido ni molestado por sus opiniones políticas," la respuesta de Monteverde fue que "Serán puestos en libertad los prisioneros de una y otra parte con la reserva del anterior artículo" es decir, sin incluir los habitantes de los territorios ya conquistados por el ejército español.

A la quinta propuesta de que "Los extranjeros residentes en este país serán comprendidos en los artículos anteriores," se contestó por Monteverde que "Los extranjeros gozarán la condonación expresada, pero su residencia será a discreción del gobierno."

A la sexta propuesta de que se daría "término de treinta días para que el Generalísimo de Venezuela consulte la capitulación con los gobiernos de las provincias que se hallen en libertad," la respuesta de Monteverde fue materialmente que la capitulación entraría en aplicación de inmediato al decir que "Este convenio quedará concluido y ratificado dentro de cuarenta y ocho horas después que llegue al Cuartel General de La Victoria, sin más espera, demora ni propuesta," agregando un ultimátum al señalar en la respuesta que el plazo corría "en inteligencia de que si pasado este término no se verifica la ratificación, queda por el mismo hecho disuelto el armisticio, y el ejército de S. M. Católica expedito para obrar como le parezca."

A la séptima propuesta de que "Durante este término permanecerán ambos ejércitos en las líneas en que se hallan hasta el total allanamiento de las provincias," la respuesta de Monteverde fue que ello estaba "contestado por el anterior."

A la octava propuesta de que se conservara "el valor del papel y moneda nacional hasta que se amortice, sin lo cual los pueblos de Venezuela tocarían su última ruina," la respuesta de Monteverde fue "Negado."

Al recibir este documento de las propuestas formuladas por los emisarios con las respuestas de Monteverde, que se alejaba de lo que era lo sustancial de las instrucciones dadas a sus emisarios, el mismo Francisco de Miranda le contestó por escrito "al Señor Comandante General de las tropas de la Regencia Española, don Domingo de Monteverde" desde el Cuartel general de La Victoria, el 22 de julio de 1812, [560] expresándole que examinadas las contestaciones que le había dado Monteverde "a las proposiciones de paz y unión hechas por los comisionados del ejército de mi mando; la brevedad del plazo dentro del cual debo yo verificarla, y la naturaleza misma de estas contestaciones," hacían "casi imposible su sanción."

Agregó Miranda que las respuestas de Monteverde, a su modo de entender, envolvían "mil inconvenientes y mil males, para ambos partidos, en su ejecución," considerando que "los habitantes desgraciados de la parte conquistada de Venezuela se quejarían justamente a mí de haber redoblado sus cadenas y tormentos, admitiéndoles imprudentemente so color de restablecer su tranquilidad."

Concluyó Miranda en su misiva a Monteverde, sin embargo, que como consideraba que la demostración de esos inconvenientes y de esos males podría "influir quizá en el espíritu" de Monteverde, "para alterar o modificar" las contestaciones que había dado, enviaba entonces a otro emisario, esta vez "el ciudadano Antonio Fernández de León, el marqués de Casa León "sujeto respetable y de conocida probidad y luces," quien después de que cumpliera con la comisión que le asignaba, le comunicaría a Miranda "las ulteriores determinaciones de usted para mi gobierno y resolución." El

---

560 Véase el texto en Francisco de Miranda, *América Espera* [Ed. J.L. Salcedo Bastardo], *cit.*, pp. 463. Véase también en José de Austria, *Bosquejo de la Historia Militar de Venezuela, cit.,* p. 154.

Marqués era el Secretario de Hacienda de la Confederación, nombrado por el mismo Miranda, y lo cierto fue que después de la caída de la Republica seguiría encargado de las finanzas, pero del gobierno de Monteverde.

Al comisionado Fernández de León, como "nuevo comisionado del Generalísimo de Venezuela, que pasará a conferenciar con el comandante de las tropas de la Regencia, sobre aclaración y reforma de algunos artículos de las proposiciones y contestaciones hechas en Valencia, a veinte del corriente, entre aquel jefe y los comisionados Sata y Aldao" Miranda le dio las siguientes instrucciones firmadas el mismo 22 de julio de 1812 "II de la Independencia" en el Cuartel General de La Victoria: [561]

Primero, que "la inmunidad de personas y bienes debe ser general, sin distinción de territorio ocupado o no ocupado, porque así está ordenado por las Cortes en su decreto de 15 de octubre de 1811, en que prometieron un olvido general de todo lo pasado en tales circunstancias como las de la capitulación propuesta."

Segundo que debía continuar "la circulación, o abono del papel moneda" lo que consideraba "tan necesario, que sin este beneficio, sufrirían enormes perjuicios los tenedores de esta moneda, el comercio aumentaría su decadencia, y el gobierno carecería de este recurso para sus gastos."

Tercero, que también debía "exceptuarse la inmunidad de los desertores que se han pasado a nuestro ejército."

Cuarto, que se debían "Conservar a la clase honrada de pardos y morenos libres los derechos que han obtenido del nuevo gobierno, a lo menos en aquella parte en que les quitó la nota de infamia y envilecimiento que les imponía el código de las Leyes de Indias, es otra adición necesaria."

---

561 Véase el texto en Francisco de Miranda, *América Espera* [Ed. J.L. Salcedo Bastardo], *cit.*, pp. 464-465. Véase también en José de Austria, *Bosquejo de la Historia Militar de Venezuela, cit.,* pp. 154-155.

Quinto "que el plazo de cuarenta y ocho horas para la ratificación de lo estipulado, se prorrogue hasta ocho o más días."

Sexto, Miranda aclaraba en las instrucciones a Fernández de León que "en el Diario de las Cortes se hallan otros decretos que repugnan las distinciones y coartaciones que impone a la capitulación el Comandante General de las tropas de la Regencia; y no se le exhiben porque el angustiado tiempo de cuarenta y ocho horas no permite su venida oportuna de la capital donde existen."

Séptimo, se indicaba en la instrucción que "Del buen suceso de este tratado depende la pacificación de los negros esclavos que se han amotinado en los valles de Capaya y Caucagua, seducidos con el pretexto de restablecer el antiguo gobierno; pues que tomando cuerpo el amotinamiento se formarán rochelas y cumbes que no pueden abolirse."

El marqués de Casa León pasó a Maracay, donde estaba el cuartel general de Monteverde, a negociar con él los términos del armisticio, lo que debió ocurrir entre los días 23 y 24 de julio de 1812, habiéndole enviado a Miranda, desde Maracay, el 25 de julio de 1812 una nota al Cuartel General de La Victoria en la cual le indicaba que en desempeño de la comisión que se le había confiado, había presentado "al Comandante General de las tropas españolas las proposiciones que creía más benéficas y aceptables," de manera que "después de largas conferencias convino en las que incluyo, con que he cumplido el encargo con la mayor honradez," concluyendo su misiva con la indicación de que:

> "En este estado de las cosas y atendiendo a todas las circunstancias, creo debo quedarme para asegurar mi tranquilidad." [562]

Es decir, el marqués de Casa León permaneció en Maracay, que estaba ocupada por los españoles, es decir, como lo observo el historiador Caracciolo Parra-Pérez "pasaba con armas y bagajes a

---

562 Véase el texto en José María Rojas [Marques de Rojas], *El General Miranda*, Librería de Garnier Hermanos, Paris, 1884, p. 150; y en Caracciolo Parra-Pérez, *Historia de la Primera República de Venezuela*, Academia Nacional de la Historia, Caracas 1959, Tomo II, p. 428.

Monteverde,"[563] y de allí pasaría sin más al servicio del "nuevo" gobierno de éste, traicionando a Miranda.

En efecto, el texto que envió Casa León a Miranda, como resultado de las conferencias que sostuvo con Monteverde, fechado en Maracay el 24 de julio, [564] materialmente era una declaración de Monteverde firmada por Casa León, en la cual comenzó por hacer referencia a que como Comandante General del Ejército de S. M. Católica, "en su final contestación" a las proposiciones que le habían hecho José Sata y Bussy, y Manuel Aldao, "comisionados por el Comandante General de las tropas caraqueñas Francisco de Miranda," había acreditado "sus sentimientos de humanidad accediendo a los medios conciliatorios para evitar la efusión de sangre y demás calamidades de la guerra," y había concedido "artículos razonables que incluyeron dichas proposiciones, principalmente el tercero que habla de la inmunidad y seguridad absoluta de personas y bienes que se hallan en el territorio no reconquistado."

Precisaba el documento, además, que "Monteverde había creído "que no se diese lugar a nuevas conferencias, ni se alterase el término de cuarenta y ocho horas que señaló para que se aprobase y ratificase el indicado convenio después que éste llegase al Cuartel General de La Victoria." Sin embargo, agregó que "por una prudente y equitativa consideración," había "tenido a bien admitir la nueva conferencia a que le ha promovido el nuevo comisionado Antonio de León, que le ha pasado nuevas proposiciones" pasando en consecuencia, "a contestar a ellas por última vez," en documento que como se indicó también estaba firmado por el marqués de Casa León, en la forma siguiente:

En cuanto a la primera propuesta de que "La inmunidad y seguridad absoluta de personas y bienes debe comprender todo el territorio de Venezuela, sin distinción de ocupado o no ocupado, como

---

563 Véase Caracciolo Parra-Pérez, *Historia de la Primera República de Venezuela*, Academia Nacional de la Historia, Caracas 1959, Tomo II, p. 428.

564 Véase en José de Austria, *Bosquejo de la Historia Militar de Venezuela*, *cit.,* pp. 155-156. Véase igualmente en Francisco de Miranda, *América Espera* [Ed. J.L. Salcedo Bastardo], *cit.*, pp. 465-466.

conforme a las reglas de la sana justicia y a la resolución de las Cortes de España, en su decreto de 15 de octubre de 1811, que ofrece para el caso de los términos de esta capitulación un olvido general de todo lo pasado," respondió "Negado."

A la segunda propuesta de "Que el papel moneda debe considerarse como una propiedad de los tenedores de él en el día, que son principalmente los comerciantes europeos, isleños, americanos y los propietarios, y quedaría la inmunidad de bienes infringida e ilusoria si no abrazase igualmente al papel moneda, cuya circulación bajo de otro signo parece necesaria e indispensable< la respuesta de Monteverde fue "Negada su circulación mientras el gobierno dispone lo que se deba hacer con él."

A la tercera propuesta de que "La inmunidad debe comprender a los desertores que han pasado al ejército de Caracas," la respuesta fue "Concedido."

A la cuarta propuesta de que "La clase honrada y útil de pardos y morenos libres, debe gozar de toda la protección de las leyes, sin nota de degradación y envilecimiento, quedando abolidas cualesquiera disposiciones contrarias en observancia de las justas y benéficas de las Cortes de España," la respuesta fue "Gozará de la inmunidad y seguridad concedida indistintamente en el tercer artículo de la respuesta anterior; tendrá su protección en las leyes, se les considerará conforme a las benéficas intenciones de las Cortes."

A la quinta propuesta de "Que se extienda el término para la ratificación de la capitulación por ocho días, después de recibidas en el Cuartel General de La Victoria las contestaciones de estos capítulos," la respuesta de Monteverde fue "Se concede únicamente el término de doce horas para la aprobación y ratificación de estos convenios, después que lleguen al Cuartel General de La Victoria."

A la sexta propuesta de "Que no servirá de obstáculo lo convenido en esta capitulación para que los habitantes de la Provincia de Venezuela disfruten de los reglamentos que se hallan establecidos y establezcan por las Cortes de España con respecto a la generalidad de las Américas," la respuesta de Monteverde fue "Concedido."

Este documento lo recibió Miranda el mismo día 25 de julio, y conforme al plazo perentorio establecido, considerando que se trataba de "las últimas y definitivas contestaciones del señor Comandante General de las tropas de la Regencia Española don Domingo de Monteverde a las nuevas proposiciones que se hicieron por mi parte y de cuya explanación fue encargado el comisionado Antonio Fernández de León," ese mismo día 25 de julio de 1812 desde La Victoria, expresó por escrito[565] que había "creído, consultando sólo el Poder Ejecutivo federal, por no haber tiempo para hacerlo con el pueblo de Caracas, que debía ratificarlas, atentas las presentes circunstancias;" procediendo a nombrar "para el arreglo y forma de la entrega de los diferentes puntos, y todo lo demás concerniente al cumplimiento y ejecución de lo estipulado, al sargento mayor de artillería, graduado de teniente coronel, José de Sata y Bussy, autorizándolo con todos los poderes necesarios al efecto, a fin de que termine esta negociación, a satisfacción de ambas partes, y para la perpetua felicidad y tranquilidad de los pueblos que tienen parte en esta estipulación."

De manera que concluida la Capitulación, bajo las condiciones impuestas por Monteverde, y conforme a la delegación que hizo Miranda al Secretario de Guerra de la Confederación Sata y Bussy, para establecer con Monteverde el modo y forma de verificarse y cumplirse el tratado "sobre la ocupación del territorio de la provincia de Caracas" por parte de Monteverde, y sobre "la seguridad de la tranquilidad y propiedad de sus habitantes," ambos firmaron el documento respectivo en la misma fecha 25 de julio de 1812, en el Cuartel General de las tropas españolas que ya estaba ubicado en San Mateo.[566]

Los artículos del documento de ejecución de la Capitulación, en los cuales se reconocía el exclusivo derecho de Monteverde para "la ocupación y posesión del territorio de la provincia de Caracas,"

---

565   Véase en Francisco de Miranda, *América Espera* [Ed. J.L. Salcedo Bastardo], *cit.*, pp. 466-467.
566   Véase en Francisco de Miranda, *América Espera* [Ed. J.L. Salcedo Bastardo], *cit.*, pp. 467-468.

básicamente se referían a la forma y al tiempo requerido para ello. Se dispuso la forma cómo a partir de ese mismo día 25 de julio, las tropas de Caracas existentes en La Victoria debían comenzar a salir y retirarse hacia Caracas; quedando sin embargo en La Victoria una división de hombres que debían entregar el armamento y efectos militares existente en esa ciudad.

Se previó que el día 26 de julio por la tarde, Monteverde entraría en la Victoria; indicándose que desde el día siguiente, es decir, desde el 27 de julio, el ejército de Monteverde podía pasar a Caracas, donde se debía producir el desarme de los ejércitos de la Confederación, y su licencia. A los oficiales, sin embargo, se les reconocía el derecho de permanecer con sus espadas, con las seguridades expresadas bajo "su palabra de honor." Desde Caracas, entonces se estipuló que Monteverde enviaría fuerzas para tomar posesión de los pueblos de la provincia de Caracas, y de las otras provincias de la confederación, en particular, Barcelona, Cumaná e isla de Margarita.

Se estipuló, además, que "con las mismas formalidades se entregará la plaza de la Guaira, así que la de Caracas esté pacíficamente poseída por las tropas de S.M.C." Se dispuso, además, que debía elaborarse un texto refundido de las varias proposiciones y contestaciones, lo que por la premura de los tiempos no pudo llegar a realizarse. El acta fue acta firmada en San Mateo por Monteverde y Sata, indicándose que se imprimirían suficientes ejemplares para su distribución al público. [567]

Sata y Bussy escribió a Miranda el día 25 de julio advirtiéndole sobre los términos de la Capitulación, y la necesidad de abreviar los términos de ocupación del territorio, "a fin de que el jefe Monteverde sea el que entre en Caracas y termine estos negocios, pues el capitán general Miyares, que está ya en Puerto Cabello, puede sernos perjudicial, y es conveniente evitar tener relaciones con él." Sin

---

567 Véase en José de Austria, *Bosquejo de la Historia Militar de Venezuela*, cit., pp. 156-157. Véase igualmente en Francisco de Miranda, *América Espera* [Ed. J.L. Salcedo Bastardo], cit., pp. 467-468.

duda, había sido convencido por Monteverde quien con ello usurpó los poderes del Capitán General, para incluir, sin el conocimiento de Miranda, una especie de "autorización" para que Monteverde fuera el único que ocupara la Provincia, excluyendo al Capitán General Miyares, lo que el historiador Ricardo Becerra consideró como "la letra inicial de una intriga" que "sin anuencia ni conocimiento de Miranda" fue convertida en "uno de los artículos de la capitulación firmada por Sata y Busy." [568] Miranda, en todo caso, el mismo día le insistió a Sata que exigiera a Monteverde ceñirse a lo acordado y evitar la precipitación en la ocupación de Caracas. [569]

Ese mismo día 26 de julio, en todo caso, Miranda pasó a Caracas, y Sata, lo hizo el 28 de julio, reclamando que el acuerdo no se hubiera publicado aun formalmente para que el pueblo quedase informado de su suerte política y de la plena y tranquila posesión de su tranquilidad y propiedades. El 27 de julio, el generalísimo informó al Ayuntamiento sobre la decisión tomada y la necesidad de cesar las hostilidades y aceptar la autoridad de Monteverde.

El 29 de julio a las cuatro de la tarde, la bandera de la independencia fue arriada en Caracas e izada, en su lugar, la de España de Fernando VII

Un aspecto importante sobre la Capitulación, la intriga mencionada de Monteverde y por tanto su violación por el mismo jefe español, fue explicado por el propio Miranda en el *Memorial* que envió al presidente de las Cortes el 30 de junio de 1813 desde la Prisión Puerto Rico,[570] denunciando el cambio subrepticio en el texto

---

568 Véase en Ricardo Becerra, *Vida de Francisco de Miranda, general de los Ejércitos de la primera república Francesa y generalísimo de los de Venezuela,* Biblioteca Ayacucho bajo la dirección de don Rufino Blanco-Fombona, Editorial América, Madrid, Tomo II, p 374. Véase igualmente la apreciación crítica de Pedro de Urquinaona y Pardo, al registrar que la cláusula se incorporó sin el conocimiento de Miranda, y solo para que Monteverde desplazara a Miyares como Capitán General. Véase en su *Relación documentada ...... cit.,* pp. 134-137.

569 *Idem,* p. 374.

570 Véase el texto en Francisco de Miranda, *América Espera* [Ed. J.L. Salcedo Bastardo], *cit.,* pp. 480-484.

de la misma, en cuanto a un artículo que le daba todo poder a Monteverde, que él no había aprobado. Dijo así Miranda en el *Memorial*:

> "A esto se agrega el que un solo artículo que se añadió a dicha capitulación, y no vino a mis manos por cierto amaño, sino pocos minutos antes de mi separación del mando, es subrepticio y no sancionado por mí; porque aunque es verdad que me lo remitió el comisionado nuestro como propuesto por el jefe español, no es cierto que yo lo autorizase para firmarlo, ni mucho menos de que yo lo ratificase en desdoro de otros jefes militares españoles que yo respeto, a quienes no tenía fundamento alguno para hacer esta injuria; y lo más singular del caso, es que sea el único artículo que el señor Monteverde cumpliese en su dicha capitulación, dando por nulos todos los demás que nos eran favorables, pues que por él se arrogaba un mando y autoridad que no le competían y que sancionando V.M. el todo de la capitulación, lo quedó igualmente este ilegítimo artículo, origen acaso de cuantos males han sobrevenido después, y de que no se me haya permitido hablar aún hasta el día.".

Ese artículo al cual se refería Miranda, sin duda era el primer artículo que aparecía en el texto, con el cual comenzaba la Capitulación, en el cual sorprendentemente se expresaba que:

> "Artículo primero. El comisionado del ejército de Caracas pone por condición de este pacto que la ejecución y cumplimiento de cuanto *se ha estipulado anteriormente, como la ocupación y posesión del territorio de la provincia de Caracas, debe pertenecer exclusivamente al señor D. Domingo de Monteverde*, con quien se ha iniciado este convenio, no accediendo los pueblos de Caracas a ninguna variación en esta parte."

Es decir, se trataba una cláusula que tal como estaba escrita, delegaba en Monteverde exclusivamente la ejecución y cumplimiento de las capitulaciones, lo que en definitiva era la negación de la existencia de pacto alguno; y por tanto nula en cualquier régimen legal. Eso había sido precisamente lo que había hecho Monteverde, con base en esa cláusula que Miranda por primera y única vez denunció por escrito, negando haberla aprobado y que la misma se incluyó subrepticiamente, "por cierto amaño," quizás por el último de los comisionados nombrados por Miranda para negociar con Monteverde, que fue el marqués de Casa León quien más pronto que tarde se había pasado a las filas de Monteverde.

Esa inclusión de una cláusula amañada, no sólo significó una violación de la Capitulación firmada con los emisarios de Miranda, sino que permitió a Monteverde dar un golpe de Estado en la Provincia, pues con base en ella, lo que se decía, en definitiva esa que el propio comisionado de Miranda, Coronel José de Zata y Bussy, era quien habría puesto como "condición" para la firma de la Capitulación, que su ejecución y la consiguiente ocupación del territorio de la provincia le "pertenecía" exclusivamente a Monteverde, excluyendo cualquier otra autoridad española. Con ello, Monteverde usurpó la propia autoridad del Capitán General de la Capitanía General de Venezuela, tal como incluso se lo comunicó al Ayuntamiento de Valencia desde San Mateo, el 27 de julio,[571] en comunicación en la cual expresó que conforme a la Capitulación firmada por Miranda, se había estableció la condición de que fuera él, Monteverde, "el que mande en las provincias de Venezuela que ha conquistado."; y ello incluso se lo repitió en esa misma fecha al propio Capitán General de la Capitanía General de Venezuela, Fernando Miyares, quien ya estaba en Puerto Cabello, indicándole en evidente insubordinación que en la Capitulación:

> "se ha incluido un artículo de que sea yo exclusivamente el que pase a ocupar dicho territorio, y a poner en cumplimiento todos los particulares bajo de que se ha pactados el presente convenio de pacificación."[572]

Con ello, sin duda, Monteverde usurpó las competencias y atribuciones que tenía el Capitán General, quien luego de la Capitulación era la más alta autoridad militar y civil en las provincias, quien sin embargo se limitó a contestarle a Monteverde el 29 de julio de 1812, preguntándole:

---

571 Véase en F. Blanco y R. Azpúrua, *Documentos para la Historia....* Tomo III, p 687; Pedro de Urquinaona y Pardo, *Relación documentada ..... cit,* p. 136-139.

572 *Idem.* Tomo III, p. 687.

"¿Bajo qué pretexto podrían pactarse para su cumplimiento y ejecución a una persona que no tiene autoridad conocida y que debe la que quiere arrogarse a un artículo de una capitulación, es decir, a una ley dictada por un enemigo del Estado?"[573]

Por tanto, ese artículo de la capitulación, no podía ser título alguno para que Monteverde asumiera el gobierno de las provincias de Venezuela, por lo que al hacerlo, desplazando de hecho al Gobernador Miyares, ejecutó un golpe de Estado.

Y por supuesto, menos soporte para tales acciones podía tener, cuando ni siquiera el texto de ese artículo había sido aprobado ni negociado por Miranda, quien no llegó a ver su texto sino posteriormente, cuando ya estaba de retirada en La Guaira.

En todo caso, y dejando aparte esta modificación unilateral de la Capitulación, de toda la negociación de la guerra, resultó evidente que de una propuesta inicial de armisticio que Miranda había planteado a Monteverde, todo había terminado en una capitulación. El armisticio resultaba de una negociación entre dos partes para poner fin a una guerra. La capitulación era la negociación que resultaba del triunfo en una guerra de una de las partes en conflicto.

En ese contexto, en todo caso, se trató de un Tratado de guerra, que para un hombre conocedor de la misma, era sagrado. En él se basaba Miranda para su reclamo a la Audiencia de Caracas, a las Cortes de España y al rey, pues a Monteverde, después de sus promesas iniciales, nada le interesó el tratado, ni el imperio de la Ley e implantó en la Provincia que se había rendido, la "ley de la conquista." El reclamo de Miranda, y el de tantos otros ante las autoridades españolas ni siquiera fueron oídos, de manera que el clamar por su libertad basado en el solemne tratado de guerra que había suscrito, de nada le pudo servir.

Pero Miranda no sólo recurrió al Tratado militar que había firmado para poner fin a la guerra para reclamar su libertad, sino que también repetidamente invocó a la Constitución de Cádiz de marzo

---

573 Véase en Pedro de Urquinaona y Pardo, *Relación documentada* ..... cit., p. 139-142

de 1812, sancionada solo cuatro meses antes de la firma del Tratado de Capitulación, y a cuya protección pensaba tenía, como persona nacida en América.

La "sabia y liberal" Constitución de Cádiz la invocó Miranda por primera vez en el *Memorial* que dirigió desde las Bóvedas del Castillo de Puerto Cabello a la Audiencia de Caracas, el 8 de marzo de 1813,[574] explicando que dicho Código constitucional, en el cual se habían situado tantas esperanzas, coetáneamente con los actos en los cuales "se juraba en los altares" que sería "de inviolable observancia," se lo violaba abiertamente al someterse a nuevas prisiones a las personas del mismo modo que ocurría con anterioridad. Por ello Miranda se preguntaba en el *Memorial* si esa "santa y augusta" Constitución no era más que "un lazo para enredar en él a la buena fe y a la lealtad."

A pesar de que en dicha Constitución, afirmaba Miranda, se había invitado con la paz a América, en Caracas se la trataba por bárbaros sin respetar "el derecho de gentes como una plaza tomada por asalto;" y sin reparar que la misma mandaba "a sepultar en un perpetuo olvido cuanto hubiese sucedido indebidamente en las provincias disidentes," y al contrario, decía Miranda, a los venezolanos "se los atropella, arresta y enjuicia aún por opiniones meramente políticas, por base de la nueva Constitución." En ella, agregaba, se incorpora a toda América "en la gran masa de la nación y se la declara igual en derechos," pero en cambio Venezuela "es declarada de hecho proscrita y condenada a una degradación civil y absoluta de estas inestimables prerrogativas." En la Constitución se "proscribe las cárceles insalubres y no ventiladas," pero honrados ciudadanos se ven sepultados en bóvedas y oscuras mazmorras."

Denunció, así Miranda la masiva infracción de la Constitución "publicada, jurada, circulada y mandada a observar" en las provincias, argumentando que la misma "por sí sola lo autorizaba a reclamar su inviolable cumplimiento," exigiendo "en la forma que mejor haya en derecho" la libertad de todos los detenidos injustamente, y

---

574 Véase el texto en Francisco de Miranda, *América Espera* [Ed. J.L. Salcedo Bastardo], *cit.*, pp. 474-480.

que "en lo sucesivo no puedan ser molestados, ni perturbados en el goce de los derechos que respectivamente les concede la Constitución."

Posteriormente, en el *Memorial* que dirigió al presidente de las Cortes de España desde la prisión de Puerto Rico, el día 30 de junio de 1813,[575] volvió Miranda a invocar la Constitución, la cual sin duda había estudiado. Argumentó, así, que la misma garantizaba derechos, en particular, el derecho "a libertad personal del ciudadano" y que si se había jurado en las provincias de Venezuela, no había razón para negar su aplicación a los pueblos de aquellas tierras. Denunció "la violación escandalosísima de la Constitución en Venezuela por casi todas las autoridades, desde el momento mismo en que se promulgó" por lo que valiéndose del derecho que le confería el artículo 373 de la misma, reclamaba su observancia, que "el mismo Soberano juró sobre todo respetar." Miranda, además, reclamó el hecho de que se lo hubiese enviado desde Puerto Cabello a Puerto Rico, invocando infracción del artículo 262 de la Constitución que garantizaba que las causas civiles y criminales debían fenecer en el territorio de la audiencia respectiva. Y si no tenía causa, entonces argumentó que no había razón para mantenerlo detenido. Sobre esto terminó expresándole a las Cortes que:

> "el ser deportado por la voluntad del señor Monteverde, y depositado en una cárcel pública, privado de comunicación, y en infracción de una capitulación formal, mandada observar puntual y literalmente por el Soberano, es un hecho que destruye no solamente toda idea de libertad personal, sino que hará creer a todo el mundo que la subordinación, y el respeto debido a las leyes constitucionales y a la soberanía, no existen en nuestros países."

Pero Miranda, en todo caso, ya no podía esperar juicio justo en Venezuela Así argumentó ante las Cortes que ya no era posible esperar que unos hombres que habían estado durante ocho meses atropellando, oprimiendo e injuriando a los Magistrados y personas distinguidas del país, y que consideraban que las capitulaciones no

---

575 Véase el texto en Francisco de Miranda, *América Espera* [Ed. J.L. Salcedo Bastardo], *cit.*, pp. 480-484.

debían cumplirse, pudieran "juzgar con imparcialidad" a su favor y en contra de sus opuestas e injustas resoluciones anteriores." Ello ni era natural ni podía esperarse, y – alegó –, sin eludir responsabilidad alguna que:

> "en prueba de ello, comienzan recientemente por expulsar del país, sin oírle, al principal y único representante del pueblo venezolano, que propuso, manejó y sancionó estas capitulaciones, a quien no se le ha oído aún por una sola vez, sobre el particular, habiendo dejado hablar, escribir, y publicar a su salvo por más de once meses, a nuestro oponente infractor, sin que sepamos siquiera lo que produce o dice contra nosotros, para justificarnos o defendernos. Estos procedimientos, me parece son más conformes con el Código Inquisitorial, justa y sabiamente proscrito por V.M., que con la nueva Constitución española y los derechos sagrados de una Nación libre."

Solicitó, así, Miranda, que se le oyera "en reclamación de nuestros derechos, honor y perjuicios; más, que esto sea entre hombres imparciales, y de ninguna manera nuestros infractores y opresores" lo que, argumentó, podía ser que fuera él personalmente a España, o a Venezuela ante los jueces que las Cortes nombrasen," planteando en todo caso, la necesidad que había de que las Cortes nombrasen en Venezuela autoridades de "distinta índole" a las que estaban actuando.

Con toda la argumentación antes comentada, basada en el texto de la Constitución de Cádiz, Miranda concluyó su *Memorial* suplicando que se nombrasen Jefes imparciales para asegurar el cumplimiento de las capitulaciones, y que no fueran de los mismos infractores, y que "se observe y ejecute la nueva Constitución española ya promulgada y jurada en toda Venezuela."

XI

MIRANDA, BOLÍVAR Y MONTEVERDE: LO QUE PRECEDIÓ LA CAÍDA DE LA PRIMERA REPÚBLICA 1812

Francisco de Miranda, Simón Bolívar y Domingo de Monteverde fueron sin duda, los tres más importantes personajes en torno a los cuales giró la caída de la República de Venezuela, cuyo origen remoto estuvo en la revolución ocurrida en Caracas el 19 de abril de 1810 en contra del gobierno colonial de las provincias que conformaban la Capitanía General de Venezuela;[576] y cuya configuración constitucional estuvo en manos de los diputados electos al Congreso General en siete de las nueve antiguas Provincias de la misma, el 5 de julio de 1811, entre quienes estaba Francisco de Miranda, y quienes posteriormente declararon la Independencia de España; y sancionaron la Constitución Federal de los Estados de Venezuela el 21 de diciembre de 1811.[577]

---

576 Véase Juan Garrido Rovira, *La Revolución de 1810*, Universidad Monteávila, Caracas 2009; Enrique Viloria V. y Allan R. Brewer-Carías, *La revolución de Caracas de 1810* (con prólogo de Guillermo Morón), Colección Salamanca, Historia, Educación y Geografía (Biblioteca Guillermo Morón) 44, Centro de Estudios Ibéricos y Americanos de Salamanca, Caracas 2011.

577 Véase el texto de la Constitución de 1811, en *La Constitución Federal de Venezuela de 1811 y Documentos afines* (Estudio Preliminar de C. Parra Pérez), Caracas, 1959, pp. 151 y ss., y en Allan R. Brewer-Carías, *Las Constituciones de Venezuela, cit.*, pp. 179 ss.

La nueva República independiente, la primera en América Hispana, lo prometía todo; sin embargo, no pasaron dos meses para que toda la estructura institucional del nuevo Estado independiente que tanto había costado establecer,[578] comenzara a resquebrajarse, a causa de varios factores que trastocaron la situación política, social, militar y económica de la República, tornándola en absolutamente precaria.

El primero de esos factores fue la respuesta dada por el Consejo de Regencia desde Cádiz contra las provincias declaradas independientes, consistente en el bloqueo permanente de sus puertos de la Provincia de Caracas desde 1810, por haber sus habitantes "cometido el desacato de declararse *independientes* de la metrópoli, y luego en la creación de una junta de gobierno para ejercer la pretendida *autoridad independiente;* "[579] y además, en el establecimiento de un ejército de invasión en Puerto Rico, a cargo del Comisionado real Antonio Ignacio de Cortabarría para "pacificar" a los venezolanos,[580] que llegó a las costas de Coro a comienzos de marzo de 1812, precisamente a una de las Provincias que no se habían sumado al movimiento independentista, ni a la formación de la nueva República, y que permanecieron fieles a la Monarquía.

---

[578] Véase sobre el proceso constituyente en Juan Garrido Rovira, *El Congreso Constituyente de Venezuela*, Bicentenario del 5 de julio de 1811, Universidad Monteávila, Caracas 2010; Juan Garrido Rovira, "La legitimación de Venezuela (El Congreso Constituyente de 1811)", en Elena Plaza y Ricardo Combellas (Coordinadores), *Procesos Constituyentes y Reformas Constitucionales en la Historia de Venezuela: 1811–1999*, Universidad Central de Venezuela, Caracas 2005, tomo I, pp. 13–74

[579] Véase en J. F. Blanco y R. Azpúrua, *Documentos para la historia de la vida pública del Libertador,* Ediciones de la Presidencia de la República, Caracas 1978. Tomo II, p. 571.

[580] El bloqueo lo ejecutó el Comisionado Regio Cortabarria desde Puerto Rico, a partir del 21 de enero de 1811. Véase en J. F. Blanco y R. Azpúrua, *Documentos para la Historia de la Vida Pública del Libertador..., op. cit.,* Tomo III, p. 8; C. Parra Pérez, *Historia de la Primera República de Venezuela,* Biblioteca de la Academia Nacional de la Historia, Caracas 1959, Tomo I, p. 484.

El 12 de febrero de 1812, al mando de esa fuerza de invasión llegó a la provincia de Coro el Capitán de fragata Domingo de Monteverde, quien al mes siguiente, el 10 de marzo salió con un ejército desde Coro,[581] iniciando así la invasión progresiva de los territorios de la República. Tenía por misión realizar una campaña de guerra para apoyar los movimientos insurreccionales contra las autoridades de la misma, pero desconociendo las órdenes que tenía del Gobernador de la provincia José Ceballos, decidió penetrar en conquista el territorio de la República. Siete días después, el 17 de marzo de 1812, ya había llegado a Siquisique, desde donde salió hacia Carora, población que tomó sin dificultad alguna el 23 de marzo. De allí siguió hacia la ciudad de Barquisimeto donde llegó el 2 de abril. El día 7e del mismo mes tomó Cabudare y el día 18 tomó Araure, tomando San Carlos el día 25 de abril. Finalmente entró en Valencia, que era la capital de la República el 2 de mayo de 1812, y a Caracas el día 30 de julio de 1812, luego de suscribir las Capitulaciones para poner fin a la guerra con los Comisionados de Francisco de Miranda, cinco días antes, el 25 de julio de 1812.

La salida de Monteverde de Coro, había ocurrido solo cuatro días después de que en el Congreso de la Confederación de Venezuela había comenzado sus sesiones ordinarias en la ciudad de Valencia, el 6 de marzo de 1812, tal como lo había resuelto el Congreso, conforme al texto de la Constitución del 21 de diciembre de 1811, al declarar dicha ciudad como la nueva Capital federal de la República,[582] desplazando a Caracas. Durante los días de febrero y marzo, por tanto, los funcionarios y diputados integrantes de los

---

581 Véase la relación de la campaña en Pedro De Urquinaona y Pardo, *Relación documentada del origen y progresos del trastorno de las provincias de Venezuela hasta la exoneración del capitán General Domingo Monteverde hecha en el mes de Diciembre de 1813 por la guarnición de la plaza de Puerto Cabello*, Madrid 1820, pp. 59 ss.

582 La Ley respectiva fijando la Ciudad Federal en Valencia fue sancionada en sesión del día 9 de enero de 1812, y en la sesión del día 20 de enero el Congreso se acordó que el 15 de febrero se suspenderían sus sesiones acordando reiniciarlas en Valencia el 1 de marzo de 1812. Véase en *Libro de Actas del Supremo Congreso de Venezuela 1811-1812*, Biblioteca de la Academia de la Historia, Caracas 1959, Tomo II, pp. 257 y 300.

poderes públicos junto con los archivos de la República, comenzaron su traslado a la nueva capital.

Las primeras sesiones del Congreso se realizaron durante la tercera semana de marzo, específicamente celebradas los días 16, 17, 18, 19 y 20 de marzo,[583] habiendo sido dedicadas al importante tema de la elección de los miembros del Poder Ejecutivo plural que se había regulado en la Constitución, y que había quedado pendiente. Para ello el Congreso debía realizar el escrutinio de las votaciones en cada provincia, lo que solo se hizo el día 21 de marzo, resultando finalmente electos los nuevos miembros del Poder Ejecutivo, que era plural (tres miembros), quienes sin embargo solo comenzaron a acudir a Valencia a partir del 3 de abril de 1812.

Durante esas semanas de marzo, sin embargo, no todos los diputados se trasladaron a Valencia. Fue el caso, por ejemplo, de Francisco de Miranda, diputado por El Pao, quien había permanecido en Caracas excusándose de asistir a las sesiones en Valencia por enfermedad, sobre lo cual, como se indicó en el Acta de la sesión del Congreso en Valencia del día 6 de marzo, el Congreso, "resolvió no admitirle la excusa, sino prevenirle que inmediatamente se traslade a esta ciudad."[584] Es muy probablemente, sin embargo que la ausencia estuviese motivada por el hecho de no querer estar presente durante el proceso de elección del Poder Ejecutivo.[585] Miranda, en todo caso, solo llegó a Valencia el 10 de abril, es decir, casi dos meses después de la instalación del Congreso.

Miranda, por tanto, estaba en Caracas cuando el Jueves Santo 26 de marzo de 1812, se produjo en todo el territorio de las provincias confederadas un terrible terremoto que afectó materialmente el territorio de todas las Provincias de la República, con efectos devas-

---

583   *Idem*, Tomo II, pp. 352 ss.

584   *Idem,* Tomo II, p. 350.

585   Caracciolo Parra León se refiere a cómo el descontento de Miranda se acentuó "viendo que su nombre apenas se mencionaba entre muchos otros en la lista de candidatos para el Ejecutivo." Véase Caracciolo Parra Pérez, *Historia de la Primera República de Venezuela*, Academia Nacional de la Historia, Caracas 1959, Tomo II, p. 242.

tadores y destructivos que dejaron en ruinas materialmente a todas las ciudades del centro occidente del país, entre ellas, Caracas, Valencia y La Guaira. El terremoto produjo una situación de extrema consternación y de trauma generalizado, con todo tipo de secuelas materiales y desmoralizadoras, provocando destrucción, muerte, penuria y escases en todas las provincias, afectando a toda la población, y por supuesto también a los componentes de las brigadas militares del escaso y precario Ejército republicano. [586] El suceso incluso fue atribuido por parte del clero a un castigo de Dios por haber el país seguido la causa de la independencia, la cual, coincidentemente había comenzado precisamente otro Jueves Santo, dos años antes, el 19 de abril de 1810.

También Simón Bolívar estaba en Caracas cuando ocurrió el terremoto, aun cuando a diferencia de Miranda, no tenía ninguna obligación de trasladarse a la capital Valencia pues no tenía función alguna en los órganos de los poderes públicos de la República. En esas semanas, por ello, debió haber estado dedicado a sus actividades privadas entre Caracas y San Mateo.

En cuanto a Domingo Monteverde, cuando ocurrió el terremoto en su avanzada militar desde Coro, sin haber encontrado mayor resistencia ya se encontraba en la ciudad de Carora, que había tomado militarmente.

Las graves y catastróficas consecuencias del terremoto fueron tratadas de inmediato en el Congreso, en Valencia, en la sesión del 30 de marzo, el cual emitió una declaración como de último aliento, en la cual decía: "La Patria existe: la Independencia es el aliento que la vivifica: la representación y el Gobierno Nacional han sido íntegramente preservados," sin dejar de referirse a lo que efectivamente estaba ocurriendo y era que "la superstición, el fanatismo o la ignorancia" atribuyeran por boca de clérigos, "los efectos naturales

---

586 Véase sobre los terremotos del 26 de marzo de 1812: Rogelio Altez, *El desastre de 1812 en Venezuela: sismos, vulnerabilidad y una patria no tan boba*, Universidad Católica Andrés Bello, Caracas 2000, pp. 267 ss.

de la creación a las opiniones políticas, que no atacan la integridad de la fe, ni la pureza del dogma."[587]

En todo caso, la consecuencia política inmediata de los dos ambos acontecimientos que afectaron la República en esos primeros meses de 1812, primero, el avance de las tropas de invasión comandadas por Monteverde en el territorio de la República, y segundo, el terremoto, fue la declaración general del país en estado de emergencia, lo que hizo el Congreso en Valencia en su sesiones del 4 y 6 de abril de 1812,[588] que fueron las últimas; declaración que se produjo luego de la elección y proclamación de los miembros del Poder Ejecutivo.[589]

La emergencia condujo políticamente a que el Congreso, considerándose sin duda impotente para atenderla, decidió conferirle facultades extraordinarias al Poder Ejecutivo de la Confederación, específicamente transfiriéndole "la plenitud de las facultades de que el Congreso se halla para gobernar la nación en las actuales circunstancias,"[590] con la precisión, primero, que "la medida y regla de las facultades concedidas al Poder Ejecutivo sea la salud de la patria;" y segundo "que siendo ésta la suprema ley debe hacer callar las demás." La consecuencia de esta extraordinaria medida fue la resolución del Congreso de que no debía "permanecer" en sesiones "para vigilar la conducta del Poder Ejecutivo" imponiéndose en cambio al "Poder Ejecutivo responsabilidad en el ejercicio de dichas facultades."[591]

Al decidir lo anterior, el Congreso, a la vez, clausuró sus sesiones, convocando la siguiente para celebrarse en Valencia, el día 5 de julio, primer aniversario de la Independencia, en la cual se debía "deliberar si se suspenden las facultades concedidas al Poder Ejecutivo." Dicha sesión nunca se realizó, ni hubo ninguna otra sesión del

---

587 Véase en *Libro de Actas del Supremo Congreso de Venezuela 1811-1812, cit.,* Tomo II, 224-225.
588 *Idem*, Tomo II, pp. 397-402.
589 Sesión del 21 de marzo de 1812, en *Idem*, Tomo II, p. 369.
590 *Idem*, Tomo II, p. 397.
591 *Idem*, Tomo II, p. 398.

Congreso, pues ese ya la capital Valencia había sido tomada por Monteverde y el Ejército republicano y los comisionados de los poderes públicos estaban en retirada con Cuartel General establecido en La Victoria. Fue precisamente ese mismo día, el 5 de julio cuando Miranda recibió una nota de Simón Bolívar del 1 de julio, informando sobre la caída del Castillo de Puerto Cabello.[592]

Como consecuencia de todo lo anterior, desde el punto de vista institucional en relación con el funcionamiento de la República, desde comienzos de abril de 1812 puede decirse que la vigencia de la Constitución federal de diciembre de 1812 quedó materialmente suspendido por el propio Congreso, al delegar en el Poder Ejecutivo todas sus facultades; todo ello, con el objeto de facilitar la conjuración de la crisis de todo orden que la afectaba, sin los controles y balances entre poderes que la Constitución de 1811 había previsto tan cuidadosamente, pero que sólo podían funcionar en situaciones ordinarias de normalidad.

Tres días después de declarada de la emergencia institucional, el 7 de abril de 1812, en medio de la crisis generalizada, Monteverde ya había tomado Barquisimeto, igualmente sin esfuerzo alguno.[593] Tres días después, el 10 de abril, el Poder Ejecutivo de la Provincia de Caracas conminó definitivamente al general Miranda para que se trasladase a Valencia, donde llegó días después, habiendo sido nombrado por el Poder Ejecutivo, el 23 de abril, como General en Jefe de las Fuerzas de Tierra y Mar de la Confederación de Venezuela, delegándole todas las facultades que el Congreso a su vez le había delegado al Ejecutivo el 4 de abril.[594] Ello sucedió,

---

592 Véase el texto en el "Testimonio y Declaración de Pedro Gual de 1843," en J.L Salcedo Bastardo (Compilador), *Francisco de Miranda, América Espera*, Biblioteca Ayacucho, Caracas 1982, p. 471; y en *Documentos Históricos sobre la vida del generalísimo Miranda iniciador de la Independencia Sur-American*a, Ofrenda del Gobierno del Estado Zulia, 4 de julio de 1896, Maracaibo, 1896, pp. 105-112.

593 Véase Pedro De Urquinaona y Pardo, *Relación documentada del origen y progresos del trastorno de las provincias de Venezuela..., cit.,* pp. 85 ss.

594 El nombramiento fue "con absolutas facultades para tomar cuantas providencias juzguéis necesarias para salvar nuestro territorio invadido por los enemigos de la libertad colombiana." Véase el texto de la comunicación

coincidentemente, al día siguiente de haber llegado Monteverde a San Carlos, población que igualmente tomó militarmente sin mayor esfuerzo, el 25 de abril de 1812.[595]

Apenas nombrado General en Jefe, y luego de decretar la ley marcial, el 27 de abril Miranda salió desde Valencia hacia Caracas a organizar el Ejército, teniendo en mente nombrar a Simón Bolívar como Comandante Militar del Castillo de Puerto Cabello, que era la principal plaza militar de la República, donde estaba el arsenal del Ejército republicano. Bolívar en ese momento estaba de descanso en la casa de campo de su familia en la Estancia de San Mateo. Como en la ruta hacia Caracas, después de pasar por Los Guayos, por el paso de La Cabrera al norte del Lago de Valencia y por Maracay, tenía que pasar por San Mateo, para luego seguir hacia La Victoria y luego de pasar por Los Teques poder llegar a Caracas, al día siguiente 28 de abril, para entrevistarse con Bolívar, Miranda envió al coronel José de Austria para que se adelantase y así prevenir a Bolívar de la visita de su superior y de la designación.[596] Así el nombramiento se lo comunicó personalmente Miranda a Bolívar. Luego de ese encuentro en San Mateo, Bolívar acompañó a Miranda hasta Caracas, donde llegaron el 29 de abril. Bolívar siguió luego hacia Puerto Cabello, por mar, desde La Guaira, habiendo tomado posesión del Fuerte el 3 de mayo de 1812.

Solo dos meses estuvo Bolívar comandando el Fuerte de Puerto Cabello, hasta el 30 de junio de 1812, cuando tanto Bolívar como la República perdieron el Castillo y la plaza, esfumándose toda posibilidad de enfrentar una guerra contra el ejército invasor, al pasar los realistas a controlar el Fuerte y la ciudad de Puerto Cabello. Todo

---

en Secretario de Guerra José de Sata y Bussy a Miranda en *Archivo del General Miranda,* Tomo XXIX, La Habana, 1950, pp. 396 y 397. Véase el texto en Allan R. Brewer-Carías, *Las Constituciones de Venezuela, Academia de Ciencias Políticas y Sociales,* Caracas 2008, Tomo I, p. 581.

595 Véase Pedro De Urquinaona y Pardo, *Relación documentada del origen y progresos del trastorno de las provincias de Venezuela...,* cit., pp. 91 ss.

596 Véase José de Austria, *Bosquejo de la Historia militar de Venezuela en la Guerra de su Independencia (Año 1810-1815),* Imprenta y Librería de Carreño Hermanos, Caracas 1855, p. 128.

fue motivado por causa de una traición interna en el mismo Fuerte, que ocurrió al mediodía de ese mismo día 30 de junio de 1812, mientras Bolívar estaba en su pensión en la ciudad, a consecuencia de la cual el control del Castillo pasó a manos de los oficiales españoles que en el mismo se encontraban detenidos.[597] Ello precipitó en forma desastrosa la caída de la República pasando el territorio de la misma, un mes después, a estar bajo el poder de los españoles, a partir del 31 de julio de 1816.

Un mes antes, en todo caso, después de tratar infructuosamente de reasumir el control del Castrillo, Bolívar pudo salir de Puerto Cabello por mar, hacia La Guaira, el 6 de julio de 1812, con algunos oficiales; y aun cuando le explicó mediante cartas y partes de guerra todos los pormenores del suceso al General Miranda, las cuales escribió entre el 1 hasta el 14 de julio, Bolívar nunca se presentó ante él, ni lo vio personalmente, a pesar de que en más de una ocasión ambos coincidieron en Caracas y quizás estuvieron muy cerca en los aledaños de La Victoria.

En efecto, después del día de su nombramiento el 29 de abril de 1812, Bolívar solo volvió a ver a Miranda el día 30 de julio de 1812 en la noche, cuando ambos se encontraron en la casa del Gobernador militar del Puerto de La Guaira, Coronel Manuel María de las Casas, donde ambos habían llegado luego de que fue firmada la Capitulación con Domingo Monteverde el 25 de julio en San Mateo, con el propósito de embarcarse para evacuar el país, aun cuando con motivaciones diferentes. Ambos, Bolívar y Miranda ya habían hecho embarcar en la fragata HRM el *Sapphire*, sus baúles y equipajes, apenas había fondeado en la rada del puerto, al mando del capitán Henry Haynes, el día anterior, el 29 de julio.[598] Para el

---

597 Véase el texto del parte militar de Bolívar a Miranda de 14 de julio de 1812, en Véase en "Documento 97. El Libertador Simón Bolívar dirige desde Caracas, el 14 de julio de 1812, al General Miranda el parte oficial de la pérdida de Puerto Cabello," en http://www.archivodellibertador.gob.ve/escritos/buscador/spip.php?article1322.

598 Véase el informe del capitán Henry Haynes al Vice-Almirante Charles Stirling de 4 de agosto de 1812, en Giovanni Meza Dorta, *Miranda y Bolí-*

30 de julio además, ya también se habían embarcado en la fragata tanto los colaboradores inmediatos de Miranda, que habían llegado dos años antes a La Guaria junto con él, como una persona al servicio de Bolívar.

Miranda, Bolívar y varios otros oficiales del Ejército republicano que habían llegado al Puerto para la evacuación, cenaron juntos esa noche en la casa del Comandante Militar del mismo, y luego de que los comensales se retiraran para descansar, habiendo previamente convencido a Miranda, a pesar de los requerimientos del capitán Haynes, de que no durmiera a bordo del *Sapphire* sino en la casa del Gobernador, Bolívar volvió a ver a Miranda en horas de la madrugada, pero para junto con otros oficiales, despertarlo, apresarlo y entregarlo a las autoridades españolas de invasión.

En todo caso, en la vida de la República naciente, en seis meses, es decir, de febrero a julio de 1812, puede decirse que todo había cambiado no sólo para la República y para la vida sus habitantes, sino particularmente para tres de los protagonistas de los hechos que ocurrieron durante esos tiempos en Venezuela: Francisco de Miranda, Simón Bolívar y Domingo Monteverde, quienes fueron protagonistas y testigos de los acontecimientos que produjeron el desmoronamiento de la República. Estos fueron, además de los dos antes mencionados, la invasión de Monteverde y el terremoto, otro de orden militar, y que fue la pérdida del Castillo de San Felipe y la plaza de Puerto Cabello, el 30 de junio de 1812, luego de dos meses de estar bajo el comando del Coronel Simón Bolívar, hecho con el cual la República como lo observó Miranda al recibir la noticia, quedó herida en el corazón,[599] es decir, quedó herida de muerte.

---

var, dos visiones, Editorial Jurídica Venezolana, Caracas 2015, Apéndice 11, pp. 235-239.

599   Véase el texto en el "Testimonio y Declaración de Pedro Gual de 1843," en J.L Salcedo Bastardo (Compilador), *Francisco de Miranda, América Espera*, Biblioteca Ayacucho, Caracas 1982, p. 471; y en *Documentos Históricos sobre la vida del generalísimo Miranda iniciador de la Independencia Sur-American*a, Ofrenda del Gobierno del Estado Zulia, 4 de julio de 1896, Maracaibo, 1896, pp. 105-112.

En efecto, al llegar Miranda a Caracas el 29 de abril, después de nombrar a Bolívar para comandar dicho Castillo, en medio de las dificultades que habían resultado de la devastación del terremoto, comenzó la organización del Ejército formulando una proclama el 30 de abril dirigida a los Soldados del Ejército, explicando la razón de la organización de las diversas Brigadas para la defensa de la República.[600]

Dos días después, el 1 de mayo de 1812 Miranda salió de Caracas de regreso hacia Valencia, despachando al coronel Manuel María de las Casas para adelantarse y dirigirse hacia Valencia, cuya defensa y conservación se consideraba esencial, autorizándolo para asumir el mando de la ciudad.

Sin embargo, al mismo momento en el cual, a la salida de Caracas en el camino hacia los valles de Aragua, Miranda estaba dando y escribiendo dicha orden, ese mismo día, las fuerzas republicanas estaban evacuando la ciudad de Valencia dada la proximidad de las fuerzas de Monteverde, quien estando ya en San Carlos, efectivamente tomó Valencia entre el 2 y 3 de mayo,[601] el mismo día en que por el mar, Bolívar llegaba a Puerto cabello a tomar posesión de su cargo. El coronel las Casas encontró las fuerzas republicanas el día 4 de mayo en el sitio del paso de La Cabrera al norte del Lago de Valencia, entre Valencia y Maracay, desde donde después de algunos intentos de retomar Valencia, se retiró con las tropas hacia Guacara población situada entre el paso de La Cabrera y Maracay. Allí, el 5 de mayo se les unió Miranda, y posteriormente bajo su mando las tropas se retiraron el 12 de mayo hacia Maracay, estableciéndose allí, en definitiva, el 14 de mayo, el Cuartel General de las fuerzas republicanas.

El 18 de mayo se efectuó una reunión de los Comisionados de los poderes públicos, en la casa de campo del Marqués de Casa León, en la finca de La Trinidad de Tapatapa, cerca de Maracay, ampliándose aún más las facultades de Miranda como generalísimo,

---

600   Véase la proclama a los soldados en *Idem*, p. 455.
601   *Idem*, p. 131.

con todos los poderes del Estado.[602] En esa reunión, además se acordó publicar la ley marcial y encomendar a Antonio Fernández de León, el Marqués de Casa león de arreglar el sistema de rentas de la Confederación.[603] Las fuerzas republicanas permanecieron en Maracay durante un mes, enfrentando ataques de las tropas de Monteverde el 19 y el 26 de mayo, [604] teniendo sin embargo puntos de defensa en el sitio de La Cabrera al norte del Lago de Valencia, y en el portachuelo de Guaica, al sur del Lago, donde también se desarrollaron sucesivas confrontaciones militares entre las fuerzas realistas y las republicanas, con avanzadas por parte de las primeras, al mando de Eusebio Antoñanzas además, desde los Llanos, por Villa de Cura. [605]

La situación de avanzada de las tropas españolas llevó a Miranda, el 17 de junio de 1812, a retirar una vez más las fuerzas republicanas, esta vez hacia La Victoria, donde se estableció el Cuartel General de Miranda y del Ejército de la República. Al día siguiente, 18 de junio se realizó una conferencia los Comisionados de todos los poderes públicos, habiendo éstos, considerado que "la salud del pueblo es la Suprema Ley y deben callar todas las demás que no sean necesarias para salvar la patria del peligro en que se halla," aprobado la Ley Marcial; mediante Acuerdo del 19 de junio, con lo cual se ampliaron además los poderes extraordinarios que se habían dado a Miranda.[606]

---

602   Véase el texto del acta de la conferencia de Miranda con Juan Germán Roscio, F. Talavera, J. Vicente Mercader, J. Zata y Bussy y Francisco Esteban Ríos, en *Documentos Históricos sobre la vida del generalísimo Miranda iniciador de la Independencia Sur-American*a, Ofrenda del Gobierno del Estado Zulia, 4 de julio de 1896, Maracaibo, 1896, pp. 38-39.

603   *Idem*, p. 39.

604   Véase el texto en J.L Salcedo Bastardo (Compilador), *Francisco de Miranda, América Espera, cit.,* p. 133.

605   *Idem*, p. 136.

606   Véase en *Textos Oficiales de la Primera República*, Biblioteca de la Academia de Ciencias Políticas y Sociales, Caracas, 1982, Tomo 2, pp. 229-235.

Ese mismo día se produjo el retiro de los puntos fortificados en los sitios aledaños del Lago de Valencia, y se concentraron los puntos de defensa en La Victoria; lo que permitió a Monteverde y a Antoñanzas el mismo día 19 de junio tomar la ciudad de Maracay, e incluso adelantar y situar su Cuartel General el San Mateo, población distante a solo 13 km de La Victoria, la cual ocupó desde ese mismo día.[607]

Con el cuartel de tropas en San Mateo, desde allí, en tres ocasiones, el 20 de junio, el 26 de junio y el 29 de junio, las tropas de Monteverde atacaron repetidamente a La Victoria, siendo derrotado en su intento por las fuerzas republicanas en las tres oportunidades, lo que lo obligó a retirarse a su Cuartel General de San Mateo, donde ya al final estaba en situación muy precaria, y sin esperanza alguna de recibir refuerzos desde Coro.

Sin embargo, igual de precaria era también la situación de las fuerzas republicanas y de la República, para ese momento seriamente afectada por los dos primeros acontecimientos antes mencionados, sobre los cuales, Miranda, quién tenía sobre sí toda la responsabilidad de defenderla, un año después, desde las bóvedas del propio Castillo de Puerto Cabello donde iría a parar, escribió:

"Acababan la capital de Caracas y algunas ciudades y pueblos del interior de experimentar la terrible catástrofe del terremoto del 26 de marzo del año próximo pasado, que sepultó entre ruinas y escombros más de diez mil habitantes, cuando, agitada la provincia y aterrados sus vecinos de un temor pánico con las frecuentes convulsiones de la naturaleza, buscaban en los montes y los campos un asilo que, aunque les preservaba la existencia de igual ruina, la exponía a los ardientes calores del sol, a la intemperie y a todos los desastres que son consecuentes, presentando a la humanidad el cuadro más lúgubre y sensible, de que no hay memoria en los fastos del continente colombiano. En estos mismos críticos momentos se internó en el país la expedi-

---

607 Véase Pedro De Urquinaona y Pardo, *Relación documentada del origen y progresos del trastorno de las provincias de Venezuela...*, cit., pp. 114 ss.

ción procedente de Coro, y aprovechándose de imprevistas circunstancias logró penetrar hasta esa ciudad de Valencia."[608]

En medio de ese cuadro, lamentablemente, la situación de la República no mejoró, sino que más bien empeoró, no sólo al producirse una rebelión general de esclavos en Barlovento,[609] lo que ponía en riesgo el orden y autoridad en la provincia, sino precisamente al ocurrir el tercero de los acontecimientos señalados, que se produjo al día siguiente de la llamada batalla de La Victoria, el 30 de junio, sin esfuerzo militar alguno de parte de los realistas, y que fue pérdida del Castillo de Puerto Cabello que estaba bajo el comando de Simón Bolívar, y con ello, la pérdida del arsenal mismo de la República que pasó a manos de los españoles.

Con ello, en la misma forma súbita, sorpresiva y radical como fue el terremoto, la suerte la República cambió, como también en igual forma cambió la suerte tanto de Miranda, de Bolívar y de Monteverde. Éste último se enteró del suceso en San Mateo el 2 de julio de 1812,[610] antes incluso que Miranda, quien solo supo de lo ocurrido el día 5 de julio de 1812, en La Victoria, luego de las celebraciones del primer aniversario de la independencia, al recibir la nota de Bolívar de 1 de julio. Por ello, sobre la marcha Monteverde salió desde San Mateo hacia la Victoria y luego hacia Puerto Cabello, donde llegó hacia el 6 de julio cuando Bolívar estaba evacuando el sitio en el bergantín *Zeloso* desde el puerto de Borburata.

---

608   Véase en J.L Salcedo Bastardo (Compilador), *Francisco de Miranda, América Espera, cit.,* p. 475.

609   Así lo expresó el mismo Miranda: persuadido como estaba "del calamitoso estado en que se hallaban reducidas la capital y el puerto de La Guaira por la falta de víveres y por la incursión que rápidamente y al mismo tiempo hacían los esclavos de los valles y costas de barlovento, estimulados con la oferta de su libertad que hicieron nuestros enemigos, habiendo ya comenzado a acometer en Guatire y otros parajes los más horrendos asesinatos." *Idem,* p. 475. Véase igualmente: Véase Pedro De Urquinaona y Pardo, *Relación documentada del origen y progresos del trastorno de las provincias de Venezuela..., cit.,* p. 117.

610   Véase Pedro De Urquinaona y Pardo, *Relación documentada del origen y progresos del trastorno de las provincias de Venezuela..., cit.,* pp. 117 ss.

En la nota que le envió Bolívar a Miranda ante la pérdida del Castillo, fechada el 1 de julio de 1812, le resumió brevemente lo ocurrido, indicándoles que "un Oficial indigno del nombre venezolano se ha apoderado, con los prisioneros, del Castillo de San Felipe, y está haciendo actualmente un fuego terrible sobre la ciudad," exigiéndole Miranda que si "no ataca inmediatamente al enemigo por la retaguardia, esta plaza es perdida. Yo la mantendré entretanto todo lo posible."[611] En una nota del día anterior 30 de junio, Bolívar incluso le escribió a Miranda indicándole que "Espero que a la mayor brevedad me enviéis cuantos recursos estén a vuestro alcance, y que me socorran antes que sea destruido."[612] Y en otra nota de la misma fecha, escrita ya de madrugada le dijo: "Debo ser atacado por Monteverde, que ha oído ya los cañonazos; si vos no le atacáis inmediatamente, y lo derrotáis, no sé cómo pueda salvarse esta plaza, pues cuando llegue este parte debe él estar atacándome, y así fue como ocurrió exactamente.[613]

Sobre esta noticia, Miranda le expresó a sus oficiales el 5 de julio, cuando la recibió:

"lo que son las cosas de este mundo. Hace poco lo teníamos todo seguro; ahora todo es incierto y azaroso. Ayer no tenía Monteverde ni pólvora, ni plomo, ni fusiles; hoy puede contar con 400 quintales de pólvora, plomo en abundancia, y tres mil fusiles. Se me dice que ataque al enemigo; pero este debe estar ya poseído de todo. El oficio es

---

611 Véase el texto en el "Testimonio y Declaración de Pedro Gual de 1843," en J.L Salcedo Bastardo (Compilador), *Francisco de Miranda, América Espera, cit.* p. 471; y en *Documentos Históricos sobre la vida del generalísimo Miranda iniciador de la Independencia Sur-American*a, Ofrenda del Gobierno del Estado Zulia, 4 de julio de 1896, Maracaibo, 1896, pp. 105-112.

612 Véase en "Documento 97. El Libertador Simón Bolívar dirige desde Caracas, el 14 de julio de 1812, al General Miranda el parte oficial de la pérdida de Puerto Cabello," en http://www.archivodellibertador.gob.ve/escritos/buscador/spip.php?article1322.

613 *Idem.*

de 1° del corriente, y hoy somos 5, ya puesto el sol. Veremos lo que se hace mañana."[614]

Sobre lo que sucedió en Puerto Cabello entre el 30 de junio y el 6 de julio, el propio Bolívar le envió al General Miranda desde Caracas, un "parte" de guerra fechado el 14 de julio de 1812,[615] en el cual le dio una "relación circunstanciada" de los "sucesos desgraciados" que habían "obligado a la plaza de Puerto Cabello á sucumbir." En dicho informe con los pormenores de la pérdida del Castillo el día 30 de junio, Bolívar le precisó a Miranda que a las doce y media de la tarde de ese día, cuando estaba en su posada en la ciudad, recibió "la noticia de que en el Castillo de San Felipe, se oía un ruido extraordinario, y se había levado el puente," y que luego de que un oficial llegó al Castillo, se le había informado:

> "desde lo alto de la fortaleza que se rindiese, o se le haría fuego: a lo cual respondió con la negativa, y revolviéndose hacia el bote que le había conducido allí, se reembarcó y volvió a la plaza. Inmediatamente después de este acontecimiento empezó el fuego del castillo sobre la ciudad, enarbolando una bandera encarnada, y vitoreando a Fernando VII."

Conforme al parte de guerra que recibió, supo entonces Bolívar que el oficial destacado en el Castillo, el subteniente del batallón de milicias de Aragua, Francisco Fernández Vinoni, "de acuerdo ó seducido por los presidiarios y reos de Estado que estaban en aquella fortaleza, se habría sublevado para cooperar con las fuerzas del enemigo." En consecuencia, mandó Bolívar "a reunir todas las tro-

---

614 Véase el texto en el "Testimonio y Declaración de Pedro Gual de 1843," en J.L Salcedo Bastardo (Compilador), *Francisco de Miranda, América Espera*, cit. p. 471; y en *Documentos Históricos sobre la vida del generalísimo Miranda iniciador de la Independencia Sur-American*a, Ofrenda del Gobierno del Estado Zulia, 4 de julio de 1896, Maracaibo, 1896, pp. 105-112; y en Caracciolo Parra Pérez, *Historia de la Primera República de Venezuela*, Academia Nacional de la Historia, Caracas 1959, Tomo II, p. 352.

615 Véase en "Documento 97. El Libertador Simón Bolívar dirige desde Caracas, el 14 de julio de 1812, al General Miranda el parte oficial de la pérdida de Puerto Cabello," en http://www.archivodellibertador.gob.ve/escritos/buscador/spip.php?article1322.

pas que se hallaban dentro de la plaza, y al mando del coronel Carabaño, tuvieron orden de cubrir los puestos más avanzados hacia el muelle y la fortaleza del Corito; así lo ejecutaron y rompieron el fuego de artillería y fusilería contra los rebeldes." El fuego fue suspendido poco tiempo después, por orden de Bolívar, con el objeto de mandar al Castillo una intimación en la cual les ofreció "libertad, vida y bienes, a condición de que le entregasen con todos los efectos y demás pertrechos de guerra que en él se hallaban."

La contestación que recibió Bolívar fue que él "rindiese la plaza," y en definitiva "fuese personalmente" a concluir "aquel convenio en el Castillo." En respuesta a lo anterior, el mismo día Bolívar hizo una "segunda intimación notificando a los sublevados que si no cesaban sus fuegos, y se rendían en el término de una hora," "no tendrían después perdón, y serían pasados al filo de la espada." La contestación a ello "fue negativa, en los mismos términos que la primera," lo que no le impidió a Bolívar repetir una tercera intimación que no tuvo contestación alguna, "porque los fuegos de ambas partes se cruzaban, y era ya de noche."[616]

Como se dijo, Bolívar le notificó de lo ocurrido e Miranda con notas del 1 de julio de 1812, exigiéndole que atacara Puerto Cabello, lo que evidentemente ya era imposible. Bolívar tenía que saber para ese momento que desde el 2 de mayo ya las fuerzas republicanas habían abandonado Valencia, y que en ese momento el Cuartel General de Miranda ya estaba en La Victoria, de manera que no había forma ni manera de que Miranda pudiera pasar en su auxilio por un territorio que ya estaba bajo el control de Monteverde. Bolívar también sabía, como lo resumió en su "parte" a Miranda del 12-14 de julio, que en el Castillo que venía de perder, se habían acopiado "víveres para subvenir a la manutención de trescientos hombres para tres meses," y se había "almacenado la mayor parte de la pólvora" que había sido trasladada al mismo "porque en los almacenes que se hallaban fuera de la ciudad no estaba segura." En cuanto al "resto de las municiones" sabía que siempre tenían "sus

---

616   *Idem.*

almacenes en el Castillo, como el puesto más seguro y retirado del enemigo."[617]

Sobre los hechos posteriores al 30 de junio, Bolívar continuó en su parte informándole a Miranda que el día 1º de julio "el enemigo continuó sus descargas de artillería y fusilería contra la ciudad, del modo más terrible y mortífero, causando tantos estragos en las casas y habitantes, que arrebatados éstos de un terror pánico, hombres, mujeres, niños y ancianos, empezaron a abandonar sus hogares, y fueron a refugiarse a los campos distantes." Bolívar informó además sobre deserciones importantes de destacamentos y oficiales, incluso ocurridas el 30 de junio en la noche con lo cual se había informado "al enemigo la noticia del suceso del castillo," lo que efectivamente ya el 1 de julio había llegado al oído de Monteverde en San Mateo. Y Bolívar continuó su parte indicando que el día 2 los insurgentes siguieron siempre sus tiros de artillería, y fuego destructor del Castillo, infundiendo terror a los habitantes que fueron acobardados "de tal modo, que en este día desapareció todo el mundo de la ciudad, no quedando en ella arriba de doscientos hombres de la guarnición, y rarísimos paisanos;" en fin que "todos la abandonaron, y olvidándose de sus sagrados deberes, dejaron aquella ciudad casi en manos de sus enemigos." Y en cuanto a "los soldados, afligidos al verse rodeados de peligros, y solos en medio de ruinas, no pensaban más que en escaparse por donde quiera; así es que los que salían en comisión del servicio no volvían, y los que estaban en los destacamentos se marchaban en partidas."[618]

Informó Bolívar, además, que el día 3 de junio, las autoridades civiles de la ciudad le solicitaron una junta para tratar sobre los acontecimientos del día, con el objeto real de comprometerlo "a capitular con el enemigo," a lo que contestó "que primero sería reducida la ciudad a cenizas, que tomar partido tan ignominioso." Informó Bolívar es su parte que había indicado a sus interlocutores que supuestamente en aquel momento "acababa de recibir noticias favorabilísimas del ejército, y que el enemigo había sido batido en

---

617   Idem.
618   Idem.

Maracay y San Joaquín," precisando que "para más apoyar esta ficción, hice publicar un boletín anunciando estas noticias, haciendo salvas de artillería y tocando tambores y pífanos, para elevar de ese modo el espíritu público que se hallaba en abatimiento extremo." [619]

Sin embargo, como lo informó Bolívar, ya el 4 de junio habían sido atacados "por los Corianos" en el camino de Valencia, encontrándose la defensa que podían hacer contra los mismos "bañada por los fuegos del Castillo, y consiguientemente atacada por la espalda como por el frente." Y en cuanto al interior de la ciudad, "el mayor inconveniente" que presentaba su defensa, "era la carencia de agua, que habría sido absoluta, porque los enemigos, apoderándose del río, nos impedirían el tomarla; y no pudiendo recurrir al pozo del castillo, no habría otro partido que rendir la plaza ó morir de sed." [620]

El día 5 de julio, después de atacar el destacamento del Palito sin éxito alguno, Bolívar reunió todos los soldados que le quedaban, ya llenos de "consternación," disponiendo el ataque al enemigo hacia San Esteban en el camino a Valencia, donde las fuerzas patriotas fueron derrotadas, debiendo retirarse hacia el "frente del Trincherón, en razón de su fuerte situación y fácil comunicación con el Puerto de Borburata, donde estaban anclados el bergantín *Zeloso*, las lanchas cañoneras, y transportes con víveres." Bolívar informó que la ciudad había quedado reducida a cuarenta hombres de guarnición, siendo imposible que se pudiese sostener contra el Castillo, con "los destacamentos Corianos que cubrían ya las avenidas de la plaza," expresando que ya en la mañana del 5 de julio su "situación era tan desesperada que nadie juzgaba pudiese mejorarse" instándole todos que "tratase de proporcionarme una retirada, aunque sólo fuese para mi persona y la plana mayor," a lo que se negó de manera que su "resolución no varió jamás un punto de batirme mientras hubiese un soldado." [621]

---

619 *Idem.*
620 *Idem.*
621 *Idem.*

Sin embargo, al tener noticia el día 6 de julio al amanecer "que la ciudad acababa de capitular" y de las deserciones de "los pocos soldados que cubrían el Trincherón," no tuvo otra alternativa que no fuera embarcarse en la playa de Borburata, en el *Zeloso*, con "el coronel Mires, teniente coronel Carabaño, y Aymerich, capitán Montilla, el comandante de ingenieros capitán Bujanda, mi secretario Ribas y dos oficiales más," que habían llegado solos y "pudiendo por fortuna y a riesgo de nuestra libertad embarcar los pertrechos que teníamos y los víveres que poseíamos, teniendo por desgracia que dejar dos obuses de bronce por falta de quien los condujese á la playa."

Bolívar concluyó su relato a Miranda en el parte que le dio de fecha 12-14 de julio de 1812, indicándole:

> "En fin, mi general, yo me embarqué con mi plana mayor a las nueve de la mañana, abandonado de todo el mundo, y seguido sólo de ocho oficiales que después de haber presentado su pecho a la muerte, y sufrido pacientemente las privaciones más crueles, han vuelto al seno de su patria a contribuir a la salvación del Estado, y a cubrirse de la gloria de vuestras armas.
>
> En cuanto a mí, yo he cumplido con mi deber; y aunque he perdido la plaza de Puerto Cabello, yo soy inculpable, y he salvado mi honor. ¡Ojalá no hubiese salvado mi vida, y la hubiera dejado bajo los escombros de una ciudad que debió ser el último asilo de la libertad y la gloria de Venezuela!"[622]

Y en efecto, Bolívar logró escapar de Puerto Cabello el 6 de julio de 1812, zarpando en el *Zeloso* con un puñado de sus oficiales, y debió haber llegado a Caracas en los días entre el 8 y el 10 de julio, como él mismo lo expresó, "después de trece noches de insomnio, de tareas y de cuidados gravísimos," que lo habían colocado "en una especie de enajenamiento mortal." Fue en ese estado que el 12 de julio dirigió una nueva carta al general Miranda, en la cual le preguntaba, después de haber "agotado todas sus fuerzas físicas y morales" que "¿con qué valor me atreveré a tomar la pluma para

---

622 *Idem.*

escribir a Ud. habiéndose perdido en mis manos la plaza de Puerto Cabello?" Y continuó diciéndole:

> "Mi corazón se halla destrozado con este golpe aún más que el de la provincia. Esta tiene la esperanza de ver renacer de en medio de los restos que nos quedan, su salud y libertad: sobre todo, Puerto Cabello no espera más que ver aparecer el ejército de Venezuela sobre Valencia para volverse a nosotros pues nada es más cierto que aquel pueblo es el más amante a la causa de la patria y el más opuesto a la tiranía española
>
> A pesar de la cobardía con que, al fin, se han portado los habitantes de aquella ciudad, puedo asegurar que no por eso han cesado de tener los mismos sentimientos. Creyeron nuestra causa perdida porque el ejército estaba distante de sus cercanías. El enemigo se ha aprovechado muy poco de los fusiles que teníamos allí, pues la mayor parte de ellos los arrojaron a los bosques los soldados que los llevaban, y los otros quedaban muy descompuestos: en suma, creo que apenas lograron doscientos por todo."[623]

En todo caso, para cuando Bolívar escribía esta carta en Caracas, el 12 de julio de 1816, Miranda estaba en su Cuartel General de La Victoria, de manera que no era posible que pensara que podía ver aparecer "el ejército de Venezuela sobre Valencia para volverse a nosotros," como expresó. Desde el día 19 de junio todo el territorio de la República al oeste de La Victoria, que comprendía a la ciudades de Maracay y Valencia, estaba en poder de las fuerzas de Monteverde, quien para el 12 de julio, fecha de la carta de Bolívar a Miranda desde Caracas ya tenía su Cuartel General entre Valencia y San Mateo, el pueblo donde precisamente Bolívar tenía la casa de su hacienda.

Miranda, después de haber resistido en La Victoria los ataques de las fuerzas de Monteverde desde San Mateo, y en vista de la situación calamitosa de la guerra, ese mismo día –e incluso antes de recibir el parte de Bolívar sobre lo ocurrido en Puerto Cabello– ya le había escrito a Monteverde para dar inicio a las conversaciones y

---

623 *Idem.*

negociaciones para poner fin a la guerra. [624] Por tanto, cuando Miranda recibió la carta de Bolívar fechada 12 de julio, que debió haber sido al día siguiente, 13 de julio, ese día ya estaba convencido de la "necesidad absoluta" en que se halló, como lo explicó un año después desde las mazmorras del Castillo de Puerto Cabello:

> "de adoptar una medida que, cubriendo mi honor y responsabilidad, atajando tantos males trascendentales aún a los mismos que los fomentaban, restituyese a estos pueblos al sosiego y la tranquilidad, reparase en algún modo los desastres del terremoto y, en fin, reconciliase a los americano y europeos, para que en lo sucesivo formasen una sociedad, una sola familia y un solo interés, dando Caracas al resto del continente un ejemplo de sus miras políticas y de que prefería una honrosa reconciliación a los azarosos movimientos de una guerra civil y desoladora."[625]

Por ello, el mismo día 12 de julio, después de la reunión que tuvo Miranda con los Comisionados de los poderes públicos, Antonio Fernández de León, Francisco Espejo, Juan Germán Roscio, Francisco Paúl y José Sata y Bussy, en la cual lo autorizaron a iniciar negociaciones con el Comandante de las Fuerzas enemigas,[626] "dejando a su prudencia y pericia militar y política la ejecución y cumplimiento," ya le había dirigido a Monteverde la carta para iniciar dichas conversaciones para un armisticio pues desde el 5 de julio, desde que supo de la pérdida de Puerto Cabello, como se lo dijo a Pedro Gual, sabía que Venezuela ya había quedado "herida en el

---

624 Véase el texto en Pedro De Urquinaona y Pardo, *Relación documentada del origen y progresos del trastorno de las provincias de Venezuela...*, cit., p. 118.

625 Véase el texto del Memorial de Miranda escrito desde las bóvedas del Castillo de Puerto Cabello el 8 de marzo de 1813, en J.L Salcedo Bastardo (Compilador), *Francisco de Miranda, América Espera*, cit. pp. 474 ss.; y en *Documentos Históricos sobre la vida del generalísimo Miranda iniciador de la Independencia Sur-American*a, Ofrenda del Gobierno del Estado Zulia, 4 de julio de 1896, Maracaibo 1896, pp. 113-19.

626 Véase el texto del acta de la reunión en Giovanni Meza Dorta, *Miranda y Bolívar, dos visiones*, Editorial Jurídica Venezolana, Caracas 2015, Apéndice 1, pp. 215-216.

corazón,"[627] es decir, como se dijo, la República había quedado herida de muerte. Y ello se lo confirmó Bolívar a Miranda en la carta que le envió, en la que terminó afirmando que la patria "se ha perdido en mis manos." [628]

Bolívar, sin embargo, antes de presentarse personalmente ante su Jefe en La Victoria, donde estaba Miranda con su Cuartel General, lo que solo hizo fue le escribirle para decirle que:

> "mi espíritu se halla de tal modo abatido que no me hallo en ánimo de mandar un solo soldado; pues mi presunción me hacía creer que mi deseo de acertar y el ardiente celo por la patria, suplirían en mí los talentos de que carezco para mandar. Así ruego a Ud., o que me destine a obedecer al más ínfimo oficial, o bien que me dé algunos días para tranquilizarme, recobrar la serenidad que he perdido al perder a Puerto Cabello...."[629]

Le indicó finalmente en su carta que iba a comenzar inmediatamente a preparar el parte detallado de las operaciones de las tropas que mandaba y de las desgracias que habían arruinado la ciudad de Puerto de Cabello, "para salvar en la opinión pública la elección de V. y mi honor," diciéndole finalmente que "Yo hice mi deber, mi general, y si un soldado me hubiese quedado, con ése habría combatido al enemigo."

---

[627] Véase el texto en el "Testimonio y Declaración de Pedro Gual de 1843," en J.L Salcedo Bastardo (Compilador), *Francisco de Miranda, América Espera, cit.* p. 471; y en *Documentos Históricos sobre la vida del generalísimo Miranda iniciador de la Independencia Sur-American*a, Ofrenda del Gobierno del Estado Zulia, 4 de julio de 1896, Maracaibo, 1896, pp. 105-112.

[628] Caracciolo Parra-Pérez expresó, como antes se dijo, que: "La caída de Puerto Cabello, cuya tropa reforzó a Monteverde, cuyos almacenes le dieron armas y municiones, fue la causa inmediata y determinante de la pérdida de la república." En Caracciolo Parra-Pérez, *Historia de la Primera República de Venezuela*, Academia Nacional de la Historia, Caracas 1959, Tomo II, p. 353.

[629] Véase el texto en J.L Salcedo Bastardo (Compilador), *Francisco de Miranda, América Espera, cit.* p. 478.

El parte detallado lo comenzó a preparar desde el mismo día 12 de julio, cuando envió otra carta a Miranda[630] con el parte de los acontecimientos de Puerto Cabello (fechado el 14 de julio de 1812), precedido de una nota en la cual le decía:

> "Mi cabeza y mi corazón no están para nada. Así suplico á Ud. me permita un intervalo de poquísimos días para ver si logro reponer mi espíritu en su temple ordinario.
>
> Después de haber perdido la mejor plaza del Estado, cómo no he de estar alocado, mi general?
>
> ¡De gracia, no me obligue Ud. á verle la cara! Yo no soy culpable, pero soy desgraciado, y basta."[631]

Y en efecto, como se dijo, Bolívar no le vio la cara a Miranda sino quince días después, en La Guaira, en la noche del 30 de julio de 1812.

Durante los días que siguieron, según indicó el historiador Tomás Polanco:

> "Bolívar, luego de una breve estada en San Mateo, viajó a Caracas. Después de lo sucedido en Puerto Cabello ya nada podía hacer en el ejército. Quizás por esa razón decidió irse al exterior y comenzó a dar los pasos necesarios."[632]

Hay que recordar que desde un mes antes, desde el 19 de junio, Monteverde tenía su Cuartel General en San Mateo, y conforme a los usos de la guerra debe haber aplicado las requisiciones de uso necesarias para ubicar las tropas de ocupación, y entre ellas, la de la ocupación de la Estancia de Bolívar en San Mateo. Siendo el pueblo de San Mateo una aglomeración urbana que surgió y hasta en-

---

630 Véase en "Documento 97. El Libertador Simón Bolívar dirige desde Caracas, el 14 de julio de 1812, al General Miranda el parte oficial de la pérdida de Puerto Cabello," en http://www.archivodellibertador.gob.ve/escritos/buscador/spip.php?article1322.

631 *Idem*

632 Véase Tomás Polanco Alcántara, *Simón Bolívar. Ensayo de una interpretación biográfica a través de sus documentos*, Manuel i Torres editores, 20ª edición, Caracas 2004, p. 195.

tonces vivía en torno al Ingenio de la familia Bolívar, y estando en un sitio de guerra bajo el control realista, es simplemente imposible pensar que Bolívar pudiese haber ido a San Mateo, a sus propiedades, no sólo evadiendo deliberadamente pasar por La Victoria (donde estaba el Cuartel General de Miranda), y es por donde pasa el camino de Caracas hacia San Mateo, sino que hubiera podido haber llegado y estar en sus propiedades, en ese sitio, sin el conocimiento de las tropas españolas o sin toparse con ellas.

En todo caso, el 17 de julio Bolívar estaba en Caracas, y allí otorgó poder general a su hermano político Pablo Clemente y Francia, con amplísimas facultades.[633] Diez días después, el día 26 de julio, es decir, al día siguiente de haberse firmado la Capitulación con Monteverde que fue el 25 de julio, lo cual ocurrió precisamente en San Mateo, Miranda salió de la Victoria y llegó a Caracas en la madrugada, hecho que tuvo que haber sido conocido por toda la población. Al día siguiente, 27 de julio, informó oficialmente a las autoridades de la ciudad sobre los términos de la Capitulación firmada con Monteverde.

Ese mismo día, 27 de julio, Bolívar también en Caracas, seguía ocupado de sus asuntos personales. Allí revocó el poder general que diez días antes había otorgado a su familiar Clemente, dado su estado de salud, y le otorgó en la misma fecha poder general a Domingo Ascanio.[634]

El mismo día 27 recibió carta de su cuñada Josefa María Tinoco, la madre de los hijos de su hermano Juan Vicente Bolívar, en la cual le informaba, afligida, que le habían asegurado –dijo– "que te vas acaso para no volver más a este país," a lo que Bolívar respondió en el mismo texto de la carta, seguramente escrito el día 30, que había dejado las instrucciones necesarias para asegurar la pensión de los niños, agregando que "Estoy de prisa..., el honor y mi patria me llaman a su socorro."[635]

---

633 En *Idem*.
634 En *Idem*.
635 En *Idem*, p. 197.

El 28 de julio, además, Bolívar sustituyó a su hermano fallecido Juan Vicente Bolívar como fiador ante un Juez de Hacienda.[636] y el día 29 de julio, apenas fondeada la fragata *Sapphire* en el Puerto de La Guaira, hizo embarcar en la misma su equipaje, por su empleado Tomás de Acosta, sin duda para sostener una larga estadía fuera del país. El equipaje consistía en "dos baúles, mil quinientos pesos de lata, mil seiscientas onzas de plata, cinco zurrones de tinta y veinte y seis fanegadas de cacao."[637] Ese equipaje, además de con efectos personales, que evidentemente debieron haber sido empacados con antelación durante los días anteriores, debió haber llegado al Puerto de La Guaira igualmente con anterioridad.

Definitivamente, Bolívar lo que quería era marcharse del país, y ningún esfuerzo hizo por reintegrarse al Ejército, ni para ver a Miranda; no sólo en La Victoria sino que ni siquiera en Caracas donde coincidieron dos días. Por las Instrucciones que dejó a su apoderado Ascanio fechadas el mismo día 30 de julio, tenía la seguridad de poder contar con todos sus bienes, sin temor a que fueran a ser confiscados, indicándole sobre las remesas que debía hacerle "todos los meses, o cada dos, [de] la suma de dinero que se devengue de los arrendamientos y haciendas," todo lo cual se le debía remitir "a su destino" durante su ausencia, al igual que se le remitiese el importe de la "cuadra," las bestias de silla y los muebles que debían ser vendidos.[638]

El mismo día 30 de julio Bolívar se dirigió a La Guaira para embarcarse junto con sus pertenencias en el *Sapphire*. Y ese mismo día, a las 3 pm, por su parte, también Miranda salió de Caracas hacia La Guaira, ambos por el "camino de la mar." Los viajeros no se vieron sino en La Guaira, en la noche, a partir de las 8 pm, cuando Miranda llegó a la Casa de la Gobernación militar del Puerto y allí el Gobernador ofreció una cena en la cual ambos estuvieron.

---

636   En *Idem*, p. 195.
637   Véase la Instrucción de Bolívar a Juan Nepomuceno Ribas, firmada en la Guaira el 21 de agosto de 1812, en *Idem*, p. 196.
638   En *Idem*.

Los dos se habían visto por última vez el 29 de abril, cuando Miranda nombró a Bolívar comandante del Castillo de Puerto Cabello, y tres meses después se volvían a ver, el 30 de julio, primero, cenando juntos, con otros oficiales; y segundo, unas horas después, cuando Bolívar lo apresó junto con las Casas y Peña, y lo entregó esa misma noche a los españoles.

Miranda, en todo ese tiempo, nunca vio ni habló con Monteverde. Las negociaciones que llevaron a cabo para el armisticio entre el 12 y el 15 de julio fueron por cartas y mediante comisionados. Bolívar, en cambio, después de entregar a Miranda, permaneció en Venezuela un mes más, hasta el día 27 de agosto de 1812, cuando zarpó de la Guaira hacia Curaçao en la goleta española *Jesús, María y José*,[639] y durante ese tiempo sí se entrevistó con Monteverde.

Después de la traición a Miranda, Bolívar en efecto regresó a Caracas sin ser detenido, y como lo expresó en carta a su hermana en 1825, una noche el Antonio Fernández de León, el Marqués de Casa León, lo escondió en su casa,[640] siendo como era el Marqués, en ese momento, el Intendente de Ejército y Real Hacienda designado por Monteverde al tomar el poder de la Provincia. Se trataba del mismo personaje que hasta unas semanas antes había sido el Director General de Rentas de la Confederación de Venezuela bajo las órdenes de Miranda, y a quien éste, incluso, designó el 24 de julio como Comisionado para la negociación final de las Capitulaciones con Monteverde, que luego se firmarían el 25 de julio en San Mateo. Fernández de León, incluso, quien al término de su gestión como Comisionado de Miranda, no regresó al Cuartel general de la Victoria, sino que se quedó con Monteverde del lado de las líneas enemigas, es decir, con los españoles, por razones de seguridad personal.

---

639   En *Idem*, p. 212.
640   En *Idem*. p. 201.

Antonio Fernández de León,[641] ya para esa fecha tenía una larga carrera de tránsfuga político. Hay que recordar que al ser descubierta la Conspiración de Gual y España en 1797, fue el Oidor para perseguir a Manuel Gual y embargar sus bienes; en 1806 organizó y armó una caballería desde Maracay y Turmero, hacia Valencia, para enfrentar a Francisco de Miranda quien había invadido la Provincia por Coro; en 1808 fue de los mantuanos que dirigieron un Memorial al Gobernador de la Provincia planteando la propuesta de establecer una Junta Suprema para defender los derechos de Fernando VII ante el temor de la expansión de Napoleón. Por esto fue detenido y enviado a España donde se defendió y obtuvo el título nobiliario. Regresó a Caracas y al poco tiempo, después de la revolución de 19 de abril de 1810, la Junta Suprema lo nombró presidente del Tribunal de Apelaciones, Alzadas y Recursos. Posteriormente, en abril de 1812 Miranda lo nombró Director General de Rentas, y el 23 de julio de 1812 lo designó Comisionado para las finales negociaciones con Monteverde para las Capitulaciones, al término de las cuales se quedó en el Cuartel General de Monteverde, pasándose al enemigo.

Sobre esa misión dada al Marques, Tomás Molini, quien fue secretario de Miranda durante esas últimas semanas de la República y había sido enviado por éste a Londres, en la comunicación que remitió a Richard Wellesley informando de lo acaecido en la pérdida de la República, 'le expresó que:

> "por un fatal abandono el general depuso la suerte de la patria y la suya en las manos parricidas del traidor Marqués de León, a quien nombró plenipotenciario y confirió todos los poderes (sic). Vd. conoce la capitulación que concluyó este pérfido negociador y sabe también con qué falta de fe ha sido infringida."[642]

---

641   Véase sobre Antonio Fernández de León, Caracciolo Parra-Pérez, *Historia de la Primera República de Venezuela*, Academia Nacional de la Historia, Caracas 1959, Tomo II, pp. 310-311; y en *Diccionario de Historia*, Fundación Polar, Caracas 1997, Tomo II, pp. 336-33.

642   Véase el texto de la comunicación en Giovanni Meza Dorta, *Miranda y Bolívar, dos visiones*, Editorial Jurídica Venezolana, Caracas 2015, Apéndice 10, pp. 251-254.

Como consecuencia de ello, y de que luego de firmada la Capitulación el Marqués denunció a Miranda por supuesta sustracción de los dineros del tesoro nacional, Monteverde lo nombró entonces Intendente de Ejército y Real Hacienda.

Ese fue el personaje, quien estando al servicio de Monteverde, supuestamente protegió a Bolívar en agosto de 1812; el mismo que en 1813 le escribió a su nuevo jefe Monteverde sobre Miranda que:

> "Como Miranda es una persona que tendrían los malos para ponerse a su cabeza en cualquiera empresa tumultuaria, juzgo que su permanencia en esta provincia, aun bajo la calidad de preso, es muy perjudicial y que convendría remitirle sin pérdida de un momento a España [...]"[643]

La condición de tránsfuga de Fernández de León, sin embargo, no varió, y posteriormente, cuando la campaña de Bolívar para liberar a Venezuela triunfó en 1813, la capitulación que firmaron los realistas con Bolívar en Caracas, precisamente la firmó Fernández de León en representación de aquellos. Pero ello no le impidió que Bolívar nombrarlo entonces como director de las Rentas del Estado, cargo que ejerció hasta que los realistas derrotaron a los independentistas en 1814, cuando José Tomás Boves, al tomar la ciudad de Caracas, lo nombró como jefe político de la Provincia, con funciones de presidente del Tribunal Supremo.

Ese Fernández de León, por otra parte, como Director de Rentas designado por Miranda, como se dijo, fue quien a requerimiento de éste dio la orden de que se embarcasen en el *Sapphire* el 29 de julio de 1812, la cantidad de 20.000 pesos que Miranda seguramente esperaba usar para preparar el regreso al país después de la evacuación. El Marqués, sin embargo, también traicionó Miranda acusándolo ante su nuevo jefe Monteverde de haberse apropiado indebidamente de los fondos.

En ese ambiente de tránsfugas, de traidores y de perseguidos, fue que se movió Bolívar durante el mes de agosto de 1812, des-

---

643 Véase el documento en Caracciolo Parra-Pérez, *Historia de la Primera República de Venezuela*, Academia Nacional de la Historia, Caracas 1959, Tomo II, p. 502.

pués de entregar a Miranda, tiempo durante el cual Monteverde hizo preso a todas las personas, cientos de ellas, que durante los dos años anteriores habían estado actuando en alguna forma del lado de la República, excepto, entre otros Bolívar, cuya persona "no fue tocada" como lo informó a la Corona el mismo Monteverde, en comunicación del 26 de agosto,[644] habiendo por tanto Bolívar escapado de toda persecución.

En cambio, como se dijo, desde principios de agosto Monteverde ya había apresado a todos los líderes civiles del proceso constituyente entre ellos, Roscio, Madariaga, Ayala, del Castillo, Iznardi, Manuel Ruiz, Mieres y Barona, y a todos ellos los envió a Cádiz con grillos en los pies, con una nota del propio Monteverde dirigida a la Regencia de fecha 14 de agosto de 1812 que el capitán del buque que los condujo llevaba, en la cual se refirió a ellos como "esos ocho monstruos, origen y raíz primitiva de todos los males de América. Que se confundan delante del trono de V.M. y que reciban el castigo que merecen sus crímenes."[645]

Nada de ello afectó al ex comandante del Castillo de Puerto Cabello, de cuyas andanzas en esos tiempos de persecución poco se supo, salvo la referencia que él mismo hizo, primero, sobre que el Marqués de Casa León, el ministro de hacienda de Monteverde, lo habría protegido en esos tiempos en Caracas; y segundo, que tuvo una entrevista el 25 de julio con el propio Domingo de Monteverde, en Caracas, lograda por la intermediación de Francisco Iturbe. Éste, según lo expresó el propio Bolívar, lo presentó a Monteverde diciendo: "Aquí está el comandante de Puerto Cabello, don Simón Bolívar, por quien he ofrecido mi garantía. Si a él le toca alguna pena yo la sufro. Mi vida está por la suya."[646]

---

644 Véase el texto del acta de la comunicación en Giovanni Meza Dorta, *Miranda y Bolívar, dos visiones, cit.,* Apéndice 1, pp. 259-260.

645 Citada en J. Mancini, *Bolívar y la emancipación de las colonias españolas desde los orígenes hasta 1815*, Librería de la Vda. De C. Bouret, Paris/México, 1914, p. 433.

646 Véase el texto de la comunicación de Bolívar al Congreso General de Colombia de 26 de agosto de 1821 en Tomás Polanco Alcántara, *Bolívar*,

De esa entrevista, sin duda, resultó la garantía para Bolívar de que ni él ni sus bienes serían afectados, siendo autorizado para alejarse del país. Antes, el 21 de agosto, Bolívar, en La Guaira, firmó instrucciones a su tío, Juan Nepomuceno Rivas, para que reclamara y tomase posesión de su equipaje que había viajado en el *Sapphire* a Curaçao el 31 de julio de 1812, que estaba en poder de su sirviente Tomás Ascanio. Al día siguiente de la entrevista de Bolívar con Monteverde, el 26 de agosto, este daría cuenta de los hechos ocurridos durante ese mes en La Guaira y Caracas, informando a la Corona, que:

> "no podía olvidar los interesantes servicios de Casas ni el de Bolívar y Peña y en virtud de ello no se tocado sus personas, dando solamente al segundo sus pasaportes para países extranjeros pues su influencia y conexiones podrían ser peligrosos en esas circunstancias.[647]"

La intermediación de Iturbe y el marqués de Casa León, sin duda, confirmaron a Monteverde sobre la influencia y conexiones que tenía Bolívar, como miembro de una de las familias tradicionales del país, lo que Monteverde mismo debió haber constatado de primera mano a raíz de la ocupación militar que hizo de San Mateo desde el 19 de junio de 1812, donde situó su Cuartel General cuando las fuerzas republicanas se retiraron a La Victoria, y donde se firmó la Capitulación con los Comisionados de Miranda. Siendo ese territorio ocupado militarmente no es difícil imaginar que Monteverde haya ocupado la casa principal cerca del pueblo que era la del Ingenio de la familia Bolívar. Si ello ocurrió, como requisición de uso, habría sido la práctica militar elemental en ese caso.

Con esas conexiones e influencias de Bolívar, Monteverde consideró que era preferible, para que las mismas no se tornasen en "peligrosas," ya que habiendo resuelto no hacer preso a Bolívar por

---

      cit., p. 202; y en Giovanni Meza Dorta, *Miranda y Bolívar, dos visiones, cit.,* Apéndice 20, pp. 263-264.

647 Véase el texto de la comunicación de Monteverde al gobierno de la regencia de 26 de agosto de 1812 en Tomás Polanco Alcántara, *Bolívar, cit.,* p. 202; y en Giovanni Meza Dorta, *Miranda y Bolívar, dos visiones, cit.,* Apéndice 18, pp. 259-260.

los servicios que éste había prestado a la Corona con la entrega de Miranda, permitirle viajar a "países extranjeros," que debió haber sido lo que se le planteó en la entrevista y que era lo que se había propuesto Bolívar hasta el día 30 de julio de 1812, abrumado con la pérdida del Castillo de Puerto Cabello. Es difícil imaginar que la entrega del pasaporte a Bolívar haya sido porque Monteverde haya sido un "incauto" como lo expresó el Gobernador Político de Caracas año y medio después, el 2 de enero de 1814, cuando se proclamó a Bolívar como Libertador,[648] al término de su Campaña Admirable.

Monteverde no había sido incauto. Como comandante de una campaña militar de conquista bien debía haber sabido quienes habían sido los líderes del proceso de independencia contra el cual luchó para destruirlo, y seguramente bien sabía quien era Bolívar. Si bien éste no había sido diputado al Congreso que declaró la independencia, ni de la Administración del nuevo Estado, sabía que había sido Coronel en las fuerzas militares contrarias, y sabía de su percance en Puerto cabello. Y además, debía saber de sus ideas políticas, expresadas en su discurso ante la Sociedad patriótica, de la cual era destacado miembro, en la víspera de la declaración de independencia en la noche del 3 al 4 de julio de 1811, conminando al Congreso a declarar la Independencia. Allí expresó, entre otras declaraciones expresó:

> [...] Se discute en el Congreso Nacional lo que debiera estar decidido. ¿Y qué dicen? que debemos comenzar por una confederación, como si todos no estuviésemos confederados contra la tiranía extranjera. ... Esas dudas son tristes efectos de las antiguas cadenas. ¡Que los grandes proyectos deben prepararse con calma! Trescientos años de calma ¿no basta? La Junta Patriótica respeta, como debe, al Congreso de la nación, pero el Congreso debe oír a la Junta Patriótica, centro de luces y de todos los intereses revolucionarios. Pongamos sin temor la piedra fundamental de la libertad suramericana: vacilar

---

648 Véase la referencia al texto de la Rogelio Altez, *El desastre de 1812 en Venezuela: sismos, vulnerabilidad y una patria no tan bob*a, *cit.*, p. 262.

es perdernos. Que una comisión del seno de este cuerpo lleve al soberano Congreso estos sentimientos."[649]

El pasaporte, por tanto, se lo dio Monteverde no por ingenuo o inocente, sino sabiendo bien quién era, y de acuerdo con su decisión expresada formalmente a la Corona de que su persona no sería tocada. Y ello lo cumplió Monteverde, de manera que Bolívar salió de Venezuela por La Guaira el 27 de agosto de 1812 con destino a Curaçao, en compañía, entre otros de José Félix Ribas, y no precisamente para hacerle la guerra a Monteverde desde "países extranjeros," y menos desde algún país de América Latina. Según lo expresó O'Leary en sus *Memorias*, y lo recogió Gil Fortoul a comienzos del siglo pasado,[650] Bolívar salió con la intención de marcharse a Inglaterra a pedir al Marqués de Wellesley una carta de recomendación para Sir Arthur Wellesley, quien después fue duque de Wellington, y que para ese momento comandaba las tropas británicas en España en guerra contra Napoleón, con la esperanza de ser admitido como voluntario en el ejército inglés, y "volver a la gracia del gobierno de España."[651] Esa disposición de ánimo, como lo aseguró el Regente Heredia unos años después, y que "los amigos más íntimos" de Bolívar le aseguraron, "era sincera,"[652] aún cuando

---

649 Véase el texto en *Documentos Históricos sobre la vida del generalísimo Miranda iniciador de la Independencia Sur-American*a, Ofrenda del Gobierno del Estado Zulia, 4 de julio de 1896, Maracaibo, 1896, p. 139. Véase igualmente en http://www.pgr.gob.ve/index.php/noticias/efemerides/409-3-de-julio-de-1811-discurso-de-bolivar-ante-la-junta-patriotica

650 Véase *Memorias del General O'Leary*, Caracas 1883, tomo I, p. 82; José Gil Fortoul, *Historia Constitucional de Venezuela*, Berlin, 1907, Tomo I, p. 208.

651 José Francisco Heredia, Regente de la Real Audiencia de Caracas época de Monteverde, Paris 1895, p. 124. Texto escrito entre 1814-1820. Véase en *Memorias del regente Heredia*, Caracas, 1986, pp. 118, 119. Véase el texto en Giovanni Meza Dorta, *Miranda y Bolívar, dos visiones, cit.,* pp. 200-201.

652 Véase José Francisco Heredia, Regente de la Real Audiencia de Caracas época de Monteverde, Paris 1895, p. 124. Texto escrito entre 1814-1820. Publicado como *Memorias del regente Heredia*, Caracas 1986, pp. 118, 119. Véase el texto en Giovanni Meza Dorta, *Miranda y Bolívar, dos visiones, cit.,* pp. 200-201.

la misma cambió totalmente cuando estando en Curaçao, Bolívar se enteró del secuestro y confiscación de todos sus bienes, con el producto de los cuales pensaba sostenerse.[653]

La llegada a Curaçao, en todo caso, no estuvo exenta de inconvenientes, y no solo de navegación sino de recepción en la Isla, con un Gobernador inglés, John Hughson, hostil a los republicanos venezolanos. Su equipaje fue retenido, y perdió en el proceso aduanal una fuerte suma de dinero que llevaba, y en cuanto al equipaje que había llegado en el *Sapphire* un mes antes, parte continuaba retenido en el puerto de Willemstad, entre otros factores, como se lo explicó Bolívar a su protector Francisco Iturbe, porque estaba en la misma casa en que estaban los baúles de Miranda. Además, la platería que había en el equipaje había sido secuestrada por el gobierno de la Isla a requerimiento de Monteverde, indiscriminadamente junto con los baúles de Miranda.[654]

Todo ello, sin duda, contribuyó a que Bolívar cambiara sus planes vitales. La idea de un viaje largo y con destino impreciso hacia "países extranjeros" se disipó, a lo que debió haber contribuido la ahora falta de posibilidades y de recursos; la persecución de Monteverde en su contra, de la cual se había escapado personalmente, le tocó directamente en su patrimonio; y los compañeros de infortunio en Curaçao deben haber contribuido a que se dirigiera hacia Cartagena, donde todavía había un Estado independiente. Como lo indicó Francisco Javier Yánez:

> "habiendo sabido que sus bienes se habían secuestrado, las violencias y atentados de Monteverde y que si volvía a Caracas sufriría la misma suerte que los demás que habían abrazado la causa de la independencia, de acuerdo con los otros refugiados en aquella isla determinó

---

653 *Idem*. O'Leary expresó que si acaso Bolívar tenía intención de unirse al ejército de Wellesley, "la frustró la confiscación de sus bienes por Monteverde y la pérdida en Curaçao de doce mil pesos." Véase en Caracciolo Parra-Pérez, *Historia de la Primera República de Venezuela*, Academia Nacional de la Historia, Caracas 1959, p. 489.

654 Jules Mancini, *Bolívar y la emancipación de las colonias españolas...*, cit., pp. 434 ss.

trasladarse a Cartagena, en busca de auxilios para libertar a su patria de tan pérfido tirano."⁶⁵⁵

En todo caso, Bolívar llegó a Cartagena a comienzos de noviembre de 1812, sin que nadie en dicha provincia supiera de él ni de sus compañeros de viaje. Allí lo único que se sabía era que la República de Venezuela había caído en manos de los españoles, y que Miranda, quién materialmente era el único venezolano del que se sabía por haber gritado por primera vez la Independencia, había sido entregado a aquellos.

La tragedia que significó las persecuciones desatadas por Monteverde y la afectación de su patrimonio, obviamente que contribuyeron al giro del plan vital de Bolívar, que tenía que consistir en denunciar lo ocurrido y solicitar la solidaridad de Colombia en la liberación de Venezuela. Para ello, por supuesto, primero, tenía que vencer su fracaso militar, y segundo, tenía que sepultar para siempre la culpa de la traición cometida contra Miranda, en la cual había sido actor fundamental.

Era esa la única forma para que en el vacío que había quedado de la República que se había perdido por su fracaso, pudiera, él mismo, Bolívar, asumir un rol protagónico. Para ello, por supuesto, había que explicar la caída de la República y obviamente la culpa había que atribuírsela a otros, comenzando con Miranda, primero, y después, con todos quienes la habían construido durante los dos años precedentes como una "república aérea," sin fuerza alguna. A esto último básicamente dedicó el texto que concibió y comenzó a redactar en Curaçao el llamado *Manifiesto del Coronel venezolano Simón Bolívar a los habitantes de Nueva Granada*,⁶⁵⁶ publicado en Bogotá diciembre de 1812, mientras él cumplía funciones militares en Barraca (Calamar), a orillas del Magdalena.

---

655 Véase Yánez, Francisco Javier: *Relación documentada de los principales sucesos ocurridos en Venezuela desde que se declaró estado independiente hasta el año 1821*. Dos tomos. Tomo I, pp. 82, 83. Véase el texto en Giovanni Meza Dorta, *Miranda y Bolívar, dos visiones, cit.*, pp. 201.

656 Véase el texto en http://uniondelsur.menpet.gob.ve/interface.sp/database/fichero/free/29/3.PDF.

En cuanto a Miranda, la primera manifestación de establecer su total responsabilidad de los sucesos de la caída de la República, Bolívar la incorporó en la carta que dirigió el 27 de noviembre de 1812 al Soberano Congreso de Nueva Granada reunido en Tunja, en la cual expresó que: "escapados prodigiosamente de las garras de aquellas fieras, los pocos que aquí estamos, hemos venido a implorar la protección de la Nueva Granada, en favor de sus compatriotas, los desdichados hijos de Venezuela." Por supuesto, en cuanto al escape prodigioso, la expresión obviamente no se le aplicaba a él pues había salido del país con pasaporte otorgado por Monteverde y protegido por su política de "no tocar a su persona," cuando todos los otros próceres de la independencia estaban ya presos. En la carta, en todo caso, Bolívar si fue preciso en explicar que el ejército republicano había rendido sus armas en julio de 1812 "sacrificándose a los designios de su general, quien por una infinita cobardía no logró las ventajas de la victoria."[657] O sea, la caída de la República, según lo expuso Bolívar al Congreso, no fue por haber Bolívar perdido el Castillo de Puerto Cabello, que fue lo que desencadenó la tragedia militar, sino porque Miranda, quien supuestamente habría tenido una "victoria" militar (quizás se refería al rechazo que en La Victoria su ejército hizo de las avanzadas de Monteverde entre el 19 y el 29 de junio de 1812), no supo sacar ventajas de la misma, y con "infinita cobardía" pasó a iniciar la negociación de un armisticio con Monteverde.

Unos meses después, en comunicación dirigida al Secretario de Estado del Gobierno de la Unión neogranadina, firmada en Cúcuta el 3 de abril de 1813, al referirse a la caída de la República en manos de Monteverde, Bolívar argumentó que "es preciso convenir en que las capitulaciones vergonzosas de Miranda no fueron la obra de Monteverde sino de las circunstancias y de la cobardía del general del ejército de Venezuela"[658] De nuevo Bolívar tildó a Miranda de cobarde, indicando que fue su cobardía lo que lo llevó a firmar las

---

657 Véase el texto en Tomás Polanco Alcántara, *Simón Bolívar. Ensayo de una interpretación biográfica...*, cit., p. 207.
658 *Idem*, p. 207.

capitulación con Monteverde, que además calificó como "vergonzosas."

Luego siguió lo que expresó en un manifiesto de 20 de septiembre de 1813 firmado en Valencia, dirigido a las naciones del Mundo, en el cual se refirió a la "conducta arbitraria y violenta de un jefe aborrecido" que no era otro que Miranda, a quien lo responsabilizó por disolver las fuerzas de la República.[659]

Posteriormente cuando Bolívar llegó triunfante a Caracas, luego de emprender desde Colombia la Campaña Admirable y entrar a la capital, en el Manifiesto a sus conciudadanos que firmó el 9 de agosto de 1813, comenzó afirmando que había sido "la conducta de Miranda" la que había sometido "a la República Venezolana a un puñado de bandidos" que eran las huestes de Monteverde;[660] y en carta que dirigió al Gobernador de Curaçao de la misma fecha, anunciando el fin de la campaña militar, al explicar las causas de la caída de la República, entre las razones de la misma se refirió a "los errores de Miranda, quien demasiado tarde y sin éxito reunió sus fuerzas."[661]

Y toda esta política definida de hacer de Miranda el culpable de la caída de la República, y así borrarlo de los anales de los próceres de la independencia, culminó en el acto celebrado en Caracas donde se lo proclamó Libertador el 2 de enero de 1814, cuando en su discurso reconoció que "luego que la demencia y cobardía os entregaron a los Tiranos, traté de alejarme de este país desgraciado. Yo vi al pérfido que os atraía a sus lazos, para dejaros prendidos a las cadenas."[662] O sea, ahora además de calificar a Miranda como cobarde, lo calificó de "demente" y además de "pérfido" es decir, de traidor.

Y ese fue el empeño de Bolívar, buscar un culpable de la tragedia, que no fuera él, y por eso, en el Manifiesto de Cartagena,

---

659 *Idem*, p. 207.
660 *Idem*, p. 207.
661 *Idem*, p. 207.
662 Véase el texto en Rogelio Altez, *El desastre de 1812 en Venezuela...:*, *cit.*, p. 263.

firmado en Cartagena de Indias, el 15 de diciembre de 1812, no hay ni una sola referencia a la pérdida en sus manos del Castillo de Puerto Cabello, sino lo que hay es una diatriba feroz al contra el constitucionalismo civil, y contra los sofistas y filósofos que imaginaron lo que calificó como una "República aérea," a quienes responsabilizó por la caída de la República.

El contenido del Mensaje de Bolívar en efecto, contiene dos partes claramente definidas, que fueron sus dos "mensajes": primero, sobre lo que a su juicio fueron las causas de la caída de la República en Venezuela; segundo, sobre la justificación de la propuesta que formulaba de invadir a Venezuela desde la Nueva Granada, para liberarla, y así proteger a América de la invasión que seguramente España haría del Continente a través de su territorio si no se liberaba.

En cuanto a las causas de la caída de la República, las resumió en el texto de Mensaje, al hacer referencia específicamente a cuatro causas:

"en primer lugar la naturaleza de su constitución, que, repito, era tan contraria a sus intereses como favorables a los de sus contrarios.

En segundo, el espíritu de misantropía que se apoderó de nuestros gobernantes.

Tercero: la oposición al establecimiento de un cuerpo militar que salvase la República y repeliese los choques que le daban los españoles.

Cuarto: El terremoto acompañado del fanatismo que logró sacar de este fenómeno los más importantes resultados; y últimamente las facciones internas que en realidad fueron el mortal veneno que hicieron descender la patria al sepulcro."

A la primera de las causas que según Bolívar "condujeron a Venezuela a su destrucción," que fue la relativa a la configuración constitucional que se dio a la República y a su gobierno (la "naturaleza de la Constitución" de la República, contraria a sus propios intereses), puede decirse que estuvo destinada la mayor parte del Mensaje, refiriéndose a varios aspectos, que enmarcó en su apreciación general de que:

"Los códigos que consultaban nuestros magistrados no eran los que podían enseñarles la ciencia práctica del Gobierno, sino los que han formado ciertos buenos visionarios que, imaginándose repúblicas aéreas, han procurado alcanzar la perfección política, presuponiendo la perfectibilidad del linaje humano.

Por manera que tuvimos filósofos por jefes, filantropía por legislación, dialéctica por táctica, y sofistas por soldados. Con semejante subversión de principios y de cosas, el orden social se sintió extremadamente conmovido, y desde luego corrió el Estado a pasos agigantados a una disolución universal que bien pronto se vio realizada."

A esa disolución del Estado que derivó de la "naturaleza de su constitución" contribuyeron diversos factores, refiriéndose Bolívar, con mayor amplitud y fuerza en su Mensaje, ante todo, *en primer lugar* en importancia, al sistema federal adoptado para darle forma constitucional al nuevo Estado que se había formado de la unión de diversas provincias que por lo demás nunca habían estado unidas (salvo en lo militar y solo durante los treinta años precedentes en la capitanía General) pero que para entonces tenían trescientos años de conducción autónoma, considerando que:

"lo que debilitó más el Gobierno de Venezuela fue la forma federal que adoptó, siguiendo las máximas exageradas de los derechos del hombre, que autorizándolo para que se rija por si mismo, rompe los pactos sociales y constituye a las naciones en anarquía."

En esas líneas, se quejó de que "el verdadero estado de la Confederación," era que"

"cada provincia se gobernaba independientemente; y a ejemplo de éstas, cada ciudad pretendía iguales facultades, alegando la práctica de aquéllas, y la teoría de que todos los hombres y todos los pueblos gozan de la prerrogativa de instituir a su antojo el gobierno que les acomode."

Concluyendo de todo ello con la frase lapidaria de que:

"El sistema federal, bien que sea el más perfecto y más capaz de proporcionar la felicidad humana en sociedad, es, no obstante, el más opuesto a los intereses de nuestros nacientes estados."

En cuanto al sistema federal, Bolívar se refirió al desfase que consideró existió entre la forma de gobierno que se quiso establecer y la realidad del país, afirmando que en las provincias sus conciudadanos todavía no se hallaban:

> "en aptitud de ejercer por sí mismos y ampliamente sus derechos; porque carecen de las virtudes políticas que caracterizan al verdadero republicano; virtudes que no se adquieren en los gobiernos absolutos, en donde se desconocen los derechos y los deberes del ciudadano."[Y se preguntó:] Por otra parte, ¿qué país del mundo, por morigerado y republicano que sea, podrá, en medio de las facciones intestinas y de una guerra exterior, regirse por un gobierno tan complicado y débil como el federal?

Consideró Bolívar, así, que con el sistema federal, no era posible conservar el país "en el tumulto de los combates y de los partidos," planteando la necesidad de que "el Gobierno se identifique, por decirlo así, el carácter de las circunstancias, de los tiempos y de los hombres que lo rodean:"

> "Si éstos son prósperos y serenos, él debe ser dulce y protector; pero si con calamitosos y turbulentos, él debe mostrarse terrible y armarse de una firmeza igual a los peligros, sin atender a las leyes, ni constituciones, ínterin no se restablece la felicidad y la paz."

Concluía, en fin, en contra del sistema federal, que él era:

> "de sentir que mientras no centralicemos nuestros gobiernos americanos, los enemigos obtendrán las más completas ventajas; seremos indefectiblemente envueltos en los horrores de las disensiones civiles, y conquistados vilipendiosamente por ese puñado de bandidos que infestan nuestras comarcas."

Otras de las fallas de la constitución del nuevo Estado con la forma federal, fue el haber establecido un régimen general de elecciones, que consideró que obstaculizó aún más su funcionamiento, sobre lo cual expresó que:

> "Las elecciones populares hechas por los rústicos del campo y por los intrigantes moradores de las ciudades, añaden un obstáculo más a la práctica de la federación entre nosotros, porque los unos son tan ignorantes que hacen sus votaciones maquinalmente, y los otros tan ambiciosos que todo lo convierten en facción; por lo que jamás se vio en

Venezuela una votación libre y acertada, lo que ponía al gobierno en manos de hombres ya desafectos a la causa, ya ineptos, ya inmorales. El espíritu de partido decidía en todo, y por consiguiente nos desorganizó más de lo que las circunstancias hicieron."

De todo ello concluyó que la caída de la primera República y la destrucción de Venezuela fue obra más de la división del nuevo Estado organizado como confederación, que de la invasión armada de Monteverde. Por ello concluyó su diatriba contra el federalismo afirmando tajantemente que "nuestra división, y no las armas españolas, nos tornó a la esclavitud."

Y además, expresando que

"Si Caracas, en lugar de una confederación lánguida e insubsistente, hubiese establecido un gobierno sencillo, cual lo requería su situación política y militar, tú existieras ¡Oh Venezuela! y gozaras hoy de tu libertad."

Según su discurso, por tanto, para Bolívar, la destrucción de la República se debió básicamente a la forma de gobierno adoptada en la Constitución de la República. Esa forma de la Confederación la había criticado en su discurso ante la Sociedad Patriótica el 3-4 de julio de 1811, cuando el Congreso estaba discutiendo la Constitución del Estado como Confederación, [663] pero sin embargo, unos meses después de su Mensaje de Cartagena, en el Decreto dictado en Trujillo el 13 de junio de 1813 (Decreto de Guerra a Muerte), lo que anunciaba era su restablecimiento al expresar la razón de la Campaña militar de liberación de Venezuela que era:

"destruir a los españoles, a proteger a los americanos, y a restablecer los gobiernos republicanos que formaban la Confederación de Venezuela. Los Estados que cubren nuestras armas, están regidos nuevamente por sus antiguas constituciones y magistrados, gozando plenamente de su libertad e independencia; porque nuestra misión sólo se

---

663 Dijo: "Se discute en el Congreso Nacional lo que debiera estar decidido. ¿Y qué dicen? que debemos comenzar por una confederación, como si todos no estuviésemos confederados contra la tiranía extranjera. ...". Véase el texto en http://www.pgr.gob.ve/index.php/noticias/efemerides/409-3-de-julio-de-1811-discurso-de-bolivar-ante-la-junta-patriotica.

dirige a romper las cadenas de la servidumbre, que agobian todavía a algunos de nuestros pueblos, sin pretender dar leyes, ni ejercer actos de dominio, a que el derecho de la guerra podría autorizarnos."[664]

En segundo lugar, Bolívar en su Mensaje de Cartagena, también sobre los defectos de la naturaleza de la constitución de la República, derivado de la forma federal, específicamente se refirió a lo que significó "la subdivisión de la provincia de Caracas, proyectada, discutida y sancionada por el Congreso Federal," que como se sabe era la de mayor extensión en el nuevo Estado, considerando que ello había despertado y fomentado "una enconada rivalidad en las ciudades y lugares subalternos, contra la capital," provocando, entre otros factores de debilidad institucional, haber encendido "el fuego de la guerra civil en Valencia, que nunca se logró apagar," lo que se:

"comunicó a las otras limítrofes, a Coro y Maracaibo; y éstas entablaron comunicaciones con aquéllas, facilitaron, por este medio, la entrada de los españoles que trajo consigo la caída de Venezuela."

Sobre la situación de Caracas en el esquema federal, además estimó que la antigua capital:

"tuvo mucho que padecer por defecto de la confederación, que lejos de socorrerla le agotó sus caudales y pertrechos; y cuando vino el peligro la abandonó a su suerte, sin auxiliarla con el menor contingente."

Además, Bolívar consideró que la situación del gobierno de la Provincia de Caracas se agravó "habiéndose empeñado una competencia entre el poder federal y el provincial, que dio lugar a que los enemigos llegasen al corazón del Estado, antes que se resolviese la cuestión de si deberían salir las tropas federales o provinciales, o rechazarlos cuando ya tenían ocupada una gran porción de la Provincia. Esta fatal contestación produjo una demora que fue terrible para nuestras armas."

En tercer lugar, también en el marco de las fallas de la naturaleza de la constitución de la República, Bolívar en su Mensaje se

---

664 Véase el texto en https://www.scribd.com/doc/58856837/Decreto-de-Guerra-a-Muerte.

refirió al tema de "la disipación de las rentas públicas en objetos frívolos y perjudiciales, y particularmente en sueldos de infinidad de oficinistas, secretarios, jueces, magistrados, legisladores, provinciales y federales," lo que consideró "dio un golpe mortal a la República, porque la obligó a recurrir al peligroso expediente de establecer el papel moneda, sin otras garantías que las fuerzas y las rentas imaginarias de la confederación." Llegó Bolívar a afirmar, sobre el tema del papel moneda, que además de haber sudo "una violación manifiesta del derecho de propiedad," el mismo:

> "remató el descontento de los estólidos pueblos internos, que llamaron al comandante de las tropas españolas, para que viniese a librarlos de una moneda que veían con más horror que la servidumbre."

La segunda de las causas de la caída y destrucción de la República fue según Bolívar, lo que podía derivarse del espíritu de misantropía que se habría apoderado de los gobernantes, que pudo haber sido lo que les impidió ver los peligros que corría el Estado, habiendo prevalecido en el gobierno valores de tolerancia, clemencia y respeto a la vida, que generaron impunidad y conspiraron contra la República.

Sobre esto, Bolívar en efecto se refirió *primero* a lo que consideró el "más consecuente error que cometió Venezuela al presentarse en el teatro político" que fue "la fatal adopción que hizo del sistema tolerante," que comenzó dando pruebas de "insensata debilidad," frente a "la ciudad subalterna de Coro," que no se incorporó al movimiento independentista, respecto de la cual la Junta Suprema en lugar de subyugarla "la dejó fortificar." Criticó así, la política de la Junta, fundada en:

> "los principios de humanidad mal entendida que no autorizan a ningún gobierno para ser por la fuerza libres a los pueblos estúpidos que desconocen el valor de sus derechos."

Segundo, sobre la ausencia de acción de la nueva República frente a Coro, Bolívar insistió en su Manifiesto que "el origen de la destrucción de Caracas, "no fue otro que el desprecio con que miró aquella ciudad la existencia de un enemigo que parecía pequeño, y no lo era considerándolo en su verdadera luz," refiriéndose a Coro, señalando que el Gobierno de Venezuela, no debió:

> "haber descuidado la extirpación de un enemigo, que aunque aparentemente débil tenía por auxiliares a la Provincia de Maracaibo; a todas las que obedecen a la Regencia; el oro y la cooperación de nuestros eternos contrarios, los europeos que viven con nosotros; el partido clerical, siempre adicto a su apoyo y compañero el despotismo; y sobre todo, la opinión inveterada de cuantos ignorantes y supersticiosos contienen los límites de nuestros estados."

Y tercero, Bolívar se refirió a la política de "impunidad de los delitos de Estado cometidos descaradamente por los descontentos," particularmente por los españoles que se habían quedado en el país, "para tenerlo incesantemente inquieto y promover cuantas conjuraciones les permitían formar nuestros jueces, perdonándolos siempre, aun cuando sus atentados eran tan enormes, que se dirigían contra la salud pública." Esa conducta, se quejó, "tenía su origen en las máximas filantrópicas de algunos escritores" que consideraban que nadie tiene la facultad "para privar de la vida a un hombre, aun en el caso de haber delinquido éste en el delito de lesa patria." Esa doctrina la consideró como una "piadosa doctrina," al abrigo de la cual:

> "a cada conspiración sucedía un perdón, y a cada perdón sucedía otra conspiración que se volvía a perdonar; porque los gobiernos liberales deben distinguirse por la clemencia. ¡Clemencia criminal, que contribuyó más que nada a derribar la máquina que todavía habíamos enteramente concluido!"

Finalmente también se refirió Bolívar al tema de la impunidad, como falla esencial del nuevo gobierno, al destacar que los "execrables crímenes" de los que justamente se acusaba a los sacerdotes al mezclar el terremoto de marzo de 1812 con ideas políticas, se animaba a los mismos a cometerlos:

> "porque la impunidad de los delitos era absoluta, la cual hallaba en el Congreso un escandaloso abrigo, llegando a tal punto esta injusticia que de la insurrección de la ciudad de Valencia, que costó su pacificación cerca de mil hombres, no se dio a la vindicta de las leyes un solo rebelde, quedando todos con vida, y los más con sus bienes."

La tercera de las causas de la caída de la República, según Bolívar, de acuerdo con lo que expresó en el Manifiesto, fue la falla en la política de Estado de establecer un cuerpo militar permanente que pudiese salvar la República. Denunció, en efecto, en el gobierno de la nueva República "la oposición decidida a levantar tropas veteranas, disciplinadas y capaces de presentarse en el campo de batalla, ya instruidas, a defender la libertad con suceso y gloria," habiéndose establecido, al contrario:

> "innumerables cuerpos de milicias indisciplinadas, que además de agotar las cajas del erario nacional con los sueldos de la plana mayor, destruyeron la agricultura, alejando a los paisanos de sus lugares e hicieron odioso el Gobierno que obligaba a éstos a tomar las armas y a abandonar sus familias."

El tema militar, así fue otra de las piezas fundamentales del Manifiesto sobre las causas de la caída de la República, criticando la tesis que había prevalecido en la República, de no "menester de hombres pagados para mantener su libertad," pensando que "todos los ciudadanos serán soldados cuando nos ataque el enemigo;" criterios que consideró "anti-políticos e inexactos raciocinios," que pudieron ser válidos en la antigüedad cuando "no pagaban ejércitos permanentes," pero era porque:

> "no los había, y sólo confiaban la salvación y la gloria de los Estados, en sus virtudes políticas, costumbres severas y carácter militar, cualidades que nosotros estamos muy distantes de poseer."

Al contrario, Bolívar abogó en su Mensaje por la necesidad de mantener un ejército, considerando como "una verdad militar que sólo ejércitos aguerridos son capaces de sobreponerse a los primeros infaustos sucesos de una campaña," y que al contrario lo que se probó en Venezuela fue un:

> "error de su cálculo, pues los milicianos que salieron al encuentro del enemigo, ignorando hasta el manejo del arma, y no estando habituados a la disciplina y obediencia, fueron arrollados al comenzar la última campaña, a pesar de los heroicos y extraordinarios esfuerzos que hicieron sus jefes por llevarlos a la victoria."

La cuarta y última de las causas de la caída de la República, según lo expresó Bolívar, también estuvo el terremoto del 26 de marzo, llegando a considerar que el mismo "trastornó, ciertamente, tanto lo físico como lo moral," afirmando que dicho acontecimiento podía "llamarse propiamente la causa inmediata de la ruina de Venezuela," como en efecto había sido por sus efectos destructivos

Sin embargo, para reforzar su crítica a la constitución de la República, afirmó que ese mismo suceso no habría producido:

"tan mortales efectos, si Caracas se hubiera gobernado entonces por una sola autoridad, que obrando con rapidez y vigor hubiese puesto remedio a los daños, sin trabas ni competencias que retardando el efecto de las providencias dejaban tomar al mal un incremento tan grande que lo hizo incurable."

Vinculado con los efectos devastadores del terremoto, Bolívar también se refirió a la "influencia eclesiástica" que después del terremoto, tuvo en "la sublevación de los lugares y ciudades subalternas, y en la introducción de los enemigos en el país, abusando sacrílegamente de la santidad de su ministerio en favor de los promotores de la guerra civil."

Todo este discurso relativo a las causas de la destrucción de Venezuela, concluyó en el Manifiesto con un párrafo, sin duda enigmático, en el cual Bolívar afirmó que:

"Así fue que apenas hubo un oficial traidor que llamase al enemigo, cuando se desconcertó la máquina política, sin que los inauditos y patrióticos esfuerzos que hicieron los defensores de Caracas, lograsen impedir la caída de un edificio ya desplomado por el golpe que recibió de un solo hombre."

¿A quiénes quiso referirse Bolívar? ¿A quién quiso referirse cuando habló de "un oficial traidor" que llamó al enemigo? ¿Sería a Francisco Fernández Vinoni, el oficial subalterno suyo que entregó el Castillo de Puerto Cabello que él comandaba, en su ausencia, a los españoles? ¿A quiénes y a qué momento se refirió cuando habló de "los inauditos y patrióticos esfuerzos que hicieron los defensores de Caracas"? ¿Defensores de Caracas? ¿Defensores contra quién y cuándo? Nadie en los últimos meses de la República había atacado a Caracas ¿A quién se refirió cuando habló de que dichos "defensores de Caracas," no lograron "impedir la caída de un edificio ya desplomado por el golpe que recibió de un solo hombre? ¿Se habría referido Bolívar a los "defensores" para impedir la caída de la República"? ¿Habrá sido una referencia a los de Caracas que el 29 de julio se opusieron a las Capitulaciones firmadas por Miranda? En la frase, el edificio desplomado obviamente era la República. Pero, ¿a quién se refirió como el "solo hombre" cuyo golpe provocó la caída del edificio ya desplomado? Esta, quizás, pudo haber sido la única referencia a Miranda que hizo Bolívar en el Manifiesto.

El resto del Manifiesto estuvo destinado a prevenir a los otros "pueblos de la América meridional, que aspiran a la libertad e independencia" a evitar los "errores e infortunios" y "escollos" que habían "destrozado" a Venezuela; y a alentar a la Nueva Granada "como una medida indispensable" para su seguridad, para apoyar "la reconquista de Caracas." Bolívar abogó por "la necesidad urgente de cerrarle las puertas al enemigo," rechazando cualquier "guerra defensiva" que consideraba "perjudicial y ruinosa para el que la sostiene; pues lo debilita sin esperanza de indemnizarlo," y considerando que no ir a la ofensiva "sería una falta militar y política inexcusable." Afirmó, finalmente, que: "Nosotros nos hallamos invadidos, y por consiguiente forzados a rechazar al enemigo más allá de la frontera," evaluando de lo que consideró era la situación del enemigo que "no sería imposible que llegasen nuestras tropas hasta las puertas de Caracas, sin haber dado una batalla campal." Y concluyo su manifiesto afirmando que:

> "El honor de la Nueva Granada exige imperiosamente escarmentar a esos osados invasores, persiguiéndolos hasta sus últimos atrincheramientos. Como su gloria depende de tomar a su cargo la empresa de marchar a Venezuela, a libertar la cuna de la independencia colombiana, sus mártires y aquel benemérito pueblo caraqueño, cuyos clamores sólo se dirigen a sus amados compatriotas los granadinos, que ellos aguardan con una mortal impaciencia, como a sus redentores. Corramos a romper las cadenas de aquellas víctimas que gimen en las mazmorras, siempre esperando su salvación de vosotros; no burléis su confianza; no seáis insensibles a los lamentos de vuestros hermanos.

Id veloces a vengar al muerto, a dar vida al moribundo, soltura al oprimido, y libertad a todos."

Para ese momento en el cual firmó el Manifiesto, la suerte de los tres protagonistas de los últimos días de la República ya estaba por supuesto definida: Miranda, preso, traicionado por Bolívar, permanecía en las mazmorras del Castillo de San Carlos en La Guaira, con grillos e incomunicado. Monteverde era el Jefe supremo en Venezuela donde había impuesto la "ley de la conquista," violando los términos de la Capitulación que había firmado con Miranda y la Constitución de Cádiz que se negaba a jurar, habiendo desatado una persecución implacable contra todos los que habían participado en la construcción de la República, privándoles la libertad, la vida y confiscándoles sus bienes. Y Bolívar, de las cenizas de su fracaso militar de Puerto Cabello, de su traición a Miranda y de haber salido de Venezuela, sin ser perseguido, con pasaporte otorgado de Monteverde por los servicios prestados a la Corona, comenzaba a definir su propio futuro, como militar, comenzando con su propuesta de liberar a Venezuela en lo que fue de allí en adelante una guerra a muerte, basada en la ley marcial que impuso en Venezuela, hasta liberarla de los españoles años después.

XII

LA ÚLTIMA AVENTURA EDITORIAL DE MIRANDA: EL LIBRO PUBLICADO EN LONDRES EN 1812 CON LOS DOCUMENTOS CONSTITUCIONALES DE LA INDEPENDENCIA DE VENEZUELA, QUE NUNCA LLEGÓ A VER *

El testimonio escrito más importante sobre el primer proceso constituyente desarrollado en América Latina en tiempos modernos, con ocasión del proceso de independencia de Venezuela de 1811, fue un libro extraordinario que apareció publicado en Londres durante el primer semestre de 1812, solo unos meses después de la sanción de la Constitución Federal de los Estados de Venezuela de 21 de diciembre de 1811, y unas semanas antes de la detención infame de Francisco de Miranda el 30 de julio de 1812 por sus subalternos a las autoridades españolas, en formato bilingüe Español/Inglés, titulado:

> *Interesting Official Documents relating to the United Provinces of Venezuela. viz. Preliminary Remarks, The Act of Independence. Proclamation, Manifesto to the World of the Causes which have impelled*

---

*   Este texto es en parte tomado de la "Introducción General," del libro: Allan R. Brewer-Carías, *Documentos Constitucionales de la Independencia/ Constitucional Documents of the Independence 1811* (que contiene la edición facsimilar del libro *Interesting Official Documents relating to the United Provinces of Venezuela,* In Spanish and English, London 1812), Colección Textos Legislativos N° 52, Editorial Jurídica Venezolana, Caracas 2012.

the said provinces to separate from the Mother Country; together with the Constitution framed for the Administration of their Government. In Spanish and English," Printed for Logman and Co. Paternoster-Row; Dulau, Soho-Square; Harding, St. James's Street; W. Mason, N° 6, Holywell Street, Strand, &c&c, London 1812.[665]

Dicho libro contiene la más completa colección de los documentos constitucionales oficiales de mayor importancia que resultaron del proceso de independencia de Venezuela de 1811 y que sirvieron para el establecimiento de un nuevo Estado (de las Provincias Unidas de Venezuela) en lo que antes habían sido las antiguas colonias españolas de Tierra Firme, que en 1777 habían sido agrupadas en la Capitanía General de Venezuela; proceso constituyente que ocurrió en el Continente americano incluso antes de que las *Cortes Generales* de España sancionaran la Constitución de la Monarquía Española de Cádiz, el 18 de marzo de 1812.

Se trata de una verdadera joya bibliográfica de la historia de Hispano América, y de una obra maestra editorial, adornada con muchas viñetas de buen gusto, de agradable presentación,[666] y con una portada en blanco y negro, como por supuesto eran las de la época, la cual tiene en la parte superior el título simplificado del libro: *Documentos Interesantes relativos a Caracas / Interesting Documents relating to Caracas;* y en la parte inferior de la página, un grabado de T. Wogeman con una alegoría no tanto "al gusto de la época" como se ha dicho,[667] sino en realidad reproduciendo lo

---

[665] Véase la edición facsimilar del libro en la obra Allan R. Brewer-Carías, *Documentos Constitucionales de la Independencia/ Constitucional Documents of the Independence 1811* (que contiene la edición facsimilar del libro *Interesting Official Documents relating to the United Provinces of Caracas*), Colección Textos Legislativos N° 52, Editorial Jurídica Venezolana, Caracas 2012. El libro de Londres tenía una portada con el título: *Interesting Documents.*

[666] Véase Carlos Pi Sunyer. *Patriotas Americanos en Londres (Miranda, Bello y otras figuras),* (Ed. y prólogo de Pedro Grases), Monteávila Editores, Caracas 1978, p. 211.

[667] Véase Carlos Pi Sunyer. *Patriotas Americanos en Londres (Miranda, Bello y otras figuras),* (Ed. y prólogo de Pedro Grases), Monteávila Editores, Caracas 1978, p. 211.

que fue el escudo de armas oficial del nuevo Estado independiente y soberano, que había sido formalmente aprobado por el Congreso General de las Provincias de Venezuela el día 9 de julio de 1811, y que se había ordenado incluir en la bandera oficial del Estado.[668]

El diseño de la bandera se había encomendado el mismo día en el cual se aprobó la Declaración de Independencia de Venezuela, por el Congreso General de las Provincias Unidas, el 5 de julio de 1811, a una Comisión compuesta por Francisco de Miranda, Lino de Clemente y José de Satta y Bussy, cuya propuesta fue la aprobada, estando formada con los colores amarillo, azul y rojo en franjas desiguales, más ancha la primera que la segunda, y ésta más que la tercera; ubicándose sobre la franja amarilla, en el extremo superior izquierdo, el Escudo de armas.

Este se configuró, precisamente, como la alegoría que engalana la portada del libro londinense, conformada con tres figuras: una india sentada en una roca, que representaba América, portando en la mano izquierda una asta rematada por un gorro frigio (que fue el emblema de la libertad durante la Revolución francesa), rodeada por diversos símbolos del desarrollo: el comercio, las ciencias, las artes, un caimán y vegetales. Al pie de la roca el mar y una fragata. A la derecha de la india, la otra figura de mujer simbolizando la República, que portaba una pluma y una tablilla con la inscripción "Colombia," en referencia por supuesto a "América" en la concepción de Miranda. La tercera figura, a su izquierda, era un querube con una corneta en una mano y en la otra un pergamino con el título "Constitución de Venezuela."

Por orden del Poder Ejecutivo republicano, la Bandera con ese escudo fue izada oficialmente por primera vez en caracas el 14 de julio de 1811, coincidiendo con el aniversario de la revolución francesa.

Menos de un año después, el Escudo aparecía en la portada de este importante libro, el cual, a pesar de que todo su contenido se

---

668 Véase "*Evolución histórica de la Bandera Nacional*," en: http://www.efemeridesvenezolanas.com:80/html/evolucion.htm.

refería a Venezuela, sin embargo no fue editado ni publicado en la ciudad de Caracas que era precisamente donde se habían elaborado los documentos que contenía, y donde en el momento se estaban produciendo los hechos políticos que en los mismos se registraban.

El libro, en cambio, se editó y publicó deliberadamente en Londres, por orden del propio gobierno de Venezuela, y sin duda bajo las instrucciones editoriales de Miranda, que bien conocía la importancia de la difusión de las ideas en inglés para explicar en Europa lo que en América hispana estaba ocurriendo. Por eso la singular edición bilingüe del mismo, única en su tipo para la época, con el texto en inglés en las páginas impares y el texto castellano en las pares, que considero fue la gran y última empresa editorial de Miranda ya preso para cuando el libro salió de la imprenta, fue impresa por W. Glidon, *Rupert Street, Haymarket*, para las siguientes librerías: Longman and Co. Paternoster-Row; Dulau, *Soho-Square*; Hartding, *St. James's Street*; y W. Mason, N° 6, *Holywell Street*, Strand, & c. & c.

Después de esa edición londinense que salió a mitades de 1812, nunca más se volvió a publicar el libro en su versión original, ni siquiera en Venezuela, hasta que con ocasión de su bicentenario lo reproduje en forma facsimilar en Caracas, en 2012.[669]

Esta extraordinaria y muy bella pieza editorial, como se dijo, tenía la intención de explicar en inglés y español, en Europa, en el mismo momento en el cual los hechos y acontecimientos a los cuales se refería se estaban sucediendo; las razones y motivos que ha-

---

669   Véase Allan R. Brewer-Carías, *Documentos Constitucionales de la Independencia/ Constitucional Documents of the Independence 1811* (que contiene la edición facsimilar del libro *Interesting Documents relating to Caracas/ Documentos Interesantes relativos a Caracas; Interesting Official Documents relating to the United Provinces of Caracas, viz. Preliminary Remarks, The Act of Independence. Proclamation, Manifesto to the World of the Causes which have impelled the said provinces to separate from the Mother Country; together with the Constitution framed for the Administration of their Government. In Spanish and English,"* London 1812), Colección Textos Legislativos N° 52, Editorial Jurídica Venezolana, Caracas 2012.

bían tenido los próceres civiles fundadores de la República para desarrollar las acciones políticas que desde 1808 había tenido lugar en Caracas y que desembocaron en la independencia de Venezuela respecto de España, lo que con el correr del tiempo luego sería el inicio del proceso de independencia de toda la Hispanoamérica.

Estas razones habían sido resumidas por los miembros del Congreso de las provincias confederadas de Venezuela en un documento titulado *Manifiesto que hace al mundo la Confederación de Venezuela en la América Meridional*, de fecha el 30 de julio de 1811, y que está incluido en el libro, en el cual se explicaron "las razones en que ha fundado su Absoluta Independencia de la España, y cualquiera otra dominación extranjera."

Asimismo, el libro está precedido de unas *Observaciones Preliminares* en las cuales sin indicación de su autor, se explica y justifica la propia aparición de la edición de los textos oficiales de la República en Londres, con la inclusión de los documentos más importantes que adoptó y sancionó el Congreso General de la Confederación de Venezuela, para lo cual la versión en castellano que especialmente traducida al inglés, y que fueron los siguientes: parte de la *Declaración de los Derechos del Pueblo* del 1º de julio 1811, el *Acta de Independencia* del 5 de julio de 1811, y la *Constitución de la Confederación de los Estados de Venezuela* del 21 de diciembre de 1811. Es de destacar, que la traducción de todos esos documentos al inglés necesariamente los próceres la fueron haciendo apenas fueron escritos o sancionados, entre julio y diciembre de 1811, que es lo único que explica su aparición después de marzo de 1812.

El Congreso General que aprobó todos esos textos que formaron el libro fue sin duda una asamblea constituyente, siendo la primera de su especie, convocaba por primera vez en la América hispana, integrada por diputados electos en representación de siete de las nueve provincias que comprendían la antigua Capitanía General de Venezuela.

El Congreso, para declarar la independencia de las Provincias de España, por supuesto que tuvo que desconocer todas las autoridades españolas, no sólo las que gobernaban en las colonias, sino también a los que gobernaban desde la Península, en particular, al Consejo de Regencia de la Monarquía española, y a las propias *Cortes Generales* de Cádiz.[670]

Para ello, los próceres que integraron la Asamblea, asumieron el reto histórico de construir un nuevo Estado independiente, montado sobre los principios del constitucionalismo moderno tal como se habían estado consolidando en esos tiempos, que giraban en torno a las ideas e ideales de independencia política; soberanía del pueblo; sufragio, representación y participación de los ciudadano; separación de poderes; derechos y deberes del hombre, en especial, libertad de pensamiento, igualdad política y civil de los hombres libres, derechos de los indígenas, y prohibición del tráfico de esclavos.[671]

Los documentos del libro, por tanto, eran los más importantes que podían contribuir, en 1812, a explicar la situación de Venezuela en la lucha por su independencia ya declarada respecto de España. Es por eso que en el libro, se destaca el texto del *Acta de Independencia* del 5 de julio de 1811, que contiene "la declaración solemne que hizo el Congreso General de Venezuela de la independencia absoluta de esta parte de la América Meridional"; el texto de algunos artículos de la *Declaración de los derechos del pueblo* de 1º de julio de 1811; el texto íntegro de la *Constitución de la Confederación de los Estados de Venezuela* del 21 de diciembre de 1811;[672] y el ya mencionado "*Manifiesto que hizo al mundo la Confederación de Venezuela en la América Meridional*" de 30 de julio 1811, "formado y mandado publicar por acuerdo del Congreso General de sus

---

670 Sobre los aspectos constitucionales del proceso de independencia de Venezuela desde 1810. Véase Allan R. Brewer-Carías, *Historia Constitucional de Venezuela*, Tomo I, Editorial Alfa, Caracas 2008, pp. 195-278.

671 Véase Juan Garrido Rovira, *El Congreso Constituyente de Venezuela*, Bicentenario del 5 de julio de 1811, Universidad Monteávila, Caracas 2010, p. 12.

672 Véase el texto de estos documentos en Allan R. Brewer-Carías, *Las Constituciones de Venezuela*, Academia de Ciencias Políticas y Sociales, Caracas 2008, Tomo I, pp. 545-579.

Provincias Unidas," y firmado en el "Palacio Federal de Caracas," dedicado a expresar "las razones en que se ha fundado su absoluta independencia de España, y de cualquiera otra dominación extranjera."

Todos estos documentos, como se señaló en el *Manifiesto*, tenían el propósito de asegurar a los "¡Hombres libres, compañeros de nuestra suerte!" particularmente de Europa, que pudieran dar una "mirada imparcial y desinteresada" sobre lo que estaba ocurriendo en Venezuela.

Dada la ausencia de textos en inglés que ofrecieran datos sobre el proceso de independencia que se había iniciado formalmente en Hispano América con los sucesos de Caracas de 1810, con este libro se pretendía, como se afirmó en las *Observaciones Preliminares*, ilustrar sobre la situación de Venezuela, que había sido la primera provincia en el Nuevo Mundo "en romper las cadenas que la ligaban á la Madre Patria," luego de dos años (desde 1808) "empleados en vanos esfuerzos para obtener reformas y desagravios." Por la frustración en lograrlo se precisó que "después de haber sufrido cuantos oprobios é indignidades pudieron acumularse sobre ella" el Congreso había terminado "proclamado por fin aquel sagrado é incontestable derecho que tiene todo pueblo para adoptar las medidas más conducentes á su bienestar interno, y más eficaces para repeler los ataques del enemigo exterior."

A tal efecto, en las mismas *Observaciones Preliminares* se expresó que "la urgencia de las causas que han compelido" a los próceres de las Provincias "a esta medida extrema" eran precisamente las que se explicaban en el *Manifiesto* que el Congreso dirigía al mundo imparcial. Se mencionó también que "la justicia, de las miras de sus representantes, dirigidas a la salud de sus constituyentes," quedaba reflejada tanto "en la Constitución formada para la formación y administración de las leyes, como en el resultado de sus declaraciones solemnes", afirmándose que, desde la independencia, "los habitantes de Venezuela han visto por la primera vez definidos sus derechos y aseguradas sus libertades."

En fin, se afirmaba en las *Observaciones Preliminares,* además, que "en los documentos que componen este volumen, no se hallarán ni principios menos grandes, ni consecuencias menos justas, que en las más celebres medidas de las Cortes, cuya liberalidad y filantropía es harto inferior á la de los Americanos," indicando que "el ejemplo que da Venezuela al resto de la América Española" era "como la Aurora de un día sereno."

A pesar de todas las explicaciones, sin embargo, los redactores de documento no dejaban de expresar su temor respecto de la continuidad del extraordinario proceso de independencia que habían iniciado, el primero en la América hispana, expresando que "¡Ojala que ninguna ocurrencia siniestra retarde ó impida los progresos" de la causa de la independencia Hispano Americana que se iniciaba con la Revolución de Caracas!

Pero precisamente, las ironías políticas del destino de los pueblos fueron las que quisieron que esas "siniestras ocurrencias" o eventos desafortunados acaecieran efectivamente, incluso coincidiendo con la aparición del libro en Londres, cuando el mismo comenzara a circular en las librerías en Inglaterra. Para ese momento, para cuando el libro llegó a los estantes de la librería *Dulau*, en la plaza Soho en Londres, tan querida para Miranda, el gobierno de la República independiente cuyos documentos oficiales contenía, y que explicaba las razones de su independencia, trágicamente, era ya una cosa del pasado. La República se había derrumbado luego de la invasión de su territorio desde Puerto Rico, por el ejército español allí acantonado y dispuesto para "pacificar" a las provincias rebeldes, y lograr la inevitable capitulación militar de las fuerzas republicanas.

Esta sola trágica coincidencia provocó que después que se completó la edición, el libro hubiera permanecido en los estantes de librerías y de bibliotecas, como curiosidad bibliográfica y hubiera caído en el más absoluto de los olvidos. Es decir, desde que apareció en 1812, el libro que había sido preparado y editado con tanto esmero por los agentes de la nueva República, al salir de la imprenta se convirtió en un texto obsoleto, y nunca más fue reeditado. En él, en realidad, se hablaba de una República que ya no existía, por lo que se perdió interés en el mismo. Habiendo sido publicado en

Londres, y sin una República a la cual promover, las copias de la primera edición casi desaparecieron, conservándose algunas, si acaso, en estantes viejos de bibliotecas universitarias.

Sólo fue siglo después de su publicación, a principios del siglo XX, cuando alguna atención se prestó a un ejemplar del libro "descubierto" en una librería de libros antiguos en Europa por un miembro de la Academia Nacional de la Historia de Venezuela, quien la llevó a Caracas, como una gran novedad, pues antes ningún ejemplar había llegado al territorio venezolano.

El libro entonces fue estudiado por los miembros de dicha Academia Nacional, donde debido a la pérdida del original manuscrito del Acta de la independencia, se debatía sobre la autenticidad de las copias y publicaciones que entonces existía. Por ello, ante la aparición del libro de Londres en Caracas, y luego de haber sido objeto de un estudio especial por parte de la Academia, ésta emitió un dictamen formal sobre el tema de la autenticidad del Acta de la Independencia, concluyendo que precisamente la versión autentica de la misma era nada más ni nada menos que la contenida en el libro de Londres; que sin duda, apenas se firmó en Caracas fue enviada a Londres para su traducción de manera que su texto no pudo ser contaminado, como ocurrió con ediciones sucesivas en Caracas, en las cuales se agregaron y quitaron firmantes.

Esta opinión académica fue acogida y respaldada por el Gobierno nacional al punto de haber dictado el presidente de la República, Cipriano Castro, en mayo de 1903, un decreto[673] en el cual afirmó que, puesto que el libro estaba agotado y sólo existía una copia en Venezuela que había sido la adquirida por un miembro de la Academia Nacional de la Historia, se ordenaba la publicación de los documentos de la edición original, aún cuando sólo en la versión en castellano,[674] apareciendo los documentos en los *Anales de Venezuela* editados en 1903.

---

673 Publicado en *Gaceta Oficial* N° 8863 de 28 de mayo de 1903.
674 Véase "Prólogo" a los *Anales de Venezuela,* Academia Nacional de la Historia, Caracas, 1903. La versión en español de la Observaciones Preli-

En esa forma, repentinamente, el olvidado libro londinense adquirió un valor e importancia inusitados, aun cuando no por mucho tiempo, pues pocos años después, al aparecer el original manuscrito del Acta de la Independencia, volvió a caer en el olvido.

En efecto, cuatro años después de la decisión oficial del gobierno de 1903 sobre la copia auténtica de la Declaración de Independencia de 1811, en 1907, tanto el manuscrito original perdido de dicha Declaración como casi todos los textos del Congreso que estaban incluidos en el libro de 1812, fueron encontrados en un casual descubrimiento, como se producen casi todos los descubrimientos, con la participación del historiador Francisco González Guinand. Este encontró, efectivamente, en posesión de dos familias en Valencia, todos los documentos incluidos en dos gruesos volúmenes manuscritos donde estaban todas las actas de las sesiones del Congreso General de 1811; ciudad en la cual habían permanecido pues cuando cayó la República en julio de 1812, el Congreso había recién comenzado a funcionar en Valencia (desde marzo de 1812) que había sido declarada como Capital Federal de la República.

En esa ciudad, los dos grandes volúmenes que contenían estos preciosos documentos se habían mantenido durante un siglo en manos privadas, y se utilizaban sin percatarse sus dueños de su contenido, como cuerpos duros colocados en un banco de piano para que

---

minares que precede a diversos documentos del libro se publicó en J.F. Blanco y R. Azpúrua, *Documentos para la Historia de la Vida Pública del Libertador de Colombia, Perú y Bolivia. Puestos por orden cronológico y con adiciones y notas que la ilustran*, La Opinión Nacional, Vol. III, Caracas 1877, Edición facsimilar: Ediciones de la Presidencia de la República, Caracas 1977, 1983, Tomo III, pp. 391-395. El texto completo de la versión en español de los documentos se publicaron también en 1959 en el libro titulado: *La Constitución Federal de Venezuela de 1811 y Documentos Afines* ("Estudio Preliminar" por Caracciolo Parra-Pérez), Biblioteca de la Academia Nacional de la Historia, Sesquicentenario de la Independencia, Caracas 1952, 238 pp. Fue reimpreso por la Fundación Polar en Caracas, 2009.

los jóvenes alumnos de clases privadas pudiesen alcanzar las teclas del instrumento.[675]

Después de este descubrimiento, el hecho es que la edición bilingüe del libro londinense de 1812 fue de nuevo ignorada por completo, y nunca más se reeditó hasta 2012, luego que me encontré un ejemplar original del perdido libro, también casualmente.

Y así fue. Hasta 2009 yo nunca había visto un ejemplar del libro londinense, ni tenía realmente noticia de su forma de edición bilingüe ni de su completo contenido. Recordaba, sí, haber visto años atrás una reproducción de los textos incluidos en el libro londinense, con una reproducción facsimilar solo de la portada del mismo, y que fueron publicados en un libro que editó la Academia Nacional de la Historia en 1959, titulado *La Constitución Federal de Venezuela de 1811 y Documentos Afines,* con un "Estudio Preliminar" redactado por Caracciolo Parra-Pérez, en la Colección Biblioteca de la Academia Nacional de la Historia, Sesquicentenario de la Independencia, Caracas 1952, 238 pp., el cual durante tantos años, yo había leído y utilizado en mis estudios, y aún conservo en mi biblioteca.

Pero en relación con el libro de Londres en sí mismo, nada más. Se trataba de un viejo recuerdo sobre una vieja portada con la alegoría indicada, que nada me decía, pues en ese libro de la Academia de 1959 no había ningún texto en inglés de los documentos de la independencia que permitiera vincular su contenido con alguna otra publicación. El libro de 1959, en efecto, sólo tenía los textos en español de los documentos constitucionales de la independencia que por lo demás eran más que conocidos por los estudiosos de la historia constitucional, y que yo mismo había recopilado en el libro sobre *Las Constituciones de Venezuela*, editado por la Academia de Ciencias Políticas y Sociales, Caracas 1975.

---

675 Véase Ramón Días Sánchez, "Estudio Preliminar" in *Libro de Actas del Supremo Congreso de Venezuela 1811-1812*, Academia Nacional de la Historia, Caracas 1959, pp. 11-13.

En realidad, la primera vez que me topé con un ejemplar original del libro londinense de 1812, *Interesting Official Documents Relating to the United Provinces of Venezuela / Documentos Interesantes relativos a Caracas,* fue en 2009, con ocasión de una reunión informal que tuve con un viejo amigo desde nuestra temprana juventud, Diego Arria Salicetti, en su casa en Nueva York. Lo encontré al ver estampado en el lomo de un libro el título *Documents on Venezuela,* mientras lo esperaba en su biblioteca, repasando en visual rápida los diversos libros que estaban en los estantes que tenía a la vista; lo que siempre suelo hacer al entrar en una biblioteca, pues entre otras cosas, no sólo de ello uno siempre aprende, sino que además permite conocer los intereses de su dueño.

Siempre he pensado que los libros son, efectivamente, los que deben considerarse como los mejores amigos del hombre – no los perros –. Los libros, además de ser buenos compañeros, incluso de viaje, siempre ilustran, advierten, enseñan, aconsejan, distraen, aceptan ser obsequiados, y siempre están allí, a nuestra disposición. Por ello es que hay que cuidarlos, y si son muchos, donarlos, o incluso venderlos, de manera que puedan efectivamente pasar a otras manos amigas. Jamás botarlos, y menos aún quemarlos. Ello sólo lo hacía la Inquisición, y en tiempos modernos y grotescamente contemporáneos, los gobiernos fascistas, o quienes los sirven. Por ello, no olvidaré jamás, pues no es posible, lo que supe en 2002, con horror, sobre algún intento – no sé a ciencia cierta su extensión – de grupos de asaltantes universitarios que ofrecieron, pidieron, ejecutaron quemar unos libros míos por mi oposición al régimen político de mi país.

Pues bien, revisando los libros de la biblioteca de mi anfitrión, me encontré con uno sin duda viejo, como lo que indicaba la pasta del encuadernado, con esa sola inscripción en el lomo de tratarse de *Documents on Venezuela.*

Lo hojeé con delicadeza, pues al abrirlo constaté que se trataba de una edición original de 1812, y quedé no sólo sorprendido, sino maravillado. Como indiqué, a pesar de todos mis estudios sobre la historia constitucional de Venezuela, en ese momento no tenía conocimiento de la existencia siquiera del libro que tenía a la vista, con la edición bilingüe, Inglés-Español, de los documentos constitucionales de la Independencia de Venezuela que habían sido elaborados y sancionados en Caracas en 1811, solo unos meses antes de la publicación del propio libro en Londres.

Me pregunté a mi mismo sobre lo que estaba viendo, por lo que al entrar mi anfitrión a la biblioteca lo primero que hice fue preguntarle sobre donde había conseguido el libro, y cómo había llegado a sus manos. Mi anfitrión sabía que se trataba de un ejemplar bibliográfico valioso, pero no tan valioso como yo ya lo había calibrado y valorado. Después de haber pasado varias décadas estudiando el constitucionalismo histórico venezolano, por lo cual conocía perfectamente todos y cada uno de los textos que estaban en el libro, sabía de su importancia y originalidad, y más por el hecho de que se habían publicado en Londres, todos juntos en 1812 y además, traducidos al inglés, solo unos meses después de que se hubiesen escrito.

El dueño de la biblioteca me explicó que lo había adquirido en una de las librerías de libros viejos de la Calle Corrientes de Buenos Aires, donde tantas veces yo mismo había estado comprando libros, explicándome que lo había comprado pues también le había llamado la atención la edición. Y hasta allí llegó nuestra conversación sobre el libro.

Cuando concluyó nuestra entrevista, por el interés que mi anfitrión había notado que me había despertado el libro, amablemente me lo ofreció en préstamo para que lo estudiara detenidamente. Recordamos juntos entonces, el viejo dicho que aconseja que no deben prestarse libros, pues nunca vuelven. Sin embargo, a pesar de ello, me lo llevé con toda la confianza de su dueño de que se lo devolvería, como en efecto ocurrió.

El estudio detallado del mismo, al cual dediqué muchas horas, provocó en mí una aún mayor curiosidad e interés, al punto de que me surgió la necesidad imperiosa de tener un ejemplar en mi poder, por lo que me puse a buscarlo en las ofertas de libros antiguos en Internet. Después de muchos intentos logré mi objetivo, y conseguí un ejemplar en muy buen estado que tenía un librero de libros viejos de New Haven, Connecticut, de manera que al poco tiempo ya tenía en mis manos un ejemplar, que provenía – según el sello seco que tiene estampado en la página 4 – de la Biblioteca de una *Statistical Society of* [...] (ilegible) donde habría ingresado en 1834. Teniendo el ejemplar en mis manos, le pude entonces devolver entonces sano y salvo su ejemplar a quien me lo había prestado.

Por otra parte, supe que, en Caracas, había un ejemplar que estaba en la Biblioteca Nacional, Sala Manuel Arcaya (Sala de Libros Raros), con la información de que el mismo habría pertenecido a Arístides Rojas. Era evidente que en Venezuela los documentos contenidos en el libro eran más que conocidos, pero no así su versión original bilingüe, la cual era completamente desconocida.

El libro de 1812, fue, sin duda, la primera publicación que se hizo, en conjunto, de todos los principales documentos constitucionales del extraordinario proceso de Independencia de Venezuela, todos escritos y aprobados democráticamente por los representantes del pueblo en 1811 para asegurar las bases constitucionales del nuevo Estado. En Venezuela no se hizo una edición similar, habiendo sido publicados todos los textos en forma aislada, en castellano obviamente, en la *Gaceta de Caracas*.

Por su disposición, resultaba claro deducir que la edición de Londres fue una edición oficial, es decir, el resultado de un proyecto político gubernamental diseñado por las nuevas autoridades republicanas durante 1811 para explicar al mundo y dar a conocer los detalles del proceso político venezolano, particularmente en Inglaterra, donde Francisco de Miranda al viajar hacia Caracas, había dejado raíces bien arraigadas precisamente en el mundo editorial.

Precisamente por tratarse de una iniciativa oficial, el libro no tiene autor, y ni siquiera las *Observaciones Preliminares* que lo preceden, donde se explican los propósito del mismo, aparecen con firma de autoría alguna.

Muchos intentos se hicieron para tratar de identificar el o los autores materiales de dichas *Observaciones Preliminares*. Así, por ejemplo, Carlos Pi Sunyer se la atribuyó a Andrés Bello, quien para el momento de la confección editorial y aparición del libro, se encontraba en Londres, y quien sin duda tuvo a su cargo asegurar la impresión, pues se había quedado en la ciudad desde cuando en junio de 1810 viajó como secretario de la Delegación oficial del nuevo gobierno de Venezuela ante el reino Unido, compuesta por Simón Bolívar y Luis López Méndez. La deducción de Pi Suñer derivó de la referencia hecha por Fray Servando Teresa de Mier, quien había sido uno de los aliados de Francisco de Miranda en Londres, y quien en uno de sus escritos se refirió al texto sobre "la insurrección de Venezuela" como "un sólido y elocuente opúsculo del Secretario de la Legación."[676] Bello, como Secretario de la Legación venezolana, sin duda, había sido el artífice de la edición, pero no el redactor de las *Observaciones Preliminares* del libro. Por ello, por ejemplo, Caracciolo Parra-Pérez consideró que probablemente fue Miguel José Sanz quien las escribió, afirmando adicionalmente que "sin duda, fueron revisadas por Bello."[677] Y sin duda, a pesar de que Bello, estando en Londres, efectivamente revisó y editó todo el material, la autoría de las *Observaciones Preliminares* tampoco fue de Sanz, aun cuando también sin duda haya participado en su elaboración.

La verdad es que basta leer cuidadosamente el texto de las *Observaciones Preliminares* para constatar que sus autores, que fueron varios, fueron los mismos redactores de los documentos constitucionales oficiales que conforman el libro, es decir, que al igual que estos, fueron escritas por muchas plumas, precisamente las de los padres fundadores de la República, todos civiles, con Juan Germán Roscio a la cabeza.

---

676 Esta es la opinión de Carlos Pi Sunyer, *Patriotas Americanos en Londres...*, *op. cit.*, pp. 211-223. Véase el comentario en Ivan Jasksic, *Andrés Bello. La pasión por el orden*, Editorial Universitaria, Imagen de Chile, Santiago de Chile 2001.

677 Véase Caracciolo Parra-Pérez, "Estudio Preliminar" en *La Constitución Federal de Venezuela de 1811 y Documentos Afines,* Biblioteca de la Academia Nacional de la Historia, Sesquicentenario de la Independencia, Caracas 1952, p. 12.

En otros términos, teniendo en cuenta que el libro fue publicado bajo los auspicios del nuevo Gobierno para expresar su posición en relación con el proceso de independencia, no es posible creer que los mismos autores de los documentos no hubieran participado de modo alguno en la elaboración de las *Observaciones Preliminares* en las que sus mismos puntos de vista fueron plasmados y resumidos.[678] Ello es claro, particularmente en el caso de Roscio, quien era el Ministro de Relaciones Exteriores, de quien dependía la legación, y quien sin duda, por su amistad personal con Bello fue el artífice de los sucesivos envíos de los documentos a Inglaterra durante el segundo semestre de 1811 y las primeras semanas de 1812, todo ello, sin duda con el conocimiento y la dirección de Miranda, que era quien conocía el mundo londinense.

Es decir, fue precisamente durante el tiempo en el cual Miranda y sus colaboradores desde los años londinenses, principalmente Campomanes y Antepara, se encontraban en Caracas en la difusión de las ideas independentista a través de William Burke, cuando se desarrolló el proceso de edición del libro en Londres que sin duda estuvo a cargo de Andrés Bello.

Para esa tarea, Bello tenía toda la capacidad necesaria: no sólo por haber sido el editor de la *Gaceta de Caracas* de 1808 a 1810, sino que antes, por su experiencia muy importante en el gobierno colonial en Venezuela, como Oficial Mayor de la Capitanía General. También, en los meses previos a su viaje a Londres había sido un cercano colaborador de Juan Germán Roscio, Secretario de Relaciones Exteriores de la Junta Suprema.

Bello, por lo tanto, estaba preparado para manejar el proceso de edición y publicación de tan importante testimonio, el cual asumió

---

678   Además, leyendo las *Observaciones Preliminares* y el *Manifiesto*, es evidente la presencia de la misma pluma que participó en la redacción de algunos escritos de William Burke, como por ejemplo, las consideraciones sobre el significado de la promesa de Fernando VII del término la patria en relación con España. Véase William Burke, *Derechos de la América del Sur y México*, vol. 1, Academia de la Historia, Caracas 1959, pp. 239 y 243.

hospedándose en la propia casa de Miranda, en su calidad de Secretario de la Delegación Venezolana ante el Gobierno Británico, que fue una posición que le permitió continuar con los contactos y las relaciones que había establecido Miranda con la comunidad de habla hispana en Londres. Entre los miembros de la misma, particular referencia debe hacerse a José María Blanco y Crespo, más conocido como Blanco-White, quien era un distinguido español de Sevilla, exiliado en Londres, editor en 1810 del periódico *El Español*, publicado en castellano en Londres por el librero francés Dulau.[679]

Blanco-White fue uno de los primeros europeos que defendió el proceso de independencia en la América Hispana,[680] y como él estaba relacionado con el mundo editorial de la ciudad, él debe haber sido, sin duda, el vehículo mediante el cual Bello, que había permanecido en estrecho contacto con Roscio, tomó a su cargo la edición del libro,[681] con el mismo librero francés, Dulau, quien tenía su Librería en la plaza Soho de Londres, y quien había sido el mismo editor, entre otros de unos importantes libros publicados en Londres por William Burke, sobre la independencia de América Hispana, en los cuales Miranda estuvo tan involucrado.

Bello, por lo demás, como encargado del proceso de edición del libro londinense con los *Documentos de la Independencia*, no sólo debió haber hecho importantes esfuerzos de edición, incluso debe haber sido el responsable de los comentarios añadidos como pie de páginas agregados al texto, particularmente el que hizo referencia al

---

679   Véase *The Life of the Reverend Joseph Blanco White, written by himself with portions of his correspondence*, John Hamilton Thom, London 1845 (Sevilla 1988), p. 22.

680   El Acta de Independencia fue publicado en *El Español*, Nº XVI, London, October 30, 1811, p. 44. Véase el texto en Juan Goytisolo, *Blanco White. El Español y la independencia de Hispanoamérica,* Taurus 2010, pp. 197 ss. Por esta razón, entre otras cosas, el Consejo de Regencia prohibió su difusión en América.

681   Esta es la misma impresión de Carlos Pi Sunyer, *Patriotas Americanos en Londres. Miranda, Bello y otras figura*s, Monteavila Editores, Caracas 1978, pp. 217-218.

terremoto de marzo de 1812, y quizás, las referencias en el texto, por ejemplo, a las obras de "nuestro inimitable Locke," y tal vez a la de Montesquieu.

El hecho es que todos los documentos incluidos en el libro fechados entre julio y diciembre de 1811, fueron enviados materialmente a medida que se iban sancionado, a Londres, consignados a Andrés Bello, quien para los primeros meses de 1812 ya los tenía todos en su poder, de manera que pudo editar y hacer publicar el libro en forma muy expedita, en cuestión de pocos meses, incluyendo en el proceso, la supervisión de la traducción de los textos al inglés.

Por supuesto, toda esta tarea no fue nada fácil. La navegación entre La Guaira y Portsmouth en Inglaterra, era un viaje bastante complicado el cual por lo general tomaba varias semanas o meses, y las copias de los documentos eran manuscritas, como también era el caso de las traducciones. En cualquier caso, incluso en Londres, en esa época, la impresión de libros era también una labor tipográfica importante.

Pero a pesar de todos estos factores, la verdad es que la publicación del libro en Londres se hizo en un tiempo récord, como estaba previsto, estando, además, apoyado y financiado por los emisarios del recién independiente nuevo gobierno venezolano.

Pero la vida no siempre sigue el camino diseñado por los hombres, y los libros no siempre salen de la imprenta como lo han previsto sus autores o editores. En este caso, un libro que fue concebido para servir como explicación escrita del proceso de independencia de Venezuela, debido a los acontecimientos políticos que tuvieron lugar en el nuevo Estado mientras el libro estaba en proceso de distribución al concluir la impresión en Londres, resultó ser una especie de trágica publicación oficial "post mortem," que comenzó a estar disponible a los lectores cuando la recién nacida República que se publicitaba ya se había derrumbado y sus instituciones, creadas mediante los documentos publicados en el libro, estaban desapareciendo como consecuencia de la invasión militar de las provincias a cargo del ejército español de "pacificación," cuyo centro de operaciones lo había establecido la Regencia en Puerto Rico.

Un aspecto está claro en el proceso de publicación del libro, y es que su edición tuvo que haber sido terminada, con seguridad, después de la fecha del terremoto que devastó Caracas y a las Provincias unidas, y desmoralizó al gobierno republicano, y que tuvo lugar el 26 de marzo 1812, lo que se evidencia de la nota al pie de página colocada al artículo 67 de la Constitución de 1811, sin duda por Andrés Bello durante la edición, y que está en la parte inferior de la página del texto en Inglés.[682] Ello implica, además, que la edición salió a la luz pública, también, después de la promulgación de la Constitución de Cádiz lo que ocurrió el 18 de marzo de 1812, unos días antes del terremoto.

Por otra parte, es seguro que la composición final del libro también se habría completado antes de que llegara a Londres la noticia de la Capitulación firmada el 25 de julio 1811 entre los enviados de Francisco de Miranda y el Comandante del Ejército español, Domingo Monteverde, y a través de la cual el territorio de la República de Venezuela pasaba a ser ocupado por el ejército español, dejado de existir como Estado soberano;[683] así como de la noticia de la traición y prisión de Francisco de Miranda la noche del 30 de julio de 1812. De lo contrario, quizás Bello habría agregado alguna nota al texto, a menos que deliberadamente no lo hubiera hecho para evitar que el proyecto editorial y su propósito se desmoronasen antes de que siquiera el libro saliera de la imprenta.[684]

---

682   El pie de página se informaba que el Congreso había decidido hacer de Valencia, en lugar de Caracas, la Capital Federal de la República (15 de febrero de 1812), donde los representantes se habían reunido "en el momento del reciente terremoto de Caracas" (26 de marzo 1812).

683   Véase el texto de la Capitulación en Francisco de Miranda, *América Espera* [J.L Salcedo Bastardo, Ed], Biblioteca Ayacucho, Caracas 1982, pp. 465 ss.

684   En ese sentido, Carlos Pi Sunyer, suponiendo que el libro había salido de la imprenta a finales de 1812, dijo: "Es probable que en el momento en que se publicara, Bello ya sabía acerca de los acontecimientos que condujeron a la caída de la primera República de Venezuela, porque el 12 de oc-

El libro, sin duda, en todo caso, tenía que salir, así debía pensarlo Bello, al menos para que quedara el testimonio escrito de un extraordinario proceso político, lo que en todo caso no impidió que la caída de la República y de alguna manera, la "inutilidad" inmediata del proyecto editorial que se desarrolló en Londres, produjeran efectos devastadores en el propio Bello, quién se quedó en Londres durante algunas décadas, con grandes dificultades, muy poco ánimo, y escasas actividades académicas, al punto de que da pesar de ser un hombre amante de la escritura, nada publicó en esos años siguientes.[685]

Pero el libro tuvo, sin embargo, importancia posterior, como antes se ha visto, particularmente por el hecho de que conservó los textos de los originales manuscritos de todos los documentos que contenía, entre ellos, los de la Constitución Federal y de la Declaración de Independencia, que habían desaparecido después de la invasión española de 1812.

En el caso particular del manuscrito original del *Acta de la Declaración de Independencia* del 5 de julio de 1811, la cual permaneció desaparecido por casi cien años, en vísperas de la celebración del centenario de la Independencia, en 1903, en ausencia del texto original, fue el texto del libro de Londres el declarado oficialmente como la única copia real y auténtica de dicha Acta, y de allí, otra importancia histórica del libro.

---

tubre, López Méndez dirigió una comunicación a lord Castlereagh, refiriéndose a ello, escrito de puño y letra de Bello, en un momento en que se cree que el libro no había sido publicado todavía, o que acababa de ser publicado" Véase Carlos Pi Sunyer. *Patriotas Americanos en Londres... op. cit.,* p. 222.

685 Véase Ivan Jasksic, *Andrés Bello. La pasión por el orden*, Bid & co. Editor, Caracas 2007, pp. 88 ss.

www.ingramcontent.com/pod-product-compliance
Lightning Source LLC
Chambersburg PA
CBHW021814300426
44114CB00009BA/164